SAVOIR-FAIRE

A HISTORY OF FOOD IN FRANCE

法國美食史

行家知識與風土認識

MARYANN
TEBBEN

瑪莉安·泰本　杜蘊慈 譯

FRANCE

目錄

符號標示說明，例：

〔1〕引用書目

　1　阿拉伯數字為譯注

【 INTRODUCTION 】

■ 前言

　　法國飲食的歷史建立在它的故事上。從高盧時代起，法國食品的品質就一直享有聲名不墜，法國烹調當然也是最受認可的國際烹調。在第一本關於法國烹調的英文論文《法國飲食》（ *The Food of France* ）的前言裡，作者韋弗利・魯特（Waverley Root）建議：「具有冒險精神的食客需要身兼哲學家與伊比鳩魯信徒的嚮導陪伴，才能徹底了解在法國旅程中等待他的高貴菜餚的藏寶庫。」即使是受過良好教育的食客也需要博學的嚮導，這種想法源自數世紀以來精心建構的法國飲食之崇高地位。吃好喝好的悠久傳統似乎是法國生活方式中固有的。法國得天獨厚，農產豐富，是超越國界的帝國，有一大批作家與大廚以文字歌頌它，於是法國似是名正言順的美食文化誕生地。但是法國烹調得到主宰地位的關鍵不只是食品的品質，還有法國人講述的關於法國烹調的故事。而且法國人是出色的說書人。

　　傳說、編排，甚至完全的虛構，更別提還有烹飪書、規則手冊、圖像，以及那些少了它們就不能「表達」食品與烹飪的術語，在了解法國食品與其全球傳播方面，都各自發揮了功能。本書認為，法國烹調之所以能成為這個星球上最知名的烹調，是因為我們對以下這些故事熟記在心：戴高樂與二百五十八種奶酪（也可能三百二十五種或二百四十六種）、唐・培里儂（Dom Pérignon）與氣泡酒、瑪麗・安東瓦內特（Marie Antoinette）與蛋糕、帕門蒂埃[1]（Antoine Augustine Parmentier，一七三一－一八一三）與馬鈴薯、瑪麗・海爾（Marie Harel）與卡芒貝爾乳酪、普魯斯特與他的瑪德蓮小蛋糕。其中一些故事耳熟能詳，由於一再複述而變成「事實」，因此這些故事就成為該產

1　帕門蒂埃是隨軍藥劑師、農學家、營養學家、公共衛生學家。他在七年戰爭（一七五六－一七六三）中被普魯士俘虜，期間接觸了普魯士人食用馬鈴薯的習慣。

品歷史的一部分。要了解法國烹調在全球飲食史上的主宰地位，就需要讓眼光超越事實、日期與統計數字，將關於這些事實與日期的故事囊括在內，儘管這些故事是發明出來的、複述的、印刷及出版的。枯燥的事實告訴我們，在羅馬高盧很少有人吃豬肉，而且在十九世紀食用量上升之前，豬肉僅限於鄉村農民家庭食用。而豬肉的故事則說，在羅馬高盧的法蘭克人吃生豬肉時，生豬肉被認為是野蠻的，遭到排斥，直到法蘭克人在墨洛溫王朝成為法國人，豬肉才成為文明的標誌。在現代早期，農民的家豬（*porc familial*）定位又降回農村地區，只有農家才吃，到了十九世紀巴黎的肉品商店把它變成誘人的城市食物之後，豬肉才重獲尊重。法國飲食敘事是由一千個小故事編織而成；講故事是享用法國食品的一部分。

要對法國飲食史進行全面調查，就需要研究烹飪書，這些書展示的是已確立的作法，此外還要研究食品供應、流行文化、食品的象徵地位、食品在文學與其他藝術中的展現、謠言與聲譽（無論其公平與否）。這本法國飲食史採用了意料中的各種來源，但也採用了法國文學作為主要來源，因為這些作品講述了它們所描繪的人物的日常習慣、思想與觀點，而且經常以獨特的角度來呈現飲食。法國飲食的故事離不開包含與表現它的文學作品，因為法國飲食的歷史深深倚賴於傳說與想像。美食文化一直與法語寫作關係深刻，因為「gastronomy」這個詞最早出現在十九世紀創造法國美食文化的文人墨客筆下（主要是亞歷山大・巴爾塔札・盧杭・吉穆・德・拉・黑尼葉〔Grimod de la Reynière〕，以及尚－安泰姆・比里亞－薩瓦漢）。歷史學家巴斯卡・歐希（Pascal Ory）認為，美食文化的歷史也一定是文學文本史，尤其在法國，「文學一直是特殊崇拜的對象。」本書每一章都有一節附註釋的文學賞析，一窺小說中對於當時法國飲食的看法（第六章〈文學試金石〉除外，該章重點就是文學文本）。

法國烹調的發展，與精緻、藝術及美有重大關聯，以宮廷文化領頭。美食文化是十九世紀的產物，源於民族主義，並進一步提供了民族一元性，排斥邊緣的一切，以及法國本土以外的一切。傳統主義者如亞歷山大・拉札列夫（Alexander Lazarev）宣稱，「法國烹調優異論」的核心不是自然資源或農夫，而是美食文化，「最重要的是，因為我

們認為它是一種表現形式與文化遺產。」餐廳成為公共場所，這是巴黎的現象，但實際上並非為了發揚自由、平等、博愛的共和理想，而是小規模再現了國王的「公開用餐」（grand couvert）。但法國烹調同樣明確地屬於人民，農夫依然以農民的形象為傲，農民的形象依然為政壇人物所欣賞；訴諸法國的鄉土特性，合理化了占領時期維琪政權的政策——重新分配鄉村農地以鼓勵農業回歸（remembrement），以及AOC乳酪（Appellation d'origine contrôlée，認證產品產地及符合特定品質標準的標籤制度）。法國的麵包曾經是十八世紀暴亂（Flour War）的催化劑，現在依然受到政府嚴格管制；不過直到一九九三年，才有法令確立「傳統」長棍麵包的規格。

　　法國飲食的史事甚多，而且史學界也把自己的一角經營得很好。大部分法國烹調的入行資格考試都是以巴黎為主題。巴黎身為法國首都及最大城，是完全獨立的飲食體系。但是一部完整的法國飲食史必須敘述各省以及現在與從前的法國海外領土，海外領土為法國飲食全貌貢獻了必需的產品（比如食糖與葡萄酒），而且法國的殖民活動也永遠改變了這些地方。大多數人都熟悉高級烹調的故事，但完整的描繪也必須考慮從前農民與工人的飲食，這些人為烹調帝國提供了原料。歷史上的烹飪書籍十分豐富，可以讓人一窺資產階級或上層階級的烹調，但它們所描繪的畫面卻將文盲廚師與憑記憶工作的廚師排除在外。我們知道的不只是十九世紀的幾個故事，當時馬利－安托萬・卡漢姆（Marie-Antoine Carême，一七八四－一八三三）把烹調藝術提升到了最高點，文學作品中也滿是日常飲食的寫照，但法國飲食遠不只是那些被人歌頌的輝煌，而是容易了解與消化的。完整的歷史必須包括大革命前以及餐廳誕生前的時代、冷藏技術與香檳酒出現之前的時代。關於麵包、葡萄酒、乳酪的許多學術研究各自採取不同觀點，而本書試圖講述生產者與消費者的故事、講述傳統與異例的故事。最重要的是，本書試圖回答法國烹調的「為什麼」：為什麼法國人的飲食方式是這樣？法國烹調成形於何時？為什麼法國人衷心熱愛他們領土上的特色食品？為什麼外人會被包羅萬象的法國烹調中俗濫的形象所吸引？在本書的法國文學與其他想像形式的節選中，法國飲食的「為什麼」將會變得生動起來，食品與飲食可以是靜物、可以是浮誇的表現，也

安托萬・沃隆，《一大塊奶油》，一八七五／一八八五，畫布油畫。

可以是藝術作品，總之永遠是值得保存的事物。

　　法國受益於傑出的農業、優越的先天技術與最好的食材，這是因為法國人相信事實如此。他們把自己定義為與他人相反的一方：法蘭克人與英國人都採用了醬汁；西班牙醬（Espagnole）也許起源於遙遠的西班牙，但現在所有人都說它完全是法國的。一七三九年，食譜書作者法蘭索瓦・馬杭（François Marin）已經宣稱要製作「現代烹調」，並且是以他剛剛建立尚未穩定的模式為基礎。法國人一直明白在烹飪產品上精益求精與展望未來的重要性，而且從不忘記給自己的產品貼上標籤、宣布它們屬於法國。十七世紀源源不絕的烹飪書籍在正式的廚房工作中留下了新的烹飪術語（比如肉湯〔bouillon〕、小菜〔hors d'oeuvre〕、瑞古燉菜〔ragoût〕），這些術語與食品在烹飪實作中得到了永恆的地位，於是法國技術現在就是唯一的專業技術，不需要額外詞彙加以定義。至少對高級烹調而言，語言是法國內部同質

化的關鍵，而「法國特質」有助於將法國模式傳播到國外。法國歷史學家佛洛朗・葛里耶（Florent Quellier）將「美食家」（gourmet）一詞的正面意涵歸因於葡萄酒的地位與「法國烹調的霸權」，後者於十九世紀把「gourmet」這個詞成功輸出給其他歐洲語言。對於美食文化（gastronomy）、美食愛好（gourmandise），以及無數烹飪術語，法國人聲明了所有權（且全都出自他們的命名）。比里亞－薩瓦漢在《品味的生理學》（*Physiologie du goût*，一八二五）一書中說，「gourmandise」與「coquettishness」（調情）都出自法語，這本書改變了「gourmandise」這個詞的含義，從暴食變成欣賞美食。在實際做法方面，政府法規的保護，以及賦予生產者的大量權力，都幫助形成了麵包、肉類、葡萄酒等特定行業。這些行業的保護主義受到人們歡迎與接納，法國人也受益於家長式的經濟，這種經濟模式是為了供應本國人民而進行干預，限制了生產者的成長。

任何一本書都無法完整介紹法國烹調這個主題。法國美食文化（以及日常飲食，還有介於這兩者之間的一切）有太多可談。本書所談歷史必然只是一張快照——是概括且無可避免只是局部的觀點，但也旨在以我們身為現代食客的有利角度，澄清法國飲食的身分面貌之源頭。如果我們不追溯法國人如何一路走來、是什麼因素（經濟、地裡、政治、藝術）導致他們做出這些選擇，我們就無法了解為什麼法國人的飲食方式是現在這樣。餐桌是所有飲食研究的終點，但是本書將審視食品製造與食用，並充實對於法國飲食的認識，運用的方式則是研究文學作品中的意象：文學作品中的吃喝發生在何處、如何描寫，這是對於當時飲食風尚的實時描繪。因此本書是一幅壁毯，以歷史上的風尚與想像的段落，試圖編織出法國飲食在過去的生活與感受中是何模樣。因為本書不可能做到鉅細靡遺，所以它力圖找出隱藏在法國飲食眾多豐碑之間的寶石，讓那些一再講述而顯得膚淺的故事再次煥發；藉由思考現代之前的飲食與殖民地飲食，為這塊酥皮千層派增添一層內容；質疑那些不容質疑的；把重點從高級烹調轉移到下層階級，從食客轉移到生產者；而最重要的是，把以上這一切集中在一起。

本書章節的安排大致按照時間順序，但不是絕對按照編年，因為飲食事件跨越時代，有時一件歷史事件導致的結果可能很久之後才會

浮現。第一章從高盧開始，當時此地居民還不是法國人，但他們已經證明自己擅長烹調創新。正如安提姆斯[2]（Anthimus）所記載的，法蘭克人改變了某些食材的地位；這些法蘭克人就是日後的法國人。高盧人與法蘭克人留下的遺產是對於豬肉、乳酪與熱麵包的喜愛。法蘭克人是日後法國飲食面貌的一部分，他們以喜愛大快朵頤聞名，充分利用了自己疆域中的沃土與盛產魚類的河流。小農場與地方飲食傳統可以追溯至高盧，當時領土面積小得多，但已經因富饒而知名。古代文獻對於當地河流的魚加以讚譽；之後，魚將成為四旬齋期的必需品，但是以香辛高湯燉煮的時候卻又違反禁慾規則；魚也讓巴黎擁有了中央市場（感謝國王聖路易[3]〔Saint Louis〕與他設立的市場）；魚還將成為里昂傳統餐廳的招牌菜，這類傳統餐廳是法國最好的女廚師的祕密來源。

第二章探討查理曼大帝之後法國餐飲的基督教化、整個中世紀麵包法令的實施，以及文藝復興時期宮廷烹調中首次重視蔬菜。中世紀法國人在食品方面已經與眾不同：他們要求麵包價格合理、不同食客需要不同麵包、每種麵包都有確切的名稱與數量。肉類也遵循麵包的規定：根據不同種類，每個人都能得到一定數量的肉類，供應由屠戶管理，這些屠戶的權力大得驚人，其後盾則是不斷變化的規定，規定保護了屠戶，也限制了屠戶。從中世紀開始，屠戶與國王（或政府）彼此拉鋸，首先從一四一八年關閉巴黎屠宰場開始，理由是其威脅了公眾健康，然而到了十九世紀，收回的陣地將是當年失去的數倍。

法國烹調仰賴藝術，也仰賴科學，第三章探討從路易十四古典時代開始出現的創新，使法國烹調成為獨特的、可識別的實體。隨著烹飪書籍出版的浪潮，法國人取得上層烹調之名，產生了「廚師長」（chef de cuisine）這個詞，第一次新烹調運動來臨，它把大塊烤肉換成了盤裝肉類，加上以麵糊增稠的醬料，還有新出名的乳酪，帶氣泡的白葡萄酒，也就是現在的香檳，以及（稍後）為長途運輸保存的食品，使

2　出身拜占庭，代表東哥德國王迪奧多里克大帝（Theoderic），四五四－五二六出使。

3　一二一四－一二七〇，一二二六－一二七〇在位，即路易九世，一二九七年封聖為法蘭西的聖路易。

用尼古拉・阿佩爾（Nicolas Appert，一七四九－一八四一）發明的技術。這些早期烹飪書籍裡的技術與菜餚，一旦印刷出版並名之為「法國的」，就成為歐洲與世界各地宮廷中令人嚮往的事物。通過印刷品傳播烹飪知識，使得法國烹調成為國家的財產，並使美食文化的範圍超越了上層階級以及能夠說法語的人們。

第四章記載了法國大革命時期，麵粉戰爭使法國鄉間動盪不安，巴黎出現餐廳，一連串的法規力圖為法國公民提供必需品：小麥做麵包、木柴供烘焙、肉類做湯或者象徵地位、葡萄酒關乎性命。麵包與肉類是保護主義措施與強大的職業組織之間關係的中心，這種關係時而冷淡，時而親近；麵包師首當其衝，承受了公眾對於穀物價格的怒火，而政府的回應是規定可以出售什麼樣的麵包。雖然啟蒙運動認為肉類是暴力的化身，但在大革命之後的時期，屠戶行會重振，再次證明法國人對於法國膳食中的肉食權利具有不可剝奪的信仰。好意的科學家沒能以馬鈴薯解決麵包危機，但即使在啟蒙時代，時尚也推動了巴黎的麵包風格——發酵的白麵包取代了老派的紮實圓形麵包。

十九世紀的法國烹調給我們帶來卡漢姆、比里亞－薩瓦漢、吉穆・德・拉・黑尼葉，以及「美食文化」（gastronomie）這個詞，但這些進步的背景是戰爭、入侵與政治動盪，包括兩位皇帝，以及最後終於誕生的共和國。第五章探討大革命後的情緒對食品與供應觀念的影響，當時法國國界在劃定後又重新劃定，宮廷烹調重新流行。十九世紀的故事開始與結束都在巴黎，雖然法國其他地區在首都的運作中占有重要地位。卡漢姆時代也預示著第一批地方食譜書與根瘤蚜傳染造成的大禍。大革命與拿破崙戰爭之後，巴黎又回到了藝術、時尚與美食的消遣中。第六章直接探討飲食文學，審視烹調相關文字中的巨擘：比里亞－薩瓦漢的作品給了我們一句老掉牙的格言：「告訴我你吃的是什麼，我就能分辨出你是什麼樣的人。」提及馬塞爾・普魯斯特必定出現的瑪德蓮小蛋糕，這二者都囊括了法國飲食的高貴寫照，這種法國飲食是文學中呈現的法國，令人嚮往。本章還包括了來自馬提尼克島、突尼西亞、瓜德羅普島的聲音，為殖民地與後殖民飲食的人性面提供了更完整的畫面，也提供了局外人眼中的法國飲食畫面，這些法語人群居住在海外，藉著書寫自己的飲食傳統，表達了自己混雜的身分與

愛德華・馬奈，《生蠔》，一八六二，畫布油畫。

文化（creolity）。

　　法國的殖民計畫大部分橫跨了整個十九世紀，最早是十八世紀末葉在聖多明哥（海地）的甘蔗農場，最晚是直到二十世紀中的阿爾及利亞葡萄園及西非的咖啡、水果與油籽。第七章探討殖民地食品計畫，重點是法國試圖在海外建立法國風土（terroir），為的是將法國飲食與殖民地飲食分開。法國殖民的影響是多方面的，這些影響塑造了被殖民國家在農業上的希望，以及它們與法國有關及無關的民族認同；法國試圖統治一個龐大的帝國，但從未成功將這些食物與民族融入自己的法國烹調理念。

　　最後，第八章敘述兩次世界大戰及一次占領給農業與社會帶來的重大變化，以及法國烹調的目前情況，它是已認證的人類非物質文化遺產來源，但也正經歷著認同危機。駕車旅行改變了法國人對於經典烹調的觀念，地方特色菜有了出頭之日，資產階級烹調在里昂媽媽們（mères Lyonnaises）的培養之下，朝著高級烹調更進了一步。為了拯

救手工乳酪並且讓法國免於速食的詛咒，謙卑樸實的農民重新站上舞台，這次包括了象徵性意象與真人代表約瑟·博韋（José Bové）。在二十一世紀，法國處於十字路口，依然可望成為美食文化強國，但無法接受全球大眾與自身日益多樣化的人口所要求的烹調融合。

法國飲食史的共同主題是對風土的信仰，其起源是人們普遍認為法國身為一個國家，得益於極為和諧多產的環境，在農業與文化上都是如此，而這一點也是法國烹調優越的原因。在十七世紀出現了描述土壤與植物之間和諧狀態的術語，這個定義很快就包含了從土壤轉移到植物上的特性，於是就出現了這樣的斷言：唯有法國的非凡土壤才能產生非凡的物產，法國人民的非凡才能進一步改造這些物產，而法國人民也是優越環境的產物。對艾咪·特魯別克（Amy Trubek）來說，在法國推廣風土是「保護並推廣備受尊崇的法國農業歷史之國家計畫一部分」，而且當然符合對農民的信仰及懷舊心態，這些農民是負責將法國牢牢扎根於土壤的人。不過風土也是高級葡萄酒的行銷手段，是旨在界定法國邊界的保護主義措施，也是排除的手段，用來排除被視為法國以外的食品與影響。比如說，某些德國葡萄酒的產地本來屬於法國，接著屬於德國，然後又屬於法國，為什麼這些德國葡萄酒卻無

夏爾－弗朗索瓦·多比尼（Charles–François Daubigny），《農莊》，一八五五，畫布油畫。

法得益於風土的聲譽？

　　如今對於風土的認識，被用於評估法國產品是否能夠得到 AOC 認證，這種認識又更進一步，包括了人類的專業知識，而這又是代表品質與才華的法語詞。法國人藉由他們的食物，向全世界講述關於優越地位的故事，證明了豐富的自然資源註定產生美食文化遺產，而且這樣的自然資源在其他任何地方都找不到，這些資源也是加上天生的法國烹調天才之悠久傳統才得以成就的。法國人為了達到在飲食界無懈可擊的地位，結合了生產的行家知識（*savoir-faire*）與「savoir-vivre」，後者字面意義為「生活的規則」，不過對法國人而言，指的是吃的規則。對美食家比里亞－薩瓦漢來說，美食愛好（*gourmandise*）「首先是社交素養、是『*savoir-vivre*』，而烹調是一門藝術」。《法蘭西學院辭典》稱「gastronomie」是「構成製作美食這門藝術的規則之集合」，這就承認在法國飲食中，規則成就了藝術。也正是行家知識這個概念推動了本書：種植、製作、欣賞傑出食物的專門知識，以及知道如何宣傳美食文化屬於法國、甚至發明了這個術語。法國人在軍事、工業甚至農業方面可能不太成功，但對於食物他們**知道該怎麼做**：如何創新、如何精益求精、如何制定與執行規則、如何保護自己的烹調遺產、如何自我宣傳。法式餐飲的精華是在令人愉快的同伴圍繞下享受的佳餚，遵循著那些力圖使它保持本色的規則。

【第一章】
高盧源頭

　　法國飲食出類拔萃，它的故事是證據與傳說的有力結合，起源遠在法國出現之前，並且根植在那片土地上，也就是高盧（Gaul）。[1]可想而知，古典時代飲食的歷史證據多是假設性的，不過可靠的文學與考古來源指出，羅馬帝國時代的高盧吃得好是有名的，最早在西元一世紀，古羅馬博物學家老普林尼（Pliny the Elder）的《自然史》（*Natural History*）已有記載。[2]如今的法國疆域，在當時分別是高盧－羅馬人據有西北部，法蘭克人據有北部（這兩者之間以塞納河為界），西哥德人在西南部，勃艮第人在東部，這四者之間的疆界隨著軍事征服及政權更迭而改變。羅馬軍隊在西元五二年入侵高盧，然後與留在當地的部族共處得不錯，產生了高盧－羅馬社會，以及延續了三世紀的羅馬治世[1]（*Pax Romana*）。五世紀初，匈人打亂了羅馬人在高盧的統治；西元四七六年，高盧逐出最後一任羅馬皇帝[2]，最後迎來克洛維（Clovis，四六六－五一一）的統治。從克洛維實行君主制開始，自六世紀起，高盧就統一在墨洛溫王朝（Merovingian）之下，包含在法蘭克王國（regnum francorum）疆域內，此地的所有居民也成為法蘭克人（Franks），今日法國的名稱即源於此。

　　當羅馬人、高盧人、法蘭克人在高盧共存的時候，羅馬人在這片占領地推行自己的烹調傳統，但是也採納原住民的部分習慣，比如食用生的豬脂[3]，這在當時是法蘭克人的奇風異俗，有些人曾加以痛斥，但是最後又不情願地接受了。我們所知的高盧地區飲食習慣，都來自安提姆斯，他是希臘裔內科醫生，在西元五一一年出使法蘭克國王提烏德里克一世（Theuderic），著有《飲食觀察書信》（*De observatione*

1　一般指奧古斯都至馬爾庫斯·奧列里烏斯（Marcus Aurelius），西元前三〇－西元一八〇。
2　西羅馬帝國末代皇帝羅慕路斯·奧古斯都路斯（Romulus Augustulus）。
3　即豬腹部的五花肉油脂。

ciborum），這是關於那個時期的飲食習俗最詳盡的描述，也是羅馬帝國最後一份關於烹調的紀錄。這本書被稱為「第一本法國烹飪書」，不過其實它並非食譜集，而是一份帶有評註的報告[3]，在西元五一一年後不久完成，本來是獻給提烏德里克的現況論述，稍微帶有醫學觀點，著重在法蘭克習俗上，比如食用奶油、鮭魚、培根與啤酒。法蘭克人尤其以胃口壯健聞名，不像羅馬人認為節制是美德，「法蘭克人認為大吃大喝是男子氣概的體質表現。」[4]法蘭克人留給法國人最悠久的傳承倒不是把吃喝與雄性力量連在一起，而是食物在法國人身分認同中所占有的重要地位。安提姆斯這本著作記載了日薄西山的帝國裡的

克洛維開始統治時（西元四八一年）的高盧地圖。取自保羅・維達爾・德・拉・白蘭士（Paul Vidal de la Blache）著《歷史與地理地圖集》（*Atlas general d'histoire et de géographie*，一八九四年出版）。

古老食物，其中有一些依然留至今日，例如醋蜜[4]（oxymel，醋與蜂蜜的混合飲料）與三分熟的白煮蛋[5]（sorbilia），但是安提姆斯拒絕使用魚露（garum，發酵的魚醬），並且建議奶油只限於藥用。特別的是，這篇著作中還有關於蘑菇（mussirio）與松露（tufera）的最早文字記載，雖然安提姆斯寫作的拉丁文並不標準，甚為粗疏。[5]安提姆斯與同時代的文字紀錄涉及的當然都是貴族或者上層階級的飲食，至於農民階級的膳食，從中幾乎無法做出任何推斷。

羅馬認為飲用奶類是蠻族習俗，但是安提姆斯在這篇著作中挑戰了開化的葡萄酒飲用者與野蠻的奶類飲用者之間的區隔，記錄了這兩種飲料法蘭克人都喜歡喝。他推薦身體健康的人飲用新鮮牛奶、山羊或綿羊奶，或者山羊奶加蜂蜜、蜜酒或葡萄酒，最後這種大概是最顛覆規則的飲料了。法蘭克人喜愛奶油，而羅馬人只將奶油限於藥用。在這方面安提姆斯循規蹈矩，寫了一章稱讚新鮮無鹽奶油，不過主要使用於治療。羅馬人對於奶類評價很低，只有乳酪例外，因為乳酪必須經過人類精心製作，所以是文明的證據。[6]安提姆斯的目錄中也的確有整整四節是關於乳酪的。這本著作介紹了法蘭克人的習俗，因此我們能看出來高盧─羅馬膳食與非羅馬膳食之間的矛盾，前者是三角：麵包、油、葡萄酒，而後者是四角：肉類、穀物、奶製品、啤酒。在高盧演變成中世紀法國的時候，這兩種模式開始融合。

日後法國被視為飲食完美的國度，這種地位在這些早期紀錄裡已現端倪。據老普林尼的看法，羅馬帝國「最受推崇」的乳酪都來自內馬烏蘇斯省（Nemausum，即尼姆〔Nîmes〕），以及勒蘇爾與加巴利庫斯的村莊（法國中央高原〔Massif Central〕的洛澤爾地區〔la Lozère〕與耶佛達地區〔Gévaudan〕），他也指出羅馬城裡的山羊乳酪特別好，而高盧地區製作的山羊乳酪「其味濃烈，類似藥物」。[7]

安提姆斯同意只有新鮮而且沒有加鹽的乳酪才是健康的，不過羅馬詩人馬提亞爾[6]（Martial）在《雋語》（Epigrams，八六－一○

4　經常作為祛痰及治療眼睛炎症藥用。

5　源自拉丁文「sorbilis」，意為「吸起來」。

6　馬庫斯・瓦列里烏斯・馬提亞爾（Marcus Valerius Martialis，西元三八／四一－一○二／一○四），生於西斯班尼亞，今西班牙。Epigrams是當時一種短詩文體，馬提亞爾的雋語作品共十四卷。

三）裡讚揚了土魯茲（Toulouse）製作的一種方形乳酪（*quadra*）。[8]
斯特拉波（Strabo，西元前六三／六四－二四，生於現今土耳其）的
《地理志》（*Georgraphy*）是希臘文著作，大約與老普林尼同時，書中
證實了塞夸尼[7]部落地區（Sequani，現今法國東南部佛朗什—孔泰大
區〔Franche-Comté〕）的豬肉品質優良，這個區域以萊茵河及索恩河
（Saône）為界：「羅馬人正是從這裡取得最佳的鹽醃豬肉。」[9]法蘭克
人非常喜愛豬肉，安提姆斯著作裡關於烹飪的摘要也寫到這一點，他
建議可將豬肉煮熟，放涼後食用，不過他認為生的五花肉很健康，而
且接待他的法蘭克東道主「因為這道食物，所以比別人都健康」。[10]
他也贊同馬提亞爾的看法，認為高盧的火腿是最好的；不過馬提亞
爾著作中提到的這些地區（屬於塞瑞塔尼人〔Cerretani〕與梅納皮人[8]
〔Menapii〕）其實分別位於今天的伊比利半島與比利時。[11]當時數種文
本裡都有記載，豬的子宮是珍饈（和大部分的肉一樣），只留給上層階
級享用；而當代政治學學者保羅·伊瑞斯（Paul Ariès）指出，飲食上
從高盧—羅馬轉變為墨洛溫（法蘭克人）的一大主要特徵：「墨洛溫最
高級的菜餚不是豬乳房或子宮，而是生豬肉。」[12]矯揉沒落的羅馬烹
調讓位給法蘭克人樸實的肉類菜餚，野蠻與精緻的區別也有了重新定
義。六世紀初的食譜書作者維尼達瑞烏斯（Vinidarius）記錄了新的豬
肉食譜，與安提姆斯筆下的生五花肉差異甚大，其中有乳豬配葡萄酒
醬汁、烤豬肉配百里香。伊瑞斯指出豬的地位轉變：「是森林的象徵，
而森林不再是野蠻人的記號。」當代中世紀歷史學者馬西莫·蒙塔納
利（Massimo Montanari）也認為，使用森林與草原生產的食物「不再
是羅馬人眼中那樣象徵著貧窮與邊緣人口」，而是「很普遍而且有益，
還可提高社會聲望。」[13]豬也和森林一樣，地位上升；人群與食物開
化與否的界定標準，也隨之模糊了。羅馬帝國覆滅之後，高盧—法蘭
克飲食（伊瑞斯稱之為「餐桌上的高盧文法」[14]）正式捲土重來，因為
羅馬膳食在高盧不像在別處那樣根深蒂固。

　　從以上引用的這些紀錄可以看出，法國人與其祖先都喜愛最精

7　高盧部落。
8　前者是伊比利亞人部落，後者是高盧部落。

羅馬時期的高盧，運輸葡萄酒越過杜朗斯河（Durance），西元前六三／西元一四。

莫澤爾河（Moselle）景致，坡上有葡萄園。

緻、最好的食物，而且那片孕育出法式鑑別力的土地得天獨厚，農產品質優良，日後法國人也宣傳推廣這種觀念。羅馬時代的高盧尚未成為葡萄酒產區，當時流行的飲料是大麥及小麥啤酒，間或有加了蜂蜜的葡萄酒。老普林尼提及高盧地區以穀物（*frumentum*）製作啤酒，人們收集從中產生的酵母，用來發酵麵團、製作麵包。[15] 不過，高盧地區依然可能有早期的葡萄酒釀造，羅馬人大約於西元前五〇年在高盧中部與北部種植葡萄，但是高盧地區出現葡萄藤的年代比這還早，甚至早於東南方的羅馬帝國。[16] 縱橫的隆河、莫澤爾河、萊茵河，方便了蓬勃的葡萄酒買賣運輸，羅馬船隻能夠往來「多毛高盧」（Gaule

╲ 了不起的豬 ╱

在高盧－羅馬時代及墨洛溫王朝，肉類象徵著權力，而最常見的肉類就是豬肉。野豬與家豬在餐桌上占有特殊地位，這是出於實際，也有象徵性。高盧－羅馬地區繁茂的森林多是橡樹林，盛產豬喜歡吃的橡實，因此對富人與農民來說是豐美的獵場。在中世紀早期的文字記載裡，豬就已經代表著森林。羅馬統治下的高盧，與凱爾特及日耳曼部落的土地犬牙交錯，而這些地區日後形成了現代法國，在這些地方，對豬肉的熱愛跨越了疆界。西元一世紀的希臘作者斯特拉波已經指出，塞夸尼部落地區的鹽醃豬肉品質最佳，此處位於凱爾特高盧[9]（Celtic Gaul）境內，靠近侏羅山脈（Jura），即後來的勃艮第。西元六世紀的內科醫生安提姆斯，在著作《飲食觀察書信》記錄了法蘭克人膳食含有大量豬肉，這本著作有整整一章敘述食用生豬脂對健康的好處，而且共有七章都是關於豬肉。占領此地的羅馬人厭惡法蘭克人飲食中的生豬肉，將其視為蠻族的食物，但是羅馬本身各階層都以不同方式食用豬肉，比如社經地位底層以豬脂為燉蔬菜增味，而精英階級的餐桌上則有烤豬肉與煮豬肉。豬的全身上下沒有一處浪費，最珍貴的美味是內臟，尤其是豬胃、乳房、子宮。在高盧地區的森林地帶，養豬很普遍，不過當時的豬比現在的家豬小得多，而且可能與野豬混種。在高盧－羅馬時代，野豬的地位與家豬差不多，高盧與日耳曼部落都很重視。莫庫斯（Moccus）是凱爾特高盧人的豬神，而許多寓言裡都有凱爾特人對野豬的謳頌。羅馬時期之前的高盧錢幣上有野豬圖形，軍事相關的紋章也有象徵拚搏進攻的野豬圖案。至於日耳曼部落，八世紀的一篇傳奇提到[10]，英靈殿瓦爾哈拉（Walhalla）周圍的森林裡，有一頭「偉大的豬」，名叫斯克利默爾（Skrimmer）。英靈殿中用餐的人直接從牠身上割肉，但是牠依然保持完整且毫髮無損，所以是永恆的珍饈來源。

chevelue），這個名稱可能來自當地濃密的森林，或者蓄著長髮鬍鬚的法蘭克部落——羅馬人眼中的蠻族。[17]到了古典時代晚期，波爾多與莫澤爾河谷（現在的洛林地區〔Lorraine〕）的葡萄酒就已經以品質聞名。出生在波爾多的羅馬詩人馬格努斯·奧索尼烏斯（Decimus Magnus

---

9　高盧人是凱爾特人，凱爾特高盧（人）相對於被羅馬人征服統治的高盧（人）。
10　古北歐語的詩體埃達（Poetic Edda）與散文埃達（Prose Edda）也有這個片段。
11　brown trout 二名法應為 *Salmo trutta*，其亞種之一 river trout 三名法 *Salmo trutta fario*。

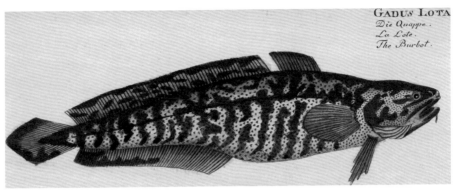

江鱈（二名法 *Lota lota*，異名 Gadus lota，俗名 burbot）

褐鱒[11]（*Salmo fario*，brown trout）

茴魚（二名法 *Thymallus thymallus*，異名 *Salmo thymallus*，grayling）

Ausonius，三一○－三九五）在西元三七八年曾任高盧執政官，他在四世紀晚期完成的詩作裡稱頌了家鄉的葡萄酒，以及莫澤爾河谷葡萄園的如畫景致。都爾的聖額我略（Grégoire de Tours，五三八－五九四）的《法蘭克民族史》（Historia ecclesiastica francorum）大約成書在西元五九一年，書中也提到奧爾良（Orléans）、都爾（Tours）、昂熱（Angers）、南特（Nantes）的葡萄酒。

奧索尼烏斯詩作〈莫澤爾河〉（Mosella）詳列莫澤爾河中的食用魚，證實了高盧膳食中河魚的重要地位。奧索尼烏斯與安提姆斯都讚美了鮭魚、鱸魚、鱒魚，這三種都是河魚。[18]奧索尼烏斯寫道，鰱魚（chub，squameus capito）「肉質最嫩」，鮭魚「肉色如玫瑰」，是唯一媲美珍貴鯔魚（mullet）的魚類，而狗魚（pike）「小餐館油炸過後散發油膩味道與煙氣」。[19]安提姆斯沒提鯔魚（地中海的海魚，並不產於內陸的高盧地區），但是記錄了一道狗魚食譜，用了攪打過的蛋白（spumeum），做出來的成品大概是法國史上第一種可內樂[12]（quenelle）魚丸。[20]西元五世紀的聖希多尼烏斯・阿波利納里斯（Sidonius Apollinaris，四三○－四八九）的著作證實了當時塞納河與羅亞爾河盛產魚類，甚至發展出魚類買賣，運輸鮮魚至各處。[21]

在羅馬帝國疆域內，魚類與葡萄酒運輸便利，從這件事可以看出當時已經建立的貿易路線在日後將造福法國，而且法國可能製造食品以供出口。到了羅馬帝國沒落時，運輸路線也隨之萎縮，老百姓通常只吃住家附近取得的食物。幸好高盧本就具有天然的肥沃土壤以及農業優勢，使得它從周邊地區之中脫穎而出，在創新與貿易方面更進一步，而且耕作土地的農民不但能夠自給自足，還可以供應給他們的貴族保護人。高盧人以擅長農作聞名，他們實行輪作、施肥、雜作，發明新工具如收割器與耕耘器。[22]到處都有水果與蔬菜種植，飼養動物以取得肉類與奶類也很普遍。下層階級在菜園裡種植蔬菜，農民藉此活命，日後也形成了法國烹飪史上供應巴黎的廣大菜園。由於土壤肥沃，又有在小塊農地上耕作的傳統，於是催生出講究的吃喝：從很早

---

12 主原料為魚或肉、蛋白、鮮奶油，打成泥，過篩，打成蓬鬆狀，以特製調羹舀起放入沸水中煮熟。

以前，法國人就知道如何在小塊農地上耕作以供飲食，作物多樣，著重本地物產。即使只是一窺早期高盧／法國烹飪，也能看出未來的法國境內擁有深遠的地方特性，並留存至今，為人稱道的食品也大多是需要技巧與發明的再製品，比如乳酪與葡萄酒。對於高盧烹飪的這種分析，與公認的看法形成對比，即羅馬代表了文明的農耕地區，飲食是葡萄酒與橄欖油，而羅馬以外的世界則滿是草原森林、吃生肉以及從土裡直接採集的蔬菜。安提姆斯雖不情願，但是很欣賞法蘭克人的烹調，他說這些菜餚「真正是為了享受而製作，同時也是為了珍貴的健康」。這是朝著美食文化邁進了一步。[23] 享受並非無法顧及健康，但是他這句話與其他紀錄裡的羅馬人態度明顯不同，羅馬人謹慎看待日常飲食，自制重於一切（宴席則是明顯例外）。

　　高盧─羅馬上層階級吃魚、豬、牛（不過顯然比羅馬人來得少；羅馬人能夠出口乳牛至高盧），飼養綿羊與山羊以取奶與肉。切割後的大塊肉以水煮或蒸熟，然後烤或燜燉，搭配醬汁食用。富人也吃山雞、野生與家養的鵝與鴨，但是節慶盛宴就沒有這些。安提姆斯記錄了強制餵食山雞與鵝，在宰殺前養肥；他還推薦食用山鶉（partridge）與鶴（只是偶一為之），但是不要吃椋鳥與白鴿，因為這些鳥吃的植物對人類可能是有毒的。[24] 安提姆斯的著作裡也贊成吃鵝蛋、山雞蛋與雞蛋，可是必須是五分熟或三分熟；有人認為安提姆斯發明了甜點蛋白脆餅（oeufs à la neige[13]，稱為 afratus 或 spumeum），不過這個解釋頗為牽強。[25] 在墨洛溫時期，由於人們經常進入公有地狩獵，食肉量增長；貴族獵取森林的牡鹿、鹿、野豬，農民以陷阱捕捉野兔與鳥類，捕撈淡水魚及海魚。所有階層都能從事狩獵，直到十世紀，貴族開始禁止老百姓進入自己的領地。[26]

　　「多肉」的高盧烹調並不缺乏蔬菜。羅馬人到來之前，高盧地區的凱爾特部落就是農夫，但沒有菜園。而法蘭克人與高盧─羅馬人則開始種植蔬菜。[27] 安提姆斯記載了在冬天種植甜菜、韭蔥，以及包心菜，還有蕪菁、歐洲防風、胡蘿蔔、野生與栽種的蘆筍。這些記述裡還有

---

13 法文，「雪裡的蛋」，大致為水煮蛋白霜。

征服者威廉的盛宴。巴約掛毯（Bayeux Tapestry），西元十一世紀。

搭配肉與蔬菜的調味料，包括芹菜、香菜、蒔蘿、甘松[14]（nard）、薑、綠橄欖汁，法蘭克人也不忌諱使用大蒜、洋蔥、青蔥（只是適量使用），而這些是羅馬習俗十分厭惡的東西。安提姆斯提到完整的丁香粒，這一點非常令人好奇，因為這種香料直到羅馬帝國末期才廣泛使用。[28]安提姆斯還描述了一道格外有趣的小扁豆（lentil）：煮兩次，以醋、鹽膚木果[15]（sumac）及香菜謹慎調味；這道菜已經遠遠超過了嚴格的健康食品範疇，近於令人愉悅享受的食物。[29]至於水果方面，據安提姆斯記載，法蘭克人喜歡蘋果、梨、李、桃，但必須是甜的，因為堅硬與酸味的果實可能有害健康。莓果來源包括栽種與野生，當地還出產無花果、苦杏仁與甜杏仁、栗子；安提姆斯則贊成食用甜葡萄做成的葡萄乾以及適量棗子。

14 只產在喜馬拉雅山脈以及四川、雲南等地。
15 鹽膚木屬Rhus的幾個品種結出的紅色果實曬乾磨粉後，可供食物染劑或香料，味酸。

在這片盛產穀物的土地上，高盧人很早就開始製作麵包了，對於深愛麵包的現代法國來說，這彷彿是預言。安提姆斯發現寬裕的法蘭克人吃的是白麵包，而且最好是趁熱吃，以促進消化。關於下層階級食用的小麥種類與其他穀物，以及用來製作貴族麵包的最精細的小麥麵粉（simila），古代的記載裡都加以明確區別，這種精細的麵粉也加上山羊奶做成粥糊，給有胃病的人吃。老普林尼記載，製作小麥麵粉的冬麥在高盧長得特別好，不過帕尼克（panic，與小米同為黍屬〔Panicum〕植物）使用更廣泛。[30]他也提到，高盧麵包比其他地方的麵包更輕，這是因為當地生長的小麥品種，也因為使用酵母發酵。[31]法蘭克人偏嗜肉類，部分取代了羅馬以麵包為主的習慣，而羅馬殖民地逐漸完全由當地人治理，羅馬視肉食與奶類為蠻族食品的觀點也隨之動搖。羅馬士兵與體力活動量大的公民通常的正餐是加上橄欖油的蔬菜、麵包、葡萄酒：「正餐應該是冷的簡樸蔬食，供一人食用。」[32]羅馬公民的日常餐點裡不一定要有麵包，但是士兵膳食以麵包為主，而且「如果只有豆類可吃，更糟的是只有肉類可吃，士兵都會抗議，因為他們認為小麥麵包『能讓士兵全副武裝的沉重肉體更加硬實堅固，就像麵包本身一樣』。」[33]在羅馬風俗中，肉類與宗教犧牲有關，在稱為「晚宴」（cenae）的節慶盛宴上，人們食用肉類與精美食品以及大量葡萄酒以供娛樂。相比之下，羅馬疆域內的高盧原住民日耳曼部落（包括法蘭克人）喜愛食用肉類與奶製品，卻被占領者羅馬人稱為「蠻族」，指的就是那些以肉與動物製品為主食的人。

比較貧窮的高盧居民吃的是水煮肉與穀物粥糊，富人吃的是大的圓麵包，從這一點能區分出階級。農民種植並食用產出較高的穀物，比如黑麥、蕎麥、二粒麥（spelt，又稱斯佩爾特小麥）、燕麥、大麥、小米，但是不及貴族的精緻小麥精細。從西元六三○年之後，由於經濟上的原因，開始以穀粒做粥，因為法蘭克王國國王達戈貝爾特（Dagobert，六○二－六三九）下令磨坊歸於封建領主，農民為了避免繳費使用磨坊與烤爐，於是直接用穀物做濃湯與粥。當原本分裂的領土成為統一的高盧，不同的飲食習慣就不再是高盧－羅馬人與蠻族之間的區別，而是文明與未開化之間的區別，而這些人的背景起源已不重要。聖希多尼烏斯・阿波利納里斯以其元老院與貴族觀點，評論里

昂的勃艮第「多毛的人」（*chevelus*）吃的食物滿是衝鼻的洋蔥與大蒜（農民的調味料），但同時他們吃的是經過烹煮的熟食，在羅馬標準來看這就暗示著文明；從這一段描述，可以看出羅馬與蠻族之間原本嚴格對立的烹調習慣逐漸轉變。這些非羅馬人依然是「飲食未開化的人」（*mauvais mangeurs*），但是已經近乎羅馬農民，而非羅馬征服的疆域裡那些吃生肉的蠻族。[34] 對於企圖牢牢掌握大權的貴族來說，文明飲食與粗俗飲食之間的區別不再是族裔的區別，而是保存古典文化與挑戰古典文化之間的區別。羅馬帝國在高盧衰落之時，「古典羅馬文明的強大遺緒，逐漸轉為迅速發展的觀念與想法，而這些觀念與想法終將帶來盛放的中世紀法國文化。」[35] 晚期高盧在非羅馬的飲食習慣方面經歷了更充分的發展，擁護這些習慣的不單是法蘭克人，還有基督教的影響，包括虔誠與贖罪的飲食習俗。許多改變都源自查理曼大帝（七四二－八一四）與其「餐桌上的基督教化」，而後者很快就把初生的法國與周邊地區分隔開來。

　　現代法國並沒有把蠻族法蘭克祖先包含在自我宣傳的歷史中，但是烹調創新的傳承，以及高盧－羅馬與法蘭克時期逐漸接納以享受取代節制，這些在日後都影響了中世紀法國的習俗。綜上所述，高盧／法蘭克聞名於古代世界，是因為他們胃口好、喜歡打破規則，而且是烹調專家。這些未開化的蠻族，卻擁有讓人無法拒絕的菜餚，這一點令羅馬貴族大為懊喪。隔著十五個世紀的迷霧，現在我們承認某些現代法國菜餚的起源說不定就來自長髮多毛的高盧人。由於高盧飲食的考古遺物證據幾乎付之闕如，我們的結論只能是推論性質的。但是一幅完整的法國飲食畫卷必須包括這些古代時期的吉光片羽，並藉此提醒我們自己，法國烹調榮光的源頭，遠在名廚卡漢姆、埃斯科菲耶（Auguste Escoffier，一八四六－一九三五）、波克斯（Paul Bocuse，一九二六－二〇一八）之前，就從它的土壤與河川中萌發。

———————（文學賞析）———————

馬格努斯・奧索尼烏斯❶，《莫澤爾河》❷（西元三七一年）❸

多鱗的雅羅魚❹在點綴細沙的
水草中閃爍，肉質最嫩，滿是細密的
魚刺，天生就是為了六小時後
依然完好上桌；還有鱒魚，它的背上
紫色斑點如星❺，泥鰍❻沒有尖銳的
骨頭來煩擾，敏捷的茴魚擺尾
奮力一躍就不見蹤影。而你，曾經在
蜿蜒的薩拉烏斯河（Saravus）峽谷中奮勇前進
（又叫薩拉河〔Sarre〕，或者薩爾河〔Saar〕），那裡河口
沖刷著六座嵯峨的橋墩，而你已經
捲入更強勁的激流，白魚（barbel）啊，你再
自由自在游動吧：隨著
生命流逝，在所有活物中
長成備受讚美的年紀[16]，你的泳技精進。

鮭魚啊，我也不會忽視你，魚肉
紅如玫瑰，淺水處寬尾隨意撥動
水上隨之漣漪陣陣，
原本的靜水就洩露了你的所在。
你的鱗片如胸甲，前半身
光滑，註定成為一道菜端上
「猶豫不決的晚餐」❽，你度過漫長季節
卻身無損傷，醒目的唯有
頭上的記號，圓潤的肚子搖擺
一圈圈脂肪使得你大腹便便。還有你，
長得像圓滾滾的鰻魚❾，在伊利里亞（Illyricum），在雙名的
伊斯提爾河（Ister）❿濕地裡游動，然而漂浮的泡沫
洩露了你的行蹤，你被帶到
我們的水域來，歡快的莫澤爾河中恐怕

———

16 指這種魚年紀雖大但不減美味。

就能捕捉如此有名的寄養魚。大自然
賦予你多麼美的顏色！你的背上
深色斑點醒目，周圍是番紅花色的圓圈；
一抹天藍色澤在你的光滑背脊；
身軀中段圓潤飽滿
然而接著直到尾端卻是
魚皮粗糙瘦乾。
鱸魚啊，我們餐桌上的
佳餚，你也不該被冷落不受讚頌
你在河魚當中卻與海種並肩，只有你
能與玫瑰色的鯔魚相提並論❶；因為
你的滋味絕不平淡❷，豐滿的體內
魚肉成瓣，卻又以脊骨分成
分明數段。還有一位住在濕地裡，
以拉丁語大名相稱為戲，盧基烏斯[17]（Lucius）（狗魚）
是悲戚的青蛙最致命的天敵
占領了滿布莎草與軟泥的幽暗水塘；他，
選擇不登上宴席，而是在小菜館
油炸過後散發油膩味道與煙氣。❸
大家還知道綠色的丁鱥（tench），
是老百姓的美食，還有歐白魚（bleak），是頑童
垂釣的獵物，至於火爐上嘶嘶響的西鯡（shad），
是粗人的食物，當然還有你，在兩個
物種之間，都是也都不是，既非
鮭魚，也非鱒魚，遊走其間
無法定名，是否成長了一半就被捕捉？
在河川的大軍中你也必須一提，
鮈魚（gudgeon），身長不及去掉拇指的
兩掌寬，圓滾肥潤，尤其肚子裡
裝滿魚子的時候更是肥碩，
你的嘴邊猶如白魚長了鬚。（第一段落，八五－一二五行）
……

---

18 這個拉丁語之名源自「光」（Lux），但是狗魚棲息在沼澤中，而且在昏暗的小餐館裡出
售，因此是「以拉丁語大名相稱為戲」。

現在我們已把水路看夠

並且把晶瑩繁多的魚類軍團

歷數。讓我們隨著葡萄藤

前往另一場盛會，讓酒神巴克斯（Bacchus）的禮物

吸引我們游移的目光，那高聳山脊下是廣袤的

斜坡，來吧，陽光普照的山坡上

就是地勢起伏的天然劇場

長滿了茂盛的葡萄藤。❶（第二段落，一五〇－一五六行。）

---

❶ 奧索尼烏斯在西元三七八年任高盧執政官，三七九年退休回到老家波爾多。羅馬皇帝派任高盧本地人擔任執政官，藉以鞏固高盧人對羅馬帝國的忠心。奧索尼烏斯、五世紀的聖希多尼烏斯‧阿波利納里斯的祖父與父親，都曾擔任此一職位。

❷ 莫澤爾河注入萊茵河，流經現在的法國、德國、盧森堡。這首詩開頭的篇幅裡，奧索尼烏斯提到了杜朗斯河與萊茵河，在歷史上對於羅馬的葡萄酒買賣都很重要。

❸ 本詩英譯者伊芙林‧懷特（Hugh G. E. White）著《奧索尼烏斯》（Ausonius），（Cambridge, 1919），vol. I, pp. 231-263。懷特看重奧索尼烏斯詩作的歷史價值，並且目光集中在奧索尼烏斯周圍的中等階層人物。

❹ 原文是 capito。《新皇家百科》（New Royal Cyclopedia），編者 George Shelby Howard 等（1790）。此書指出這個詞用以指稱鯉科（Cyprinus）的幾種魚，包括鱤魚（chub）、鯔（mugil，屬於鯔科〔Mugilidae〕）或稱河鯔（river mullet），這三個名稱在法語分別為 chevesne、vilain、meunier。鱤魚（Cyprinus jeses，紅鰭雅羅魚，現今二名法 Leuciscus idusCyprinus jeses 為林奈所定異名）並不合現代人口味，烹調方面已經很少使用。

❺ 《拉丁字典》（Latin Dictionary, 1879），Lewis 與 Short 編著。該辭典對於奧索尼烏斯原文的 salar 釋義只有「一種鱒魚」。從詩中描寫的顏色推斷是褐鱒，在一幅十八世紀的圖畫中的確有紫色斑點。

❻ 英文為 loach，法文為 loche，嘴邊有鬚，身體如蛇狀，因此形容它沒有骨頭。

❼ 一種鱒魚，Salmo thymallus，法語稱為奧弗涅鱒魚（truite d'Auvergne）。

❽ 根據英譯者懷特的註釋，指的是「賓客無法決定哪一道菜更佳」。（《奧索尼烏斯》，p. 232.）

❾ 原文是 mustela，只有奧索尼烏斯以及老普林尼的《自然史》（第九卷，第三十二章）提到這種魚，John Bostock 與 H. T. Riley 翻譯的《自然史》（London，1855）書中譯為「河鮭」（river salmon），據這兩位解釋，mustela 是一種北方河魚，當時的希臘作者不可能知道這種魚。其他譯本用的是七鰓鰻（lamprey），而法文譯者認為應

該是 *Gadus lota*（現今定名為 *Lota lota*），即江鱈，產在隆河，其肉及肝評價甚高（《*Oeuvres complètes*》，譯者 Etienne Corpet, Paris, 1843, p. 376）。

❿ 即多瑙河。

⓫ 紅鯔是海魚，在此用來與詩中的淡水魚比較，可以看出羅馬的魚類買賣使得內陸居民能夠買到海魚，而且當時高盧人已經開始了食用本地食物的風潮（eat local）。

⓬ 羅馬人經常吃鱸魚，在一系列魚類當中，這是奧索尼烏斯評論滋味的極少數魚類之一。

⓭ 事實上，奧索尼烏斯很看重狗魚，並提供了一道狗魚與蛋白的食譜，可能是現代的「quenelles de brochet」（狗魚製成的魚丸浸龍蝦醬汁）前身，如今依然是經典里昂烹調的名菜。

⓮ 奧索尼烏斯描寫莫澤爾河沿岸山腳下的陡坡，在羅馬時代及現代都種了棚架支撐的葡萄藤。當代語言學家暨歷史學家安德魯・達比（Andrew Dalby）證實高盧東南部遠在羅馬人到來之前就已經種植葡萄，而且莫澤爾河谷的葡萄酒在古典時期晚期就已經名聲很高，還有奧索尼烏斯的家鄉波爾多地區（《古代世界的食物 A to Z》（*Food in the Ancient World from A to Z*）, London and New York, 2014, p.158）。現今莫澤爾河谷釀造的大都是德國的麗絲玲酒類（Riesling）。

【第二章】
中世紀與文藝復興的法國：麵包的年代

　　在中世紀與文藝復興時期，已經可以找到現代法國烹飪的跡象了，包括在生產方面，當時開始出現食品工業，而且烹飪藝術也已經超越了禁欲主義與膳食學的範疇，逐漸成形。法國民族飲食面貌的基本要素包括麵包、葡萄酒、精緻優雅，這三者在中世紀都已經以文字與圖像建構完成。法國美食學的故事，開宗明義第一章就來自中世紀。法蘭克人是高貴的高盧人後裔；克洛維一世（約四八一－四九八）是法國的基督教性格的源頭[1]，這種形象流傳至今；然而以上這些根深蒂固的傳說並非在克洛維時代確立，而是在中世紀的學術作品中。在克洛維的年代裡，高盧飲食轉變成前現代飲食，且已經具有法國特色；他統一了法蘭克人與高盧－羅馬人，創建了以「法蘭克」（Francs）為名的帝國，而且他皈依了天主教，這是法國烹調面貌很重要的一面。在中世紀，法國學者重新研究了一批古代文本，加以利用，再次強調自身的高盧起源，追索「最虔誠的基督教國王」（roi très chrétien）克洛維的傳說，並且順理成章把法國昇華為天選之國，享有眾多恩賜的寶藏。[1]在中世紀之前，法蘭克人被視為蠻族，通常令人聯想到糟糕的飲食習慣、粗魯的舉止、欠缺文雅的外貌打扮；對於高盧人特意加以重新研究，就給法國飲食的起源故事樹立了威信。法國飲食的基督教化（如果當時已經能夠以法國稱之），是刻意的建構；初形成的法國人比他們的周邊民族更加努力尋求「自身在信仰上的價值，以及自身遵從上帝意志的價值」。[2]隨之而來的是膳食上的「開化」或者「基督教化」。在查理曼統治（七六八－八一四）的初期[3]，法國皈依基督教的浪潮也包含了高盧飲食。也是在這個時期，出現了「飲食有度之人」

---

1 克洛維放棄日耳曼部落信仰的基督教亞流派（Arianism），皈依羅馬公教會，即天主教。

「禁欲」，十五世紀細密畫。

（*bon mangeur*）這個概念，於是產生了懺悔性質的飲食習慣，特徵是少肉、多吃麵包與蔬菜，還有限制飲酒。新的限制規定了眾多齋戒與禁欲的日子，同時還相信法國領土西半部的膳食必須與東半部（被認為是蠻族地區）不同，也就是說，要摒除多肉的膳食，改吃麵包、葡萄酒、蔬菜。在日常膳食的基督教化過程中，修道院的飲食習慣也在全體人民之間傳開了，宗教行事曆還規定每個星期五是禁食肉類的齋日，大齋期間[2]的每一天都是齋日，以及「*quatre-temps*」即每個季節初的一星期裡有三天也都是齋日，此外還有許多改變。

2　又稱四旬齋，從聖灰星期三到復活節。

　　在基督教法國，葡萄酒尤其受到重視，而啤酒則遭詆毀，這是對英國作風的刻意貶低。都爾的阿爾昆（Alcuin de Tours，約七三五－八〇四）是基督教僧侶、查理曼的告解神父，他在八世紀時寫道，英國人與本土流行的異教文化若合符節，因為都喝啤酒，而法國人按照規矩飲用聖餐的飲料葡萄酒，雖然法蘭克人（以及阿爾昆本人）也喝啤酒。[4]中世紀的遺囑裡不時提到葡萄酒，可見至少在城市與產酒區附近，即使對農民來說，葡萄酒也是不難取得且廣泛飲用的。[5]十二世紀時，布盧瓦的彼得（Pierre de Blois，約一一三〇－一二一一，僧侶、詩人）重申相同的論點，認為啤酒是英格蘭所有問題的源頭（包括醉酒），而葡萄酒是神聖的，所以法國人擔得起稱揚讚美。全新建構的文明飲食面貌，把法國人與周邊鄰國區分開來（並且開始了法國人與英國人之間的多年筆戰），而葡萄酒成為這種認同的一部分。對於法國葡萄酒的自我揄揚從古典時期就開始了，絲毫不衰直到現代。西元六世紀，都爾的聖額我略長篇論述奧爾良與桑塞爾（Sancerre）所產葡萄酒的功績。十六世紀的巴泰勒米・德・夏瑟納茲（Barthélémy de Chasseneux）[3]也在《世界榮耀大全》（Catalogus gloriae mundi）一書中讚揚勃艮第的葡萄酒無與倫比。[6]一一五二年，亞奎丹的埃莉諾（Eleanor of Aquitaine）與金雀花王朝的亨利（Henri de Plantagenêt）成婚，波爾多地區就因為這椿婚事而揚名；兩年後，亨利成為英格蘭國王亨利二世，他下令從波爾多運來將近八萬桶葡萄酒，幾乎是當地年產量的一半。[7]不過當地出產的大部分葡萄酒還是供當地飲用，直到中世紀晚期，交通改善之後，葡萄酒的運輸網路才擴大。修道院釀製的酒供教會與個人飲用，與修道院有關的葡萄園也出產最佳的法國葡萄酒。在十四世紀，亞維儂（Avignon）的主教們[4]只喝勃艮第的好酒；一三六六年，義大利詩人佩脫拉克（Petrarch，一三〇四－一三七四）給教宗烏爾巴諾五世（Urban V）的一封信裡，嚴詞批評了教廷，因為

3　一四八〇－一五四一，法學家。《世界榮耀大全》是一本百科全書式的知識大全。

4　一三〇九－一三七八，教宗聖座遷至亞維儂，期間有七任教宗。起因是法國國王腓力四世與教宗博義八世（Bonifacius PP. VIII）的政教之爭，法軍攻入博義八世在梵蒂岡的住所，隨後博義八世逝世。在腓力四世干預下，波爾多教區總主教當選教宗，是為克勉五世（Clemens PP. V），並遷移教廷至亞維儂。

運輸葡萄酒，十三世紀彩繪玻璃。

他們拒絕回到羅馬，只因為不願拋下博訥（Beaune，即勃艮第）的好酒。[8]

　　在中世紀歐洲，修道院制度在食品製作與烹調創造方面居於主導地位，很有影響力。中世紀晚期的法國修道院都位在深林之中，這是為了隱居以及自給自足。最早的僧侶過著禁欲的生活，摒除肉食，以野菜與生食果腹。六世紀中聖伯努瓦（聖本篤）的會規（Rule of St Benoît）對於僧侶行為就已經有嚴格規定，包括每天進食的規矩儀式。僧侶每天可以吃兩餐熟食（通常是湯），第三餐則是麵包、定量分配的葡萄酒，如果有蔬菜時則加上生的蔬菜，絕對禁止食用四足獸的肉，除非病得很厲害的時候。聖伯努瓦認為修道院應該有水源、穀物磨坊、菜園，還有生產修士們所需物品的作坊，這樣一來，僧侶就能避免與外界接觸。到了七世紀與八世紀，針對這些規定，修道院長與主教批准了一些比較寬鬆的詮釋，於是除了星期五以外，每天的湯裡可以加上豬脂，還有聖誕節與復活節可以吃家禽。梅斯教區主教聖克羅德岡（Chrodegang，bishop of Metz）甚至允許在大齋期以外的時間吃肉（本來就已經可以吃雞與魚）、大齋期間吃乳酪，以及五份葡萄酒。[9]針對這些愈來愈不符規範的行為，改革者暨修道院長、阿尼亞訥的伯努瓦（Benoît d'Aniane，出身西哥德家族）回歸聖伯努瓦的會規，並試圖改進統一整個帝國境內的修道院飲食常規。他得到查理曼的賞識，為他

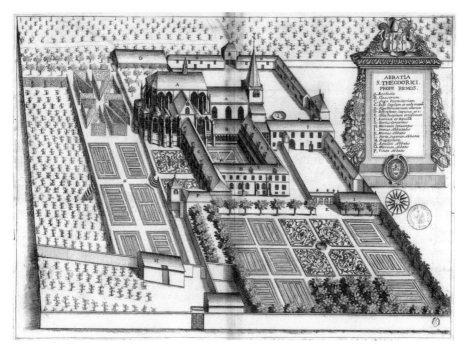

十七世紀，位於漢斯的聖蒂耶里修道院（Abbey St Thierry of Reims）的園圃。注意上方廣大的修道院葡萄園，以及左方 G 與 K 的「*hortus*」即菜園。

的修道院贏得保護與皇家地位。西元八一四年，查理曼的唯一繼承人、虔誠的路易（Louis the Pious，七七八－八四〇。路易一世）繼承王位，繼而在整個加洛林王朝（Carolingian，七五一－八九九）帝國的修道院實行聖伯努瓦的新會規。八一七年，在艾克斯－拉－夏貝（Aix-la-Chapelle）[5] 舉行的宗教會議決定，西法蘭克（Francia Occidentalis）地區的所有僧侶必須加入本篤會（Benedictine）。在飲食方面，該宗教會議遵循阿尼亞訥的伯努瓦的建議，除了病人以外，僧侶禁食「屠戶宰殺的肉類」（即四足獸類），不過每日餐點可以用豬脂油（lard）調味、但在星期五及某些聖期除外，並且聖誕節與復活節可以吃禽類。阿尼亞訥的會規還把葡萄酒的飲用量限制在最低。很有意思的是，在大齋期間及其他齋日可以吃水狸尾，因為牠大部分時間都待在水裡，所以被歸類為魚。

5　今日德國西部城市亞琛（阿亨）Aachen。

巴黎左岸的聖但尼修道院（Abbey of Saint-Denis）就是一個例子，從這裡可以看到修道院及相關土地上的生產與消耗。西元八三二年的宗教會議之後，聖但尼修道院院長伊爾杜安（Abbé Hilduin）擬出一份章程，列出該修道院附屬的三十處土地（莊園）應各自負責生產哪些產品，而院內僧侶又該負責生產哪些產品。西元八六二年，禿頭查理（Charles the Bald，八二三－八七七。路易一世之子）發布憲章，確定該修道院除了自製葡萄酒與麵粉之外，其他需要物資都由外界取得，於是聖但尼修道院就此公開與外界交易，購買食物，甚至可能賣掉一些修道院自製的葡萄酒以購買其他貨品。[10] 在法蘭克王國時代建設起來的交通網路，能夠運送地中海地區的高品質產品，這些產品雖然距離巴黎很遠（而且也大為背離聖伯努瓦的規定），對這些僧侶而言卻是唾手可得。創立於西元九一〇年的克呂尼（Cluny）修道院，位於亞奎丹公爵6（Duc d'Aquitaine）賜予的土地上，不久後成為本篤會修士生活的典範；但即使是在克呂尼，修道院的做法也偏離了聖伯努瓦的會規以及飲食自給自足的訓示。修道院及其周邊聚落比如克呂尼，漸漸開始從城鎮市場上購買葡萄酒與小麥；不過在西元一一二〇年之後又回歸自給自足，因為在這一年，院長「可敬者」彼得（Peter the Venerable，一〇九二－一一五六）下令，只能購買修道院土地上無法製作或種植的產品。[11] 大致而言，法國的修道院試圖藉由自種的菜園、簡單的熟食比如湯與粥糊，保持「農民的」簡樸和以蔬菜為主的膳食。這項規定的唯一例外似乎是以普通小麥（soft wheat，又稱bread wheat）做成的麵包，而非更常見的以大麥、二粒麥、小米或者其他粗粒穀物製成的「粗糧麵包」（pain grossier）。然而，十一世紀克呂尼修道院在發誓靜默期間使用的手語卻包含了多種食品，令人感到驚訝，其中有三種麵包、七種魚（包括鰻魚、鱒魚、鱘魚、墨魚）、炸麵糕、葡萄酒。[12]

一一二五年，克萊爾沃的聖伯納7（Bernard de Clairvaux）寫了一篇嚴厲的批評，抨擊克呂尼的僧侶（的許多行為包括）使用「使味覺

---

6 虔誠者威廉一世，八七五－九一八。

7 一〇九〇－一一五三。熙篤會（Order of Cistercians）修士，隱修制度改革者，克萊爾沃修道院院長。

墮落」的調味、該喝水的時候卻喝加香料的葡萄酒，並且使用不必要的多種方式烹調雞蛋。[13] 一一三二年，神學家彼得‧阿伯拉爾（Peter Abelard，一〇七九－一一四一）在書信中寫到修道院裡的虛偽行為，名義上犧牲了肉食，卻改吃昂貴的魚類，以及香料與大量葡萄酒。[14] 很反諷的是，高級的魚與蛋烹調是為了取代肉食，是一種懺悔。針對聖伯納的批評，可敬者彼得做了許多改進，在十三世紀的克呂尼，大多數餐點都是蔬菜湯，一週四天搭配煮熟的青菜、雞蛋、乳酪，另外兩天則是小麥麵包與葡萄酒，如果便宜的時候就加上魚。通常節慶期間的重點是肉食與取代麵包的糕餅，而病後恢復期的僧侶可以吃肉。[15] 馬西莫‧蒙塔納利曾經解釋，這些不合規矩的食品違反了清貧的誓言，事實上顯示了修道院的社會地位，修道院富於權勢，因此僧侶無法抵擋複製貴族的膳食習慣。[16] 早期允許在節慶吃家禽，證明了修道院膳食在飲食方面的地位較高，因為在中世紀統治階級眼中，禽類高於「粗糙的肉」（grosses viandes），比如牛肉與豬肉，都是給勞動階級吃的。

　　修道院為一部分俗家民眾服務並餵飽他們，而且是窮人的醫院、富人的客棧，這些富有的旅客可能叨擾數天甚至長達數星期。修道院要給這些訪客提供飲食，就必須有多餘的麵包、乳酪、肉類，當中許多是以「教區什一稅」（dime）的名義從獨立村落的收成中徵集而來。

　　柯爾比修道院（Abbey of Corbie）雇用一批俗家雇工（provendiers）在菜園幹活，報酬是伙食與薪水，此外有其他俗家雇工協助僧侶做日常工作或者供應貨品。這些未出家的人吃的餐點類似僧侶，不過麵包是特定的幾個種類，也吃僧侶不能吃的豬肉（火腿與大塊肉），僧侶只能吃豬脂油。雖然在艾克斯－拉－夏貝舉行的宗教會議帶來了改革，但是在八二二年柯爾比的僧侶顯然於大齋期間以外依然經常大啖豬肉，這一點從修道院土地上飼養的豬隻數量就看得出來。學者估計當時這座修道院每年加工將近四百頭豬，遠超過分配給俗家雇工的數量，因此一年到頭的非齋日裡這些修道院僧侶很可能一直在吃各種豬肉製品。[17]

　　在基督教會影響下，肉類飲食受限，麵包就成為法國膳食的中心，因此中世紀可說是麵包世紀。在這段歷史性的時期及後來，小麥

彼得‧阿伯拉爾,十七世紀的
軼名版畫。

種植在法國一直很普遍,而周邊其他地理區域則仰賴其他穀物。用來
製作普通小麥麵粉(*froment*)的小麥很早就在法國占據主流,也許這
就是為什麼今天法國有「麵包文化」,而且麵包文化把法國與其他歐洲
鄰國區分開來。中世紀的農民稱製作麵包的普通小麥為「貴族穀物」
(*céréale noble*),因為它的產量低,而且受富人喜愛,但是農民重產
量而輕風味口感,認為種植這種小麥毫無道理。[18]小城市與村莊的大
片農地大都用於種植小麥,陸路與海路運輸路線使得大城能夠依賴遠
方農地出產的普通小麥。十四世紀末諾曼第的小麥、十五世紀皮卡第[8]
(Picardie)的小麥,都供應給巴黎,第戎(Dijon)的小麥則來自北方
的勃艮第。[19]法國小麥在用來做成麵包之前,得先經過磨粉,而磨坊
則在修道院與封建領主掌握之中。在十一世紀,風力與水力磨坊都是
法國鄉間常見的景象,也是修道院與城市的重要地盤。巴黎受惠於塞
納河上的八座磨坊,其中幾座位於連結西堤島(Ile de la Cité)與右岸
的磨坊主人橋(Pont aux Meuniers),現在此橋已不存。巴黎的穀物供
應商在市場上出售貨物,市場位於格列夫廣場[9](Place de Grève)旁的
河邊,來自法國北部的船運在此停靠。一開始,磨坊是世襲的,由教

8　在中世紀指巴黎以北的地區。
9　這是一八〇二年之前的舊稱,現在是市政廳廣場(Place de l'Hôtel-de-Ville)。

會中人或者俗家磨坊主運作，他們從送來磨粉的穀物中收取一部分作為報酬；在法國某些地區直到十五世紀，磨坊主人強制屬民必須使用自己的磨坊，並且支付使用費。從柯爾比修道院在西元八二二年的紀錄中可以看出，封建制度下的教會磨坊的工作量與勢力範圍：為了製作四百五十個大圓麵包供給修道院僧侶，從修道院管轄的各村莊運來一千一百三十車二粒麥，總計一萬三千五百六十個「muid」（穀物容積單位，大約等於五十三個蒲式耳、一千八百公升），由十二名俗家雇工在磨坊裡完成，以一部分穀物支付酬勞。[20]不過偶爾教會磨坊也會轉手，可能由資產階級買下，或者成為公有財產，例如在十三世紀盧昂（Rouen）就是這樣。[21]職業麵包師在磨坊享有福利，包括特價、有權延長時間使用磨坊處理大量穀物。

在波爾多地區，從十四世紀開始，就已經有法令規定麵包師只能以普通小麥麵粉製作麵包（pain de froment），不得摻雜黑麥粉或其他種類小麥粉；不過這些只是城市裡的麵包，在市區製作食用。鄉間居民以及不寬裕的人依然以黑麥或者小米粉做麵包，或者以這些穀物做成粥糊與麵餅，而非做成經過發酵的麵包。烏布里（Oublie）是一種

十五世紀史書中的農業勞動景象。

巴黎的磨坊主人橋（Pont aux Meuniers），提奧多．尤瑟夫．烏貝爾特．哈夫鮑爾
（Theodor Josef Hubert Hoffbauer），版畫，一八八五。

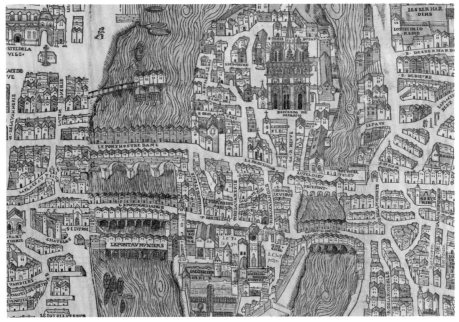

巴黎的橋，一五五〇年。圖中有磨坊主人橋上的磨坊（左下角）。托謝與歐佑的巴黎平
面圖（plan of Paris by Truschet & Hoyau）。

小型威化餅（名稱來自聖體的拉丁文名稱 *oblata*），以兩塊熱鐵夾住麵糊做成，並不算是麵包，但依然是以不經發酵的精製小麥粉焙成。做給國王吃的威化餅是奢侈品，做給教會的則是神聖的食品，也是大眾的節日美食，節慶期間在教堂以外的地方出售。[22]西元一二七〇年，巴黎的烏布里師傅（*oubloyer*）得到了官方認可，從其他烘焙師行業裡獨立出來，直到一五五六年，查理九世[10]（Charles IX）才又把這一行與糕餅師傅（*pâtissier*）合併。中世紀的糕點師負責製作包著肉餡、魚餡、乳酪餡的油酥派餅，而非現在人們認知中的甜品師；麵包師（*boulanger*）也有權利製作並出售帶餡的油酥派餅。在巴黎，烘焙業規章正式承認麵包師行業是遠在提及糕餅師之前，但是現實中這兩種職業肯定同時存在，而且業務範圍也有重疊，直到一四四〇年，一紙許可證確定了獨立的糕點師規章。這套規定的標準是相當低的：糕點師傅在其產品中不可使用變質的或難聞的（*puant*，惡臭的）肉、魚、乳酪，否則會遭罰款，違規的產品必須焚毀。[23]

　　在法國，烘焙產品有千百種，相關法規重重，可見得法國對於烘焙尤其懷有敬意。因為天然地理條件使得法國傾向於生產穀物，所以人民也從多種穀物中選擇了麵包作為主食。而且，從「最虔誠的基督教國王」克洛維開始，麵包與宗教有了關聯，還有一套系統用以訓練烘焙師、以法規及職業組織加以監督；除此之外，法國擁有一座真正的首都，首都的都市人口使得專業烘焙很早就開始分化，因此法國終將稱霸麵包與糕點界。地理環境可以解釋為什麼法國是麵包之國，但是曾經分歧再統一的麵包文化則是其他因素造成的。法國城市政府規定的麵包形式都是統一一致的，但是藝術性與各地區麵包的發明並沒有受限，每一種特產麵包都有獨特的名稱。麵包與其他食品的專門術語，以及烹飪的常規作法，都使得法國人與眾不同，並且是法國人日後取得廚藝主流地位的立足點。早在中世紀，推動分級制、風格的影響力、採用度量標準以達到對品質的堅持，都已經是法國麵包的獨特之處。

　　麵團也有一套等級制度，對比較貧窮的人口來說，發酵的麵包是

10 一五五〇－一五七四，一五六〇年即位。一五五六年是前任法蘭索瓦二世在位期間。

「財富的象徵」（*symbole de la richesse*）。[24] 事實上，從十三至十五世紀，波爾多地區的鄉村教區公證紀錄中，並沒有職業烘焙師的蹤影，由此可見，麵包師這個職業是完全屬於城市的，而鄉村居民則是在公用烤爐自己烘焙麵包（如果吃得起的話）。[25] 在十五世紀的波爾多，小米製品完全取代了黑麥，只有在十六世紀下半葉，黑麥麵粉才取得了合法地位，可以用於專業烘焙。反之，在十三世紀交給波爾多大主教的什一稅穀物數量打破了紀錄，而大主教地位崇高，吃的是高品質麵包，可見當時最常見的是用以製作高級麵包的普通小麥。[26] 加斯科涅（Gascony）的居民素以種植及食用小米與「panis」（panic，帕尼克）聞名，這些穀物被認為是粗糙且未開化的（就像加斯科涅人一樣）。在中世紀法國，用來製作麵包的穀物大軍（大麥、燕麥、二粒麥、黑麥）逐漸讓位給了小麥，法國人對於白麵包的需求愈來愈高（後來在危機時期也一樣），例外的只有一些山區。次要的穀物被發配為牲口飼料，在北部也用來釀造啤酒。在整個十六世紀，穀物都是農民與許多城市貧民的日常膳食主角，包括麵包、粥糊、加了麵包乾的稀湯。

在十四世紀，麵包師這個職業有了法律地位，而且城市工人的薪資增加，所以城市居民愈來愈習慣購買日常所需的麵包。中世紀的麵包供應，重點在於是否有可用的烤爐：教會機構與醫院有自己的烤爐，而中產階級人家通常沒有；此外，農民與修道院之間的封建從屬關係使得農民必須使用修道院的「公用烤爐」（*four banal*），只有繳交一筆年稅才能免除。在五世紀與六世紀，只有百分之五的農村家庭擁有烤爐。不過沒有烤爐並不影響自己製作麵包，中世紀村莊的麵包師分為幾種：「*fournier*」，專門烘烤別人做好的麵包；「*pancossier*」[11]，自己完成製作麵包的每一個步驟，從一開始購買穀物，到最後在商店或市場出售麵包。在巴黎，「*pancossier*」稱為「*talemelier*」，源自「將麵粉過篩」（*tamiser*）這個詞。巴黎市長埃提安・布瓦洛[12]（Etienne Boileau）在一二六八年的《行業大全》（*Livre des métiers*）裡明訂「*talemelier*」的正式地位。在城市裡，可能因為薪資上漲，許多城市居民不再自

---

11 中古法語，「*fournier*」意為用烤爐烤東西的人，「*pancossier*」意為做麵包的人。

12 一二〇〇／一二一〇-一二七〇，紀錄已知最早的巴黎市長。《行業大全》收錄當時巴黎所有職業規章。

中世紀麵包師與學徒。

己做麵包，改為購買，於是「*fournier*」這個行業逐漸消失。巴黎的「*talemelier*」店鋪在中央市場（Les Halles）以及穀物市場，從店鋪牆上的窗口出售麵包，顧客並不進入店內。至少在中世紀早期，女性不得從事此一行業。根據一三五〇年間波爾多大主教的紀錄，其中提到「*fourniers*」（陽性形）以及專門的「*boulangères*」（陰性型）。[27] 從事麵包烘焙的有孀婦、未婚單身女性，以及獨立工作的已婚女性，很可能是因為在家中為家人製作麵包，進一步發展而來。到了十五世紀，法規開始把女性排除在專業烘焙行業之外，這是為了預防單身女性成為麵包師，法規並且要求繼承麵包作坊的孀婦必須雇用男性學徒，當時其他行業也遵守此做法。農村家庭則持續自己製作麵包，以普通的爐子烤熟。在整個中世紀，由於修道院有烤爐，而且有磨坊與穀物，因此是唯一能夠當場製作烤製新鮮麵包的機構。資產階級的顧客有時候從城市修道院購買麵包，這種麵包叫做詠禱司鐸麵包（*pain de chanoine*，源自主持教會隆重禮儀的詠禱司鐸〔*chanoine*〕）。[28]

　　麵包有城市與鄉村之分，但也有供應給所有社會階層的麵包。西元一三八八年，查理六世賜給諾曼第阿夫勒爾城（Harfleur）的烘焙師一項專有權，他們可以多生產白麵包、少一點「大麵包」（*gros pain*），

但條件是他們必須保證所有顧客都能買到合適的麵包（也就是必須備齊所有種類）。[29]在波爾多有三種小麥麵包：品質最高的白麵包稱「choyne」，皮薄，顏色淺；其次是「en co」或「amassa」，以及棕麵包（pain brun）、又稱「barsalon」或「gros pain」意即「大麵包」。後二者之間的區別不明，不過顯然是次級品，因為「choyne」得名於神職人員詠禱司鐸，通常都與財富有關，而一五二五年的一道法令把「amassa」麵包與體力勞動者連在一起，波爾多大主教從屬民收來的棕麵包即「gros pain」都發給了在他的土地上工作的日工。[30]同一時期在諾曼第，城市市場上的麵包小販必須供應「pain blanc」（軟的白麵包）、「clostures」（資產階級最流行的麵包，顏色較深，皮較厚）、「pain faitis」或稱「festin」（比較重的全麥麵包），以及勞動階級吃的重且紮實的「gros pain」。[31]城裡的市場供應普通小麥製成的麵包，但是走街串巷的小販（叫做fournisseurs forains）賣的是粗糧做成的粗麵包，顧客都是很窮的貧民，或者是酒館老闆與掌家的人，他們把這種麵包當作「tranchoir」（餐盤，trencher）。在宴席上，烤過兩次的厚實麵包「tranchoir」當作餐盤，盛放加了醬汁的肉或魚，有時候由兩個人共用。宴席結束之後，這些吸滿了醬汁的麵包可以發給窮人。十六世紀晚期，焊錫與陶土盤取代了這種麵包盤，於是此一善舉也隨之消失了，使得已經習慣這種麵包的農民們非常驚慌。

中世紀的所有麵包都是圓形，因此在克呂尼修道院中，代表麵包的手語是拇指與食指環成的圈狀。麵包師「boulanger」這個字可能源自「boule」，意即圓麵包。麵包的形狀都是一樣的：從修道院的麵包、以最細的普通小麥麵粉製成的軟白麵包（pain blanc），到重達三公斤多的粗糙農民麵包，都是圓形的，不過軟白麵包顯然鶴立雞群。在某些地區，軟白麵包被叫做「嘴的麵包」（pain de bouche），因為可以單獨吃而不必搭配其他食物，至於粗糧麵包（pains de poise）是沉重粗糙的麵包，品質必然偏低。[32]讓大部分人口、尤其是那些本來吃穀物粥糊的人能夠吃到麵包，是那個時代的進步象徵。當代法國麵包的代表長棍麵包（baguette）呈細長狀，與從前「財富的象徵」那種圓滿敦實的外形大不相同。

中世紀時，麵包相關法規非常多，這種做法日後也擴展到其他食

品行業中。這些法規的管制範圍包括麵包的種類、獲准使用的小麥、每種麵包的價格，以及對於職業麵包師的要求。歷史學家勒內・德・列斯尼皮納斯（René de Lespinasse，一八四三－一九二二）強調麵包在法國人情感上與思想上的地位，「人的主食始終是大眾不滿的焦點，也是對於權力的探索。」[33]國王定期審查麵包相關法規，這是出於職業麵包師的要求，也是因為國王想要管理麵包製造。一三〇五年，腓力四世（Philippe le Bel，一二六八－一三一四，別名俊美者）下令，巴黎一星期七天都必須有麵包與穀物供應，而且只要產品「足夠且公道」、「重量合法」，任何人都可以製作並販賣麵包。[34]不久之後，法令規定想要成為麵包師的人必須跟著已經通過考核的麵包師傅學藝三至四年，然後製作一批考試麵包，在城中販賣，由一群專家加以評定。通過考核的麵包師可以成為「gardes」即檢查員，負責維護法律規定的麵包標準。西元一三五一年，法國約翰二世（Jean II Le Bon，一三一九－一三六四，別名好人約翰）下令，巴黎市長每年必須選出四名「gardes」，又稱「prud'hommes」，這些檢查員有權「為上帝」沒收整批麵包並發給貧民，並向違規者徵收罰金。[35]麵包檢查員四處走訪商店、旅館、酒館，甚至街上的顧客，檢驗麵包的大小、重量與品質，並且確認麵包上都有該麵包師的特有印戳。手握大權的麵包便衣檢查員、所有人都買得起麵包的承諾所隱含的平等思想，這些都與法國人對好麵包的熱愛密切相關。城外來的麵包小販可以在城內賣麵包，但是必須把剩下的麵包全部帶回家，而且在籃子與車子裡不可混合不同種類或尺寸的麵包，否則可能被沒收並罰款。[36]在十六世紀的盧昂，有一回所有麵包師決定多睡一會兒，不要一早起來做麵包，結果政府命令他們必須每天清晨四點烤麵包。[37]

　　意料中的是，巴黎城內的麵包事務與其他地方不一樣。麵包大師傅[13]（grand panetier）是王家官員，負責監督執行一三〇五年頒布的麵包法規，即麵包必須每天製作，而且對於職業麵包師有明確的要求。反之，在十四世紀的諾曼第，市政府禁止在星期天與節日製作麵包。從十四世紀開始，麵包價格與市場上的麵粉價格保持一致。麵包商到

---

13 原本是法王御廚內的職位，逐漸演變為管理巴黎市內麵包相關的官員，由貴族世襲。

底應該將價格固定、但重量隨行情浮動，還是應該將重量固定、但價格隨行情浮動，此一論戰延續了不止一個世紀。在十四世紀與十五世紀初，巴黎的麵包法規是將價格固定，然後設定不同種類麵包的重量。在諾曼第，市政法令認為給所有種類麵包規定一個固定的合理價格才是最公平的，麵包師按照麵粉的價格，提供不同重量的各種麵包。在同樣價格之下，較輕的麵包[14]能夠合理分配，因為每個人膳食中的小麥占比與全家收入是成反比例的。價格固定而重量浮動的做法，保證所有人都吃得起麵包，較不寬裕的人能夠以同樣價格買到更重的、品質較差的麵包。農村的麵包師設定價格與重量的方式不同於城市麵包師，他們的產品也比較缺乏官方管理。因為農村麵包師製作麵包的頻率較低，所以製品都較大；十二世紀克呂尼修道院的教民交來代替租金的麵包，每個重量從七公斤到十五公斤不等。[38]當然了，當時人沒怎麼指望得到新鮮麵包，尤其是下層階級。大麵包通常都得吃到下一次做麵包的時候，比較貧窮的人們習慣了非常乾硬的麵包，必須浸在液體中才能下嚥。

在市長布瓦洛頒布的法規之下，巴黎麵包師同行擁有一點點權利，包括有權要求每兩年舉行一次麵包測驗（*essais de pain*），這是由一群專業麵包師組成委員會，主持一場嚴格監督的烘焙競賽，以決定這一年小麥的麵包品質，從而訂定合理的麵包價格。這些測驗針對市面上的小麥價格，對每一種麵包都設定了精確的重量。頒給巴黎市長的王家證書上明列每一種巴黎麵包在烘烤前與烘烤後的確實重量，都與小麥價格保持一致；舉例來說，在一三七二年，麵包師揚言若是不調整價格，將集體離開巴黎，這次投訴造成情勢格外緊張，於是查理五世下令，如果小麥價格為十二個第納爾（denier）買八個蘇（sol）[15]，那麼最高級的麵包（*pain de Chailly*）的重量必須是二十五又二分之一盎司，中等麵包（*pain bourgeois*）是三十七又二分之一盎司，粗麵包（*pain de faitis*）是三十六盎司[16]，此外還有七種麵包，分別根據明確的小麥價格規定了重量。

---

14 高品質的麵包較輕，粗劣的麵包較重。全家收入高，膳食中的小麥占比則低。
15 第納爾及蘇都是法國錢幣名稱，定制是十二個第納爾兌一個蘇，此處不明其意。
16 原文如此，則中等麵包比粗劣麵包重，存疑。

　　也許是因為經常有關於麵包重量與價格調整的投訴，西元一四三九年，查理七世規定巴黎市面上的麵包必須按照固定重量製作，而價格隨著小麥成本調整。巴黎市長在每個星期三制定價格，在巴黎各主要市場上由一名「公布員」（cri publique）向小販們宣布。

　　在這項新規定之下，不同種類的麵包各有標準大小，消費者可以以同樣價格購買十二盎司的白麵包，或者一磅粗麵包（pain faitis）。列斯尼皮納斯以十九世紀的觀點回望，評論這套系統是「最公正合理的」，並且代表了「對人民而言實際有用的進步」。[39]現代人對於法國麵包的分析多少帶有這種近乎共和政體思想的評價，彷彿法國人在麵包事務上一直致力於平等；從原始史料來看，其實未必如此，但是對於大革命之後的理念來說是必不可少的。事實上，直到十六世紀，很多法國人拒絕遵守這項固定重量的規定。不過在文藝復興鼎盛時期，食用價格合理的優質小麥麵包（價格與重量可靠）成為大部分法國公民的福利與習慣。一六〇〇年，在一份關於農業與管理貴族家宅的合約裡，土壤學家奧立維·德·賽赫（Olivier de Serres，一五三九－一六一九）把合理分配麵包的信念融入家庭中；富有的封建領主以國王的職權為範本，必須保證所有人都能吃到合乎規矩的麵包種類，比如主人吃的是白麵包與「紅麵包」（pain rousset，加上碎魚肉做成的烘焙糕餅），工人與僕人吃黑麵包（pain bis），這樣一路規定下來直到狗吃的麵包，是以不適合供人食用的穀物做成的。[40]這個規則很簡單：好麵包給僕人，更好的麵包給主人。十七世紀初，麵包的階級始終與社會階級一致，賽赫也稱這些區別是必要而且合乎邏輯的。賽赫說，出於理性的要求，不同的人必須有不同的麵包，以強化主僕之間的區別、以具體物質來維護「命令與遵從之間的神聖規則」；如果只有一種麵包，對於某些人來說就太粗劣，對另一些人來說又太奢華，無論如何，如果主人吃僕人的麵包，就是不合理的，反之亦然。[41]由此看來，難怪後來麵包成了法國革命者的戰鬥口號。

　　農業上的封建制度，造成領主直接命令農奴種植某些特定作物，這是強加的選擇，使得法國農民成為一支團結起來的大軍，耕種出一幅滿是國民糧食的鄉村地景。清除森林、拓展可耕地，於是在大片的封建領地周圍出現了村落與城市，由修道院或者富裕的領主管理。到

加洛林王朝為止，大部分農奴都是封建佃農（*tenancier*），他們能夠控制自己所屬的小塊土地，與領主分享利潤。在十世紀至十三世紀，法國與英格蘭及德國不同，法國的富有地主擁有的大片土地不是由奴隸與長工耕作，而是分割為較小的土地由佃農耕作，佃農付給一筆使用費（稱為 *redevance*），在戰爭與暴亂時，佃農對領主也有義務效忠。[42]奴隸的任務由主人指定，並且以自己的工作成果償還；而佃農有部分獨立性，以現金或產品支付租金。封建領主將自己的產業分割運作，佃農有義務出售及儲藏穀物，能夠確保領主得到固定的現金收入而非作物，但是領主也將經濟權力與象徵性的權力讓渡給了佃農。就像馬克·布洛克[17]（Marc Bloch）所說的，領主不再是企業的老闆，而是依靠投資過活的退休人員。[43]在封建制度下，農民必須向領主繳交部分作物，但是能夠在當地市集上出售或交換剩餘物資。中世紀法國轉變為現代法國，當中的區別就在於能否進入市場，尤其在農民階級以及農業方面來說。從十三世紀到十四世紀中葉，法國的封建佃農制開始消失，佃農可以向領主贖身，免除義務。只要能在市場上出售作物並存錢的佃農（或者可以借貸），就能得到自由，這一點對於那些能在城市市場做買賣的佃農特別有利。巴黎直到今天都是最大的市場，在十三世紀的巴黎，封建佃農制很快就消失了，只留存在其他地區，比如香檳、勃艮第、佛朗什－孔泰，直到十六世紀；還有其他地區一直留存到大革命時期。[44]從八世紀至十六世紀，封建制度下「保留」給貴族的土地原本占可耕地的一半，最後下降至三分之一，但是特權階級依然擁有森林，農民擁有的土地占三分之一，剩下的三分之一由資產階級購入。[45]

在這一段封建佃農解放後的真空期裡，地主轉而採用完全的佃農制（*métayage*），有時候合約是世襲的，由父傳子，以確保地主與佃農之間的關係存續，可是這一來又複製了一點農奴制的不平等。對這些真正的佃農來說，這樣的制度保證了工作與部分獨立；對地主來說，這樣能夠有收入，還有穩定供應的新鮮雞蛋、家禽、小麥、豬肉以及

---

17 一八八六－一九四四，中古歷史學家。二戰中法國遭納粹德國占領期間，因投身法國反抗運動及其猶太人血統，遭法國警察逮捕交予蓋世太保處決。

領主與家臣在打獵之後用餐，出於手抄本《狩獵之書》（*Livre de la Chasse*），加斯通・費布斯（Gaston Phébus，一三三一一一三九一，福瓦伯爵〔Comte de Foix〕三世）著，一三八七一一三八九。

農地上生產的一切，這些都在與佃農的合約中詳列。有辦法的人能夠利用這種佃農制與土地保持關係，在法國的沃土上擁有屬於私人的一角，享受富饒物產。對於與大地的實際關聯及哲學性關聯，法國人的感受強烈，這其實起源於中世紀晚期的農業制度革命。布洛克認為，法國人與其鄉村文化遺產之間的象徵性關係，其實與佃農制有關，因為從這個制度開始，「部分城市居民與大地有了直接關聯；個人依賴於耕作土地的人們，這是真正的紐帶，把城市居民與土地連結在一起，而且這是近代歷史上的一件要事。」[46]

　　在一四五〇至一五七〇年之間，法國人口增加了一倍，隨著人口增加，就有了人力用於清除森林、犁田、種葡萄，使得穀物與葡萄生產從貴族與修道院的事業擴大為農民及鄉村的事業。「*complantatio*」（對葡萄藤的部分所有權）給予農民一些自治權，並且使得葡萄園擴

散到了全歐洲。農田從種植穀物改為葡萄，至少在能夠從事葡萄酒交易的地區，為農民提高了每公頃的收入，但是單一農耕也使得這些地區在歉收的年頭更為脆弱。富裕的金主在距離城市市場很遠的地方買下葡萄園，因為他們負擔得起銷售這些葡萄酒的較高運輸費用，於是進一步促使這些地區投入高級葡萄酒生產，以補償昂貴的長途交易成本。[47]高級的勃艮第葡萄酒就是由這樣的經濟動機催生的。然而從中世紀開始，葡萄酒買賣的主要參與者是巴黎的葡萄酒商人。一一九二年，一條法令賦予他們在巴黎賣酒的壟斷權，並要求外地人將酒賣給這些中間商，還要付費才能在塞納河上運輸酒類進入巴黎市場。巴黎酒商施展影響力的範圍遠遠超過巴黎城區，在十三世紀促使下勃艮第的歐塞爾（Auxerre）改種植穀物為葡萄，讓勃艮第成為「法國國內殖民化的最佳範例」之一，首都裡手握權勢的人支配了內陸腹地的農業。[48]

　　賈克・戈希[18]（Jacques Gohory）在一五四九年的著作《關於葡萄藤、葡萄酒及葡萄收成》（*Devis sur la vigne, vin et vendanges*），是第一本以法文撰寫的葡萄酒技術書籍，書中有許多種植葡萄及釀酒的專業字彙，顯示了「當論及葡萄的研究，法語完全能夠勝任，不需要向拉丁文的技術準確性求助」。[49]戈希這份作品早期貢獻意義重大，確認了法國「這個國家具有自己的身分形象與富饒物產」，這是又朝著法國飲食的神話建構進了一步。[50]在過去，法蘭克人的土地因為出色的乳酪、豬肉與穀物，贏得羅馬來客的讚賞，而中世紀法國在這樣的基礎上，進一步推動富饒國家的形象。法國是田園牧歌般的花園之國，這樣甚受推崇的名聲在國內外是自然形成的，也是人工建構的。首先把法國形容為花園是在十四世紀，到了一四五〇年之後，在宮廷寫作與譬喻之中就很普遍了，尤其是在壁毯與帶有插圖的手抄本上。埃提安・德・康提（Etienne de Conty）是柯爾比修道院的高級神職人員，在一四〇〇年，他寫了一篇對於羅馬天主教的地理與經濟概述，其中提到優良的法國穀物、種子、葡萄藤、油，以及法國的魚類與野味，並認為這些都勝於英格蘭所產。[51]柯爾比尤其以黑皮諾（pinot noir）葡萄及

---

18 一五二〇－一五七六，法國文藝復興時期一位律師、醫生、鍊金術士。

狩獵之後用餐，產自阿爾薩斯的壁毯，十五世紀。

葡萄藤聞名。[52]十五世紀期間，代表國王的象徵性人物從戰士換成了
農夫；在書籍與壁毯上，想像中上帝賜予的花園也「由於氣候優越、
土地肥沃豐美，成為法國的真正領土」[53]，而且這種思想在政治與科
學性作品中進一步推廣。十七世紀初，賽赫更堅定此一信念，並且在
上帝對法國的天意（divine providence）之中加以追索，聲稱對於「上
帝的旨意」（la providence celeste）的感激伴隨著自豪，「在這個王國的
廣大領土上，每一個省分裡每個人都吃得到精緻的麵包。」[54]

　　在這廣闊的花園之國裡，居住在鄉村的農民吃的依然是很原始的
麵包、葡萄酒、一點肉，在山區則以乳酪替代肉。從封建制的領主莊
園轉變為各別的小農場，這一點尤其與肉類生產有關，並且再次強化
了富人與貧民之間的區隔。貴族在自己的土地上獵食，而農民生產與
消耗的主要（但不完全）是來自土地的農牧產品。對貴族來說，肉類
代表權力，不過封建領地上的森林也開放給下層階級人民打獵，是野
味的來源，而且農民也養著幾頭母牛與綿羊，是為了奶類與乳酪，最
終也是為了肉食。森林、沼澤、曠野這類未經耕種的土地（incultum 或

採收蘋果，十五世紀手抄本。

saltus）則用以放牧豬隻，還可以提供木柴與野莓。在中世紀末葉，這些森林與荒地歸於私有，從此農民無法前往打獵，因此在諾曼第發生了一次農民暴動，也深深改變了農民的肉食習慣。肉食減少，轉以麵包為主食，對這些農民來說是重大改變，他們本來已經習慣四處打獵及採集。種植穀物、膳食缺少變化，在歉收的年頭就可看出這是很不安全的，貧民沒有什麼含有熱量的食物選擇，而在過去他們的膳食是有肉食補充的。

到了最後，下層階級人民完全不得進入森林，而且部分森林被砍伐以開闢種植穀物。農民開始以穀物及蔬菜代替肉食，這又使得貴族與貧民之間的距離成為鴻溝，城市居民與農村居民之間的差距也是如此。比如一五五八年在尼姆，百分之六十三的土地用於生產穀物及栗子，剩餘的土地幾乎平分用於葡萄園及牧地。[55] 反之，這整個時期，

在巴黎與法蘭西島（Ile de France）牧業及其他動物製品生產一直很興盛。幾乎每一戶農民都有菜園，而且菜園極為重要，因為「不像其他耕地，私人的菜園被視為『免稅』，佃農不須為它支付租稅給地主」。[56]在中世紀結束時，有兩種人享有特權膳食，一是貴族，他們吃得起肉、厭惡蔬菜，另一是城市居民，他們倚賴從市場上購買的生活物資。在歐洲，到了十四世紀末葉，城市與鄉村之間的區別就體現在準備飲食的方式（購買或自家生產）、麵包（精緻的小麥麵包或粥糊與粗麵包）、肉食（新鮮獸肉與羊羔肉，或鹽醃獸肉與豬肉），以及肉食的調味上（加香料與甜味或鹽醃）。[57]在十五世紀的普羅旺斯，肉食不是日常食物，只有星期天或者節日才吃得到，不過農民的膳食中肉類並未完全消失，標準的一年分額可能包括每星期的一塊羊肉、復活節的羔羊肉、自家飼養屠宰的一頭豬做成鹽醃豬肉供整個冬天食用，還有在聖誕節期購買一塊牛肉給接下來幾個特殊日子食用。[58]牛肉在食譜書中不常見，因為被視為粗野且營養價值低，不過考古證據顯示，牛肉可能是中世

販賣水果與穀物，十五世紀手抄本。

紀的主要肉食之一。

在中世紀，從城市的屠戶人數可以看出市場上的肉類供應很大。在十二世紀巴黎，腓力・奧古斯都[19]（Philippe Auguste）將王家特權賦予屠戶，不過當時巴黎聖母院附近的屠戶大市場（Grande Boucherie）已經有一群屠戶，很有規模。就像管理麵包一樣，肉類供應也有一套標準術語，在十二與十三世紀的紀錄中，賣鮮肉與冷盤肉的人稱為「macellier」（或carnifice），在十四世紀，「boucher」這個詞指的是以低價出售劣質肉類的人。這一行還有「agnelier」出售羊羔肉、山羊肉、野兔肉與山鶉肉，「pâtissier」出售肉餡的油酥派餅，「galinier」賣家禽肉，「tripier」賣牛肚。[59]關於十四世紀土魯斯的屠戶（macellier）有一份研究，發現他們的人數比其他食品相關行業人員多出許多，但是人們並不敬重這個行業。國王經常限制巴黎屠戶從業的地點與方式。巴黎的屠戶大市場稱霸將近一世紀，在一套封閉制度之下，只有屠戶的兒子才能入行；西元一四一六年，查理六世以該市場對大眾健康有害為由，下令拆除，並且撤銷了這一行子繼父業的法律特權。接著他設立了四個新的肉類王家市場，所有權屬於國王，租給業主。由於政治風向改變[20]，這一番橫掃並沒有持續多長時間，查理六世在一四一八年重建肉商大市場，並保留四處王家市場中的三處。一四一六年那次，其中一條法令特別引人注目：為了維護國王改善衛生的用意，屠宰及剝皮必須「於城外」完成，位於羅浮宮後方的空地，即日後的杜樂麗花園，如此一來「我們城市的空氣才不會遭到汙染或破壞……塞納河的水也才不會遭到破壞與汙染」。[60]這個想法的確令人感到充滿希望，但是直到十六世紀法令依然規定老病以及被汙染的動物肉類必須扔進塞納河。

貴族與城市居民在肉食上的特權也延伸到了其他蛋白質來源。富人吃魚，不過並未壟斷魚類，因為法國有多處河海產魚。鰻魚極受歡迎，中世紀的政府法令還特地提及鰻魚。有兩個魚類相關組織得到巴

---

19 一一六五－一二二三，是第一位以法蘭西國王自稱的法國君主，又稱腓力二世。巴黎聖母院在他即位後啟建。

20 一四一五年，英格蘭亨利五世入侵法國，在阿金庫爾戰役大敗法軍，一四一九年占領整個諾曼第。

捕魚，十四世紀手抄本。

黎市長布瓦洛的法規認可，一是海魚小販，二是淡水魚小販。在十四與十五世紀的食用量方面，名列第一的是鯡魚；「hareng poudré」，字面意義為粉裹的鯡魚，是以鹽與乾草包裹的鮮魚，巴黎的富人十分喜愛。較不寬裕的人吃的是鹽醃或者煙燻的鯡魚，因為這種保存期較長。

　　整體來說，在中世紀末葉對於鯡魚的需求，帶動了整個歐洲出現大量魚類加工業，包括布列塔尼與羅亞爾河谷的鹹魚製造業。[61] 十四世紀，巴黎議會有一個特別議院稱為「水流議院」（la chambre de la marée），專門管理首都的魚類供應。從官方這一套複雜的系統可以看出，作為極受重視的食品材料，魚類有多麼重要，尤其是因為教會規定了齋日。實施法令就是為了「避免任何壟斷，也就是避免擾亂巴黎的『魚類』供應」。[62]

　　對於食品的實際管理，其實也對應著麵包價格的嚴格管控，以及對於巴黎獨特法規的再三加強，但是也暗示著食物供應應該是公正而平等的想法。對於在中央市場（Les Halles）出售的魚，巴黎魚販有義務設定「公平價格」（le juste prix），以確保魚販從鄉間運來的魚價格公平，還要核實魚的品質。[63] 理所當然，巴黎擔心供應遭受擾亂，因為巴黎依賴外界運來的魚，而且從海洋到餐桌還有層層中間人。漁民把漁獲賣給地區交易商（marchands forains），這些交易商再賣給運輸商（voituriers）。然後進一步把魚賣給巴黎的魚類交易商，再轉手給市場

栗子是佩里戈爾地區從中世紀到二十世紀的主食之一。

魚販（*poissonniers*），最後賣給顧客。

　　富人餐桌上常見的是完整的全魚，生蠔與扇貝則是貧民的食物，並且在水邊撿拾貝類代表著貧窮。中世紀與文藝復興時期的許多飲食指導，仰賴的是膳食學與某些食品的象徵意義。人們普遍認為，與貧民、農村居民及勞動階級比起來，城市居民、知識分子、富人的消化系統細緻得多。比如某些種類的穀物對於上層階級來說難以消化，但是正好適合下層階級。十六世紀的解剖學家賈克・迪布瓦（Jacques Dubois，一四七八－一五五五），是蒙佩利爾[21]（Montpellier）的一位醫生，他的一系列膳食學手冊中，建議貧民食用以蔬菜、香草植物、牛肚、脂油做成的濃郁燉菜，「濃稠料多，難以消化，但是有營養。」[64] 迪布瓦還認為邊角肉、內臟、腦、生蠔，都是適合勞動階級吃的肉類，因為他們的體質能夠消化；至於貧窮的知識分子（就像現在的研究生）因為體質細緻，無法吸收這些「窮人的食物，所以應該吃雞蛋、蔬菜濃湯、黑麥做成的粥糊，黑麥是適宜的『高等』穀物」。有時候某些食材也會跨越階級，比如農民把栗子磨成粉然後做成麵包，而富人也吃完整的烤栗子。在佩里戈爾地區（Périgord），在中世紀及其後的數百

---

21 法國南部城市。十二世紀，蒙佩利爾的吉耶姆八世（Guilhem VIII）創辦醫學院及學術研究機構。

以大蒜及香草植物烹調的蛙腿，從十七世紀就是法國特色食品。

　　年裡，栗子都是重要的麵粉原料與食物。法國食物的最典型印象就是蝸牛，在中世紀，採集蝸牛是貴族的活動，十四世紀的《巴黎家庭主婦之書》[22]（ Le Ménagier de Paris ）是一本關於講究生活的指導書籍，其中就有一道煮蝸牛或煎蝸牛的食譜。在十六世紀，從義大利傳入的作法是以狗搜尋蝸牛，當時很盛行，而且教會把蝸牛分類為魚，在禁食肉類的齋日可以食用。[65]不過到了十六世紀末，蝸牛就失寵了，食譜書中不見蹤影，被逐出精緻高級餐飲之列，直到十九世紀。一五四四年，迪布瓦記載，下層階級可以吃蛙腿，而且當時很普遍（「這道食譜現在已經廣為人知」），（就像現在一樣）以奶油或油煎。[66]

　　在中世紀出現了法國第一批印刷烹飪書，手抄本以及十五世紀末發明的印刷術，都把私人烹調帶上了大眾舞台（雖然「大眾」在這裡僅限於識字與寬裕的人群）。最早的上層烹飪書之一《食物之書》（ Le Viandier ）是屬於法國的，而且闡明了那個時代的特點，大約完成於一三八〇年，作者可能是當時的御廚泰額凡（ Taillevent，本名吉雍・提海爾〔 Guillaume Tirel 〕），不過此說存疑。此書引介了「 entremet 」[23]這個詞，並且是日後正式烹飪書籍的墊腳石。[67]著名的烹飪手冊《巴

---

22 初版於一三九三年，提供女性讀者關於婚姻及管家建議。

23 現在指甜點。

黎家庭主婦之書》（約一三九三年），照抄了《食物之書》的全部篇章，《食物之書》的許多食譜也傳抄甚廣。社會人類學家傑克・古迪（Jack Goody，一九一九－二〇一五）指出，十二世紀的不列顛烹飪書中，使用的烹飪術語是拉丁文與諾曼語，而且「尤其在統治階級的烹調語境之中，占主流的當然是法語」。[68] 在十五世紀末歐洲廣泛使用印刷術之前，《食物之書》的手抄本就已經存在，本來烹飪書籍是「奢侈品，提供給買得起罕見手抄本的富有上層階級」，就此轉變為「小康之家也能買到的商品」。[69] 由於印刷術之助，從一四九〇到一五二〇之間，《食物之書》印出了十五版，是近代早期最有影響力的食譜書，但並非唯一代表法國烹調的印刷烹飪書籍；《烹飪大全之花》（La Fleur de toute cuisine，一五四三）、《大廚烹飪大全》（Le Grand Cuisinier de toute cuisine，一五四三－一五六六）、《高級美味食譜書》（Livre fort excellent de cuisine，一五四二），都讓法國成為烹調規則方面的權威。

　　《食物之書》是早期唯一的烹調參考，影響重大；法國人能夠與高級烹調相提並論，此書是根本的重要因素。在一三七三年，泰額凡是查理五世的宮廷御廚，然後在一三八八年繼續為查理六世服務，在幾個方面他都是先驅。他自稱查理五世的「大廚師」（maître-queux），模仿「maister coke」這個詞（源自拉丁文的「coquus」──廚師），而「maister coke」出自一三九〇年完成的原創英文烹飪鉅著《烹飪方法》（Forme of Cury）。在此之前，法國沒有這個名詞，此一改變代表著往法國御廚專業化更進一步。[70] 對於熟悉現代高級烹調（haute cuisine）的饕客來說，當時貴族餐桌上的服務特色應該也很眼熟，比如廚房裡有幾名專門技術人員，像是烤肉師與甜品師，還要有一名司膳（panetier）監督桌布、餐巾，以及餐具箱（nef des puissants），裡面放置餐具與調味料，只供一家之主使用。從加洛林王朝直到十八世紀的路易十五，王家餐桌上的餐具箱裝飾華美。大部分餐具箱做成帆船狀，不過法蘭索瓦一世[24]（François I）的餐桌上，鹽罐的外形是海神尼普頓。[71] 在那個時代，餐具就是一項財富，而餐具箱本身的裝飾與

---

24 一四九四－一五四七，是法國史上最受愛戴的國王之一，贊助許多文藝活動與藝術家，包括達文西。

裡面的餐具是貴族展示財富的方式之一。有些餐具箱裡放了一片鯨魚或者角鯨的角（當時認為來自獨角獸），用來測試酒中是否有毒。[72]從一六六四年開始，路易十四每天都公開用餐，一面接受宮廷紳士貴婦行禮，旁邊就放著他的餐具箱（*nef de table*），這個餐具箱是始終有人看守的。在宴會以外的平常日子，餐具箱就放在一張小桌上，與為他試吃食物的官員一起隨侍在側，王后也有自己的餐具箱。一六八六年，路易十四制定了「不公開用餐」（*Petit Couvert*），在國王的房間裡進食，有廷臣隨侍，但不用餐具箱；一六九一年，「公開用餐」（*Grand Couvert*）又回來了，也就是，一旁有餐具箱，還有餐宴總管（*maître d'hôtel*）的象徵性權杖[25]（*bâton*）。[73]王家以外的上層人物自己攜帶餐刀，而十七世紀之前的法國還很少使用餐叉。

《巴黎家庭主婦之書》目的不同於《食物之書》：前者是對年輕妻子的道德與實用指導，讓她們據以掌理有規矩的資產階級家庭。食譜只占四分之一篇幅，而全書緊隨資產階級價值觀看重的簡樸與實用。上層階級與資產階級（或者下層階級）廚房之間的差異，從烹具就看得出來。擁有專門的烹具，就代表著可能動用某些特別的烹飪方式，而這些烹飪方式是上層階級烹調的基本要素，精緻未必建立在品味上，而是建立在技術與購買力上。比如，只有貴族與資產階級才擁有烤架，用來烤魚或者烘乾加在醬汁裡的麵包。來自烤架上的烤肉脂油是醬汁的主要成分，但是只有較富裕的家庭擁有火上的烤架，即 *broche*，由此也可以進一步推測，只有擁有烤架的家庭才吃得起大塊肉、能夠製作這類肉汁（*jus*）。滴盤（*leschefrite* 現代拼法 *lèche-frite*，起源是一個陶盆，用以收集烤肉的脂油，然後在小火上加熱作料，最後澆在做好的菜餚上）在家用品清單上很少見，可能是因為易碎，而且只有富裕人家的廚房才有它。擁有一支烤架、一個滴盤以及一座石磨，顯然都代表著富裕興旺。[78]下層階級的廚房裡主食是以燉鍋小火煮成的湯及粥糊，連最簡陋的廚房都有一口燉鍋、一只平底鍋用於小火煎食，以及陶質烹具。烹飪方式和食物一樣也有階級之分：地位最高的是明火烤，然後是爐中烘烤，再來是煮，然而在古代，煮的地位高於烘烤。《巴

---

25 金屬裝飾的木棍，頂端有王冠裝飾，法王用餐時置於右後方。

\ 香辛料 /

中世紀烹調的香辛料調味濃重，迥然不同於高盧─羅馬偏好胡椒的調味方式。當代中世紀史學家布呂諾‧羅希吾（Bruno Laurioux）認為，由於下層階級使用胡椒已經太普遍，所以在高級烹飪裡就失寵了，上層階級開始愛用大量多樣的香辛料，每人每年消耗量超過一公斤。[74]《食物之書》裡的肉類食譜分別使用薑、肉桂、丁香、番紅花，顯然與胡椒為主的醬汁不一樣。在中世紀歐洲，香辛料的首要角色是藥物，其次才是烹飪的調味料。以體液學說[26]的觀點（bodily humors），香辛料的性質是熱且乾，有助於抵消冷質食物比如肉類，因此香辛料經常用於搭配肉類。「粗俗的」肉類比如牛肉、小牛肉、野豬肉，就需要最熱的香辛料，而且必須大量使用，而細緻的肉比如家禽，就可能只需要鹽。胡椒的熱性最強，其次是丁香與小豆蔻，肉桂與小茴香籽（孜然）的熱性位列第三。在歐洲其他地區烹調中，糖的地位突出，不過直到十五世紀法國一直抗拒用糖，並且偏好以《食物之書》為主的特色酸味香辛調味。例外的是給病人吃的餐點：「熱性」香辛料只會加重身體發熱，因此許多食譜把這些香辛料換成糖，認為糖是「溫和的」香料。[75]此外有一種獨特的調味品，在法國經歷了大起大落，那就是馬尼蓋特[27]（maniguette，英文俗名melegueta pepper，梅萊蓋塔胡椒），又稱天堂籽（graine de paradis），因為在法國商人想像中這是來自東方的香料。《食物之書》有幾道食譜使用這種香辛料[76]，尤其是很常見的卡梅林[28]醬汁（sauce caméline），用的是薑、肉桂、天堂籽、肉豆蔻皮（mace）、蓽拔[29]（long pepper），以及浸在醋裡的麵包。後來天堂籽被揭穿其實來自非洲，就失去了「它的所有神話與名聲」，就此失寵。[77]由於它的流行與法國有很大關聯，因此英文名稱也稱為「巴黎籽」（greyn de Paris），受歡迎的程度曾經與薑並肩，流行一時。

26 體液學說，可能起源於古埃及或美索布達米亞，古希臘時期成為醫學理論。四種體質：多血質、黏液質、黃膽汁質、黑膽汁質相對四種性格：活潑、冷靜、暴躁、抑鬱。各種食品也有相應的性質。

27 Aframomum melegueta，原產非洲西部，薑科非洲豆蔻屬，種子紅棕色，有胡椒味，名稱源自葡萄牙語「辣椒」（malagueta）。中文名天堂椒。

28 caméline是中世紀一種衣料纖維，駝棕色，從賽普勒斯及敘利亞進口，當時認為是亞洲駱駝毛製品。此醬汁顏色類似caméline。

29 Piper longum胡椒科胡椒屬，產於印度、尼泊爾、斯里蘭卡、馬來西亞、越南、福建、廣東、廣西、雲南等地。

黎家庭主婦之書》有一道烘烤野豬肉，描繪出上層階級（或者想要往上層階級靠攏的）烹調必須使用哪些技術：首先，豬肉與野兔肉在烤架上烘烤，下方滴盤裡加上酒與醋；接著把薑、天堂籽、其他香辛料、烘過的麵包以研缽磨碎，再加上葡萄酒；最後把烤好的肉放進一只金屬淺鍋，倒上醬汁作料與滴盤裡的油脂肉汁，即可上桌。[79] 一三九四年在巴黎，走街串巷出售醋與芥末的小販取得了正式的法律地位，可見這些用以製作醬汁的原料有多麼重要而普遍。

鍍金的金屬製餐具箱，十六世紀。

　　從高級烹調及高級烹調書籍來說，中世紀是法國醬汁的開端，不過這些醬汁與現代法國相關的醬汁並不一樣，而是符合當時醫學觀點的合適搭配，「冷濕」肉類與「熱」佐料比如胡椒或香辛料醬汁。由於醫學論述將食物按照體液質分類（冷、濕、熱、乾），加上與社會階級有關的食物象徵性價值，因此人們很小心選擇食物搭配，以使自己的身體與膳食保持和諧。直到十六世紀，各種指南都建議健康的人應該配合體質（多血質、黏液質、黃膽汁質、黑膽汁質）食用相應的食物，而病人該吃與體質相反的食物以平衡之。普拉提那（Platina，義大利作家、美食家，本名Bartolomeo Sacchi，一四二一－一四八一）的烹飪書暨手冊《論可敬的樂趣與健康》（De honesta voluptate）出版於一四七四年（此書本身複製了馬提諾[30]（Martino）著作《烹飪藝術之書》（Libro de arte coquinaria），法譯本出版於一五〇五年。從此之後在十六世紀，相對原則就成為所有食客的通則（比如熱、乾的肉應該

---

30 Marino da Como，一四三〇－？，十五世紀義大利名廚，與普拉提那是朋友，關於其生平也僅記錄在普拉提那著作中。

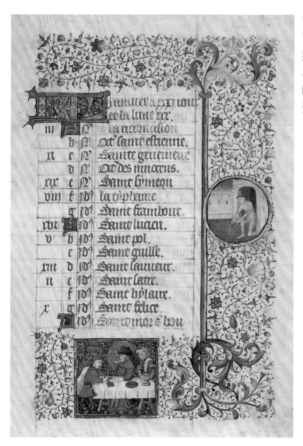

有黃金餐具箱的飲宴場面（左下角），一月月曆；飲宴；水瓶座，約一四四〇－一四五〇年，「貝德福大師」（Bedford Master）繪製。羊皮紙上使用蛋彩、金箔、金漆與墨水。

搭配冷、濕的醬汁）。[80]法國廚師（及其歐洲同行）為維護健康，以甜味搭配肉，加上醬汁裡的醋與胡椒，芥末不但在烹調裡大量使用，在寫作中也是如此，就如同佛朗索瓦・拉伯雷（François Rabelais）的《巨人傳》（*La vie de Gargantua et de Pantagruel*，一五三四）。這部小說的主人公卡岡都亞吃了一頓飯，包括幾打火腿、燻牛舌、香腸，同時有四個人專門鏟了芥末往他嘴裡送，以此平衡肉類的影響，因為他天生是黏液質（phlegmatic）的體質（即冷、濕）。最後這頓飯以「大得嚇人」的一口白酒作結。[81]但是膳食學也並非毫不顧及飲食樂趣，至少對於法國人的口味是如此，尤其是在早期的烹飪書籍與紀錄中。法國人愛吃的瑞古燉菜（*ragoût*，內有多種蔬菜，不一定加肉類），與其他國家愛吃的大塊烤肉就是鮮明對比，還有卡梅林醬汁，這是香辛料濃重的棕色醬汁，用來搭配烤肉，被稱為「法國廚房的真正明星」，《食物之書》

裡曾多次提及。[82]

　　下層階級的法國烹調則是豆子與綠色蔬菜煮成的湯、簡單水煮的蔬菜，而烤肉與 grain（以醬汁煮熟的肉）則是階層高一點的人吃的，不過《食物之書》的十五世紀版本裡有六道蔬菜食譜，包括韭蔥、洋蔥湯、葫蘆（gourds 或者 squash，法文 courge）。《巴黎家庭主婦之書》詳列如何處理包心菜、葫蘆、蕪菁、韭蔥，還有許多肉及魚類食譜，不過其中「常見的蔬菜湯」（Potages Communs）一章則是《食物之書》蔬菜湯的擴充版，有三道燉蔬菜（porée），還有五種包心菜烹調方式。

　　十七世紀中開始，「potage」是一種鹹味菜餚，含有一些湯水，盛在淺盤中當作一餐的開頭。但是在十四與十五世紀，這個字指的是一種清湯（不同於肉清湯「bouillon」）、有時候加進一點麵包乾使其濃稠，或者指濃稠的燉菜。《巴黎家庭主婦之書》裡的肉湯（bouillon）通常是簡單的肉清湯，而「potage」所指的湯類複雜得多。有些「potage」是在烤肉之前上菜，有些和肉一起吃，有些在「entremet」之後（這是主菜之間的小菜），還有些是跟著堅果與乾果組成的「final issue de

約斯‧胡馬爾（Jos Goemaer），《基督在馬大與馬利亞的家裡》（Christ at the House of Martha and Mary），約一六〇〇年，畫布油畫。這是文藝復興時代的廚房，有鍋子掛鈎（crémaillère）、烤架，還有畫面右方牆上掛著一套洗手壺與洗手池。

table」（結束菜）一起上桌。[83] 曾經有好幾個世紀，下層階級以湯類為主要營養來源，在現代，湯代表了鄉愁。有一位現代作者以讚揚語調描述中世紀的節儉農民倚賴湯與粥糊果腹，認為這些餐點不需要特殊設備或精心製作，並且使得農民可以利用本來會浪費掉的剩餘蔬菜或變質的肉。[84] 這種懷舊的讚許完全忽略了農民家庭的真實生活，農民真正喜歡的應該是烤肉或者新鮮麵包，但是這也顯示了法國人傾向於創造出根植在土壤裡的、接近大自然的質樸（campagnard）身分認同，並且對這種認同加以維護。樸實的農民飲食現在已成為有愛心的資產階級的家庭烹調，樸實的農民飲食與法國人眼中自我形象的核心也有著密切關係，而且在於法國境內為法國人生產食品這件事上頭，也貫徹到底形成了一種「田園」心理。

中世紀的食物階級制度裡，天空是最高等的，而土地是低等；生長在土地裡的食物是最不討人喜歡的，權勢階級拒絕食用。在中世紀，修道院膳食包含了許多根莖類與香草植物，都是修道院菜園裡自種的，象徵著謙卑。蔬菜的象徵意義與膳食學相關，也具有區別階級的功能；富人排斥蔬菜，因為這是貧民的食物。在這個時期的蔬菜階級制度裡，最低等的是鱗莖（大蒜、洋蔥、韭蔥），然後是根莖（蕪菁、歐防風〔parsnip〕、胡蘿蔔），再來是葉菜（萵苣、菠菜），最不令人反感的是從莖上長出來的蔬菜（豌豆、葫蘆）。但是文藝復興時期關於蔬菜的膳食風俗開始改變了，象徵意義轉變，嚴格的膳食作法也有了調整。醫生認為生的蔬菜格外危險，因為其性質冷且屬於土性，長在樹上的大部分水果則可以接受，因為屬於「風性」，比較易於消化。水果中的瓜類，因為長在地上，就被分類為冷濕，而且是危險的，尤其對於多血質與黏液質的體質來說，除非以葡萄酒或者鹽醃肉調和其作用，而且要在餐前吃，如此才有時間消化。

對於生的蔬菜與沙拉，新的文藝復興觀點在〈沙拉〉（La Salade 一五六九）一詩中得到發揚，作者是著名的詩人皮耶爾・德・龍撒（Pierre de Ronsard，一五二四－一五八五）。詩中他提出春天的綠色蔬菜是一劑療方，可以治好熱症與詩人的憂鬱傾向。這首詩信奉膳食醫藥理論，並且列出數種萵苣與香草植物及其有利健康之處（「地

榆[31]，對血液好」），此詩「描寫了食譜與療法」，同時「以萵苣作為膳食療法，以寫作作為精神療法，用來驅趕或者至少延遲詩人憂鬱的煩惱（*soucy*）」。[85] 到了十六世紀，由於數種原因，農民階級已經漸漸減少食用肉類，轉向蔬菜與穀物，而較富裕的階層，在蔬菜蔚為風尚之後，也調整了原先對於膳食規則的遵循，逐漸在飲食中加入更多蔬菜，此時封建制度下的小規模家庭菜圃也轉變為精耕密集生產，以市場為目標，因此市面的蔬菜供應增加。不過生產只是一部分原因，由於理性思考消解了從前視蔬菜為危險或者「下等」食物的看法，於是較富裕的人家就開始吃綠色蔬菜與其他新鮮農產品了。當然貧民始終沒有背離蔬菜與麵包，這些是他們基於經濟原因而需要的膳食。

在各方面都與本章開頭所述修道院飲食相反的，則是從一五四七到一五八九年，亨利二世[32]（Henri II，配偶是美第奇家族的凱瑟琳，凱瑟琳‧德‧美第奇〔Catherine de Médici〕）及其子亨利三世的宮廷，已經超越了「粗俗的老派食物」比如煮湯、烤肉、乾果，偏愛各種不同的肉、調味豐富的醬汁、新發現的水果與蔬菜。[86] 法國宮廷裡，終於開始出現「烹飪藝術」（*l'art de la cuisine*），雖然只有一點小進展。亨利二世的御廚吉雍‧維吉（Guillaume Verger）的外號是「*Saupiquet*」，意即「香辛的」，源自於他獨特（而且新奇）的調味方式。當時王室餐桌上還有進口蔬菜比如蘆筍與朝鮮薊，而且是單獨作為配菜，而非像過去數百年的傳統那樣添加在燉菜裡。到了十六世紀，朝鮮薊很受歡迎，賽赫也鼓勵在家庭菜園裡種植，然後以糖漿保存，當作一道甜蜜美觀的美食。[87] 節慶宴席都有家禽、小山羊或豬肉，不過沒有牛肉與羊肉，人們認為這兩種肉太普通，只適合日常食用。至於飲料，宮廷中喜愛安茹（Anjou）的白酒、奧爾良的紅酒，都恰如其分位於酒類階級高層。王家家庭支出清單上開始出現柳橙，比如在一五五三年，柳橙樹也裝飾著王室宴會的入口，而糖雕裝飾著餐桌，這兩者旨在炫耀取得罕見商品的能力。[88] 所謂凱瑟琳‧德‧美第奇將精緻餐飲從義大

---

31 burnet，二名法 *Sanguisorba minor*。嫩葉可食，過去認為可抑制流血。花可觀賞。

32 一五一九－一五五九，法蘭索瓦一世之子，一五四七年即位。其與凱瑟琳的四個成年兒子裡有三個依序繼承了王位，分別為法蘭索瓦二世（一五五九－一五六〇在位）、查理九世（一五六〇－一五七四在位）、亨利三世（一五五一－一五八九在位）。

十五世紀的盛宴。

利傳入法國這個說法，並不屬實，不過在亨利二世去世後，她身為主人舉行的宮廷慶典總是場面壯觀，的確影響了法國的上層階級餐飲文化。[89]

　　在法蘭索瓦一世（統治期間為一五一五－一五四七）的宮廷以及富裕階層中，習慣將葡萄酒加熱飲用（至少達到室溫），因為人們相信若是飲用低於體溫的酒，會危及體內的和諧狀態。直到十六世紀的最後三四十年左右，飲用冰鎮過的酒才成為時尚，盧杭‧朱貝和（Laurent Joubert，一五二九－一五八二，內科醫生。曾擔任凱瑟琳‧德‧美第奇的醫生）在一五八○年的醫學專著中曾經推薦此法。[90] 從酒窖取出的酒擺在井水中降溫，或者採用義大利傳入的時髦方式，埋在新雪中降溫，然後直接飲用。現代飲用紅酒前，將酒靜置在室內回溫（chambering），這種做法讓人想到文藝復興時期的傳統。有趣的是，在早期，法國葡萄酒與南部地中海地區葡萄酒的主要區別之一，是法國使用洞穴或者酒窖藏酒，這個新發明在後來促成了氣泡酒的誕生，而氣泡酒也成為法國葡萄酒的重要特色。老普林尼在《自然史》中指出另一個特色：南方地區的酒都放在陶土罐中熟成，而比較冷的地區則使用木製酒桶。[91] 賽赫的著作精心講述了得體的富人家居，書中肯定了不同身分的人必須飲用不同的酒：白酒與淺紅酒（「vins clairets」）是主人喝的，家中的僕人應該喝顏色較深的酒，並且視其地位與性別

加上不同分量的水。[92]

　　無論是國王呼籲「適合的麵包」（查理五世），分量必須「足夠、合理、公正」（腓力四世），還是十四世紀中央市場的魚必須「價格公道」（巴黎市議會），這些都顯示了法國人與食物之間的特殊關係，這種關係在中世紀開始成形。在法律文件與官方法規中，價格與數量是受到監督的，其原則是公平，並且確保所有人都買得到。在麵包與魚上頭使用「合理」這類字眼似乎很奇怪，因為影響食物選擇的人性特質是個人偏好、地區風俗與口味，這些都是無法量化的。但是在法國飲食歷史上，「正確」與「公正」、「美味」與「健康」都是頻繁使用在食物上的字眼。中世紀與文藝復興時期的規章促成了一套關乎標準的系統，由此可見客觀措施（精確的重量、規定、罰款）是部分原因，但是不精確與主觀的特性、哲學、觀念，也同樣影響著關於食物與供應的思考。法蘭克人的豬肉是野蠻的，然後又被接受了；人們本來熱愛天堂籽，直到它的產地真相大白；法國擁有最適合農業的氣候，因為法國人相信是如此。縝密的聖伯努瓦會規將慎重多思的飲食習慣與精神救贖連結在一起，而體液學說產生了嚴格的飲食醫藥規則，但近世法國是轉捩點，從以上這些規定與觀念轉向信任自己的味覺、享受香辛料的樂趣、享用法國的天然物產，徹底發揮身在「飲食有度之人」國度

將酒瓶降溫的器具（*seau à bouteille ordinaire*），一七八三年，路易十六為凡爾賽宮訂製的賽夫爾陶瓷（Sèvres）。這類冰鎮酒器裡面裝滿水與冰，放在餐具櫃上。形制設計者是老尚－克勞德・迪普列希（Jean–Claude Duplessis the Elder）。

的意義。「飲食有度之人」（bon mangeur）這種觀念，遵循古典時期的羅馬貴族榜樣，是文明人（自制、精緻），相對於蠻族（暴飲暴食、粗俗），尤其是那些帝國境外的民族，包括野蠻的法蘭克人諸國。新興的法國境內也依循了這種分類標準，把他們自認的祖先高盧人區別於法蘭克人與西哥德人，但是這種分類很快就有了新的意義。在基督教化不久的法蘭克－高盧，起先「飲食有度之人」是虔誠的人，遵循宗教法令，避免過度，徹底放棄所有享受與欲求，以此來取悅神，一言以蔽之，就是放棄肉食、選擇蔬菜。在這個時期，「飲食有度之人」理智進食，能夠吃到好麵包與耕種的蔬菜，以及公有地上獵來的肉類。但即使是羅馬貴族也以社交宴席來平衡懺悔式的飲食。同樣的是，法國宮廷中手握大權的「飲食有度之人」，也參加那些食前方丈的豐盛宴席：大量肉食加上奢侈的香辛料、野外運來的新鮮水果與蔬菜、蓬勃的製酒業生產的最上等白葡萄酒與淺紅酒。幸好「飲食有度之人」生在物產豐富的國度，在這裡，深具鑑賞力的食客正有美好的風土（terroir）與之匹配。

　　從文藝復興時期出現的新鮮專業蔬食菜餚，可以一窺即將出現的上層階級的精美法國烹調，甚至從早期烹飪書籍裡記錄的食譜也看得出來。很重要的是，法國的集權化從很早就開始了，於是從宮廷開始發展出國族烹飪，領先了其他歐洲國家，也使得巴黎成為消費與流行中心。最早的烹飪書之一《食物之書》廣泛傳播，也在全歐洲上層烹調界樹立了法國模式的重要地位，由此奠定未來法國烹飪技術在全世界的主導地位。對下層階級來說，適宜的麵包與湯在封建時代出現，並且延續到封建制結束之後。政府的保護措施幫助了肉類與麵包的早期生產，此外，精確術語問世也讓法國境內的從業者都有一套共同框架，以通用語將他們團結起來。在法國人的想像層面上，對於這個富饒國度的讚頌，是中世紀與文藝復興時期的主流敘述手法，法國人開始告訴自己與他人，自己的祖國風土（terroir，這個字眼在下一個時代還將提及）是上天恩賜、無與倫比。以此為基礎，法國人蓄勢待發，已經準備好在十七世紀將他們的眾多烹飪天賦及賜予鎔鑄為一。

—（文學賞析）—

佛朗索瓦‧拉伯雷，《巨人傳》，第二十五章（一五三四）❶

「萊爾內（Lerne）的麵包師（cake-bakers）❷，與卡岡都亞老家的人們，發生了嚴重衝突與爭吵，引發大戰。」❸

那時正是釀酒的季節，剛開始收成，鄉間牧羊人被找來看守葡萄，預防被椋鳥吃光。萊爾內的一些麵包師正巧在大道上趕路，十來匹馬馱著麵包往城裡走；那些牧羊人很客氣地懇求他們、把一些麵包以市場上公定的價格賣給自己。❺此處必須說明，對那些肚子裡便祕（costive）❻的人來說，要是早餐能吃上熱騰騰的新鮮麵包與葡萄，尤其是那些精緻的成串葡萄，包括美麗的紅葡萄、圓葉葡萄、酸汁葡萄，以及拉斯卡葡萄，那真是神仙般的食物，因為可以讓他們一瀉而出，長度就像獵人的手杖、通暢猶如酒桶水龍頭；有時候，他們還想著放個炮仗❼，就像排便那樣蹲著，最後把自己弄得沾了屎、臭烘烘的❽，所以這種人經常被稱為釀酒季的沉思者。那些麵包小販或者麵包師傅絲毫不同意牧羊人的要求；更糟的是，還說他們胡扯八道（一連串粗俗的辱罵）……還有其他諸如此類的毀謗性言語，甚至說他們不配吃這麼高雅的麵包，只有粗糙未熟成的麵包才最適合，不然就去吃家庭雇工的大塊黑麵包。這些話深深傷害了他們。

面對這些挑釁的話，其中一個有名的小夥子，性格誠實，名叫蛙夫❶，就很平靜回答道：「你們什麼時候長了角，這麼驕傲？當然從前你們總是免費給我們一些，現在卻不肯讓我們用自己的錢買嗎？鄰里之間不是這樣相處的，你們來買我們的上好小麥（corn）❶去做糕餅與圓麵包（bun），我們從不這樣對待你們。❶甚至我們還會給你們一些划得來的葡萄，可是現在他這樣隨意咒罵，你們可能就得後悔了，因為將來不知什麼時候你們可能需要我們，到時候我們就會這樣對待你們，你們就會想起這件事。」

那些麵包師的同業會（confraternity）主要人物馬爾克特❶，就對他說：「先生，沒錯，這一早你真是精神抖擻，想必昨晚你吃了太多小米和混合雜糧（bolymong，蘇格蘭方言，即bullimong，數種穀物與糧草一起耕種。）了。❶到這邊來，小夥子，到這邊來吧，我給你一些麵包。」蛙夫不怕危險，心思天真，以為馬爾克特會賣給他一些麵包，便朝他走過去，從自己的皮包裡掏出一枚六便士。可是馬爾克特沒給他麵包，反而朝他腿上狠狠橫抽了一鞭，連皮鞭的索結都留下

卡岡都亞之子，龐大古埃。佛朗索瓦・拉伯雷（約一四九四－一五五三）的小說《巨人傳》，古斯塔夫・多赫（Gustave Doré，一八三二－一八八三）繪圖。

了一清二楚的鞭痕，然後馬爾克特轉身就逃；蛙夫拉開嗓子大喊，謀殺啊！謀殺！救命啊！快救命！同時把夾在胳肢窩裡的一根棍棒朝著他甩過去，打中了他的天靈蓋，正在右邊太陽穴的動脈上方，於是馬爾特克猛然從馬背上摔了下來，看起來多半是死了。這個時候，附近正在看守核桃❶的農夫與小夥子們都舉著長棍短棒跑了來，把那些麵包師一頓好打，就像在給黑麥打穀一樣。

其他的牧羊人與牧羊女聽見蛙夫的哀號，也都帶著自己的彈弓與投石索趕來，朝著他們丟大石頭，簡直和下冰雹一樣。終於他們制伏了這些麵包師，拿過來四五打麵包。但是他們依然照一般價格付了錢❶，還給了他們一百多個雞蛋、滿滿三籃的桑葚。然後麵包師們把馬爾克特扶上馬，他看起來傷得頗重，要即刻回到萊爾內，他們改了主意，不去帕海伊了（Pareille），於是他們對這些賽維耶（Seville）與西納伊（Sinays）的牧牛人、牧羊人與農夫罵罵咧咧地走了。結束了這件事，牧羊人與牧羊女就開始享用麵包與美味的葡萄，和著笛聲跳舞，一面嘲弄取笑那些虛張聲勢的麵包師，那些人想要沾點好運，結果被捉弄了一回。他們也沒忘記給蛙夫的腿塗上具有療效的上好紅葡萄❶，再俐落包紮好，於是他很快就痊癒了。

❶ 佛朗索瓦‧拉伯雷的小說《巨人傳》分為五部，記述巨人父子卡岡都亞與龐大古埃的故事，他倆的旅程滑稽可笑，有時毫無邏輯。這篇節選自第二部，《龐大古埃之父、卡岡都亞極其可怕的一生》（*La Vie très horrifique du grand Gargantua, père de Pantagruel*）。此書整體而言是拉伯雷針對十六世紀法國制度的諷刺評註，包括教會、貴族階級、教育系統。卡岡都亞與龐大古埃全憑生理本能行事，因此故事裡充滿了關於食物的大量詳細描寫，包括宴席上暴飲暴食，也有簡單的日常膳食。

❷ 英譯者以「烘烤糕餅的人」（cake-bakers）翻譯原著的「*fouaciers*」，也就是以奶油與雞蛋做麵包的人。這個詞源自拉丁語「*focacia*」[33]，原本指的是在餘燼中烤熟的麵包（即現代的佛卡夏〔*focaccia*〕），在早期大約西元一二〇〇年，這個字指的是「*galette*」，即扁平的麵餅（*Trésor de la langue française informatisé*，www.atilf.fr/tlfi）。在中世紀晚期與文藝復興時代，「*fouace*」這個字有時候指麵包，而用來指麵包與糕餅的兩個字（*pain*及*gâteau*）在常用語中則是可以互換的。法蘭索瓦‧狄波荷特（Françoise Desportes）指出，拉伯雷用「*fouace*」指一般的麵包，也指加了奶油與雞蛋的麵包（*Le Pain au Moyen Age*, Paris, 1987, pp. 90–91）。

❸ 英譯者湯瑪斯‧厄爾克特[34]（Thomas Urquhart, London, 1653）。

❹ 農村小塊耕地上的葡萄園經常仰賴臨時工或者當地居民照看，尤其在收成季節。

❺ 令人想起官方制定的市場麵包價格，因麵包師團體對政府官員施加壓力而來。

❻ 即 constipated，由此可一窺拉伯雷的粗俗風格。接下來還有更糟的。

❼ 排氣。

❽ 排便弄髒了自己；前面已經警告過讀者了。

❾ 這個時候，麵包是有社會階級的。在這裡說體力工作者吃沉重的、質地緊密的「*gros pain ballé*」或「*tourte*」（即沒有經過發酵熟成的大塊鄉村麵包），等於說他們是未開化的人、最窮的貧民，不配吃上等麵包。以麵包來侮辱人大概是最法國式的，也只有在這樣的語境中才看得懂。

❿ 原文是「Frogier」。直到十八世紀之前，常用的表達法還沒有以青蛙「frog」作為法國人的蔑稱。

⓫ 原文「bachelier」，意為年輕學者或學徒。

⓬ 「Frument」源自拉丁文「frumentum」，即小麥；英式英文「corn」可以指任何穀物。

⓭ 原文「gasteaux〔gâteaux〕et fouaces」，凸顯出本章標題中「fouace」譯為cake的確有疑問。「Gâteaux」可能是糕餅或麵包，但是「fouace」是扁平麵餅，不是圓麵包。

⓮ 烘焙師的官方組織或者兄弟會一類。十三世紀，埃提安‧布瓦洛在《行業大全》中

---

33 源自羅馬時代的 *focācius*，*panis focacius* 是扁平狀麵包或麵餅，演變為 focaccia。葡萄牙語 *fogaça* 是甜味鬆軟的麵包。Galette 在現代指餅乾。

34 一六一一－一六六〇。蘇格蘭貴族、作家、翻譯家。

並沒有「*fouacier*」，可能包含在糕餅師（*pâtissier*）或麵包製作師（*talemelier*）當中，或者巴黎並沒有這一行，只存在於產酒區。福瓦司（*fouace*）這種麵包一直是地方上的產品，在二十世紀就看不到了。二〇〇五年，在羅亞爾河谷有五位成員創立了南特產酒區的福瓦司麵包兄弟會（*Confrérie de la Fouasse du Vignoble Nantais*），旨在「為福瓦司與福瓦司製作者研究、保護、推廣、盤點、知曉、發展原始配方」，詳見 http://confrerie.fouasse.free.fr，accessed 2 September 2019。

❶❺ 這也是用來製作品質較差麵包的下等穀物，做成沒有發酵的粗糧麵包（*pain grossier*）或者粥糊。英譯者加上了「bolymong」，原文只用了「*mil*」。

❶❻ 原文裡的動詞是「*challoient*」，可能是「*chaler*」或「*chauffer*」（加熱）的變化，用於農民的口語裡。這樣的話，這些農夫是正在加熱或者烘烤核桃。

❶❼ 這些農民是誠實的人，尊重麵包定價規則。

❶❽ 原文只有「*gros raisins chenins*」即「大的詩南葡萄」。

【第三章】
法國的創新：
烹飪書籍、香檳、罐頭食物、乳酪

　　在歷任路易統治的時代（路易十三到路易十六），法國橫掃歐洲的高雅文化，在時尚、藝術，以及最重要的飲食方面，都引領潮流。創新與卓越的技術，還有控制敘事的技巧，都是關鍵因素，使得法國人能夠成功主導上層階級烹調。法國人比所有人都擅長製作精緻飲食，也最善於講述自己無與倫比的（而且天生的）優秀之處。在十七世紀，法國的烹飪創新能夠得到突破性成功、使得法國烹調在全世界占有一席之地，主要有以下幾項因素：印刷出版的烹飪書籍（記錄了烹飪藝術，讓所有人都看得見）、香檳（意外造成的時尚）、乳酪（配得上國王食用的凝乳）。製造罐頭是重要的技術發明，得以把法國食品送往全世界，雖然時間比起創新的初始年代稍晚，但對於法國烹飪的自豪感來說依然重要。以上這些發明都扮演了重要角色，確立了法國在精緻飲食上的聲望，而且這每一項發明都始於古典年代[1]（the classical age），而古典時期本身就強力塑造了法國的政治感受力。這個年代包含了文藝復興新穎事物的過渡期——尤其是食用蔬菜以及揚棄體液學說膳食指南，直到大革命前夕，並且是法國飲食史上的關鍵時期。

　　中世紀與文藝復興的遺產，對上層階級來說是轉向精緻（雖然從高盧時代至今，精緻就是法國飲食的標誌），並且朝著美食文化更進一步——這裡「美食文化」（gastronomy）這個詞的意思是為了愉悅而進食，在食物選擇上以個人喜好取代醫藥原則。如同前一章所述，當吃蔬菜成為亨利二世的宮廷風尚，就表示當時逐漸放棄了嚴格的膳食學規定，這個風潮在十七世紀絲毫不減。文藝復興時期對於烹調與飲食的思想，直到十七世紀初的烹飪書籍裡依然歷歷可數，顯示了「一套

1　作者指的是文藝復興結束（十六世紀）後的近世（early modern period）裡的一段時間。

針對個人制定的、封建的、多肉的烹飪模式」。[1]但這些書漸漸絕版了，在西元一六五〇年代的新一波烹飪創作與出版之前，有一小段停滯期。與烹飪上的創新齊頭並進的（隨著體液學說的規定逐漸鬆弛），是重新享用食物、視食物為樂趣來源，為法國人開拓了新領域，「中世紀的飲食健康思想衰微，於是新流派得以誕生，鎔鑄成為法國烹調」。[2]當上層階級開始熱切享用美味創新的食品，這種享受食物的態度在社會上才算是站住腳。在此舉一個雖小但是重要的例子：巧克力被視為藥用，而且說不定是危險的，直到塞維涅夫人（Madame de Sévigné）（及其他人）為它唱起縱情享樂的讚歌；宮廷裡很快就無法抵擋它。在這個時期，烹飪書籍的書名與食譜往往刻意強調這些烹調多麼具有法式風格，這也是全新的重點。法蘭索瓦・皮耶・拉・瓦罕（François Pierre La Varenne）的《法蘭西大廚》（Le Cuisinier françois，一六五一）開啟了新的烹飪觀念，把烹飪視為一種創造藝術，而且為這種藝術冠以法國之名。

烹飪書籍

對每一個時代來說，以烹飪書籍當作烹飪習慣與飲食的證據，都會有點問題，因為烹飪書籍只能代表一部分人。下層階級的食客與廚師幾乎都是文盲，只能口頭傳述烹調作法。書籍的價格也只有富裕家庭能負擔，這些早期出版著作裡的菜餚與材料也只有他們買得起。雖然如此，在十七世紀法國達到頂峰的這一波烹飪書籍，依然至關重要，能夠幫助我們了解法國人如何主宰高級烹調與烹飪技術達數百年之久，並不是因為這些書能夠代表所有法國人的飲食（雖然的確提供了一些關於風潮的資訊），而是因為它們首次立下了法國烹飪藝術的基礎要素，並且經久不變，使得這一門獨特藝術得以傳播四方。書中編纂的技術與作法形成規矩之後，歐洲與各國宮廷乃至貴族圈以外的人都對法國上流烹飪心存嚮往。科學與技藝猶如鍊金術一般的結合，使得這些書籍勢不可擋，遍及各方，最後永遠改變了烹飪之道。

直到十七世紀，法國人控制了烹飪書的市場，這些書籍也開始建立起一套規則與技術，定義了法國烹調的精緻與藝術性，這兩點關鍵

使得法國烹調在十九世紀占了主導地位。烹飪書出版激增的時期，與路易十四開始統治正好一致，而且整個十七世紀所有版本的烹飪書裡，有百分之四十一出版於一六五〇至一六六五年之間，其中包括影響最大的幾本鉅著，稱霸國際烹飪將近五十年。[3]後文藝復興時代出現的法國技術基礎，主要是技術方面用語，不過烹飪術語在十九世紀還會大量擴充。法國在高級烹調用語上的支配地位始自十七世紀，拉·瓦罕出版了一道醬汁食譜，其中使用了麵粉與奶油做成的奶油炒麵糊（roux，不過他稱之為 liaison），他推廣了後來稱為「法國香料」的組合（aromates français，紅蔥、酸豆、新鮮香草植物），他還首次出版了使用蛋白去除法式清湯（consommé）中雜質的作法。皮耶·德·盧恩（Pierre de Lune）的《大廚》（Le Cuisinier）出版於一六五六年，書中（與十七世紀的每一本法國烹飪書一樣）有一道庫里肉汁[2]（coulis），這是增稠的香料肉汁，當作其他醬汁及瑞古燉菜的底醬，並且在日後成為現代醬汁製作的基礎。瑞古（ragoût）這個詞與這道菜出現在十七世紀，指的是「做好的菜餚」，材料是肉或蔬菜，醬汁濃稠且風味複雜，這種菜導致了廣泛流行的看法，認為法國人企圖以濃厚的醬汁掩飾食物本身，這項指控至今未已。拉·瓦罕的第一道食譜是肉清湯（bouillon），這是六十一種湯的基礎材料；接著是一整章節的湯類（potage），這些湯後來成為滋補飲品「restaurant」[3]，而這個詞最後成為英文的「restaurant」——餐廳。

　　印刷的烹飪書彷彿將這些方法鑲刻在石頭上，為常規作法賦予一套結構與字彙，這都是之前欠缺的。比如拉·瓦罕，他「制定了規則與方法，因而贏得了尊敬」，而至少根據法國人的說法，這套規則與方法此前是不存在的。[4]這套規則與方法效果顯著，甚至進入了大眾文化的範圍。莫里哀（Molière）《對於太太學堂的批評》[4]（La Critique de l'école des femmes，一六六三）劇中，一位貴族角色諷刺應該以亞里

2　現今指的是以蔬菜或水果做成的醬汁。

3　源自法文動詞「restaurer」，意味「使恢復元氣」。「restaurant」在十六世紀指滋補食品，在十八世紀末開始指餐廳。

4　莫里哀在前一年完成的作品《太太學堂》（L'école des femmes）被評為淫穢、詆毀宗教，於是他又寫了這部諷刺性短劇。

斯多德的詩學來評判喜劇，說道：「這就像某人發現某種醬汁十分出色，於是想要根據法國某大廚的戒律來評斷它到底是不是真的好。」[5] 從十六世紀的常規作法轉向創新，這並不是自動發生的：十七世紀的烹飪書依然根據吃肉日與齋戒日（比如大齋與宗教節日）把餐點仔細分類，拉・瓦罕也和之前的普拉提那一樣，在書中重複了那套醫藥規則：調味必須與食物形成反作用，才能抵消某些食物對健康的影響。《法蘭西大廚》小心翼翼遊走在新舊之間：配菜章節（在那個時代，配菜〔entremet〕與主菜一起上桌）包含了各色肉類、沙拉、蔬菜、甜食，但是這本書也偏重風味，比如「時尚燉牛肉」（boeuf à la mode），以豬脂油煎牛肉，再以肉清湯慢燉，並且加上香草植物與「所有種類的香辛料」。[6] 拉・瓦罕摒棄了通常淋在肉上的香濃泥狀醬料（purée），而是將一整片肉慢燉，就像他的「燉牛肉排」（Pièce de boeuf à la daube）是以肉清湯慢燉，這些都代表著比較清淡的烹調即將來到這個時代，十八世紀的「新烹調」（nouvelle cuisine）也將出現同樣的循環。

在現實中，精緻烹飪與上層階級的關係密切，他們負擔得起大量奢侈材料，同時他們也為自己天生的精緻講究而自得，正是這份講究讓他們能夠欣賞出色的飲食、鼓勵它發展，這種風潮在十七世紀後期尤其明顯。雖然後來拉・瓦罕變成了嘲弄的對象，因為他的食譜實在太傳統，但是他的「罐燜瑞古雞」是高級烹調的典範，使用的材料是一隻去骨雞，腹內填入松露、小牛肉、蘆筍，然後放在罐內烹煮，同時另外小火煮著瑞古醬。雞肉煮好之後，以鑽刀切開陶罐，但是必須保留底部完整。[7] 大廚 LSR（據說是 Le Sieur Robert，即羅伯特男爵〔Sir Robert〕）在《招待的藝術》（L'Art de bien traiter，一六七四）一書中說，他這本書的菜餚最適合品味高級的人，不像在他之前那些人的根莖類與粗食（gueuseries）。他的編輯稱此書提供了「真正的烹飪學」，並且「摧毀了之前的所有方法」。[8] 作者還特地點出拉・瓦罕是個專做老套傳統的匠人；而拉・瓦罕的年代只不過在他之前二十三年而已。LSR 在前言裡嚴屬排拒「滿滿一桌各種瑞古燉菜」以及「堆成山的各色烤肉」，提倡「精巧」，製作一道色香味俱全的精緻肉類。[9] 法蘭索瓦・馬杭（François Marin）的著作《歡慶之神科摩斯的禮物》（Dons de Comus，一七三九）前言中提到，老式烹調複雜繁瑣，而「現

代烹飪」（cuisine moderne）是科學或化學，必須分解（quintessencier）肉食，做成營養的肉汁，並且把這些精華融合成和諧的東西，就像畫家融合顏色一樣。[10]馬杭的書讚美法國貴族，「他們的精巧品味，大大助益了某些傑出廚師的訓練」，這種論調直接把高級烹調的誕生安在法國貴族的感受力上頭。由此可見，烹飪書是貴族的生活指南，而食物與階級息息相關。

　　「精髓」（quintessence）也是此時新發明的法語詞，也就是從前的肉清湯（bouillon），（據馬杭的前言所說）這是現代烹調的新事物，組成了醬汁的精華（在這裡要叫做「醬汁的靈魂」），而醬汁是法國烹調的精華。馬杭書中的理論框架，以哲學詞彙及烹飪以外的意象為基礎，強調法國貴族廚師的貢獻，他們一磚一瓦把這個角落建設成自己的園地。馬杭的書宣示了新烹調的第一波浪頭，偏向精緻，但並不（像馬杭自稱的那樣）簡單明瞭。這一波新烹調的標誌就是分量較小的菜餚、搭配分量較小但多樣的醬汁，這類菜稱為「entremets」、「hors d'oeuvres」，或者「entrées」。馬杭為了進一步證明自己的新思想，宣稱這三個詞之間的區別已經不再重要。這些比較細滑的新醬汁是將其他醬汁減少作料、再加以變化而來，反之（拉・瓦罕及其他人的）庫里肉汁是以麵包渣或者蛋黃增稠。馬杭這篇前言十分轟動，啟發了《英格蘭糕餅師來信》（Lettre d'un patissier anglois，一七三九）一書，模仿新烹調論據的語調，譏諷這種把食物與哲學相提並論的奇想，並且加入古典派與現代派之間的亙古論戰。這波（第一次）新烹調著重在稀釋食物的精華，將這些精華作為材料，用以製作更複雜的菜餚。第二波新烹調在一九七〇年代到來，也是抗拒「經典」法國烹調、偏向更清淡的肉汁（jus）與基礎風味。

　　為什麼烹飪書籍出現在十七世紀？為什麼造成這麼大的衝擊？從嚴格的膳食規定轉向現在所謂的美食感受性，使得人們的注意焦點集中在烹飪上（而不只是煮熟），並且與此相應的新式指南也蓬勃發展。當代人類學家阿爾俊・阿帕杜萊（Arjun Appadurai）曾經解釋為何印度沒有（文字記載的）主要烹飪流派：「在傳統印度思想中，食物主要與道德有關，不然就與醫藥有關」，而且一向與靈性關係密切，因此「無法成為一套獨立的美食或品味思想的基礎」。[11]此外，印度的信

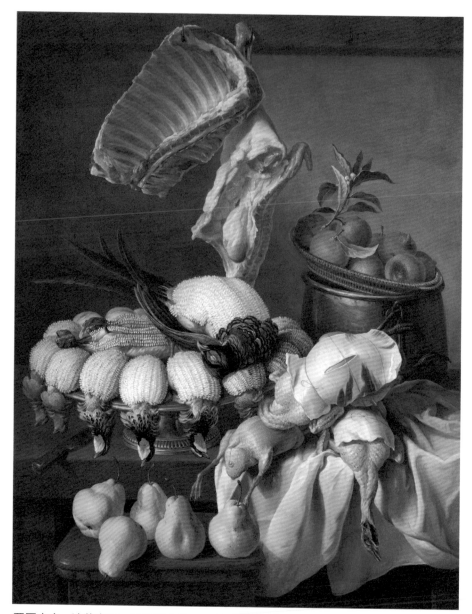

亞歷山大－法蘭索瓦・迪波特（Alexandre-François Desportes），《靜物：待烹煮的禽類、肉、水果》。圖中野味（山鷸、鵪鶉）身上裹著豬脂油，以備燒烤，就是拉・瓦罕書中的作法。

仰體系堅持保護各地方的差異，包括各地的飲食習慣。法國飲食的規矩，從體液和諧平衡及醫藥規則轉變為享樂，同時也為單一的宮廷烹調模式背書，出版物記載的都是這種單一模式。人們愈來愈容易接觸到印刷品，這當然也是原因之一，黎希留[5]（Richelieu）在一六四○年於巴黎設立王家印書館（*Imprimerie Royale*），賦予國家監督出版的權力，也重新建立了法文的排版。大致而言，在路易十四的宮廷中，政治權力與活躍的貴族結合在一起，讓進化中的法國民族性格有了中心點，而上層階級就從這樣的民族性格中建構出屬於他們的、占主導地位的飲食模式。而且宮廷中人財富傍身，足以鋪陳出這些書中記載的美食華筵。最後，這些書籍造成極大影響，因為書中寫的是法國人發明精緻烹調的故事、宣傳這些大廚的天分及其提供的精美風味。早在一六九一年，名廚法蘭索瓦・馬塞洛（François Massialot，一六六○－一七三三）在《王家與資產人家大廚》（*Cuisinier royal et bourgeois*）一書中就把自己的宣言當作證據，以此證實法國的優越性，因為在食物、氣候、禮儀方面，「法國人勝過所有國家」。[12]

令人感到震驚的是，上層階級烹調在書籍中大獲全勝，與此同時卻發生了法國歷史上最嚴重的幾次饑荒。壞天氣造成穀物歉收嚴重，導致價格節節上升，最後在一六六一年造成一次「中世紀饑荒」，這是最嚴重的一次，之前還有幾次毀滅性的饑荒，分別發生在一六三○年、一六四九年、一六五二年。[13] 投石黨之亂（Fronde，一六四八－一六五三）是十七世紀中一連串反君主的革命運動，擾亂了收成與巴黎的食物供應，更進一步加重穀物短缺。在一六九三與一六九四年，異常濕冷的春季與夏季再次造成嚴重饑荒，在這之後，法國經歷了嚴重的人口減少，因為饑饉帶來了疾病蔓延與生育率下降。總而言之，十七世紀的穀物短缺造成死亡率增高，甚至比十八世紀初引起大革命之火的穀物短缺更嚴重。上層階級烹調的興起，對比同時發生的饑荒大災，顯示了烹飪書與宮廷烹調的裝飾性質：這些書籍上演了一齣財富大秀，宮廷饕客在其中扮演自己的角色，在外表面子上大肆揮霍，即使已經在破產邊緣，也依然如此。十七世紀烹飪書籍創造並展示了

5　一五八五－一六四二，路易十三時期法國首席大臣、樞機主教、第一任黎希留公爵。

法國烹調，也凸顯了巴黎上層與法國其他地區及階級的懸殊差異；在糧食分配方面，由於運輸網路發展、政府集權化，主人／僕人的對比變得更加尖銳。鄉間農民的勞動成果被高效徵收、運往巴黎，去滿足巴黎居民永無饜足的胃口，於是巴黎成了真正的首都，並且造成巴黎與外省之間永遠的分歧。

由於經濟擴張以及貴族權力基礎變化，富有的平民家庭也開始扮演起貴族。在這之前，只有貴族家宅雇用廚師與餐宴總管（maîtres d'hôtel，其中最有名的是瓦德勒[6][Vatel]，由於某次王室宴席使用的鮮魚沒有準時到達而自殺），交由他們處理菜單與宅中食品供應。在路易十四之下，地位最高的貴族維護權力的唯一方法就是在宮廷中生活，在封建稅收消失之後，佩劍貴族（noblesse d'épée，其土地產業通常都是因軍事效忠而來）的貴族權力與領地之間的關聯就衰微了。與此同時，資產階級出身的家庭開始進入貴族階層，富有的平民可以「購買」貴族身分，通常都是藉由國王授予的法律與管理方面官職[7]，這種身分稱為穿袍貴族（noblesse de robe）。莫里哀的劇作《貴人迷》（Le Bourgeois Gentilhomme），描寫一位滑稽可笑的茹爾丹先生，雖然學了上流社會那一套詞彙，但始終無法抓住進身上流社會的那種精氣神，這個故事反映了當時宮廷貴族面對這種社會現象的恐懼與厭惡。對於這種農村貴族（noblesse campagnarde）的鄙視十分普遍，但是隨著時間進入十八世紀，平民出身的有錢階級持續蠶食上層階級的領域，其中也包括烹調及享用食物的方式。有天分的大廚接受專家訓練，以專家的烹飪書為課本，他們的才幹使得資產階級家庭得以接觸貴族飲食；而宮廷中的貴族則以食物方面的奢華、愛好、長篇大論的談話，來進一步標明與他人比起來，貴族本身及飲食習慣有何與眾不同。在十七世紀，社會階層在飲食上的區別不只在於吃得起的菜餚數量，也在於手邊隨時取用的食品與酒類的品質。

然而，從十七世紀末到十八世紀初，在出版的書籍中，除了上層階級烹飪之外，資產階級烹飪也開始有了一席之地。香辛料本來是地

---

6 一六三一－一六七一，是第四代孔代親王路易二世・德・波旁的總管。

7 都是重要的政府或財政機構高級官職，通常以重金購得，兩代之內即可獲得貴族身分。「袍」指的是官服。

位的象徵，至此失寵，因為已經太普遍了。從拉·瓦罕開始，流行風潮從濃重香辛料轉向新鮮香草植物，並且持續了整個世紀，當時荷蘭與葡萄牙商人供應的香料數量大增，所以資產階級也買得起這些原本新奇的東西。法蘭索瓦·馬塞洛的《王家與資產人家大廚》從一六九一至一七五一年的各版本裡，提供了為王家設計的菜單，也有不那麼奢華的個別食譜，讓貴族與平民都能以同樣的方式進食。雖然十八世紀末的烹飪書籍作者是為了資產階級讀者而寫作，但是「他們的菜餚大致延續了宮廷傳統」。[15] 曼農（Menon）的《資產階級家庭的女廚師》（La Cuisinière bourgeoise，一七四六）的流傳年代久遠、版次數量多，都居於法國烹飪書籍之冠。它是唯一在一七八九年之前問市、在一八〇〇年之後還再版的烹飪書。LSR的《招待的藝術》是一本指南大全，指導讀者像王室一樣烹飪與裝飾，到此時這本書就落伍了，人們認為它太過貴族氣。馬塞洛複製了歷史上的王室菜單，想要模仿王室品味的資產階級自然感興趣。十八世紀初的其他烹飪書都企圖藉由精湛技術與調味，把平民菜餚「貴族化」，最後產生的結果是「中庸烹調」（cuisine de compromis），讓它貴族化的只是一種迷思，以為這種烹飪複製了前一個時代的高雅簡潔，其實只是藉此掩飾有限的成本。[16] 為了讓普通菜餚顯得地位不凡，大廚們往往給它們取一個貴族式的菜名（王太子妃式〔à la Dauphine〕、公爵式〔au Duc〕），此外還有一些菜餚泛泛名為「資產階級式」（à la bourgeoise），也許就是指它們很簡樸或者成本低。

　　雖然廚師的閱讀能力有差異，但是烹飪書籍打開了自己的市場，新技術很快就流行起來，「只受過口授傳統訓練的廚師無法學習的菜餚卻很受歡迎」。[17] 地位重要而且會讀寫的總管（或者家宅的主人主母）能夠閱讀食譜書，然後「翻譯」給廚師聽。自由執業的大廚也有助於傳播這一行的技巧與技術，在這之前，廚行是封閉式專業，由行會嚴格管理。極為成功的《王家與資產人家大廚》一書作者馬塞洛，並沒有專門為哪位貴族服務，可能是為許多富有的雇主承辦宴席。控制食品行業的行會勢力衰微之後，激增的烹飪書籍也多了發展空間；行會式微，廚師就能公布「行業祕密」而不必擔心受罰。有論據認為，準備入行的廚師如果不隸屬於行會，就無法取得學徒身分，因此烹飪

書籍有了新市場，假如這些獨立廚師有閱讀能力，烹飪書就能讓他們學到在富裕家宅中工作所需的技能，甚至總管也能從書中學到一些指導。[18]一六六二年，皮耶・德・盧恩（Pierre de Lune）的著作《完美新式的餐宴總管》（*Le Nouveau et Parfait Maître d'hôtel royal*）的目標讀者就是這群人，十七世紀農藝學家尼古拉・德・波內封（Nicolas de Bonnefons）也在《鄉間樂事》（*Délices de la campagne*，一六五四）一書中為管家提供一份指南，就叫做「致總管」（*Aux Maîtres d'hôtel'*）。有志於入行的人（或者剛雇用了總管的資產階級地主）能夠學習必要的技能，而不必具有這一行的家庭背景。波內封認為對家宅來說，總管是很重要的，他詳列總管的職責，比如監督廚師（他說好廚師應該受到賞識，猶如「宅中最必要的一件家具」[19]），還要確保膳食多樣，才能令主人高興。

在這個時期，大廚能夠獨立成為專業人士，這一點與烹飪書籍的興起有關。貴族家宅自有其「司膳」[8]（*officier*），這個稱呼類似於軍銜，但是新發明的「廚師長」（*chef de cuisine*）擁有管理整個廚房的大權。「*chef de cuisine*」這個詞大約就在這個時期進入法語，用以區別新的專業廚師及早前的「*cuisinier*」或「*officier*」。曼農在《廚房新菜色》（*Nouveau Traité de cuisine*，一七四二）的第三冊前言中使用了這個詞，《袖珍烹飪辭典》（*Dictionnaire portatif de cuisine*，一七六七）的扉頁上也說，對於最富天分的「廚師長」（*chefs d'office et de cuisine*）以及資產階級家宅的「廚師」（*cuisiniers*），這本書都很有用。[20]私人住宅的烹調本來就有季節性，因此受過訓練的一群廚師會定期換工作，而且很可能由此學習新技術，這是創新得以傳播的關鍵。女廚師也是在這個時代加入這一行，她們在不那麼富裕的家庭中工作，酬勞大約只有男廚師的一半，但也因此在預算較低的外省家庭中更受歡迎。[21]曼農的《資產階級家庭的女廚師》的目標讀者也是女廚師，此書的成功顯示了烹飪精益求精是不分階級的，而且參與的人群不斷增長，其中也包括了女性。書籍出版讓法國的專精技術得以傳播，超越

8　當時貴族家中的備餐室稱為「*office*」，廚房做好的菜要先端進備餐室，「*officier*」管理備餐室事務，以及準備酒類飲料等。「*officiers*」原意是軍官。

地理與階層區隔，使法國大廚與烹飪天賦之間產生強韌的關聯。法國烹飪的文字紀錄也使得法國的專精技術有了走出去的能力。芭芭拉・威頓（Barbara Wheaton）將此歸功於馬塞洛，認為「（馬塞洛）增加了現代化烹調的從業人群，幫助加速了現代化烹調的發展」。[22]史蒂芬・曼乃爾（Stephen Mennell）也同意烹飪書籍食譜出版鼓勵了進一步試驗，因為以文字記錄的食譜能夠加以測試與調整。[23]文森・拉・夏培（Vincent La Chapelle，一六九〇／一七〇三－一七四五）在一七三三年以英文出版《現代廚師》（The Modern Cook），當時他是在海外工作的法國廚師，在一七三五年又出了法文版。此書大量剽竊馬塞洛著作，但也有一些創新，比如以西班牙醬（sauce espagnole，主要材料為烤牛骨、牛肉、蔬菜、香料）作為底醬，還有以麵粉而非乾麵包增稠庫里肉汁。到了十八世紀，烹飪基礎的書籍作者們已經完成了第一批參考指南（abrégés de cuisine），將每一種主要技術與作法簡略記述，後來路易・索涅[9]（Louis Saulnier）的《烹飪指導》（Le Répertoire de la cuisine，一九一四）一書中收錄。《袖珍烹飪辭典》歸納了醫療觀察，並且將食物材料與作法列表，匯總了數世紀的發展，而且易於攜帶傳播。

對於巴黎的資產階級與工人階級飲食來說，炊具的普及顯示了烹調方法也開始逐漸往下流通。更多人的家中有了做飯的地方，雖然擁有爐灶與烤爐的依然僅限於富裕人家。到十六世紀為止，只有大廚房使用固定的高大爐灶（potager），以磚塊砌成，使用木炭，表面以爐架覆蓋。[24]LSR在《招待的藝術》中描述「完整的廚房」要有兩個明火大爐床，兩座爐灶，每座爐灶上各有四五個「爐口」（「burner」），一個糕餅烤箱安置在爐床旁，三個鍋子掛鉤（crémaillère），以及許多各式金屬與陶瓷烹具。[25]在路易十四統治期間（一六六一－一七一五），大部分資產階級家庭都有大湯鍋（marmite），上層階級與資產階級也都有爐灶上方的鍋子掛鉤。到了路易十六時期（一七七五－一七九〇），更多勞工階級家庭擁有大湯鍋，但是在資產階級裡反而減少，而且勞工階級家庭也幾乎不用鍋子掛鉤了（從百分之六十的家庭降低到百分

9　法國名廚喬治・奧古斯特・埃斯科菲耶的學生。

之二）。[26] 十八世紀的廚房重新配置，代表著廚師喜歡把準備食物的區域與煙囪分隔開來，而且做菜的時候可以站直，不必蹲坐在灶火前面。在明火上烘烤肉類的設備減少了，廚師常做的是煮與煎炒，由此可看出人們（包括勞動階級貧民）吃的肉比從前多，不過可能品質差。炊具有了創新，烹製食物的方式從明火烘烤轉變為盛在密閉的容器裡，然後放在碎炭上或者可移動的小爐灶上，烹煮出來的食品更接近於燜燒[10]（braise）與慢燉肉塊（fricassée），而非大塊烤肉；這種作法後來演變成聞名世界的各式肉燉醬汁法國菜餚。

從印刷出版的烹飪書內容可看出，在富人與中間階級的膳食中，野味與罕見的肉類逐漸減少，購買自屠戶的肉類愈來愈重要。中世紀烹飪書裡沒有牛肉，可能不只是因為體液學說認為它對人體有害，也因為對於這些書籍的目標讀者、即上層階級來說，牛肉沒有什麼象徵意義。十七世紀的烹飪書裡出現了牛肉，可見上層階級本來遵守的那一套、從地上直到空中動物的象徵分類，已經開始式微。[27] 在一六六〇年左右的家用支出清單上，用以炫耀的奢侈肉類（天鵝、鸕鶿、鷺鷥、鯨等等）消失了，取而代之的是更多容易買到的肉類及部位。[28] 十七世紀的食客開始吃牛肉，還有雞冠與鵝肝。拉・瓦罕只提供了一道雞冠食譜（crêtes salées，鹹味雞冠），而曼農的《宮廷晚餐》（Soupers de la cour，一七五五）有十道雞冠食譜、十七道鵝肝食譜。大致上，從這個時代的烹飪書籍可看出廣泛使用牛肉與小牛肉、羊羔肉與羊肉、乳豬與野豬、野兔、各種禽類，還有令人驚訝的大量蛋類食譜，從單面嫩煎蛋（oeufs miroir）到煎蛋捲，簡單的與複雜的都有。蝸牛的地位一落千丈，貴族與資產階級的食譜書裡都沒有它，認為它太土氣。只有到了十九世紀在卡漢姆手中，同時也因為巴黎的啤酒館興起，蝸牛才隨著地方烹調捲土重來。[29] 在烹飪書大量問世的十七世紀，肉類並不是富人獨享，貧民吃的部位較差，量也較小，通常是在湯裡加肉以增味，或者當作節日的大菜。巴黎的富裕家庭較多，所以肉類消耗極大：十七世紀中，平均每人每年的食用量是五十二公斤，到了十八世紀末升高為六十二公斤；在同一時期，諾曼第的康城（Caen）每年

---

10 燜燒通常使用一整塊肉，先高溫香煎至褐色，再加酸味植物性湯汁如番茄慢燉。慢燉肉塊用較小的肉塊慢煎，但不需到褐色的程度，再加高湯等慢燉。

人均食用量則是二十五公斤。[30]城市裡的顧客可以向屠戶與市場購買，也可以向「regrattiersa」及「revendeuses」（小販，出售切割後的肉類）購買，這類小攤主通常是女性。在勞工階級的膳食中，不含肉的食品占第一位；十八世紀的家用賒帳紀錄顯示，開支最大宗是麵包店（boulanger），接著是水果小販、食品雜貨店（épicier）及糖果店（chocolatier）。[31]

　　在十七世紀，除了烹飪書籍，還有一種流行的印刷品，即家務手冊或者農耕手冊。土壤學家奧立維・德・賽赫（Olivier de Serres，一五三九－一六一九）的《論農業》（Théâtre d'agriculture，一六〇〇）是一本農業手冊，重點是食品與飲食，這是非常重要的參考資料，書中記錄了農業當中的「美好學問」（belle science），並且認為法國蓄勢待發、即將成為農業大國。眾多法國食品生產與消費歷史書籍提到賽赫此作，而且這本書觀察法國飲食的看法也很獨特：以土地為本。書中記錄了法國人生產、食用的蔬菜與肉類，以及源自古代紀錄並重新應用的科學理論，此書還提供關於耕種作物、釀葡萄酒、管理家政的實用建議。此外，它也提供了關於食物的重農哲學思想，稱農業為「上帝口諭的唯一職業」，並且認為人應該種葡萄，因為「人必須喝葡萄酒才能活」。[32]賽赫的思想代表了上層階級，但不代表巴黎，因為他的農地與建議的基礎在普羅旺斯，在尼姆附近，距離里昂不遠。令人矚目的是，他在全書中使用「風土」（terroir）這個詞將近九十次，用於描述土壤與相應的適合植物，於是也成為法國食品詞彙中的一個基礎詞，日後用於不同場合的時候，含義還將改變。對賽赫來說，土地的擁有者為了進行工作，必須盡量配合土壤與氣候，而非對抗，不過國王、王子，以及其他「大人物」（Grands）能夠以足夠的力量「令大地服從」。[33]《論農業》列出適合法國菜園的各種蔬菜，應該就是當時法國人吃的蔬菜。書中有很長的段落講述洋蔥，並且建議如何種植包心菜、萵苣、根莖類、瓜果，此外還有廚房裡必要的植物，包括藥用香草植物。當時是十七世紀初，因此賽赫的思想仍屬於醫藥膳食學，這本書的內容大多是關於種植而非如何食用，不過他也提供了一些介於膳食學與品嚐風味之間的食譜。比如茴香，他建議主人將鹽與油分別裝在不同油壺裡，這兩種佐料都是「熱」性，能夠消解「冷」的綠色蔬

勃艮第蝸牛（*Escargots à la bourguignonne*），以勃艮第方式烹調。

菜，但是以這種方式上菜，就能讓「每個人按照自己的口味選擇」。[34]

距離賽赫五十多年之後，尼古拉・德・波內封（路易十四第一任近侍）在一六五一年出版《法國園丁》（*Le Jardinier français*），一六五四年出版《鄉間樂事》。前者針對巴黎婦女與主婦（*ménagères*），是向賽赫致敬之作，並說明此書專為城市園圃提供專業建議，而非賽赫書中的鄉村菜園，而且作者是巴黎氣候的專家，與賽赫的朗格多克省（Languedoc）農田差異極大。在這本書波內封並不局限於「高級」食品，因為書中還包括了種植蘑菇、製作果醬及乾果的指導。在《鄉間樂事》，他提供了一道合適的「保健湯」（*potage de santé*），以品質良好的清湯製作，能讓資產階級家庭保持健康；如果以包心菜製作，「嚐起來就應該完全像包心菜」，沒有任何無意義的添加物，比如碎肉或者麵包乾。對波內封而言，一道簡單、用料樸實的湯幾乎是柏拉圖式的理想，他宣稱：「我對於湯的想法，我也普遍加諸每一樣食品上，猶如律法。」[35]《鄉間樂事》的原則是簡樸，書中有九種家中自製麵包的配方以及關於擴展物資來源的指導，這些靈感來自於十七世紀中投石黨亂期間，巴黎遭圍城而發生饑饉及食物供應不穩定。《鄉間樂事》

和賽赫的作品一樣，也有一章關於製作與儲存葡萄酒與其他酒精飲料，還有一章主題是乳酪製作與熟成，以及一整章介紹根莖類蔬菜，其中第一樣是甜菜根，最後以「菊芋（*Topinambour*，Jerusalem artichoke，*Helianthus tuberosus*）或馬鈴薯」作結，由此可看出當時對於來自新大陸的馬鈴薯還不熟悉；此外有一章關於松露，可見當時此物與甜菜根一樣普遍。從《鄉間樂事》的文風與目標讀者，可以看出十七世紀的社會變化；貴族與從前不一樣，資產階級也與從前不同。波內封說他的《法國園丁》有兩種讀者：富有「而且有身分的人」，能夠與家中園丁討論書中內容，另一種是沒有雇用園丁、但是「在巴黎附近有第二座家宅的資產階級」。[36]

在十七世紀下半葉，《法國園丁》只是新出版的十七種園藝書籍之一，可見當時法國貴族的飲食裡已經接納了蔬菜。《法國園丁》鼓勵時尚的巴黎仕女要求家中園丁種植時尚的水果，並考慮將多餘的出售、賺取額外收入。在文字紀錄中已可見新世紀對於園藝產品的喜愛，這與前一個世紀的恐懼或厭惡是完全不同的。

《品味》（*Le goût*，一六三五－一六三八），亞伯拉罕·伯斯（Abraham Bosse）的石版畫。注意餐桌正中的朝鮮薊，以及正由僕人端上的甜瓜，都表示了當時這些食品在精緻餐飲中受到歡迎。

　　湯瑪斯・帕克認為，園藝手冊與指導性質的烹飪書，和社會階層及社會奮鬥有關，因為資產階級廚師「的嫻熟技術同樣使用在完美法國園圃的大自然中，再加上正確用量與適當材料，能夠在餐盤的小宇宙裡達到凡爾賽宮的完美」。[37] 波內封詳細論述園圃水果的美與樂趣充實了人類的五感，其色遠非任何畫家所能描繪，風味絕佳，乃至最講究的饕客用餐時若是沒有水果作結，就不算吃得如意。[38] 曾經令人懼怕的瓜果，如今象徵著法國貴族、禮儀、紳士的殷勤、文雅，人們形容理想中的貴族吃客是「梨子的汁水」或者「蘆筍的鮮脆」。[39] 柔軟易嚼的食物令人喜愛，硬脆的酸味食物則被視為土氣。甚至水果生長的方式也決定了它的地位：蘋果比較沒有吸引力，因為生長在樹上，不需要「園丁的工藝」（artifices du jardin），比如桃、梨、無花果等需要的格架或整枝的籬架。[40] 路易十四的宮廷裡瘋狂流行新鮮甜豌豆，每個季初（更好的是非當季）的秀氣水果與蔬菜，更是上層階級餐桌的表徵。

　　用糖醃起來的水果稱為「confits」或「confitures」，從十六世紀就已經存在，但是這個時期的食糖消耗量增加，所以最終將出現以糖食為主題的書籍。尚・佳亞（Jean Gaillard）的《法國糕餅》（Le Pâtissier françois，一六五三），是唯一出版於十八世紀之前的糕餅與糖食專門書籍，但是在十七世紀稍晚，介紹甜食的烹飪書開始流行。馬塞洛的《糖食新法》（Nouvelle Instruction pour les confitures，一六九二）提供了這種新特色食品的實際製作經驗，書中教導讀者製作果醬、飲料、糖果，加上糖醃水果的沙拉。曼農在《餐宴總管的糖食科學》（La Science du maître d'hôtel confiseur，一七五〇）一書中，確立了從小火煮糖到焦糖成品的十三個步驟，他以純正的高盧自信宣稱，他對馬塞洛著作加以改進，兩者之間的差異就像哥德式建築與現代建築之間的巨大差別。[41] 就上層階級烹調來說，甜點是在十八世紀開始成為一道單獨的菜餚，當時書籍有伊米（Emy）的《冰淇淋製作藝術》（L'Art de bien faire les glaces，一七六八）、約瑟夫・吉利俄（Joseph Gilliers）的《法國甜點師》（Cannaméliste françois，一七五一）。十八世紀時，上層階級餐桌上的點心擺盤是以麵團與糖做成的塑像，並裝飾成宮殿景致。法國宮廷是上層烹調的模範，然後漸漸傳入資產階級餐飲中，

在甜點方面尤其明顯。比如宮廷中的糖雕[11]（*pièces montées*），變成現在婚禮上必有的泡芙塔（*croquembouche*）。十八世紀的法國與歐洲其他國家比起來，糖的食用量比較低（一年不到一公斤），不過到了法國大革命的時候，法國是全世界領先的食糖製造國，產地在聖多明哥（Saint–Domingue，現今海地）。一六七〇年，路易十四的財政大臣尚─巴蒂斯特・柯爾貝（Jean–Baptiste Colbert，一六一九－一六八三）下令，西印度群島的法國政府工作人員全力集中在聖多明哥的蔗糖業，並驅逐外國利益團體。[42] 當地法國官員發展的蔗糖業絕大部分倚賴奴隸勞動力，因此法國成為十八世紀三邊貿易[12]（Triangle Trade）的要角之一。到了一七一五年，島上的蔗糖產量已經是原來的四倍，幾乎趕上英屬西印度群島，但是殘酷與壓迫帶來了如此快速的擴張，也帶來了它的滅亡。一八〇四年，聖多明哥的奴隸群起革命，結束了法國在當地的糖業王國。但最後的結局也並不圓滿，法國對海地的剝削導致一連串顯著而長遠的負面影響，該地至今仍無法從中復原。

十七與十八世紀上層階級的新飲食風俗已經鄙棄大吃大喝，倡導精緻，以及高雅的飲食方式。在當時不少餐桌禮儀指南中，安托萬・德・科坦（Antoine de Courtin，一六二二－一六八五）的《禮儀新書》（*Nouveau Traité de la civilité*，一六七一）的目標讀者是原本在宮廷圈子以外、無法從生活中模仿的新貴。[43] 就和這個時期的烹飪書一樣，一本講述合宜舉止的印刷書籍能讓更多人接觸到這些指導，不過這些規矩都是僅限於宮廷中通行。社會學家諾博特・伊里亞思（Norbert Elias，一八九七－一九九〇）指出，與這方面的首創作品、喬凡尼・德拉・卡薩[13]的義大利文著作《禮儀》（*Galateo*，一五五八）比較之下，文明的社會規範持續擴大，於是形成科坦書中更加繁複的規則[44]；科坦此書正是以《禮儀》為參考基礎。在現代人看來，科坦書中的用餐規矩似乎是很基本的，但是代表了十七世紀法國社會中行為的一大改

---

11 糖雕（*pièces montées*）字面意義是「組合物、堆高物」，是以翻糖、杏仁糖膏、牛軋糖等做成的雕塑裝飾。泡芙塔（*croquembouche*）字面意義是「咬下時發出脆聲的東西」。

12 歐洲船隻到西非以商品換取奴隸，將奴隸運往美洲，最後從美洲載運蔗糖、菸草、棉花回到歐洲。

13 一五〇三－一五五六，佛羅倫斯的神職人員、宗教審判所人員、詩人、外交官。此書全名《禮儀：有禮舉止的規則》（*Il Galateo, overo de' costumi*）。

變。與德拉‧卡薩一樣的是，科坦也指示自己的學生不可在麵包上擦拭手指上的醬汁，而必須用餐巾。科坦還增加了新的規則，要避免這種弄髒手指的「不體面行為」，強調在用餐與供餐時都使用餐叉，而這種風俗在德拉‧卡薩的時代尚未流行[45]，因為在十六世紀歐洲雖然已經有了叉子，但使用還很有限。一五八八年，蒙田（Michel de Montaigne，一五三三－一五九二）在《隨筆集》（Les Essais）一篇中寫到，他很少使用餐叉與調羹。[46]到了十七世紀，餐叉在宮廷中比較常見了，路易

鮮奶油泡芙與焦糖組成的泡芙塔，法國婚禮上的傳統甜點，也是十八世紀盛行的糖雕一例。

十四甚至禁止宮廷中當著他的面使用餐叉。[47]不過這個規定顯然並未持續，聖西蒙公爵[14]的《回憶錄》（Mémoires）中記載，一七〇一年，有一次晚餐上國王龍顏大悅，以自己的餐叉與調羹敲打餐盤（並且要在場廷臣一起做），以慶祝國王的仇敵之死。[48]

\ 配菜 /

在法式上菜方式的極盛期，配菜（entremets，字面意思就是「在兩道菜之間」）是主菜（mets）之間或者幾道肉菜之間的配菜，通常安排在烤肉與一

14 一六七五－一七五五，姓名 Louis de Rouvroy，路易十四及十五的廷臣。

餐最後的水果之間。早期的配菜似乎沒有什麼一定的規則，只是其性質必須與主菜一致。這些性質分類包括鹹味與甜味、冷與熱、可食肉的日子與齋日，視季節與宴席本身性質而定。十四世紀的《巴黎家庭主婦之書》，配菜章節包括一道蝸牛、魚凍、叫做「riz engoulé」的米布丁、野豬頭、幾種填餡雞。十七世紀的配菜有多種煎炸與烘焙的油酥糕餅、加奶油醬或者水煮蔬菜、燉菜、雞蛋、甜味菜餚。安托萬・傅荷歇[15]（Antoine Furetière）的《通用辭典》（Dictionnaire universel，一六九〇）中定義「entremets」是有醬汁的菜餚。拉・瓦罕的《法蘭西大廚》提供了奶油蘑菇、炸朝鮮薊、杏仁油酥糕餅、鹽煮松露、蛙腿油炸小麵點，以及數種蛋類菜餚。宴席在配菜與水果之後，可能還有「yssue de table」[16]，包括蜜餞與加了香辛料的葡萄酒，然後是糖杏仁與加了香辛料的堅果，稱為「boute-hors」（直譯為踢出去）。配菜顯然屬於上層階級烹調，以此名目更換餐桌上的餐具與桌巾，可說是表演，藉著明顯昂貴的肉類與華麗裝飾，展現主人的權勢。

　　使用法式上菜方式的時候，許多菜餚是同時上桌，不過某些特定的配菜（就像某些烤肉）是保留給最重要的主客，並且要由僕人巧妙放置在他們附近。在十八世紀之前，宴席術語已經開始改變，但菜餚的配置保持原樣。法蘭索瓦・馬杭的烹飪書《歡慶之神科摩斯的禮物》提供了將近三百道配菜，稱為「hors d'oeuvres」（直譯「在主要作品之外的」）、「entremets」，或者「entrées」（「開頭」），要注意的是，這些命名也在變化中：「hors d'oeuvres」變成「entremets」，「entremets」又變成「entrées」，然後又繼續變化。在這種制度之下，菜餚的名稱與它在一餐中的地位是相應的，卻未必與其材料及作法有關。為了編排方便，馬杭的書有「entremets」的獨立章節，裡面有常見的煎蛋捲、松露、油酥糕餅，還有三十種鮮奶油，有熱有冷，其調味包括咖啡、牛至（tarragon）、巧克力、洋香菜、菠菜等等。在一七六二年的法蘭西學院辭典中，「entremets」的定義依然是在烤肉之後、水果之前的菜餚；到了一八三五年，「entremets」則是「甜點之前」，就和水果的位置一樣了；一八七八年，字典裡出現了一個新詞，「entremets de douceur」，意即甜的「entremets」。一九三二年的字典裡，「entremets」通常是一道甜食而且沒有場合限制，無論是否舉辦宴席都可以吃。有些法國甜點保存了「entremets」這個詞，但是現在通常視其為一餐最後的甜品。

---

15 一六一九－一六八八，法國學者、作家、辭典編纂者。一六八五年，他因試圖自行出版該辭典而遭逐出法蘭西學院。一六九〇年，其友人在荷蘭出版該辭典。

16 字面意義為離開餐桌。

從科坦此書可見，新規則很有影響力，而且在法國宮廷社會中流行。科坦希望自己的學生具有美食方面的知識：如何按照規矩切割肉類並供餐（比如，最好的部位給尊位者）、如何食用可能出現在貴族餐桌上的各種菜餚。比如，《禮儀新書》堅持要以調羹而非餐叉食用橄欖；這條規則似乎沒有道理，但是曾經有某位德‧茹費克侯爵與貴族同桌進餐時以叉子食用橄欖，於是遭到逮捕。原來此人是冒充的貴族，以偽造的身分一路晉升至路易十五的攝政王、奧爾良公爵[17]的宮廷圈子，而此前奧爾良公爵經人提醒他的身分可疑，於是在看到他用餐如此沒有禮貌時，就馬上採取行動。[49]貴族圈子裡的供餐禮儀稱為「法式上菜」（service à la française），也就是分量較小的熟食蔬菜、肉類、沙拉、糕點與蜜餞，都一起端上桌。用餐者自行取食，同時也為旁邊的人服務，但是要考慮這些人的階級與性別之分。按照等級制度，最好的菜餚放在地位最崇高的人附近，這個習慣也限制了每個人能取用的範圍。路易十四的傳奇性盛宴是法式上菜最盛行的時代，最後在十九世紀中被「俄式上菜」（service à la russe，一道接一道上菜）完全取代。流行改變的速度很快，比如路易十四時期盛行大塊肉食，到了路易十五時期就變成了分量較小的三分熟肉類。十八世紀開始了新烹調風潮，不喜歡一盤盤食物毫無組織，於是開始把每道菜分開，並且把鹹味與甜味分開上菜，在法國大革命之後，終於演變成我們今天所習慣的每道菜單獨上菜；到了一八八〇年，這在餐廳裡成為常態。[50]在十八世紀，餐桌上的行為舉止也逐漸從上層往下傳播，包括在每道菜之後更換餐具（較貧窮的階層則是在喝過湯之後）、使用餐刀而非隨身小刀、用餐叉而非以手抓。[51]當代政治學學者保羅‧伊瑞斯認為，法國人不願使用餐叉，是因為他們相信知味者能夠以手抓優雅進食，從這一點可以區別貴族與下層階級；而廣泛使用餐叉則消除了這一點區別。[52]

在宮廷的模式之外，教會對於天主教法國的影響也塑造了飲食習慣，使得法國與其他鄰近歐洲國家有所不同。天主教會尤其譴責暴食，教會對於合規的飲食有一套繁文縟節加以限制（始自中世紀的齋日），

---

17 一六七四－一七二三，奧爾良公爵路易二世，其父為法王路易十四的弟弟菲利浦。一七一五－一七二三為攝政。

但並未完全抹煞進食的樂趣。天主教的習俗與美食樂趣並不是互斥的，法國的修道院素以簡樸的菜園農產聞名，但一樣出名的也有乳酪、啤酒、葡萄酒、糖食、烘焙食品。在今天，「修道院小商店」（*Boutique des monastères*）依然在推廣法國女修院與修道院製作的精緻食品。在十八世紀，英國人譴責法國食品是「造假的藝術、扭曲大自然」，因為法國烹調偏好醬汁菜餚與複雜的風味[53]，從這一點就看得出講究衛生的新教歐洲北部與天主教南歐的分歧。當代學者弗洛朗・葛里耶（Florent Quellier）認為，天主教會讚美適度飲食的樂趣，而非完全抹煞，因此引導了西方菁英階級培養出食欲的文明，「禁止暴食，但是認可美食。」[54]對於屬於天主教文化的法國來說，只要遵守規定，是可以享受精美食品的。這些規定反對的是過量（包括三餐之間食用其他食品）、而非將食物妖魔化，於是促進了法國人在餐桌上分享食物、養成用餐禮儀並進而培養歡宴氣氛，最後產生了餐飲的藝術，成為法國風格的標誌之一。從法國的肇建期開始，雖然遵行的是看似隨意的法式上菜方式，但是用餐規則依然深深影響了法國餐飲文化的形成。規則包含並保存了法國飲食與烹調的方式，而且這些方式還傳往境外，規則也塑造了法國人對於飲食樂趣的態度，而飲食的樂趣是與節制息息相關的。依循法國餐飲文化的規則，才能走上正確的道路（世上也有一條錯誤的道路），得到更大的樂趣，並且打開通往美食學的大門。

▌香檳

今日人們所稱的香檳酒，出現在創新的年代即十七世紀，其中小部分歸功於起自中世紀的修道院製作食品的制度，大部分則要感謝增長中時尚且精明的大眾之需求。據說修士唐・培里儂（Dom Pérignon）發明了使香檳酒產生氣泡的方法，這個說法現在已經被否定了，但是對於法國人在精緻食品與高雅進餐方面自命的地位而言，這個傳說依然重要。記載中的香檳起源的確是法國的發明，因為這個典型的法國物產之誕生與成長都仰賴成熟的技術以及對於高雅產品的渴望。事實上，修士唐・培里儂在一六六八至一七一五年之間，擔任歐維萊爾（Hautvilliers）修道院的財務官。他製造的純淨且非常清澈的白葡萄酒

瓶裝的香檳酒，在最後的發酵階段。

十分有名，而且他的一六九四年分產品在市場上創下高價紀錄。[55]在
一六八○年代，法國人製造數種氣泡酒，不過香檳地區的淡紅酒比白
酒知名。從一六五○年開始直到十七世紀末，法國的三個主要名酒產
區即香檳、波爾多、勃艮第，在價格方面脫穎而出，而且愈來愈高，
達到市面平均價格的三到四倍。[56]歐維萊爾修道院釀造少量葡萄酒，
以瓶裝出售，不過沒有存世紀錄可以證明唐·培里儂製造過氣泡酒。
在他之前，在十六世紀，香檳區市鎮阿伊（Ay）所產的白葡萄酒因為
其名聲與特質，而與宮廷貴族有關。這個地區土壤中白堊質較多，因
此種植葡萄的歉收風險較高，在此地釀造葡萄酒的成本高，於是葡萄
園主也多為富有的貴族。這些精緻柔和的酒較易變質，無法摻水以增
量，而當時給強勁的紅酒摻水是常規做法，因此以同樣容量而言，香
檳區的酒就貴得多。[57]香檳區地理位置靠近巴黎，也有助其名聲，還
有醫學論文認為白酒比紅酒健康，因此更適於王家體質。在一六○○

年，有一篇題獻給亨利四世的這類論文做出了關鍵性宣傳，認為阿伊的葡萄酒在香檳地區是「居於完美與精髓的最高地位」，細緻、精巧，無怪乎聞名於大貴族之間。[58]由於貴族之間的口碑，香檳地區葡萄酒的名聲愈來愈高，甚至這個名字本身就令人聯想起財富與高雅。唐‧培里儂的歐維萊爾修道院位在阿伊附近一個村莊，很快就開始針對富裕客層生產精緻葡萄酒。這些喜歡香檳地區葡萄酒的人，被 LSR 嚴詞批評為「麻煩的享樂派」，因為他們堅持要將這些酒冰鎮後飲用；以 LSR 廣博的膳食學知識觀點看來，冰塊破壞葡萄酒的風味與顏色，而且對於人體極為致命。它「融化在（不會對主人造成害處的）顯貴廚房中」。[59]

天然的白堊洞穴，改裝成香檳酒的熟成酒窖。注意右側裝架的瓶裝酒。

　　在葡萄酒或蘋果酒裡加糖使其冒泡的技術，從十三世紀就開始使用了[60]，不過製造氣泡酒的方法仰賴兩種技術，直到十八世紀之前都還不普遍：一是澄清（fining，加入其他物質以澄清並去除殘渣或沉澱物），二是裝架沉澱（racking，將製好的酒倒進新容器，與沉澱物分離）。香檳地區的釀酒人，包括唐・培里儂，在十七世紀晚期開始使用除渣技術，是為了因應對於清澈酒類的需求；裝架沉澱則是在一七三〇年左右出現在葡萄酒專論中。[61]這兩種技術都需要時間，而且增加成本，因此只應用在最好的酒類。由於地理特性，幸運的香檳地區擁有天然洞穴，適合氣泡酒製程所需的長期靜置。一七一八年的《香檳地區葡萄酒製造法》（*Manière de cultiver la vigne en Champagne*）強調「世上沒有其他地方比香檳擁有更好的洞穴」。[62]這樣的宣言，就和十六世紀貴族領主對於阿伊葡萄酒的讚美一樣，都屬於香檳酒的宣傳，而且這種宣傳是從其生產的源頭開始的。

　　還有一個實際因素使得香檳酒不易產銷。十八世紀之前，大部分葡萄酒都裝在木桶中儲藏運輸，然後由酒館老闆以酒壺倒進玻璃杯，或者由消費者自行裝瓶。酒館老闆能夠在酒變質之前把整桶酒賣完，而比起酒館老闆，上層階級買家的消耗量較小，因此他們開始要求葡萄酒以瓶裝出售，尤其是容易變質的白酒。[63]由於這些（富裕）上層階級的需求推動，瓶裝氣泡酒就有了舞台；在第二次發酵完成之前裝瓶，就能產生氣泡酒（*mousseux*）。因此，有氣泡的香檳酒並非釀酒人刻意為之的產品，而是一種副產品，來自消費者希望葡萄酒易於取用與保存的需求。一七二八年，香檳製造商終於獲得王家章程許可，能夠將酒裝在瓶中運輸，此種做法在之前都是違法的。在這里程碑式的變革之下，瓶裝酒就可以運輸到附近河港城市，然後航越英吉利海峽與大洋，此舉為香檳酒打開了商業世界的大門，香檳地區酒莊的「價值大增」。[64]唐・培里儂的修道院以及附近另一所修道院，在一七三〇年代都儲存了數千瓶葡萄酒，是「瓶裝葡萄酒製造的重心」。[65]由於破瓶損失的拖累（或者該說是擔心破瓶，因為反對瓶裝使得分銷商誇大了酒瓶的脆弱），轉向生產瓶裝氣泡酒的過程緩慢，但實際上發酵引起的破瓶頻率並不規律，而且通常都比預期來得低。從一七六五

慧納香檳（Ruinart）的宣傳海報，路易·托桑（Louis Tauzin），一九一四，畫中描繪了該地區的天然白堊洞穴。

至一七八九年的酒窖紀錄看來，只有其中五年發生了破瓶。[66]到了一七七〇年代，酒商已經開始直接向釀酒人購買並自行裝瓶，於是到了十九世紀，酒商掌控了香檳地區的葡萄酒裝瓶與販售。

《商業報導》（*Journal du commerce*）是一份行業報紙，提供葡萄酒採購與運輸的實際建議，重點集中在一七五〇年代的勃艮第葡萄酒，但是也簡要提及香檳地區葡萄酒，比如一些基本資料指出女性與年輕人偏好香檳地區酒類，年長顧客則選擇勃艮第酒。[67]在十八世紀，來自香檳地區的一般紅酒不敵法國各地出售的大量低階餐酒，但上層階級流行多泡沫的白酒，於是擠掉了老式酒，留下不衰的新式酒。曼農的《宮廷晚餐》一書中有五道食譜需要「香檳地區的酒」；十八世紀的新烹調更是廣泛使用香檳，於是在十九世紀，香檳就成了歡慶場面的必需品。為了達到這樣帶著光環的地位，香檳製造商努力為這種酒尋求法律地位，認證其為香檳地區使用二次發酵技術的天然物產。一八二一年，歐維萊爾修道院的一位還俗修士在宣傳廣告中宣稱是唐·培里儂發明了冒著氣泡的香檳酒。一八八九年，在巴黎的世界博覽會上，香檳製造商分發的帶圖宣傳小冊裡採用了這個故事，並且稱唐·培里儂是「氣泡酒之父」。在香檳製造商聯盟的努力之下，在一八七〇年代，酒標上也開始採用「香檳」（Champagne），而不再是各個酒莊的名字。此一策略統一了這種產品的形象，使之成為地區特產，並且從數個不同葡萄園買酒的製造商也不再被指為不正宗。從設法取得政府保護的過程中，可以看出唐·培里儂的傳說是很有效的，是「香檳酒的『神聖起源』，讓這種原本與貴族的輕浮墮落有關的酒類，取得了合法地位」。[68]在十九世紀，這種氣泡酒成了地位象徵，巴黎的餐廳比如一八九一年開業的美心，被稱為「香檳神殿」，這些餐廳的上流饕客全心擁護香檳，所以它與修道苦行的關聯也就和唐·培里儂傳說的真實性不相上下罷了。[69]

▌罐裝食品

罐裝食品這項發明時間較晚，原意是為了防止發酵，但最後為全世界貢獻了一個新的技術名詞，「阿佩爾罐藏法」（Appertizing），法國在

這方面也有了一席之地。以該技術保存的食品安全密封在容器中以供運輸，遠至北極供給法國探險家們。糖果點心師傅尼古拉・阿佩爾使用某種技術，在水中加熱事先經過消毒的玻璃罐，使其內部形成真空，並且小心測量在真空出現之後、繼續加熱所需的精確時長。早在一八〇二年，他就在自己位於巴黎附近的作坊以這種新技術保存食物，然後在城裡自有店鋪中出售，並且供應給一八〇七年新成立的法國海軍。阿佩爾在測試並銷售罐裝食物數年之後，終於得到了內政部頒發的一萬兩千法朗獎金，推薦人是國民實業推廣協會（the Society for the Encouragement of National Industry）。內政部為了大眾福祉，希望分享阿佩爾的重要發現，因此以獎金作為交換，要求他出版自己的技術。他在一八一〇年出版，並且送了兩百本給政府。[70]接著他就投身與英國競爭者的長期戰鬥。

這本《保存動物與蔬菜食品之技術》（*L'Art de conserver les substances animales et végétales*）共出版了七版，在第一版裡阿佩爾生動陳述了自己的目標，是為了發明一種低成本的方式，「能夠為社會帶來眾多益處」。[71]他引以自豪的法國技術改革了食品保存：以阿佩爾保存法處理的豌豆其柔嫩與風味堪比新鮮豌豆，連美食家吉穆・德・拉・黑尼葉也加以讚譽。阿佩爾得獎的作品包括蔬菜燉牛肉（pot-au-feu，字面意義為火上鍋）、法式清湯，還有這道著名的嫩豌豆，組合起來就是完美的資產階級午餐，但是他希望為軍醫院及平民醫院提供罐裝食品，幫助海軍水手預防或者治療疾病，並且促進全球貿易，讓法國能夠進出口「大自然賦予不同國家的各種食品」。[72]英國科學家很快設計出方法，應用阿佩爾的技術，製造出白鐵罐頭，這比玻璃瓶輕得多，而且不易碎，於是第一家使用這種專利方式的罐頭食品工廠在一八一二年開張。[73]而阿佩爾繼續修改自己的方法，為法國海軍改用鍍錫的鐵罐。在阿佩爾許可下，約瑟夫・柯林（Joseph Colin）於一八二四年開設了一家沙丁魚裝罐工廠，到了一八三六年的年產量是十萬個罐頭。[74]到了一八八〇年，法國的大西洋沿岸工廠年產五千萬個沙丁魚罐。[75]前輩拉・瓦罕與 *LSR* 發明庫里肉汁與肉清湯作為底醬，阿佩爾也發明了將肉及蔬菜濃縮成塊的方法，這就是高湯塊的前身，也是法國人對於高湯、湯、醬汁的持續貢獻之一。

阿佩爾也嘗試密封保存葡萄酒、啤酒、牛奶，使用的是早期的低溫滅菌法，後來在一八六四年，由路易‧巴斯德（Louis Pasteur）制定了此法所需的確切溫度，才臻於完美，並且得到了乳酪業的巨大反響。但是另一種創新的乳製品就沒這麼幸運了：一八六六年，拿破崙三世（Napoleon III，一八〇八－一八七三）發起一項競賽，旨在發明出新油脂，價格較低可供工人階級購買，較不易變質可用於軍隊伙食。一八六九年，法國化學家伊波列特‧米吉－默黑（Hippolyte Mège–Mouriès，一八一七－一八八〇）發明了乳瑪琳（人造奶油，oleomargarine），原料是從牛肉提煉出的脂肪、水、酪蛋白，但是來自酪農與奶油製造商的壓力很快造成了反對乳瑪琳的歧視性措施，於是這項產品並不怎麼成功。為了讓偏愛玻璃罐食品勝於金屬罐食品的法國人喜歡上後者，也著實費了一番宣傳教育。直到一八七一年普法戰爭，法國人敗於德國人之後，拿破崙三世才明白軍需使用罐頭食品的好處：軍隊能夠自己攜帶口糧，在戰場上冷食熱食皆宜。[76] 但是暫且不論實際優點，只有在士兵願意吃罐頭食品的情況下，這種東西才能真正派上用場。於是對士兵解說罐頭食品對健康的好處，並且設法調整這些食物的味道，比如在罐裝濃汁牛肉裡加上胡蘿蔔，藉以掩蓋罐頭金屬味，讓這道菜更類似家常菜。在這樣的雙重努力之下，法國軍人終於讓步了。

在第一次世界大戰之前以及戰時，法國軍人的「口味形成教育」有效訓練了法國男人，使得他們（就算談不上喜愛但）能夠接受「工業化加工的食品」，於是這也給了實業者機會，讓他們創造出一批產品消費者。[77] 戰爭結束後，軍人回到家裡，帶回來吃罐頭食品的習慣，節約的家庭主婦也已經接受了宣傳、改用罐頭食品以省錢，於是家庭中食用罐頭食品就更常見了。由於農業體系健全，而且發達的交通網能夠把南部物產運往北部，因此法國國內並沒有廣泛採用罐頭食品。吉穆‧德‧拉‧黑尼葉極為仰慕阿佩爾，在他的《美食年鑑》（*Almanach des gourmands*）一書中，經常提到阿佩爾的天才在法國一直沒有得到該有的評價。[78] 法國現代烹調之父、馬利－安托萬‧卡漢姆說，阿佩爾使得保存的水果與蔬菜在冬天裡和當季的一樣新鮮，由於他對烹飪藝術的貢獻，理應全國知名。[79] 他的法國同胞大都抗拒阿佩爾罐藏法

的產品，所以他的主要成就是為法國海外殖民者供應軍需與物資。他所留下的紀念，除了在一九五五年發行的一枚郵票，就是發明了此一「帝國技術」，直接為歐洲殖民行動供應口糧。[80]對思鄉的十九世紀海外殖民者來說，這些熟悉的法國食品是不可或缺的。

▌ 乳酪

乳酪可能是最經久不衰的法國食品象徵，而且其來有自。在中世紀之前，法國就已經有了出產好乳酪的名聲；從那時起，對乳酪的精益求精及推廣就已經開始了。老普林尼等人提及著名的羅馬高盧乳酪，接著中世紀法國的農民（通常女性居多）拓展新技術，做出多種乳酪，現在這些乳酪與法國的關聯已經是無可爭辯了。十四世紀前半葉，法國外交官吉列・樂・布歇（Gilles le Bouvier，一三八六－一四五五）撰寫地理概論《萬國記述》（*Livre de la description des pays*），書中列舉了法國各省特產，尤其是乳酪；在當時，人們已經開始認為法國是擁有多種乳酪的國家。製作乳酪的手藝、製造與品味乳酪的行家知識、對於乳酪成品的敬重，這些對法國來說都是獨一無二的。法國擁有將近一千五百種不同的乳酪，其中四十五種的名稱是受到法規保護的（比任何國家都多），不僅數量可觀，「乳酪的技術多樣」也是一大特色。[81]地區特色是原因之一，不過法國的乳酪也集技術、科學、傳統之大成。

製作乳酪。早期木刻版畫。

　　古典時期的紀錄中提及的南方乳酪區域——尼姆、土魯斯、中央高原——可能生產的是硬質牛乳酪，是「中央高原『拉約勒』（Laguiole）與『康塔爾』（Cantal）的始祖」，當地在古典時期很可能已經放牧牛群與綿羊。[82]在比較濕冷的北方氣候裡，酪農發現可以藉由儲存場所的溫度與通風、以及轉動或者搓揉，做出數種高濕度的軟乳酪（soft-ripened）。在正確平衡的濕度中，具有粉狀外皮的乳酪（bloomy-rind）會長出一層灰色或白色黴；羅亞爾河谷的地形適宜山羊生活，對於以凝乳酵素凝結的山羊乳酪也有益處。具有浸洗外皮的乳酪（washed-rind），外層是橘紅色的「微生物草坪」，這些乳酪源自中世紀早期的修道院，修士利用修道院生產的綿羊奶或牛奶，修道院的石製地窖也正好適於乳酪熟成，況且修道院也有修士及俗家雇工的人力可加利用。[83]修道院周圍耕種土地的農民也以自己的牲口製造乳酪，並且以乳酪支付什一稅給修道院。此外，在本篤會規的限制之下，乳酪也適合修道士與訪客的少肉膳食。中世紀末葉，醫學建議推薦乳酪，認為它在消化系統中能夠把肉類往下壓、縮短肉類消化的時間、從而降低致病風險。十四世紀，普拉提那的《論可敬的樂趣與健康》建議用餐結束時吃乳酪，這個做法最後形成了餐後乳酪盤（*plateau de fromages*）的傳統。

　　起源於中世紀的基礎乳酪種類包括芒斯特（Munster），在八五五年首創於阿爾薩斯一座修道院；馬華爾（Maroilles）乳酪大約在九六〇年首創於法國極北邊的馬華爾地方修道院；這兩種都是所謂的「修道院」浸洗外皮乳酪。[84]自從修道院開始製作乳酪出售，除了製作已經專精的新鮮乳酪，修道士還引進加熱與壓製技術以製造濕度較低的乳酪，這樣可耐運輸。[85]馬華爾（是一種未煮過、未經壓製的乳酪）的名氣尤其大，腓力·奧古斯都、查理六世、法蘭索瓦一世，以及路易十四都喜愛這種乳酪。不過該修道院毀於一七八九年，此後馬華爾乳酪在外地的銷售就急遽下降了。馬華爾曾經是國王偏好的乳酪，但是到了十八世紀，由於它的風味刺激濃重，人們把它與工人階級聯想在一起，從此一直沒有恢復原先地位。[86]由於封建采邑消失、修道院在乳酪生產上的地位瓦解，影響了法國的乳酪成長，不過農民開始逐漸扎根，成為長期主力。於是，比如法國北部軟乳酪的農家乳酪就跨

產於都蘭（Touraine），擁有原產地保護標誌（AOP）的聖莫乳酪（St Maure），山羊乳製，具有灰白粉狀外皮。

越了區域，成為獨特的法國特產。

　　在十七世紀初，賽赫在書中說，法國在乳酪方面還沒有站上主流位置：雖然「奧弗涅的乳酪」（fromages d' Auvergne）聞名全法國，布列塔尼（Bretagne）與朗格多克（Languedoc）「盛產奶類與乳酪」，仍有大量來自米蘭、土耳其、瑞士、荷蘭的進口乳酪，還有來自義大利北部倫巴底（Lombardy）地區、大如磨石的乳酪。[87]來自法國中南部奧弗涅地區的康塔爾乳酪，使用的是將凝乳切塊（cut–curd）的技術，製造出經久的壓製乳酪；當地乳酪手藝人可以買到充足的鹽，這些鹽產自地中海沿岸的鹽廠，經由羅馬時代建造的驛路運來中央高原。[88]賽赫特別指出山區乳酪、也就是壓製乳酪經得起運輸，但是日後成為法國代名詞的那些軟乳酪則不行。市面上的山區乳酪比如康堤乳酪[18]（Comté）與康塔爾乳酪，都是大的車輪狀，而軟乳酪有多種外形與大小，包括金字塔狀、圓鼓狀、圓木狀，甚至雞心狀。由於實際條件的緣故，山區的乳酪手藝人使用的是來自許多酪農的奶，收奶的期間也比較長；在新鮮食品供應不穩的地方，這些沉重的車輪狀乳酪（康塔

---

18 產在法國東部與瑞士比鄰的佛朗什－康堤地區（Franche-Comté）。

擁有原產地保護標誌（AOP）的馬華爾乳酪（牛乳製）。

爾平均重量為三十五至四十五公斤，康堤乳酪最重達五十五公斤，埃曼塔乳酪〔Emmental〕超過九十公斤）是一種可以長期存放的物資。康堤乳酪源自十三世紀（當時稱為格魯耶爾乳酪〔gruyère〕），產在阿爾薩斯與勃艮第之間的一個地區，推廣它的人說，它「無疑是眾多加熱法乳酪（cooked–curd）的起源，而這些乳酪經由荷蘭與英國商人傳往全世界」。[89] 這個故事可能是真的，因為法國最古老的乳酪製造合作社就在康堤地區，創立於一二七三年，在二〇〇六年改為私營。[90] 不過這個說法本身就證明了，法國食品故事中的傳說與自我推銷有多麼重要：法國的乳酪製造者充滿自信，強調自己是全世界乳酪的起源，無論這個說法是不是真的。就和香檳一樣，一個故事只要說的次數夠多，就能贏得真實的外表。

　　與山區乳酪相反，軟乳酪來自法國的平原與河谷，由獨立的製造商製作，但是使用相同的「行家技術」，也有相同的地區性限制（比如奶的種類或氣候）。軟乳酪始自九世紀，但是經濟變化註定了十七世紀對法國的軟乳酪來說是一個關鍵時期。借用法國生物學家尚·佛洛克（Jean Froc，一九四一–二〇〇九）的話來說，他們身處的世紀十分明白在社會上勝人一籌的重要性，因此「社會競逐」（jeu social）激勵了當時的乳酪製造商，他們把自己的乳酪做成不一樣的形狀、起個不一

樣的名稱，藉此從競爭者中脫穎而出。〔91〕做成雞心狀的訥沙泰勒乳酪（Neufchâtel）就是一個例子：諾曼第的牛乳軟乳酪是數種類似乳酪的基礎，而且可能仿自十二世紀與諾曼殖民者交易得來的英格蘭乳酪，到了一七〇〇年，這種乳酪已經以它的雞心外形而聞名。〔92〕

海豚乳酪（Dauphin）是一種做成海豚狀的馬華爾乳酪，據說得名於路易十四的王太子名號（le Dauphin，因法國王太子的盾徽上有海豚圖案），是為了紀念路易十四對這種乳酪的喜愛。由於王家的讚譽以及路易十四的宮廷帶來的經濟增長，軟乳酪聲名大振。這類乳酪的製造與食用都在產地及周邊，不需要考慮保存期限或運輸，因此製造商可以盡情發揮靈感，乳酪外形也開始有了多種變化。巴黎乳酪市場的稅收紀錄顯示十八世紀中的價目表上只有四種乳酪，價格從高到低依次是布里（Brie，產於法蘭西島大區塞納－馬恩省）、彭萊韋克（Pont l' Eveque，產於諾曼第）、海豚（dauphin）與雞心形（coeur）馬華爾。

數種法國特有乳酪能夠成功，乃是仰賴創新技術與天賜的地理條

普羅旺斯的城鎮庫斯特雷（Coustellet），露天市場上的各種乳酪，主要是熟成時間長的大型乳酪，由合作社製成，是常見的圓形。

海豚乳酪（Dauphin）以牛乳製造，產自北方的皮卡第（Picardie），據信得名於路易十四的太子稱呼，這是一種馬華爾乳酪，以歐芹、牛至、胡椒、丁香調味，具有浸洗外皮。

件。洛克福爾（Roquefort）的天然通風洞穴裡湊巧長出某種黴菌，這種黴菌後稱為洛克福爾青黴（*Penicillium roqueforti*），而當地的重鹽綿羊乳酪正好是這種獨特的藍綠黴生長的完美介質。洛克福爾乳酪的紀錄可追溯至一〇七〇年，當時一位封建領主將自己的采邑與洞穴捐給了孔克（Conques）的修道院，修士讓佃農也參與生產，於是產量增加；一四一一年查理六世發給一紙專利證書，至今仍確保了當地乳酪製造者的專利權。鐵路網擴張使得洛克福爾乳酪在國內、接著在國外都站穩了腳跟；年產量從一八四〇年的七十五萬公斤上漲到一九〇〇年的六百五十萬公斤。[93]洛克福爾乳酪是第一種得到法國原產地命名認證（appellation d' origine）的乳酪，時在一九二五年，並且在一九七九年獲得法令認證。至於那些地理環境與傳統對於獨特乳酪都並非有利的地方，則是法國式創新大展身手之處。亞奎丹地區（Aquitaine）只有一種知名的傳統乳酪，名為庇里牛斯（Pyrénées），在一九八〇年代，這個地區成為大型工業化乳酪製造商為廣大市場研發新乳酪的重鎮，他們將地區特色與季節性放在一旁，徹底擁抱工業化。好穀企業集團（Bongrain，現在名為薩文齊亞〔Savencia〕）生產的塔爾塔乳酪

擁有原產地保護標誌（AOP）的洛克福爾乳酪（綿羊乳製）。

（Tartare，在美國稱為阿洛特〔Alouette〕）是布爾桑乳酪（Boursin）的競爭對手，此外該集團在一九八四年發布了三種新乳酪：加味的綿羊乳酪賽福希諾（Cevrinol）、山羊乳酪施柯坦（Chicotin）、新型山羊乳酪夏茹（Chavroux）。這些乳酪利用創新技術，使用一種叫做「分裂」（cracking）的新方法分離奶水中的蛋白質與脂肪，以產生其特性，不過這些乳酪名稱聽起來有點像藥物。[95]夏茹乳酪光滑濃郁，不同於多渣易碎的傳統山羊乳酪，保存期限長達五十六天；這三種乳酪裡面現在仍在產製的只有夏茹，不過好穀／薩文齊亞集團依然在製造工業化的乳酪與奶油，供應國際市場。

　　製造法國乳酪需要社會上與技術上的行家知識、技巧、藝術性，這三者同樣重要，但是法國擁有知味的大眾，這也是關鍵因素。工業化生產的乳酪也許「還不錯」，可是法國的乳酪製造者依然在辛苦勞作，堅持以傳統技術製作祕傳乳酪，對抗現代化的潮流。面對一千五百種乳酪，不可能有實際可行的評斷標準，也很難想像除了法國還有哪個國家會設立政府機構（從二〇〇六年開始是國立原產地與品質協會〔Institut National de l'Origine et de la Qualité〕，此前是國立原產

地協會〔Institut National des Appellations d' Origine〕，簡稱INAO），專責認證與保護農業產品與食品的品質標準，在二〇一五年的年度預算就達兩千三百萬歐元。（本書第八章詳細介紹INAO及AOC系統。）AOC的條例詳細精確，不斷在改進。在一九八五年，「山」（Mountain）列入受保護的分類，所有帶這個標示的產品都必須生產於海拔七百公尺以上地區。INAO則擴大到了歐盟範圍，其他國家也開始採用類似系統以管理產品標示，不過法國是首先這麼做的，而且最投入。在法國各地共有兩百六十個辦事處，專責認定及保護傳統技術，根本上是為了保護法國身為食品超級大國的聲譽。從講述故事與法國食品上來看，乳酪是很有效的立足點，因為乳酪與國家形象及認同關聯緊密。（無論虛構與否，）共同擁有的乳酪故事維繫了國族成員，是「法國這些產品成為國家文化遺產（patrimonialization）的一項要素」。[96]一樁廣為流傳的卡芒貝爾乳酪（Camembert）故事所引起的反響格外重要。

訥沙泰勒與利瓦羅（Livarot）是來自諾曼第的農家乳酪，種類屬於卡芒貝爾乳酪，有紀錄可尋的歷史十分悠久。一六一〇年，一份手寫文字中提到利瓦羅乳酪，而訥沙泰勒更是早得多；卡芒貝爾則是於一七〇八年出現在托馬·高乃依（Thomas Corneille，一六二五－一七〇九，著名劇作家皮耶·高乃依之弟）的一段文字中。[97]在十八世紀初，類似卡芒貝爾的軟乳酪可能都歸類於一個統稱之下，到了十九世紀中葉，卡芒貝爾成為工業化乳酪的國之重寶，原因是以科學為後盾的經濟決策即鐵路擴張，以及卡芒貝爾的神祕歷史；據稱是諾曼第家庭主婦瑪麗·海爾（Marie Harel）在一七九一年創造出這種乳酪。簡單明瞭的歷史事實告訴我們，瑪麗·海爾不可能「發明」卡芒貝爾乳酪，不過她的確是當地的乳酪手藝人，關於她的故事在當地社群裡流傳多年，最後成為正式的說法。給一種並不出奇的乳酪貼上一段鄉村風味的歷史，有助於它在一個乳酪氾濫的國家裡取得成功。一九二六年，一位美國訪客來到諾曼第，自願為瑪麗·海爾立一座銅像，當時法國公眾還不知道她，卡芒貝爾的起源也不為人所知。食用最廣泛的乳酪卻是最平凡的；由於有了重新發明的瑪麗·海爾故事，「這種乳酪有了自己的性格」，但並非立基於歷史，而是在「想像的領域」。[98]卡芒貝爾取得主要地位的第一階段開始於一八六〇年代，當時開通的巴黎－康城

（Caen）鐵路使得這些軟乳酪能夠銷往大城市的大市場，尤其是巴黎的中央市場（Les Halles）。在歐日地區（Auge），農業合作社諾曼第協會（Association Normande）提供資金給科學家，他們為農人示範，把牛奶做成乳酪的每畝收入比起放牧肉牛來得高，於是說服了農人從放牧牛群改為生產乳製品。[99]製作卡芒貝爾的創新技術需要專門設計的大型製造房，因為要確保品質穩定，卡芒貝爾製程要求大量投入牛奶、單獨的建築用於乳酪熟成（hâlage）的步驟，此種建築裝設了百葉窗以嚴格管理通風。起先瑪麗・海爾的後人（佩內爾〔Paynel〕家族）嚴格採用傳統方式，使用木製模，以手工分舀所有未分割、未壓製的凝乳。他們也力爭卡芒貝爾名稱的獨家使用權。最後，由於需要更可靠的產品，佩內爾兄弟改用金屬模、木製架子，以及波爾公司（Boll）於一八七六年在法國開始生產的商品化凝乳酶。[100]因為不敵市場競爭，大部分的卡芒貝爾手工製造者都消失了。一八九〇年，卡芒貝爾開始以木盒包裝、外貼標籤，這樣比較經得起長途運輸。

　　卡芒貝爾的風行甚至導致它的顏色改變。由於對這種乳酪的需求增加，供應鮮奶的奶場距離範圍愈來愈遠，於是在較長的運輸時間裡，鮮奶產生了更多的酸，在乳酪上長成灰綠色或者藍色的黴（該黴菌後來命名為 P. camemberti），於是在整個十九世紀，卡芒貝爾都是藍灰色的，帶有褐色斑點。一八九七年，在路易・巴斯德實驗室的研究指導之下，乳製品科學家分離出了布里乳酪的黴菌 P. candidum，這種黴讓布里乳酪在熟成過程中依然保持雪白。一九〇一年，乳酪製造商開始在卡芒貝爾的表面培養 P. candidum 黴，於是「現代」卡芒貝爾乳酪就此誕生。[101]要為了行銷而保持這種乳酪的迷人鄉村特色，還是要滿足日益相信食品衛生科學的廣大群眾，最後卡芒貝爾的製造者們選擇了科學與巴斯德實驗室的權威認可。卡芒貝爾風行，使得它很早就被推上了工業化生產的道路，接著諾曼第製造商與政府簽約，在第一次世界大戰中供應這種眾人喜愛的乳酪給法國軍隊，這一來也更增進了它的工業化生產。為了滿足需求，位於布列塔尼、洛林、羅亞爾河谷的鮮乳供應商也加入了，更進一步稀釋了卡芒貝爾的地區特色，但同時它也成為法國士兵心目中真正代表法國的產品，戰後他們回到家中，也繼續食用這種乳酪。

卡芒貝爾乳酪熟成過程的單獨房間。注意帶有窗簾的窗戶上裝有百葉窗以控制通風。

　　技術創新使得卡芒貝爾乳酪遍及各地，效果好得過了頭，這種最工業化的乳酪原本的地區特色被清洗一空，至此失去了它在法國食品故事中的地位。藉由瑪麗・海爾的故事，諾曼第乳酪的代表們準備好了要把卡芒貝爾追述補錄，重新寫進法國的想像裡，創造「法國民族的一項根本傳說」。[102] 故事中說，某一天正當瑪麗・海爾以傳統的歐日地區方式製作乳酪的時候，一位神父為了逃離大革命的迫害，在她父親的農場上避難，並教導她製作布里乳酪。她使用利瓦羅模子與布里技術，創造出卡芒貝爾乳酪，傳授給兒女。一八六三年，她的孫子維克多・佩內爾在一處火車站把一塊卡芒貝爾獻給拿破崙三世。瑪麗・

海爾的傳說半真半假，它把卡芒貝爾的位置安在這個新國家的起點上，其中還包括了一位神父、一位皇帝，最終還把舊世界的傳統、「一位農婦的祕訣」、象徵國家統一的鐵路，全部交織在一起。[103]女性的乳酪製造者在這一行從早期就是常態，於是能幹的女性乳酪手工藝者（fromagère）這個形象就更增添了懷舊之情。為了給諾曼第奪回卡芒貝爾這個標籤，諾曼第乳酪製造者組成的聯盟把握住這個復甦的傳說，為瑪麗・海爾立了紀念碑，利用隨之而來的知名度強調真正的卡芒貝爾必須是諾曼第製造。然而他們失敗了，直到一九八三年，卡芒貝爾才得到原產地保護標誌，認證為諾曼第鮮奶製成的乳酪。如今工業化

現代初期製造卡芒貝爾。由女性製造者以手工分舀凝乳是傳統做法，金屬模是十九世紀的發明。

擁有原產地保護標誌（AOP）的生乳製乳酪，諾曼第卡芒貝爾（Camembert de Normandie）。

生產的卡芒貝爾占了法國產的卡芒貝爾乳酪的九成，工廠製的卡芒貝爾使用的是機器切碎的凝乳。擁有AOC認證的卡芒貝爾必須使用生乳以及傳統的分舀凝乳，不過分舀這個製程可以是自動化的。對卡芒貝爾來說，乳酪技術是一項福音，但是最終卻造成了遺憾，那些懷舊的法國人經常惋嘆他們幼時的卡芒貝爾已經消失了，那時用的是未滅菌的鮮乳，皮上有斑點，而現在已經被索然無味的工業化雪白卡芒貝爾取代。把乳酪分門別類、識別身分，讓它成為明確的法國物產，這種做法顯然始自十七世紀，但是對於手工乳酪（及其他食品）的保護則完全是二十世紀開始的。

　　路易十四的時代把法國在食品界的優越地位帶到了最前線，伴隨著技術創新以及創新背後的根本傳說。法國烹調馬上熱情擁抱來自大地與城市精緻風格的物產，引進了「風土」的概念。在路易十四的年代，田園氣質是雄偉而優美的，在充滿藝術風格的環境裡生產出時髦的水果，使大自然屈服於君主的意志之下。對上層階級來說，只要這些土裡長出來的蔬果對城市菁英保持著時髦的魅力，那麼無論是食用

這些蔬果，直接或間接種植這些物產，都不再是丟了身分的事。講究用餐禮儀、禮節專著出現，這都是盡力教導年輕人如何通過精緻宴席進入上流社會，由此擺脫粗野土氣。出版的烹飪書推廣了法國烹飪的天賦，創造出新的法文烹飪術語，而且讓貴族階級以外的人也能學習精緻的用餐習慣。一六三五年，法蘭西學院（Académie Française）成立，知識分子開始力求淨化法語，以巴黎用法為範本，去除外省方言以及令人不快的農村影響。在遠離巴黎的鄉間，賽赫認為「風土」是植物與土壤之間的和諧，但是到了一六九〇年，安托萬・傅荷歐的《通用辭典》出版的時候，「風土」指的是土壤灌注在植物裡的特性，這個定義與賽赫的定義相比已經有了改變，並且提供了更進一步稱頌法國的機會。[104]科學與技術推動了法國的創新，使得法國在美食方面占有一席之地：乳酪、香檳、阿佩爾罐藏法食品，都與法國領土有著無法抹滅的關聯，這些食品的傳說確立了法國的行家地位，並且廣為大眾所接受，而這些食品與傳說之間的關聯也是無法抹滅的。人們接受了如下看法：法國得益於罕見的溫和氣候，這樣的氣候生產了出色的食品與酒；再加上熱切相信法國天賦在烹調與服侍供餐方面擁有優越地位，都使得法國人的正面特性與法國土地產生了關聯。於是「風土」的新譬喻含義把法國的物產豐饒與它的土地及人民聯結在一起，這一切遠比世界上其他國家更為高超。

———————（ 文學賞析 ）———————

莫里哀，《貴人迷》，第四幕 第一場（一六七〇）❶

杜里梅娜❷：哎呀，多朗托，這一餐可真講究！

茹爾丹先生：夫人，讓您見笑了，我希望這頓飯能做得更好一點，才襯得上您。

【所有人入座】

多朗托：夫人，茹爾丹先生說得對，而且他在家如此款待，給了我好大一份人情。我同意他的看法，這桌菜對您來說其實不夠講究。因為主事人正是我，而我又不像我們的一些朋友那麼精於此道。所以您在這兒吃不到什麼搭配合宜、猶如交響樂的精緻烹調❸，說不定還會發現一些不符美食規矩、口味走樣之處。❹如果由吾友達密斯來打理，肯定都會嚴格按照規矩來的❺；那樣您就看得出來無一處不是高雅廣博了。他一定會向您介紹他為您奉上的每一道菜餚，使您忍不住讚美他在烹飪學問上的才華。❻他會說到爐邊烤麵包、外皮金黃完整❼，輕輕一咬又鬆又脆；葡萄酒香如絲絨，風格年輕活潑又不上頭❽；撒著歐芹的小羊肋排❾，像這麼長的一塊小牛肉，是吃著諾曼第的河邊青草養大的，潔白爽口，在舌尖上就跟杏仁糖膏似的。❿山鶉搭配滋味豐富⓫、令人驚喜的醬汁⓬；他登峰造極的是一隻肥嫩火雞，兩旁有雛鴿⓭列隊⓮，插上雪白的洋蔥、翠綠的苦苣，澆滿了肉清湯，湯上浮著珍珠般的精華。⓯至於我呢，我得承認自己無知；茹爾丹先生說得好，我希望這桌菜能做得更講究，這才襯得上您。⓰

杜里梅娜：您這一番抬舉，我只能以享用佳餚作為回報了。

茹爾丹先生：哎呀，多美的一雙手啊！

杜里梅娜：茹爾丹先生，我的手倒是普通；不過您注意到的是這顆鑽石吧，那的確是很漂亮。

茹爾丹先生：我嗎？夫人，我絕不會提起鑽石的；這可不是上流風雅的舉止。⓱一顆鑽石不算什麼。

杜里梅娜：連鑽石也入不了您的眼呢。

茹爾丹先生：您太客氣了……

多朗托：來吧，給茹爾丹先生上點酒，還有其他幾位通曉音律的客人，讓我們有幸聽一曲飲酒歌。

杜里梅娜：美食的最佳佐料就是音樂了，我真是備受款待呀。

❶ 莫里斯・畢夏普英譯（Morris Bishop, New York, 1986），方形括弧【】內是我（本書作者）的校訂。《貴人迷》是莫里哀的芭蕾舞喜劇，伴奏音樂由尚－巴普蒂斯特・呂利（Jean-Baptiste Lully，一六三二－一六八七）作曲，一六七〇年在香波堡（Chambord）於路易十四御前首演。莫里哀劇團的贊助人是人稱「殿下」（Monsieur）的路易十四之弟。[19]

❷ 杜里梅娜是一位女侯爵，茹爾丹先生對她有好感。多朗托是伯爵，也是茹爾丹的密友，他把杜里梅娜帶來茹爾丹宅中赴宴，表面上是為了讓茹爾丹追求她，事實上他打算藉此羞辱茹爾丹，自己贏得杜里梅娜。

❸ 法文原著說這桌菜並不十分「學究氣」，在講究宮廷交際的時代，以這個詞形容人（尤其是女性）的時候，暗示著侮辱，指的是那些迂腐窮酸的談話者，只專精書本裡的知識，而且並非真聰明。英譯者顯然是要提醒讀者這是一齣音樂劇。

❹ 這是表面自謙；事實上多朗托很有自信，認為自己準備了一桌既時尚又合理的宴席。

❺ 可見當時已經有嚴格的烹飪規則。

❻ 莫里哀形容達密斯的才華在於「*sa haute capacité dans la science des bons morceaux*」，「關於最佳美食的學科」，也就是諸如科坦的指導手冊內容。強調「學科」，是拉・瓦罕與 *LSR* 的著作所特有的，當時這兩人都在戮力規劃烹調的規則。而且像達密斯這樣的貴族不會暗示是自己做了這一桌菜。

❼ 「*Pain de rive*」，放在爐灶邊上或者烤窯前烤熟的麵包，四面沒有與其他麵團相連，所以外皮顏色一致。

❽ 英譯者刻意使用一九八〇年代流行的矯揉造作的葡萄酒語彙，以傳達莫里哀的浮誇描述。法文原著用的是軍隊的意象：席上的酒是「*armé d'un vert qui n'est point trop commandant*」（以適當的酸度武裝，並未流於專斷擺布）。那個年代關於廚房的用語也有軍事含意，比如廚師被稱為「軍官」（*officiers*）。

❾ 有些譯者把這個詞譯為「插著歐芹」，把原著的「*gourmandé*」解釋為「*piqué*」（被穿刺的），這個詞常見於十七世紀烹飪書，但是在這些書中「*piquer*」指的是把長條狀豬脂油串在肉排中。「*gourmander*」在十七世紀指的是懲戒或譴責，與此處語境風馬牛不相及。不過 *LSR* 曾經以「*gourmander*」描述「貪杯好飲」葡萄酒。（《*L'Art de bien traiter*》，里昂，一六九三，二十七頁），而十七世紀晚期字典開始收錄「*gourmand*」與「*gourmandise*」這兩個字。

❿ 原文是「*veau de rivière*」；拉・瓦罕提供了小牛腰肉食譜，以及幾道河中水鳥食譜，但是沒有「河邊小牛肉」。其他譯者認為可能是「在河邊養大的小牛肉」。畢夏普在譯文中加上諾曼第，但是原著中並沒有。我相信是莫里哀發明了「*veau de rivière*」

19 即奧爾良公爵腓力一世（一六四〇－－一七〇一）。「Monsieur」稱呼等於英語的「My lord」，從中世紀後期直到大革命前，在法國用以稱呼國王之弟當中年紀最長的那一位。也作為普通人的尊稱。

這個名稱，以增添這份菜單矯揉造作之感。

⓫ 醬汁及配菜恰如其分「relevées」——即提升並增加了這些山鷸的滋味。「提升」（relevé）用於烹調語境如今已很常見，法語辭典《法國語文之寶》（Trésor de la langue française）認為這個用法首次出現就在莫里哀的《貴人迷》。

⓬ 「un fumet surprenant」；在十七世紀，「fumet」只用於指稱葡萄酒或者烤肉令人胃口大開的香氣。（《Dictionnaire de l'académie française》，一六九四）；山鷸以獨特「fumet」著名，可能就是莫里哀此處所指。法蘭索瓦・馬杭在《歡慶之神科摩斯的禮物》提到一種醬汁，必須使用一隻具有「絕佳fumet」的山鷸（《歡慶之神科摩斯的禮物》，巴黎，一七三九，一八二頁）。到了十九世紀，「fumet」這個字才開始用來指稱某種肉湯醬汁（相對於十七世紀的濃稠醬汁），以大骨與香料做成（馬利－安托萬・卡漢姆，一八三五；儒勒・古菲〔Jules Gouffé〕，一八六七）。在二十世紀，這個字才開始有了現在使用的字義，指的是肉或魚的原汁精華（奧古斯特・埃斯科菲耶〔Auguste Escoffier〕，一九○三）。

⓭ 這又是一個軍事詞彙：原文是「cantonné」，即軍隊「駐紮」。安托萬・傅荷歇指出這個詞主要用於描述家徽（blasons），指的是家徽圖案上用以填補十字架或盾牌周圍空白的小圖案。

⓮ 豐盛的禽類主要用以暗示這一餐很高級，或者模仿高級。這些都是小型的野禽，而前一個年代流行的是令人難忘的大型烤野禽，比如天鵝與蒼鷺。

⓯ 莫里哀的原文是「soupe à bouillon perlé」，其中「soupe」指的是其原意，即放在肉湯中的一塊麵包，因此這個詞可能指的是加了珍珠的肉湯（奢華但是危險），更可能指的是作法講究的肉湯，膠質呈滴狀浮上表面，彷彿珍珠（傅荷歇，《Dictionnaire universel》，一六九○）。這個解釋的記錄年代稍晚於莫里哀，不過很可能在他的時代就已經有這種用法。

⓰ 到了最後，這一餐大致遵循十七世紀形成的烹飪規則，包括法式上菜（service à la française，即所有菜餚同時上桌）。使用的肉類在象徵意義上屬於最高等級（禽類、羊羔肉、小牛肉，而非牛肉），裝盤高雅，飾以合適的新鮮香草植物。不過沒有時興的蔬菜（朝鮮薊、豌豆、蘆筍），以及瑞古醬汁燉肉，這種燉肉是所有精緻餐點中最常見的，直到十八世紀被新烹調風潮淘汰。

⓱ 茹爾丹先生表示自己研讀過騎士風度之道，於是更印證了他並非出身貴族，但這一點也在所有人意料之中。

【第四章】
法國大革命及其結果：
屠戶、麵包師、釀酒人

　　一七九○年，國民制憲議會（Assemblée Nationale）在巴黎頒布了一項「涵蓋四種生存必需品的法案」，這四種必需品是小麥、屠戶販賣的肉類[1]、木柴、葡萄酒。這四項必需品的故事，以及認為政府必須提供這些必需品的觀點，組成了大革命時代的法國飲食史。在十七世紀與十八世紀早期，人們把精美食品加以完善、給它們起法文名稱好讓全世界都崇拜；到了十八世紀末，法國卻開始自省，追究食品供應與公平分配的問題。我們想像中的大革命已經是很普通的意象，並具有代表性的符號，但革命時期許多與食物有關的事件其實根植於長期矛盾或傳統，或者在一七八九年當時依然在蛻變中。飢餓的農民攻破凡爾賽宮、要求有麵包可吃，這戲劇性的一幕其實並沒有史實紀錄；嗜血的巴黎市民要求拿到當年亨利四世[2]承諾的每只鍋裡的雞，這件事其實也沒有文字記載。事實上，與騷亂有密切關聯的是一連串錯誤的政治選擇、乾旱或霪雨的環境危機、還有老百姓期待政府在任何情況下都要以公平價格提供足夠的食物。按照百科全書學派[3]（Encyclopédie）哲學家的說法，理性掌管著生活，但是此時理性關注的不再是飯食的邏輯（雖然啟蒙時代哲學家們認為瑞古燉肉不合邏輯，就像推動新烹調的大廚認為它老掉牙），此時理性關注的是為人民供應食物的合理系統。接下來就能明顯看出，法國食物訴諸理性與情感，有時候還同時

1　相對於野味與自家飼養的肉類。

2　一五五三－一六一○，法國波旁王朝第一位統治者（一五八九－一六一○），深受愛戴及緬懷。常見的名言「每只鍋裡都有一隻雞」據說出自他。原話是：「如果上帝假我以天年，我要讓我的國土上每個農民在星期天都吃得起一隻雞！」

3　十八世紀下半葉，法國的啟蒙思想家在編纂《百科全書》(《百科全書，或科學、藝術和工藝詳解詞典》Encyclopédie, ou dictionnaire raisonné des sciences, des arts et des métiers）過程中形成的學術團體，中心人物為主編狄德羅。

出擊。

　　法國的大革命時期對法式飲食帶來了重大深遠的改變。一七一五年之後，法國人口上升，城市人口增長的速度更是前所未見，於是非農業區出現了糧食需求，這對於以本地產出與本地消費為基礎的法國糧食系統造成了壓力。葡萄酒產區的農民從種植穀物轉為種植葡萄，於是穀物淨產量減少了，不時造成短缺，其他地區歉收更危及全國糧食供應。事實上，十七世紀的饑荒更普遍，破壞也更大，因為死亡人數更多，但是人口因素與農業因素在法國造成了思辨上的危機，最後點燃大革命之火。巴黎是食物分銷與消費的重心，把腹地變成了為首都服務的穀物與葡萄工廠，並且從遠方塑造了法國農業的現代化。法國官員對於麵包相關法規並不陌生，人們要求制定保護消費者與製造者的新規則，而這些新出的要求往往互相矛盾，官員經常必須出面處理，盡量維持在中世紀形成的原則，即法國人有權利以公正的價格得到品質良好的麵包。而人民也不是僅靠著麵包就能活命，於是必須讓所有人平等取得食物的論點也塑造了肉類與葡萄酒的法規，甚至觸及餐廳的設立，這在當時是巴黎的產物。小麥製成麵包，木柴用以烘烤麵包，葡萄酒豐富生命，肉用來做湯，這些是十八世紀晚期法國公民無論貧富的要求。從農村的、分歧的法國，轉型為偏向城市的現代國家，在這個過程裡，這四種生活物資塑造了法國民族每一員的工作與休閒活動。

　　城市化迫使農業移往外省，最終形成開闢大片農地的發展方式。與英國相比，法國在農場系統現代化方面起步較慢，不過法國揚棄了帶有樹林的圈地，改為寬廣的敞田，因此能夠供應成長中的城市人口。從布列塔尼的聖馬洛（Saint–Malo）到日內瓦[4]，開墾出的農地使得法國東北部各省轉向大規模生產，以及單一耕作穀物類，於是成為法國的主要糧倉。在十八世紀，獨裁君主制在敞田觀念盛行的東北部建立了稠密的郵路，以此支持大型農地轉型，於是北部比起南部擁有更先進的商業與經濟優勢，當時南部的農地依然被矮樹籬與樹林分割成圈地。[1]

4　聖馬洛為法國西北部港口。日內瓦可能指日內瓦共和國，現在瑞士的日內瓦州，與法國東部接壤。

早已穩定的產酒區格外抗拒大型穀物生產，於是法國農業發展始終區分為東北部的城市化穀物地區，以及南部與西部的非工業化產酒區。

在葡萄酒產區，種植葡萄比起種植穀物的收入來得高，於是在十八世紀有更多農民在小塊耕地上種植葡萄；葡萄園大量增加，使得政府在一七二五年及一七三〇年發布命令，禁止新的葡萄園，因為這麼多土地改為葡萄園已經造成穀物短缺。直到晚近，大部分香檳葡萄園的擁有者依然是小生產者，當地葡萄園的極度細化可追溯至十八世紀，當時「對於香檳區的農民來說，擁有哪怕最小的一點土地也是家庭財產，對全法國的農民而言也是如此。」[2] 早在十七世紀末，葡萄酒的全國產量已經增加了至少四分之一，這是因為城市成長，之前生活簡樸的下層階級勞動者開始喝葡萄酒，於是對酒的需求增加。不過南部產酒區居民比城市人喝得更多：朗格多克的農民每人每天喝一至二公升（每年接近五百五十公升），而巴黎人平均每人每年一百五十五公升，昂熱的窮人每人每年四十公升。[3] 在不甚富饒的產酒區，農民可能將自釀的酒出售獲利，而非自己飲用。在路易十四的時代，城市的下層階級習慣喝酒，農村地區的農民則幾乎完全不喝。在十八世紀，這一點區別逐漸鬆動，直到十九世紀則完全消失。城市化擴大、大革命之前城市生活水準提高，而且在鄉間比從前更容易取得土地以種植葡萄，這些因素都使得之前喝不起葡萄酒的人現在也開始喝酒，「消耗量驚人」。[4] 新的消費者與國外需求甚至讓已經確立地位的酒種發生改變，比如勃艮第（勃艮第山坡〔*Côte de Bourgogne*〕）就從簡單的淺紅色酒變成顏色較深的、熟成時間更長的酒。[5]

如今城市裡所有人都喝得起酒，此一文化轉變產生了「*guinguette*」，即葡萄酒館；這類酒館位於城市邊緣，是重要的公眾場所，為勞工階級提供了一個少許消費就能吃喝的去處，而且賣酒人也可以在這裡出售次級酒。葡萄酒館成為大革命語彙的一部分，是讓所有階級都能享受共有財貨（common good）的地方。一七九〇年前後，圍城巴黎在郊區依然有價格廉宜的「釀酒人造的酒」（*vin de vigneron*）予人撫慰；食物與麵包不足，勞動者就「以酒來補足，把酒當作養料，而酒也安慰了他們」。[6] 在十八世紀，食物公平分配的思想影響了葡萄酒與麵包的法規，但是兩者情況稍有不同。從中世紀起，贊成設定麵包價格的

論據是穀物與麵包屬於共有財貨，必須由政府以保護手段對抗市場上商人與供應者的操縱，方能完備。法國政府希望避免糧食引起的暴動，於是在十八世紀施行法律，保護城市消費者。自由主義的參政者（或者重農論者）反對這種保護主義模式，認為公開市場上商業行為應該透明，並且反對任何需要法規的呼聲。這種「被餵飽的權利」論點卻沒有涉及葡萄酒，而且史上沒有葡萄酒暴動的紀錄，不過釀酒人依然訴諸歷史悠久的公平價格觀點，要求法律干預這些「*négociants*」即葡萄酒中間商，他們牢牢控制了葡萄酒在巴黎的分銷，並且（據葡萄酒農說）「危及葡萄酒農在市場上的生產者地位」。[7]確保所有人都能公平取得品質良好的食物，無論在公民社會上、宗教上、政治上，這種理想都自有其基礎，並且成為大革命年代的口號，更廣泛的影響則是使得法國公民認為經濟應該是採取干涉主義與分配主義的。

緊接在大革命之後，所有原本屬於修道院、王室、非本地地主的葡萄園，如今都是「*biens nationaux*」，即國家的財產，官方拍賣了這些葡萄園，使得廣大的土地成為私有。法國地理及歷史學家侯傑・德雍（Roger Dion，一八九六－一九八一）認為，十九世紀中葉根瘤蚜[5]（phylloxera）造成法國葡萄生產毀滅性的崩潰，加上大革命之後的一連串變化，削弱了法國的製酒業。葡萄園從教會轉移到農民手中，使得製酒業失去了來自上層階級的從業者，而這些人是「文化與釀酒方面最完美方法的忠實守護者」。[8]

與奧地利、英格蘭、荷蘭共和國[6]之間的戰爭擾亂了對外的商業、疏遠了佳釀的買家（即使在最好的年分，生產好酒都是很不容易的）；之後的君主立憲政體也沒有重新施行禁止在一級葡萄園[7]（first-growth）種植劣質葡萄的命令。根瘤蚜進入法國的時候，法國的高端製酒業已經在困局中掙扎了兩個世紀，最終能夠熬過來，是「因為它悠久光輝的歷史讓它值得以道德力量加以支撐」。[9]

訴諸道德力量以拯救法國葡萄酒，這種話出自侯傑・德雍這樣的學院派地理學家，看似很不尋常，然而法國食物的傳說與真相是同等

---

5 原生於美洲。寄生於葡萄樹根部，造成葡萄根腐爛死亡。一八六三年開始出現在法國。

6 一五八一－一七九五。

7 一八五五年開始實施的波爾多酒分級系統裡的最高一級。

重要的。法國葡萄酒的悠久歷史（由一些聯合起來的故事支撐，從亞維儂的教宗們直到唐・培里儂）證明了法國葡萄酒理應受到拯救，就像見諸文獻的法國佳釀品質一樣真實。

　　在我們所知的法國大革命簡略版之中，緊迫的糧食分配難題中心是麵包相關事務。因為麵包在城市貧民的日常膳食中十分重要，「麵包問題」自然成為那個時代巴黎的首要政治議題，政治與食物是重合的。在一七八九年的巴黎，麵包占了每一餐平均熱量的一半，而且占了每個人支出的六分之一；肉與魚提供了五分之一的熱量，但是成本幾乎占了六分之五。[10]在法國被視為生存必需品的四種物產裡（小麥、肉、木柴、葡萄酒），引起恐慌與騷亂的並非麵包短缺，而是穀物短缺。道義經濟8（moral economy）的傳統——即政府承諾以公平價格提供糧食，使得人民有權對於供應水平提出要求。法國大革命時期的穀物衝突不只是因為人民要求吃飽，而是人民發現政府無法公平分配最根本的物產，於是起而奪取這項權力。騷亂涉及了這個制度裡的每一種角色，從穀物生產者到麵包師、到被責為無法預防短缺的政府官員。法國國民已經習慣了家長式統治，因此他們指責政府沒有好好保護他們，並且認為自己必須擔起維護「公平價格」系統的工作，採用了「人民稅」（taxation populaire），也就是人民將沒收的穀物與麵包以公平價格出售，得款則歸還給原所有人。在十七世紀末的嚴重饑荒（一六九三－一六九四及一六九八）之後，發生了糧食暴動，這些事件在整個十八世紀持續發生。糧食暴動有兩種類型：城市裡的市場暴動，針對的是定價高昂的麵包師或者處理供應力有未逮的政府官員；以及農村地區的「封鎖」（entrave），穀物儲備被沒收然後出售，以維持本地的穀物供應。[11]一七七五年的暴動主要是後者，在其後的年月裡，這種「封鎖」也愈來愈常見。

　　一七七五年的麵包暴動及麵粉戰爭9與當時的政治動亂有著密切

8　經濟人類學概念，指傳統社會中農村的經濟模式，當中農民不單追求個人利益最大化，也受道德準則和價值觀所驅使，在避免風險和安全第一的原則下，遵從「互惠性」慣例，並透過各種重新分配的制度，以確保村民的最低生活標準。

9　一七七五年四月至五月，法國東部、北部、西部發生的一連串暴動，起因是歉收及政府商店暫停出售穀物，造成糧價與麵包價格上漲。

關係，但其主要是一種城市現象。該世紀中葉，人口急遽上升，給糧食供應帶來壓力，而且還有巴黎這個「掠食小麥怪獸」。[12]就和葡萄酒及肉類一樣，糧食價格的混亂也有其地理原因：巴黎的胃口無法饜足，吸空了法國的其他資源。正如歷史學家雷納德・阿巴德（Reynald Abad）在對舊政權市場的大規模研究中所總結的，「王國裡沒有一個省不向巴黎供應物資」。[13]巴黎制定了穀物價格，並推動開放為首都服務的國內市場。隨著從農村地區流通到巴黎的糧食增加，因地方經濟轉為國家經濟而起的民怨也隨之增加，而且農民出售大部分穀物以應付賦稅重擔，導致必須購買麵包（和其他產品），而非在家自製，因此地方上對麵包的需求也進一步增加。隨著愈來愈多穀物流向巴黎，地方上的麵包師對麵包的需求也愈來愈大（因為麵包師買得到的穀物減少了，可供使用的麵粉也減少了），再加上無法預測的歉收，這個制度就不可避免的崩潰了。有兩點改變加劇了衝突：當局修改了麵包價格的制定規則，以及關於穀物如何進入市場的規則。在中世紀發展出的麵包固定重量的定價系統，經過仔細校準，並於十六世紀全國採用，但是在穀物價格高漲的時期，巴黎就違反了這套定價系統，比如一六九三年饑荒期間，麵包師製作較小的麵包，以掩飾價格其實已經等比上漲。[14]後來在巴黎麵包師行會施壓之下，麵包由商人自己定價，允許在一定範圍內波動。在公開市場上，消費者每星期有兩天可以買到大塊麵包，重量分為六磅、八磅、十二磅。麵包師自己的店鋪每天出售麵包，價格較高，但是通常種類更多，品質也更好。穀物供應與分銷機制以及監督政策，也起源於中世紀的市場體系。直到十八世紀為止，法律禁止銷售者在公共市場以外的地方銷售穀物，銷售對象以當地個人為優先，其次是麵包師與商人，最後才是磨坊主與外地商人。一七二三年，國王宣布政策，所有穀物交易必須在公共市場進行；然而在一七六三年，為了促使市場自由化，這項政策又被推翻（但很快恢復），最後在一七七五年，它被視為擾亂麵包分配交易的一連串政策變化之一，徹底的遭到拋棄。

法國各地區涉及「麵包問題」的程度不一。在從封建制轉為私有土地的早期，比起其他的土地擁有者，農民在自有地上蓋房子、菜園、穀倉的比例高得多，因此造成很有趣的優勢：在糧食短缺的時候，農

小麥市場內部，一八○九，L·希爾（L. Hill）臨摹約翰·克勞德·納特斯（J. C. Nattes）作品。

民空間可儲存穀物，但這一點在十八世紀增加了穀物分配的緊張局勢。[15]在一七八九年，農村地區人口占了法國總人口的八成以上，並且持續增長，直到十九世紀中的第三共和時期，農村人口開始外流，這將嚴重限制農業產出。不過農村地區未必是革命活動的溫床；農村起義也未必總是針對封建體制，有時針對的是尖銳的事件，比如反稅、反軍隊，或者是針對穀物短缺，此外還有在糧食短缺時全面抵制教會的什一稅。在發達的西北部與東部（諾曼第、布列塔尼、穀物帶），反貴族的暴力攻擊終於在一七八九至一七九○年到來。這些地區受益於較好的運輸方式，這樣有利於國內交易，擁有更多寬廣的敞田以供生產穀物，於是促進了成長與多樣化，使得法國的地區特產比如科多爾省（Côte d'Or）葡萄酒、諾曼第的啤酒、布里的小麥，都廣為人知。交通便利在早期是好處，隨著巴黎對這些地區的糧食要求愈來愈多，卻也把一些地區牽扯進即將發生的糧食危機中。

　　在這個時候，官方有時依然插手麵包定價，不過不是為穀物定價。到當時為止超過一世紀的時間裡，官員一直在短缺期間直接干預，買入穀物、以低於市價的價格出售，或者下令將儲備的穀物送往市場。

人民開始期待政府採取行動保持穀物供應源源不絕，於是當十八世紀官方退出干預、轉為支持自由交易，尤其是在官方拒絕保護當地需求的時候，大眾的反應是暴力手段。一七一五至一七七〇年間，超過一半的穀物「封鎖」都發生在布列塔尼與諾曼第，這兩處是首都糧食的主要供應地，而在里昂、香檳、阿爾薩斯、朗格多克也有較小規模的爆發，這些都是人口密集、工業化程度較高的地區，背負著海外出口的競爭需求，以及巴黎對於穀物無休無止的需索。[16]公眾期待公平合理的麵包供應，而政府中的重農主義者戮力於實施自由經濟政策，到了一七六〇年代，法國人獨特的「麵包之路」（breadways，借用歷史學家史蒂芬・凱普蘭〔Steven Kaplan〕的術語）終於導致了這兩者之間的衝突。重農主義者（或者經濟學家〔économistes〕）反對一切市場費用與行會特權，相信自由競爭能夠促成較高但穩定的價格、更穩定的收成，因為糧食商人會將利潤再投資於農地。處在中間的則是行會成員，還有從一二七一年以來就受到政府詔書保護但現在成為大眾報復目標的麵包師傅，因為他們的商店與市場攤位（根據法律規定）是隨時可以任人進入的，而且因為最重要的生活物資之公共供給看似是由他們掌管。麵包師傅是經濟特權的受益者，於是具有革命思想的公民以及自由主義經濟學家都以他們為眾矢之的，但他們的特權卻遠非牢不可破。

非行會成員以及流動小販（forain）經常對麵包師的生意造成損害，因為麵包師受到國家更嚴格而明顯的控制。但是對於經濟實力強大的磨坊主，以及不受行會約束的巴黎市佛布格聖安托萬區（Faubourg Saint-Antoine）麵包師就並非如此。甚至在十八世紀末的自由主義改革之前，麵包師行會「在施行壟斷權方面著實慘敗」，因為大部分新手麵包師都不屬於行會，而且比起麵包師傅，非行會的商人運來更多麵包進入巴黎。[17]在巴黎，有行會認證的麵包師獲得分配中央市場的攤位，並且就此同意負有公眾責任，必須於市場交易日在攤位上提供足夠的麵包。每天早晨開市鐘響，麵包師就以普通價格出售麵包（只有在危機時期由警方定價），並且必須接受講價；但是在午後就不得漲價，並且下午四點之後必須以低於當天最低價的折扣價出售。為了防止囤積、鼓勵大量折扣以便較貧窮的階層買得起麵包，在集市日結束

後，賣家不得將麵包帶回家。不過此一禁令背後更大的理念是，麵包屬於共有財貨，一旦它被放上市場，它就「不再是麵包師的絕對財產了」，而屬於有權以公平價格購買麵包的消費者。[18]如果麵包師想要繳回攤位，必須在兩個星期前通知官方，而且這個決定是不可更改的。和中世紀時一樣，此時的麵包檢查員仍然有權沒收違法賣家的麵包，但是麵包師如果違反麵包數量、重量，或者種類的標準，所面臨的處罰更加嚴重，包括逐出行會、罰款，甚至體罰。在糧食危機期間，王家軍隊經常駐紮在麵包市場，以保護麵包供應而非供應者。不過在供應相對充裕的時候，警察會放寬執法，讓麵包師可以自定價格，只要有足夠的好麵包擺滿攤位即可。在官員看來，不論經濟環境與個人情況如何，都必須供應麵包。

　　在危機時期，政府官員試圖規定可以生產銷售什麼樣的麵包，要求麵包師供應較重的半白麵包（*bis-blanc*）或者黑麵包（*pain bis*），並禁止白麵包；在一七二六年、一七四〇年代、一七六〇年代的穀物短缺時期都曾如此實行。官方試圖保護那些通常以麵包當作唯一營養來源的貧民，他們需要價格公平、能夠擋飢[10]的麵包。另一方面，自由市場的捍衛者聲稱麵包師應該提供消費者想買的麵包，因為以高價購買軟麵包的富人實際上補貼了需要便宜麵包的窮人。富裕顧客對於軟麵包的需求導致了經常違反這些規定，而流動小販更是完全不理會這些限制。麵包師聲稱市場上對黑麵包沒有需求，也很少花力氣去製作黑麵包，因為它無利可圖；而買家抱怨市面上的黑麵包品質不良、風味不佳，於是形成了惡性循環。瑪麗・安東瓦內特說，沒有麵包的人就應該吃蛋糕（此為虛構），這句話也許可以用巴黎麵包師拒絕做黑麵包來解釋。如果貧民就像瑪麗・安東瓦內特肯定知道的那樣、在市場上買不到黑麵包，他們一定能找到柔軟的花式白麵包（*pains de fantaisie*），對於平日吃紮實沉重黑麵包的人來說，這種麵包就稱得上是蛋糕了。不過警察對麵包師行會並沒有無限的權力，大革命之前的大部分時間裡，當局與從業人員（麵包師、磨坊主、穀物交易商）之間經常來回拉鋸協商，以管理一個難以管理的系統。

---

10 即半白麵包與黑麵包，比白麵包不易消化。

對麵包行業一樣重要、但沒有受到那麼嚴密審查的是穀物磨坊主，他們接管了巴黎的麵粉市場，成為十八世紀首要交易商品即麵粉的主要代理商。[19]巴黎的中央市場在一七六二年開始興建麵粉分館，一七六六年完工，然後在一七八二年又加上圓頂。巴黎的麵粉交易比周邊城市及國家都來得早，在十八世紀，磨坊從為每個人服務的承包制，轉變為幾乎完全是商業製粉行業——也就是將穀物製成麵粉然後賣給麵包師的投機行為。一七七五年的激變後來被稱為麵粉戰爭，而非穀物或麵包戰爭。[20]直到十八世紀中，在法國大部分地區，都是個人自行購買數量不一的小麥（或黑麥與大麥）送去磨坊製粉，然後在公用烤爐烤製麵包，或者交由麵包師（*pancossier* 或 *talemelier*）烘烤。隨著穀物交易快速發展，城市市場上的個人愈來愈傾向購買麵包而非穀物。在麵包價格高漲的時候，不滿意的消費者搶奪麵包店的麵包，但是也偷竊或者毀掉穀物庫存，並譴責劣質麵粉。重農主義者的焦點是原物料而非最後成品，最後事實證明這是問題所在，因為不受管制的麵粉商人迫使麵包師把麵包價格定得愈來愈高。重農主義者原本希望穀物高價能帶來穩定的市場與較好的麵包，但這一點始終不曾實現。雖然在攻擊中首當其衝的是麵包師，但輿論譴責政府及受到政府縱容而大行其道的投機業者。私底下，政府試圖保持冷靜，希望能拉拔自由市場站穩腳跟。比如一七七二年，在諾曼第的盧昂（Rouen），政府的中間人暗中以市場價格出售穀物給行會麵包師與商人，希望藉此降低麵包的價格。官員考慮過向大眾出售穀物，但最後否決了，因為更多城市消費者購買麵包而非自行烘焙，而且供應穀物給麵包商能夠帶來更大的經濟利益。這種「模擬銷售」試圖彌補兩種現狀之間的漏洞，這兩種現狀就是穀物供給中令人不滿的直接干預，以及穀物供應商在不夠自由的市場中參與不足。[21]雖然這種祕密供應的目的是為了公眾利益，但是儲備穀物以防止短缺的做法激起了公眾懷疑，認為政府正在囤積穀物並蓄意推高價格。

一七七四年，路易十五去世之後，路易十六任命安內－羅貝爾・雅克・杜爾哥（Anne-Robert Jacques Turgot，一七二七－一七八一，經濟學家，重農派代表人物）為財務總監。他是自由主義改革派，選在穀物歉收之際恢復一七六三年的自由交易政策，而大眾對於之前廢

除保護主義糧食交易法所導致的混亂記憶猶新，當年外來商人囤積穀物、糧價飆升。隨著杜爾哥在一七七四年戲劇性的市場自由化，場外干預一度結束。市場費用與進入市場的通行費（有時以穀物支付）取消了，於是政府無法獲得緊急補給，也不再有免稅制度吸引穀物交易商，所以很多地區很快出現短缺。一七七五年春天，穀物短缺，價格高漲，導致許多抗議活動，最後在四月於巴黎盆地的瓦茲河畔博蒙（Beaumont-sur-Oise）爆發了一場衝突，起因是當地人反對一名商人對混合小麥的定價。當地人要求地方政府官員出面干預，但官員引用自由交易政策，拒絕干預，隨之而來的一場暴力衝突，在二十二天裡引發了三百次騷亂。[22] 麵粉戰爭中的衝突包括試圖搶奪修道院，這些地方以儲備穀物與麵粉聞名，而且擁有特權所給予的法律保障，而這些保障在大革命之後將一去不返。

在一些穀物暴動中，參與者實行了「人民稅」，將麵粉或穀物價格定為每瑟提耶（setier）價值十二里弗爾（livre）（這是巴黎商定的公平價格）；有些暴動者支付了這個市價，有些人不付款就沒收了貨物。到了五月，暴動已經蔓延到了諾曼第與皮卡第，不過這些地方的暴動持續時間不長，在鄉間實行人民稅的暴動者所制定的價格也比巴黎本地的高（高達三十二里弗爾），這可能是因為在這些地區，穀物的市場價格比較高而多變。[23] 在暴亂平息並頒布特赦之後，參加者將大部分掠奪來的穀物還給農民，以此表明沒收並非出於個人貪念，而是試圖迫使體制能夠公平流通穀物。針對那些在城市麵粉戰爭中被捕之人的研究顯示，極度貧窮的人幾乎完全沒有參與其中。反而是那些「購買糧食的平民」、那些沒有辦法在糧食危機中生存下來的人，才是參與暴動的大多數；包括技術工人、粗工、手工業者，男女都有，尤其是那些必須撫養子女的人。[24] 在巴黎附近，一大群人搶劫了凡爾賽附近的麵粉市場，但是他們並沒有像傳說的那樣前往凡爾賽宮、直接與路易十六對話，不過官員的確下令降低了麵包價格。[25] 第二天（一七七五年五月三日），杜爾哥簽署了一項命令，允許麵包師以自己想要的任何價格出售麵包，於是巴黎的麵包很快就漲到了每六磅十四蘇，隨之而來的是暴動蔓延，巴黎本地有一千二百多家麵包店遭到襲擊。為了應對暴動，在杜爾哥指導之下，警察局長約瑟夫·德阿貝爾（Joseph d'Albert）設定了麵包價格的上限，並且取消了之前對於市場麵包與商店麵包之間的價差許可。然而行會拒絕遵守價格上限，並且拒收政府儲備的「劣質麵粉」，於是德阿貝爾威脅要絞死那些拒絕為市場生產麵包的麵包師。[26]杜爾哥在一七七六年被迫去職，自由主義也隨他離去，但是麵包與穀物供應的動盪卻沒有消失。

身處圍繞著穀物價格的各種麻煩中，有些人求助於科學來解決麵包問題。從百科全書學派到麵包科學家、再到警官，大家的共識與背後的主力觀點都認為麵包是法國膳食的主要成分，有時甚至是貧民的唯一口糧。（當然了，農村貧民連麵包都缺，不過麵粉戰爭無疑是巴黎的故事。）因此，必須運用法國最高明的科學，做出營養而價格合理的麵包。一七六七年，化學家保羅－賈克・馬盧瓦（Paul–Jacques

╲ 用馬鈴薯做麵包 ╱

藥劑師、營養學家安托萬・歐格斯坦・帕門蒂埃稱麵包為「食物中的第一必需品」，他在一七七三年發表了一篇論文，提出馬鈴薯可能是解決食物短缺的方法。稍後他的研究得到科學院認可，他並且開始了一連串努力，以證明馬鈴薯可以製成合適的麵包。在帕門蒂埃令人信服的研究之後，醫藥學院在一七七二年解除了一七四八年對於人類食用馬鈴薯的禁令，不過當時在法國及其他地方，馬鈴薯已經成為農民烹調的一部分了。在他之前，也有科學家嘗試以馬鈴薯解決糧食危機，其中包括M・法吉特（M. Faiguet），在一七六一年向科學院提出一份以馬鈴薯做麵包的早期版本。帕門蒂埃在一七七八年的論文《完美的麵包》（Le Parfait Boulanger）無可奈何地承認，只用馬鈴薯是不可能做出合格的麵包的，並且推薦添加煮熟的馬鈴薯作為補充，以增加麵粉的體量。一家法國政府的代辦機構判定馬鈴薯「可用於做麵包」，不過還是有些猶豫，就像後來在二十世紀對於米粉是否可以做麵包的態度一樣。帕門蒂埃的半麵粉半馬鈴薯麵包的食譜與法吉特的研究成果相同，與他同時代的化學家保羅一賈克・馬盧瓦對這種麵包的評語是滋味「fort bon」（頗佳），但帕門蒂埃本人依然認為這種混合麵包對於貧民來說太貴了。[27]另一方面，帕門蒂埃與馬鈴薯的故事遠遠超越了他的實驗的實用性。他以馬鈴薯拯救了飢餓的貧民，如今巴黎有一個地鐵站以他命名，以紀念這個傳說；諷刺的是，十九世紀的經

Malouin）為王家科學院（Royal Academy of Science）撰寫了一篇關於麵包製作工藝論文，內容論及從磨坊直到麵包成品，並且在一七七九年加以修訂，論文裡充滿了對於麵包製作與製粉如何精益求精的建議。

　　對技術的關注新浪潮的確導致在一七六〇年代開始採用新的碾製方法，能夠把麩皮分離、製造出更精細的麵粉。在一七六〇年與一七六一年，巴黎麵包師皮耶－西蒙・馬爾賽特（Pierre–Simon Malisset）測試了「經濟碾製法」，做出的麵粉能夠讓麵包更便宜、更有營養，而且「像所有時髦人家吃的麵包一樣白」。[28]百科全書學派的作者們讚揚這是一項能夠餵飽貧民的突破，而這種技術之前在布列塔尼已經廣為人知，推廣者們希望巴黎磨坊能改用這項大有可為的技術。而他們頗獲成功，於是「經濟碾製法」得名「巴黎式碾製」，而舊

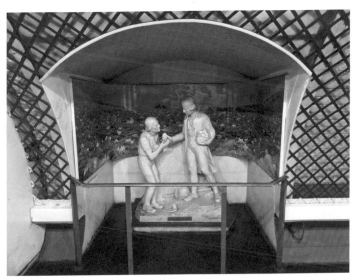

安托萬・歐格斯坦・帕門蒂埃雕像，在巴黎地鐵帕門蒂埃站。

典法國烹調中，有幾道使用馬鈴薯的菜餚也以他命名。帕門蒂埃大力推廣，希望讓馬鈴薯成為安全甚至時髦的食物，最後終於提升了馬鈴薯的地位，從動物飼料爬上了上層階級的優雅餐桌，但是對法國人而言，馬鈴薯永遠無法取代小麥、成為唯一可能的麵包原料。

式方法稱為「里昂式」（也稱為「*mouture des pauvres*」即「窮人碾製法」），新法在碾製第二階段將小麥與麩皮混合磨粉，製造出顏色較深的麵粉，但是品質足以用於生產黑麵包。[29] 根據一七六五年版《百科全書》描述的確切方法，重量四百八十里弗爾的小麥以傳統方式碾製，可以做出三百二十五里弗爾的麵粉，其中大約一半（一百七十里弗爾）是「*fleur de farine*」即精緻軟麵粉。剩下的是兩種劣質麵粉與一種稱為「灰色穀粉」（*grain gris*）的產品，還有一百二十五里弗爾麩皮。只有傳統碾製第一階段生產的麵粉適合製作高品質的麵包；劣質麵粉可以混合起來，製作顏色較深的半白麵包，可是以「灰色穀粉」做成的麵包「在巴黎沒法吃」，因為它的顏色太深、品質太粗劣。而經濟碾製法把相同重量的小麥做成更多更好的可用麵粉：三百四十里弗爾小麥共產出一百七十里弗爾精緻麵粉、一百五十五里弗爾二級麵粉、十五里弗爾三級麵粉，加上一百二十里弗爾麩皮。把這三種麵粉混合起來，做出來的麵包比三種麵粉本身總和還要大：更白、滋味更佳，甚至比傳統碾製的精緻麵粉做成的麵包還要好得多。

在整個十八世紀，加入這一行業的麵包師愈來愈少，但生產力卻提升了。麵包師更有效運用手中的物資，不過實際上並沒有改進自己的技術，例外的是引進了經濟碾製法，以及廣泛使用酵母來發酵麵團。麵包重量引起警方與大眾的持續監督；當麵包師被發現麵包重量短少，會遭到罰款與公開羞辱，但麵包師認為，造成他們無法保持麵包重量一致的因素是超出他們控制的。雖然麵包師按官方管理要求必須在店內備有一把秤，但是卻被禁止在出售麵包時使用該秤。一七七八年，帕門蒂埃為麵包師的提議辯護，認為應該在出售麵包時秤重，並且允許較輕的麵包加以折扣。在解決這件爭端上頭，他信任的是科學，而且他的同行、麵包科學家馬盧瓦也同意他的看法。一七八一年，麵包師行會請願准許用秤，於是巴黎警察局長指派專家進行烘焙實驗，最後各方同意，秤最符合消費者利益。然而在幾十年來的警方保護下，此一改變並沒有馬上生效；這項法令直到一八四〇年才終於通過，而且直到一八六七年另一項法令規定，買賣雙方在購買時使用秤確認重量，該法令才真正切實執行。[30]

在十八世紀的巴黎，上層階級要的是柔軟的白麵包（*pain*

麵包店，十八世紀，馬盧瓦的論文插圖（一七六七）。注意最左方與最右方的秤，是用來為出售的麵粉秤重，當時還不是用來秤麵包的。

mollet），拒吃粗粉製成的大塊圓麵包（gros pain）。但是對貧民來說，後者這種紮實的麵包划得來，而且是必須的，不過一點也不時髦。巴黎麵包師反覆違反命令，在短缺的時期停止製作白麵包、只提供黑麵包或者中等麵包，這樣才能以最有效的方式分配有限的穀物。帕門蒂埃證明了在一七七〇年代，家庭烘焙減少的趨勢已經根深蒂固，而且他贊成此一變化，認為從經濟上來說，購買麵包比自行製作更好。在帕門蒂埃的評估裡，市場上的麵包品質一直很好，賣出更多麵包的麵包師能以同樣的木柴與人工產出更多麵包，因為反正他們的烤爐已經燒了一整天。而磨坊主也可以不必碾磨數量不一的分批穀物，如此可以消除低效工作，專門為團體客戶加工大量穀物，麵包師可以節省麵粉成本，提高烘焙效率，最終麵包就會降價。他對於工業化麵包的全力聲援，與當時首都裡正在背離先前健康標準的趨勢一致。醫學專家宣稱軟麵包較不營養，麵包權威人士也指出軟麵包止飢的時間不如紮實的粗粉圓麵包，勞動貧民對於市場上充斥著他們買不起的白麵包感到憤恨。但是流行是由城市上層階級所推動，於是「軟白麵包」成了標準常態，而非少數例外。

　　麵包師重新發現了使用酵母發酵的方法，於是做出更輕更軟的麵包。麵包發酵技術是古老做法，但是在法國曾被視為危及人體健康而遭到排斥。一六七〇年，一項議會法令允許在巴黎將酵母用於烘焙，但該酵母必須是巴黎製造，而且必須與天然發麵劑混合使用。一七七九年，馬盧瓦聲稱使用酵母的麵包早在羅馬人之前就已經在高盧為人所知，使得法國的麵包工藝臻於完美，因此證明了法國優越的烘焙歷史。他以不可辯駁的邏輯宣稱：「我們法國人麵包吃得比較多，因為我們在這裡做的麵包比其他國家的更好，可以說，我們吃得多，所以我們做得就更好。」[31] 甚至在啟蒙時代，也是由時尚推動巴黎的麵包品味，而非由邏輯或經濟現實。巴黎的麵包比其他地方的都白，甚至勞動階級也要精細的白麵包，完全不理會營養與效率方面的結論。小麥在法國的地位優越，因此麵包在社會上是受人喜愛嚮往的，與此成鮮明對比的是農村的穀物粥，在現代「於社會上遭到蔑視，在地理上遭到邊緣化」。[32] 就馬盧瓦而言，他在一七七九年版科學手冊中，似乎並沒有貶低穀物粥，因為他解釋，即使在擁有許多麵包的國家裡，「比如在法國，人們最了解如何製作麵包」，但有時候穀物食品依然可能是去殼雜糧、粗粉、穀物粥。[33] 市中心以外的飲食習慣基本上是取決於是否能得到食材，時髦與否並不重要。

　　十八世紀法國中部山區奧弗涅地區的居民吃的麵包，最好的是黑麥製成，在困難時期吃的麵包是黑麥混合乾豆或者大麥。重二十三至二十七公斤的沉重黑麵包是每天的湯的底料，這種湯以油與鹽煮成，有時候每一餐都吃這種湯，穀物粥與當作麵包的薄餅則使用栗子或者蕎麥。[34] 在這裡以及法國其他地方，馬鈴薯被視為只適合給動物或者最窮的貧民吃。同樣地，在法國中北部的尼維爾奈（Nivernais），白麵包很少見，常見的麵包是以黑麥與大麥製作，有時還有燕麥；家戶依然依賴村裡的麵包師將他們自家備好的麵團做成麵包，也得倚賴村裡的磨坊主賣給他們麵粉，當中每一方都有可能在品質或重量上做手腳。[35] 直到十九世紀下半葉，吃小麥麵包（甚至任何麵包）的習慣在農村地區還沒有被接受，通常人們以為大革命是奉所有吃糧（麵包）的法國人之名贏來的全面勝利，但上述事實顯然挑戰了這個想法。

　　軟白麵包的技術特性促使麵包外形從普遍的圓形改變為長形，也

十八世紀一家店裡的麵包種類，馬盧瓦論文插圖，圖中有普通的圓麵包與長形的軟白麵包。圖C是濃湯麵包（*pain à soupe*），D是十二磅的黑麵包。K與R是軟白麵包。

就是我們對於法國麵包的現代印象。在十八世紀，所有黑麵包與中等黑麵包都是圓形，但是軟白麵包與其他以發酵麵團製作的「花式麵包」有許多大小及形狀。馬盧瓦解釋，較軟麵包的外皮比例比麵包心來得高；這是因為比起傳統黑麵包，發酵麵包風味較差，所以麵包師把重點放在麵包外皮上。帕門蒂埃認為，長麵包比圓麵包烤起來更有效率，但是他也抱怨，一味追求麵包外皮導致這種新的長笛形（*flûtet*）「只有外皮，根本不是麵包了」。[36] 在現代麵包的時代，輕軟才是主流，因為在十八世紀的巴黎，「軟白麵包的變化已經不可逆轉」。[37] 這句話適用於不甚令人滿意、但是更美觀的新式麵包與即將出現的時髦巴黎食品。但是在所有關於軟白麵包的論戰中，搭配湯一起食用的麵包依然沒有被遺忘。馬盧瓦與帕門蒂埃的手冊中都有關於「*pain-à-soupe*」（兩

次烘烤、外皮只適合浸在高湯中食用）以及「*pain-à-potage*」（外皮與心可與湯一起吃）的章節，由此可見當時即使是巴黎也沒有完全轉向軟麵包。

杜爾哥下台後，政府官員重獲權力，可以干預麵包與穀物的價格及供應，包括市場獨有的降價及麵包價格上限。國王的形象從偉大的供給者變成主要囤積者；那些曾經對商人徵收公平穀價人民稅、並且援引國王名義加以合理化的人，現在轉而反對「權力的堡壘」（citadels of power），包括那些取代封建領主向村民徵收稅捐與什一稅的大地主、宗教機構以及王家成員。[38] 一七八九年，巴士底監獄被攻陷，帶來了經濟政策的急速變化，最終變成有利於大地主，使得勞工愈來愈反對革命政府。一七八九至一七九三年，政府試圖以批准沒收及出售「國家財產」來解決經濟危機，首先是天主教會的財產，其次是王家財產，以及移居國外者、被放逐者、革命敵人的財產。原本的小教堂與修道院被改成了糧倉，比如在土魯茲就是如此，當地的市政官員熱情擁戴全國實施的公制度量衡以及一星期十天制，甚至為市政廳造了一個十進位的時鐘。[39] 一七九三年五月四日，為了因應不斷上漲的物價，巴黎官員對全國設置了穀物價格上限，同年九月實施「全面上限」（*maximum général*），凍結薪資與必需品物價比如肉類、奶油、葡萄酒、木柴。地方政府無視此一命令，穀物流通幾乎完全停擺，全國陷入更嚴重的混亂。一七九三年一月二十一日，路易十六死在斷頭台上，接著是瑪麗・安東瓦內特死於十月十六日，然後在一七九四年七月二十八日，雅各賓派的領導人馬克西米連・羅伯斯比[11]（Maximilien Robespierre）也遭到處刑。名義上與象徵上的國家元首已被清除，卻沒有人也沒有組織站出來取而代之；大革命掃除了舊體制，把他們的新社會建立在理性、自然法[12]（natural law），以及對於希臘羅馬模式的理想化看法上，但是人民只是猶豫不決跟隨其後。左派運動吸引了經濟停滯、尚未現代化的中部與西南部地區，但是大革命在北部繁榮的工業化穀物產區就失敗了，在這裡，對於土地控制的潛在威脅最大。

巴黎推動了穀物交易，但是「巴黎並非國家政治的模範，至少不

11 一七五八－一七九四，法國大革命時期的政治領導者，至今毀譽參半，極具爭議。
12 獨立於政治上的法律而獨立存在的正義體系。

是持久的左派政治的模範。」[40] 到了一七九三年中，海岸與主要河川城市都退出了革命運動，這些城市有管道從事有利可圖的貿易。在左翼雅各賓派被擊敗之後，自由主義暫時回歸。一七九四年十二月二十四日，食品價格的「全面上限」被取消，食品價格上升速度超過了薪資，導致一七九五年五月一場暴動，口號是「沒有麵包就送命」。大革命實際上已經失敗了。一七九六年之後，農業生產密集，因為「國家財產」分配使得小農能夠得到土地，而且更多農村居民有錢可花了。雖然間或發生短暫饑荒，比如一八○四年、一八一一至一二年，不過影響沒那麼嚴重，十九世紀之交更是預見了農民生活的全面改善，而且不僅是對於大地主，也不僅僅在富裕的穀物主要生產區。[41] 唯有十九世紀中葉真正自由市場的發展，以及下層階級的經濟整合，才能平穩結束穀物暴動與人民抗爭。

與大革命前的情況一樣，鄉村的下層階級一直與城市的下層階級吃得不一樣。一七八九年，一篇詳細記錄庇里牛斯山生活的文章指出，當地居民吃的是以開水澆在麵包上的「湯」，不然就是加上培根油滴的玉米糊（cruchade），或者吃「garbure」，即加上豬脂油煮成的麵包與包心菜湯。[42] 小說家雷蒂夫‧拉‧布勒托納（Nicolas Rétif de la Bretonne，一七三四－一八○六）在《我父親的一生》（La Vie de mon père，一七七九）詳細描述勃艮第農村的日常飲食，包括以豬脂油煮熟的包心菜，加上鹹豬肉的湯、齋日則加奶油、黑麥或大麥麵包，一點肉類。肉是城市食品，農村只有用來給湯調味的豬油以及一年一頭的豬。豬肉與豬脂是法蘭克人留下的習俗，占據了農村膳食的重要地位，而牛肉在城市餐桌上比例較高。到了十八世紀末，巴黎的食客每人食用肉量是諾曼第康城居民的兩倍，康城的農場穩定產出肉類，供應給巴黎出售。[43] 這種情況類似產酒區，產肉區限制自己食用，以便出售肉類給首都的大市場。

巴黎政府對肉價的管理保證了不同消費水準都多少買得起一些肉，因為這是一種高風險產品，一旦短缺就容易引發政治動盪。和麵包一樣，不同部位的肉也表現了社會階級：內臟地位最低，精選的牛肉與小牛肉地位最高。隨著全法國逐漸城市化，人們也接受了能夠很快煮熟的肉類部位，這是來自英國的做法：一六九八年，馬塞洛的

《王家與資產人家大廚》（*Cuisinier royal et bourgeois*，一六九八）提到「烤牛肉」（*ros de bif*）；一七三五年，拉·夏培的《現代廚師》（*Le Cuisinier moderne*）提到「牛腰肉」（*aloyau*）與「英式牛排」（*beeft steks à l'Anglaise*）；一八〇五年一本遊記中出現「牛排」（*biffteck*）。此處我們再次看見富人與窮人之間的鴻溝，也看見了巴黎與外省之間的鴻溝，由於巴黎大部分的物產、穀物與肉類都仰賴各省沃土供應，這種鴻溝就更顯得諷刺。

　　肉類價格管制的根源在中世紀，當時政府首先干預麵包與肉店，在食品事務上建立起家長式的特性。對於食物分配的監管出現在行業中，但是在公共市場上全面展現，從十三世紀起，這就是巴黎食品的特點，當時國王聖路易（Saint Louis）在巴黎設立了第一座室內市場出售貨物——兩個大廳賣海魚，一個賣獸皮與鞋子。聖路易的魚市場遠非公共服務，而是一項毫不掩飾維護王家特權的舉動，因為根據法令，巴黎所有海魚必須先運到這座市場供御廚挑選，剩餘的才賣給其他有權利購買的人。到了十四世紀，設立了國王市場（*marché le roy*），強制要求商人每個星期三、五、六在這些室內市場（稱為 *Les Halles*）出售貨物，並且在這些日子必須關閉他們自己的作坊與店鋪。商人向國王繳稅，不過在市中心的商業集中對商人來說也有好處，警衛（*prud'hommesu*）會監視非巴黎商販（*marchands forains*），也使得附屬於首都的商人增加了優勢。所以商人願意接受這種破壞性的強制執行開市日，但是抗拒也不斷出現，於是在一四〇〇年與一四〇八年修改章程，把規定的開市日減少至每週一兩天。[44] 一四九九年，一項議會法令把食品銷售按照種類與地點安排：野禽類與肉類在兩個指定區域，淡水魚在三個區域，蛋類與奶類在兩個區域。一四一三至一六〇〇年，聖拉札爾市場（Foire Saint-Lazare）強制要求食品商販到場，中央市場（*Les Halles*）才開始參與食品買賣。[45] 城市周圍還有其他的產品市場，最有名的是後來的聖嬰市場（*Marché des Innocents*），這裡原本是一處公墓，市場中心是聖嬰噴泉（*Fountain of the Innocents*）。一七八五年開始重修噴泉，一七八九年新市場落成，上有色彩繽紛的陽傘，遮蓋著出售香草植物與蔬菜的商販。

　　監控食品分配的傳統源自中世紀法國，但是受到監控的人們對這

種做法卻抱持著拘束的忠誠。在首都可以買到魚，但是運輸費用與進
城稅推高了價格，以至於抱怨魚價成了一項巴黎傳統。即使是本應出
現在大眾餐桌上的鯡魚，在路易十六時期稅率高達百分之五十三，在
一七五五年，杜爾哥的政策將該稅率減半，但大部分食客依然吃不到
鮮魚。[46]就和麵包的情況一樣，一方是肉價管制背後的「公共財」[13]
（public good）觀點，一方是非行會商販的競爭要求、希望能有一個
更自由的市場，這兩者之間最終免不了正面衝突。政府證書與公告
證明其意願，希望能守護健康及取得生存必需的食品，而此一論點的
支持者也一再重複這種說詞。關於巴黎出售的肉類來源，一七二二
年，巴黎警察局長尼古拉·德拉馬爾（Nicolas Delamare，一六三九－
一七二三）強調，應將牲口的所有來源地告知警務法官，如此城市的
肉類供應就不會任由屠戶與外來商販處理，而且如此警方就能「永遠
掌握肉類的真正數量，準備好預防任何壟斷與其他弊端，以防惡意隱
藏多餘的數量及提高價格。」[47]德拉馬爾表達了對於集體貪婪及非法
行為的明顯懷疑，以及對於短缺的恐懼，而且他並非孤例。一八七七
年，萊昂·畢歐雷（Léon Biollay）詳述在十三世紀重新執行中央市場
開市日的經過，勉強承認市場的失序「需要官方干預以保證對市場物
資的供給」，然而在同一篇文章裡他又強調，強制性市場的主要動機是
財務，而非對食品供應的管制，而且「正是因為強制，巴黎的商業活
動回到了中央市場，也需要強制才能讓它繼續保持下去」。[48]這些評
語證明了一個基礎信念，即法國必須為其國民提供食物，而為了所有
人好，國民必須接受國家干預的入侵。這也進一步解釋並捍衛了首都
的鉅額資源支出，這往往是以犧牲法國其他地區為代價的，因為這些
干預措施是「巴黎的一項特色，必須為這座過於龐大的城市確保合適
的物資供應」。[49]這篇說詞委婉動聽，而且一再重複，所以已經是傳
說多於事實了，但這也並不表示法國人就會乾脆地接受它。對抗家長
式政府也是一項悠久的法國傳統。

---

13 原作者述及麵包使用的詞彙是共有財貨（common good），如原書 p. 121；實際上兩個詞
　彙稍有區別。公共財（public good）具有非競爭性，即任一使用者並不會影響其他人使用；
　在供給上具有非排他性，即個人可從未付費中獲益，例如公共電視節目、知識。共有財
　貨比如天然資源，則具有競爭性，竭澤而漁會影響其他人使用。此處原作者對於這兩個
　詞彙的使用並不十分嚴謹。

阿爾方索・拉莫特（Alphonse Lamotte），約一八七八年。十八世紀時聖嬰噴泉（La Fontaine des Innocents）周圍的市場。一七九一年法國憲法即在此廣場公布。

尚－法蘭索瓦‧賈尼內（Jean-François Janinet，一七五二－一八一四）的版畫，聖嬰市場的噴泉，周圍是上有頂棚的蔬菜市場。

　　長達四世紀的官方敕令、法令、命令，把管理肉類的權利在政府與屠宰業組織之間來回更替，雙方都各有得失。屠戶在法國扮演多面角色，不只出售肉類，還屠宰動物，而且擁有獨占權，能夠向製革匠出售獸皮、向販賣下水雜碎的人（tripiers）以及製索匠出售內臟、向製燭工出售脂肪。由於屠戶與許多行業有關聯、有這麼多潛在的收入，巴黎的屠戶公會堅決支持對屠戶從業及商店許可數量的限制。而巴黎市的管理者們也試圖從這項可能的收入裡為首都保留一部分。雖然查理六世對肉商大市場的管理施以直接粗暴的干預，一四一六至一四一八年下令拆除重建，而且在十六世紀，國王成為眾行會的「最高仲裁人」，獨掌全權，能夠下令建立新的屠宰場，但是巴黎的四個屠戶家族如王朝般代代相傳，被賜予不動產的永久所有權，免除納稅義務，而且根據一六三七年路易十三的一紙特許證，這四大家族有權出租不動產給其他行會屠戶。[50] 一五七七年，巴黎郊外的普瓦西（Poissy）的牲畜市場成為肉類交易的中心，因為官方要求巴黎屠戶只能處理活的動物（而非屍體），而且購買動物的範圍不得超過巴黎周邊七里厄（二十八公里）。而普瓦西的位置剛好距離六里厄。一六六七年，索鎮（Sceaux）的牲畜市場取得官方地位，出售動物的獨占權是從別處轉移

過來的，而別處代表們在法庭上辛苦打官司，依然在一六七三年敗訴了。一六九四年的一項法令重建了巴黎「自古以來存在」但曾經被停業的牲畜市場，並規定每星期在星期三和星期六開市兩天，以解決公眾擔心的「不便與危險」，即肉市不固定開市可能限制肉類供應，以及在開市日之間擱置腐壞肉類過久的風險。[51]普瓦西與索鎮也每週開市一天（一七九一年分別在星期四、星期一）。十八世紀的市場重建讓肉類加工遠離市中心，但是保留了查理六世建立的四座永久性建築，以便限制並控制這些市場，因為這些建築「在選定的區域裡，對交換與集中交易的地點設立了實際界線」。[52]這四座市場在落成的時候還處於城市邊緣，當時是以腓力・奧古斯都[14]的城牆遺跡作為城界。由於城市擴張，城界被破壞，如潮水一般蔓延，於是屠戶店鋪與屠宰場（雖然沒有移動位置）就位於市中心了，令時尚的巴黎居民為之愕然。

　　普瓦西與索鎮市場上出售及寄存的每一頭動物都要繳稅，此外還有屠戶師傅在行會的註冊費，所以這些安排值得政府進行法律上的爭辯，不過政府依然以公共財的說詞掩飾自己的干預行為。這種說詞的觀點認為，強制從巴黎牲畜市場購買肉類，可以達到「公平合理的價格」，因為大量買家與賣家在同一天為了同一種商品而集中，能夠避免價格因人而異。將近三百年的時間裡，所有來自城外任何地方、在巴黎出售的牲畜，都必須通過這三個巴黎地區的市場，直到一八六七年，鐵路建設使得集中化的牲畜市場遭到廢棄。普瓦西銀行（*Caisse de Poissy*）的資金來源是屠戶師傅向行會繳納的會費，銀行擔保給出售牲畜的牧農付款，並向缺錢的屠戶提供貸款，這是又一項保護主義措施，深得牲畜賣家信賴支持，因為他們知道自己擁有的是供應方壟斷市場，而且絕對能拿到酬勞。

　　一七四一年，路易十五確認了行會屠戶的獨占權，他們可以屠宰、備辦、銷售肉類，路易十五並下令，其他商人（酒館、烤肉店、糕餅店）出售的所有肉類都必須購自授權的屠戶攤位。[53]一七七六年二月，杜爾哥取消了普瓦西銀行與強制市場以及屠戶的職業特權；到

---

14 一一六五─一二二三，是第一位以法蘭西國王自稱的法國君主，又稱腓力二世。巴黎聖母院在他即位後啟建。

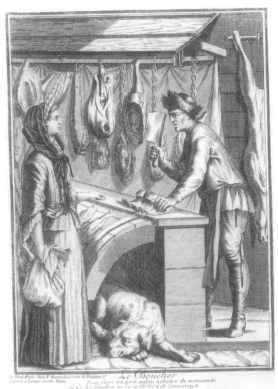

十七世紀的屠戶。

了一七七六年八月，屠戶的特權恢復了，而銀行在一七七九年恢復運作。但是隨著一七九一年通過的阿拉爾德法[15]（Allard）與雷沙普里埃法[16]（Le Chapelier），屠戶失去了購買牲畜與販賣肉類的獨占權，而屠宰業也短暫地自由化。一七九一年的法令廢除了從業者的公會，產生了大量無照肉販[54]，但是受保護的肉類買賣基石已經有數百年歷史，不會輕易解體。在大革命初期，由於農村的動盪，從諾曼第與勃艮第

15 國民制憲議會在一七九一年三月二日與十七日通過的一部法令，旨在恢復一七七六年的杜爾哥敕令，廢除公會，將穀物交易自由化。該法案由皮耶・德阿拉爾德（Pierre d'Allarde）起草。

16 國民制憲議會在法國大革命時期於一七九一年六月十四日通過的一部法令。該法禁止同業公會和手工業行會，並收回了工人罷工的權力。該法同時將自由企業視為典範。該法由以撒・雷納・蓋伊・雷・沙普里埃（Isaac René Guy Le Chapelier，一七五四—一七九四）提出並起草。該法最終在一八六四年五月二十五日廢除，取代它的是奧利弗法（埃米爾・奧利弗提議，並被拿破崙三世採納）。奧利弗法恢復了工人聯合以及罷工的權力。

尚—西梅翁‧夏爾
丹（Jean-Siméon
Chardin），《桌上的
魚、蔬菜、泡芙、
鍋子與調味瓶》靜物
畫，一七六九，畫布
油畫。

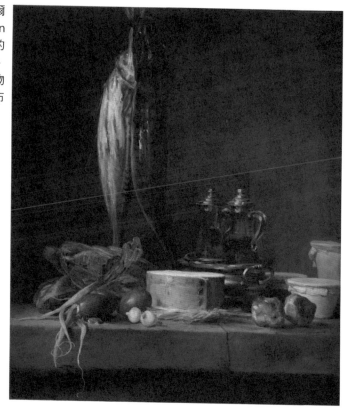

到首都的可靠肉類供應枯竭，而國外來源也因為不斷升級的衝突切
斷了供應。[55]革命政府天真地試圖推行「*carême civique*」（公民四旬
齋），號召自願禁食肉類；這種努力失敗之後，一七九三年出現了配
給卡。一七九四年，政府實施真正的干預肉類模式，尚—巴提斯特‧
索維格翰（Jean-Baptiste Sauvegrain）領導的大眾屠宰場（*Boucherie
génerale*）暫停所有肉類自由銷售，並下令所有肉類由公社生活必需品
管理部（Administration des Subsistances de la Commune）經由軍需品
管理部（Administration des Subsistances Militaires）進行分配。雖然人
們認為大革命使市場自由化、掃除了所有保皇派的干預，但事實上它
並沒有對肉類交易實行立即或者長遠的改革，部分原因是法國當權者
墨守對於國家監管的信念以及對於肉類行業的信心。

　　屠戶行會在十八世紀擁有重大但波動的權力，這是因為非行會屠
戶湧入，以及巴黎人與軍隊的肉類需求不斷增加。不過公會組織對女

性提供了一點進入這個行業的機會，屠戶師傅的寡婦如果得到一位男性家人同意，就可以保留其已故丈夫的資格。在十八世紀，登記在女性名下的巴黎攤位不到百分之十二，但是由於該行會對於巴黎肉類市場的把持無所不在，女性可能以無照勞工的身分在攤位或者市場外圍工作。由於政府監管讓所有人都可以買到肉，屠戶將較差的部位（通常叫做「tripes」，即下水）賣給下一級商人：肉品製造商（charcutiers）購買腳與心做成肉清湯，牛舌做成燻牛舌；其他剩餘部位則由販賣下水雜碎的人（tripiers，男女均有）買下，包括他們名稱由來的「tripes」即牛胃，他們將這些材料清理煮熟之後，賣給以女性為主的一群商人，然後這些商人在街邊小攤上將這些熟食賣給極度貧困的貧民。[56] 一八〇二年，拿破崙一世依然通過了法律，恢復屠戶的原有地位，包括恢復公會組織、普瓦西銀行的貸款、索鎮與普瓦西的強制性牲畜市場。不過在一八一一年，普瓦西銀行改由政府部門管理，牲畜市場交易也必須繳稅，但這些舉措不再是為了促進公平價格的最初目標，而是為巴黎市財政籌募資金。屠戶的壟斷權力已經恢復，甚至這一行的衛生監督也交由他們自己掌理。

　　大革命後回歸社團主義，這代表了什麼？也許公共權力機關傾向於「將執行懲戒措施委任給專業的中間人」，而不是交給未經訓練的政府官員[57]，這種解讀選擇的是對職業的尊崇，而非預期中的自由主義論點。從保護主義轉向開放商業，有些人認為這是源於思想上的轉變，這種轉變認為商業優先於行家知識：然而批評者認為，在這種情況下，自由主義制度中的屠戶不再為大眾提供「社會必需品」，也不再有提供安全肉類的道德義務，屠戶的職業只發揮了經濟功能。[58] 但是對職業的形式化尊崇貫穿了法國食品文化（法國工藝大師競賽〔Maître Ouvrier de France〕只是其中一例），而其中屠戶似乎擁有特殊地位。比如，屠戶行會受到的干預沒有麵包師行會那麼嚴格，而且在大革命之後很快就恢復了地位。軍隊沒有監視市場上的肉類銷售，屠戶也沒有因為從市場上收回肉類就得面臨絞死的威脅。麵包師在市場及商店裡工作都是很容易看得見的，比起暴動的消費者或者手持尖刀的屠戶都更容易管理。黑暗血腥的屠宰手藝之象徵意義可能也嚇退了官員，使得屠戶看起來遠比全身沾滿麵粉的麵包師更凶險。國家可能只是慶

幸有人願意扛起這項令人毛骨悚然的任務、屠宰活生生的動物、把它們的屍體馴化為巴黎市民的必需品、熟悉的各部位肉品。

在關於將屠宰場遷出巴黎的辯論中，屠戶的權力與公眾的神經質終於到了非解決不可的地步。直到十九世紀，屠戶攤位依然包括一個切割與販賣的區域，以及一個附設的屠宰場（tuerie）。當然了，增長中的都市人口與牲畜（更別提屠宰的副產品）同處一區，問題愈來愈大，公眾的不滿也激增。屠戶公會認為，屠宰與肉類切割不能分開，因為這兩處都需要屠戶的專業知識；他們還提出，要是在屠戶師傅的監視範圍之外屠宰，肉類必須經過一段長路才能進入巴黎，那麼就有摻假與汙染的疑慮。雖然如此，在一八一〇年，拿破崙一世依然下令關閉攤位附設的屠宰場，並且開始在巴黎郊區興建五座中央屠宰場，包括位於右岸的胡勒（Roule）、蒙馬特（Montmartre）、梅尼蒙當（Ménilmontant），左岸的格勒內（Grenelle）、維勒瑞夫（Villejuif，又譯為猶太城）。由於資金短缺，工程暫停了一段時間，不過在一八一八年，路易十八終於開放了這五座屠宰場。當時有人預測，對於國營屠宰場的牴觸可能引起敵意甚至暴力行動，但是官方對這類預測未加理會，還有同樣可怕的預測是一旦巴黎屠戶拒絕將牲畜帶到公用屠宰場，巴黎的市場將會空無一人，可疑的肉類將從遠方進口。

真正的結果不是市場無人，而是引進了供應批發的屠戶，這種做法是官方所禁止的，但是在實際上被接受，而且於一八四九年在中央市場取得認證，這樣一來，零售屠戶（bouchers détaillants）以及食品服務行業就可以在中央市場的拍賣會上購買肉類。巴黎的屠宰場後來合併為兩處，一處在維萊特（La Villette），一處在沃吉拉（Vaugirard）。一八五八年之後，一項帝國法令取消了屠戶的所有社團優勢，此一行業也分為三個分類：零售屠戶、批發屠戶、區域（forain）屠戶，在自由市場體系之下，這三種的數量都在增加，但仍然帶有革命前舊制度（Ancien Régime）的殘跡。屠戶依然在巴黎屠戶公會（Syndicate Chamber of Parisian Butchers）的領導下管轄自己的衛生狀況與行業內部衝突，但是這種做法直到一八八四年才正式得到批准，而且直到一八七八年，才開始由獸醫監督衛生，這證明了屠宰行業殘留的威望，以及「對於社團主義制度的懷念」，這種社團主義制度一直存在到十九

維萊特牲畜市場與屠宰場，建於一八六七年。

紀末。[59]

　　政府的家長式統治，以及商人對於保護的要求，形成了巴黎的市場體系；市場又反過來塑造了消費者購買商品的方式，最終並塑造了巴黎如何安排自己的食品供應服務。市場體系的結構決定了哪種人吃哪種肉，公開市場以合理價格出售次級肉，而獨立店鋪以高價出售精選部位，這兩者並行不悖；商人接受固定價格的次級肉，因為富裕的城市客層保證了他們的利潤。都市的精緻化對於肉類偏好也有影響；人們本來一直把醃製與燻製的豬肉與下層階級和農村飲食聯想在一起，但是當作血腸（boudin）、肉凍（galantine）、肉醬（pâté）的原料的時候，豬肉原本的「社會汙名」就被巴黎擅長的精緻烹調方式所抵消了。[60]談論任何一種肉類的「社會汙名」其實就是參與了法國人對於食物的分類，社會地位的重要性是其重點，而且一個人對於食物的選擇，或者食品種類與烹調方式給人的聯想，都鑄造了其人聲譽與社會地位。某些種類的肉在巴黎有市場，加上巴黎的時尚都市生活，產生了餐廳，直到十九世紀中葉，餐廳還是只屬於巴黎的一種現象。

　　餐廳本身（包括這個詞）屬於法國血統，而且與法國有著解不開的關係。在十八世紀的巴黎，某些商店得到許可，可以向大眾出售杯裝的熱肉湯（這種湯叫做「restaurants」，即「恢復元氣的」肉湯），這是當時極少數的外食選擇之一。從中世紀開始，想吃頓熱飯菜的旅人會光顧酒館與客棧，還有出售調製食品並承包宴席的餐飲外燴業者

（traiteurs，現在指飯店老闆、熟食店），他們從一五九九年開始就受到王家特權的保護，加上糕餅店，以及烤肉廚子出售烤製食品給消費者買回家食用。這種廣受歡迎的「restaurant 肉湯」是十八世紀新烹調（nouvelle cuisine）的產物，實際上就是液態的肉，吸收了肉的所有精華與新派大廚的烹調技術，完全沒有土氣濃湯（soup）的農民特徵，而這種濃湯在十七世紀初曾經得到賽赫與波內封的大力提倡。從文藝復興時期開始，醫藥權威與文明生活權威一直倡導不同階級的胃應當吃不同膳食，聲稱較差部位的肉類與黑麵包才能給予健壯的貧民更多營養，而富人或者受過教育的人需要較精緻的食品。巴黎這些滋補肉湯就是這種原則的頂點，是對瑞古燉肉及雜燴燉肉（galimafrée）的反擊，這些燉肉在烹飪書與狄德羅的《百科全書》裡很快就失寵了。不過這種滋補肉湯需要城市公眾的推動，這些人很容易受到醫學風潮的影響，當時醫學風潮的建議是不要吃不易消化的油膩飯菜，此外這種肉湯還需要巴黎林蔭大道上社交生活的引領，才能成為令人矚目的現象。

城市居民由於自身在道德、藝術、身體上的敏感而罹患城市病症；精緻脆弱的健康是成熟優雅的象徵，需要同樣成熟優雅的治療；基於醫學原因選擇膳食，這在法國有著悠久的歷史，而這種想法就是其中一例。肉湯可以用於保健以及改善病人的營養不良，此法已行之有年，這也許就是為什麼阿佩爾製作第一批密封食品的時候選擇了肉湯。宗教團體開辦的慈善醫院為窮人與病人供應肉湯，不過巴黎的餐廳（賣肉湯的地方）提供的是高度濃縮的肉湯精華，客層精緻講究，這種餐廳結合了保健妙藥與公共社交場所。目前公認的說法是早期的餐廳業者在法律上打贏了餐飲外燴行會，於是就此擁有食品服務的資格；據說當時一名叫做布朗吉（Boulanger）的餐廳業者違反了只能供應肉湯的規定，端上了一盤白醬羊蹄，於是餐飲外燴業者把他告上法庭（結果敗訴了）。[61] 當代美國籍史學家麗貝卡・斯潘（Rebecca Spang）沒有找到布朗吉故事的檔案證據，她認為現代公共餐廳的創始人其實受益於舊制度下的王家特權。一七六八年，馬圖杭・侯茲・德・襄圖瓦索（Mathurin Roze de Chantoiseau）花錢進了凡爾賽廚師行會，後來便以「宮廷外燴廚師」的身分進入肉類市場，並且為他的肉湯建立知名

度。他以此為立足點進行自我推銷，印製巴黎實用商業指南《年曆紀事》（*Almanach général*），在書中給自己加上「第一個餐廳業者」的名號。[62] 侯茲・德・襄圖瓦索這樣的餐廳業者從外帶業務擴張到餐室，他們鼓勵健康脆弱的巴黎人享受一杯肉湯，「就像在咖啡店享受社交樂趣的時候，吃一份巴伐利亞鮮奶凍（Crème bavarois）。」[63]

就像軟白麵包一樣，高度精緻的滋補肉湯是巴黎獨有的特色，其後幾十年在其他地方都找不到，而且這種湯和《百科全書》的觀點相悖，後者認為比較簡單的食物更適合人類。在《百科全書》中，這種滋補肉湯並不是湯，而是有助恢復元氣的食品，如同鷹嘴豆、巧克力、香草植物、芝麻菜（arugula）。[64] 然而實際情況與此相反，具有新烹調精神的滋補肉湯「象徵著創新的藝術性與恢復的活力」，並且屬於富有的城市上層階級。[65] 巴黎的餐廳希望吸引這些顧客，很快就開始提供其他菜餚，以及又一項創新，即單獨的小桌與包廂。在肉湯餐廳出現之前，想要外食就必須加入吵鬧的街坊人群，一起圍著共用的大桌，吃的是一樣的餐點（*table d'hôte*）。[17] 到了一七七〇年代，顧客可以從印製的菜單中選擇各別的菜餚、訂製自己的用餐體驗，若需要還可在單獨的包廂用餐。一旦餐廳確立了自己的時尚與合法地位、成為飲食的場所，「*restaurant*」這個詞的意思就不再是某種湯，而是一種地方，於是巴黎的其他食品業務場所也都在自己的招牌加上了這個詞。從一七八〇年代開始，外燴廚師與酒館老闆也提供大眾餐點與單獨餐桌，但是自稱為餐廳，即「*traiteurs-restaurateurs*」（有時候是 *restaurateurs-traiteurs*）。[66] 德國作者奧古斯特・馮・科茨布（August von Kotzebue）在出版的回憶錄裡述及一八〇四年的巴黎之旅，描述餐廳業者將桌子之間的距離安排得很近，顧客要是願意的話，可以與鄰桌用餐者交談，由此看來當時在公共場所用餐還是新鮮事，因此規則尚不明確。科茨布並評論了新奇的「*la carte*」（菜單），他煞費苦心將之形容為「一份清單，列出當天供應的食品與不同種類的酒，以及每一份酒食的價格」，由此可見這是他並不熟悉的事物。[67] 這是頭一次公開用餐不用像從前「*table d'hôte*」那樣分享食物，每個用餐者都

---

17 字面意義「店主的餐桌、店主的飯菜」，即旅館或酒館裡定時眾人圍坐用餐。

可以採行民主版的國王「公開用餐」，即在別人旁觀下吃一頓美餐。[68]平等待遇很不尋常，因此值得一提：無論吃多吃少、喝好酒還是劣酒、點的是最貴還是最便宜的食物，「餐廳老闆的服侍都同樣殷勤有禮」。[69]然而在一個分裂而受苦的首都裡，有些人很難接受像國王一樣用餐能夠符合大革命價值觀，於是指控甚囂塵上，認為餐廳老闆不愛國。不過在大革命期間，巴黎身為首都的中心地位依然推動了餐廳發展，因為來自各省的革命代表寓居巴黎，一起在餐廳吃飯，他們要求供應熟悉的菜餚，比如鹽醃鱈魚焗烤（*brandade de morue*）及馬賽雜燴魚湯（*bouillabaisse*，馬賽特產，中文多稱為馬賽魚湯）。

　　餐廳很快就成為巴黎文化生活的一個標誌，出現在觀光指南以及十分流行的年鑑報導中，這種年鑑報導最著名的是亞歷山大·巴爾塔札·盧杭·吉穆·德·拉·黑尼葉在一八〇三至一八一二年出版的《美食年鑑》（*Almanach des gourmands*）。他被稱為美食寫作之父，對於餐點、食品店、餐飲界的戲劇性人物都留下了誇張的描述，並且發明了餐廳評鑑。在他的《美食年鑑》裡，巴黎是所有食品的完美頂點，即使那些原料都不是巴黎栽種生產的。這份年鑑的早期版本是帶著讀者在城中漫步，讓讀者（即使只是在腦海中）接觸到每個角落裡都充滿了美食經驗的巴黎。在長期為了糧食而爭鬥之後，在拿破崙政變後的短暫時間裡，共和國官方為了避免巴黎人重拾政治討論與潛在的暴動，於是鼓勵人們在審美情趣與花邊話題上展開辯論，比如美食。一八〇五至一八一五年的戰爭以及對巴黎的封鎖促進了餐館業，比如普魯士、俄羅斯、奧地利、英國軍隊都在巴黎開懷大嚼，並且在海外推廣這種巴黎奇觀。戰後如釋重負的遊客們說，法國已經結束了對於政治動亂的關注，回到藝術、時尚與美食的輕浮消遣中。[70]直到十九世紀中葉，法國除了巴黎以外的地區很少有公共／私人的飲食場所，可是在十九世紀之交的巴黎，現代形式的餐廳就已經完全建立起來了。

　　美食文化及時到來，正好推動了大眾接受餐廳，平息了公民異議。大革命節慶的特點是共用餐桌上供應的斯巴達式飯菜，或者公民各帶一道菜分享的聚餐，但是這些活動很難包括所有階層。在共和國統治下，官方准許美食文學與餐飲娛樂，而法國公眾也從維持生存的道德經濟轉向了一種由上而下的烹飪模式，在這種模式中，「大革命後的時

代裡，第一代偉大主廚從宮廷飲食中發展出更精緻的烹調，而這種宮廷飲食由於各階層紛紛仿效，早已聲譽卓著。」[71]在吉穆‧德‧拉‧黑尼葉之後，人們認為餐廳應該有奢侈的設備與高雅的餐具，並且津津樂道，而菜單上應該有無盡的選擇，以奇妙的詞彙描述，充滿了地名人名作為點綴，可是幾乎一點也沒提材料與烹製方式。這些冗長菜單具有的神祕感與吸引力不是因為餐廳發明了新菜餚，而是因為它們「並非在廚師面前、而是在用餐者面前羅列出這份清單」。[72]巴黎的餐廳饕客們終於能夠一瞥廚師的行家技藝，這在從前先是被行會所阻，繼而又被局限在貴族宅邸之中。在是否民主的問題上，高級餐廳的確排除了大部分公眾，這是由於價格所致，還有衣著講究的顧客、費解的用語、合乎要求的禮貌舉止，都令人卻步。但是巴黎龐大的經濟規模促進了各種價位的飲食場所發展，從市中心的美食殿堂，到勞工階級光顧的「骯髒的小飯館」（gargotes）與酒館。美食餐廳的精美食品需要昂貴的設備、各司其職的員工，因此費用奇高，只有最富裕的人家才能光顧，但是那些階級不高的家庭也因為能夠上飯館而家中不必備有完整廚房。法國人欣然接受了餐廳，這是出於欲望還是需要，還未有定論。史蒂芬‧曼乃爾認為，法國烹調的精益求精是為了經濟效率：「無論是頗為富裕還是較不富裕的人，都希望吃到比他們在家吃的稍微精緻一點的菜。」[73]斯潘記錄了英國遊客的看法，他們認為法國人外食是因為他們缺乏家庭生活的樂趣，解釋了英國人在家吃得好所以沒有必要上館子。[74]

　　餐廳與美食文化都是法國的發明，而美食文化把巴黎的街道都鋪上了黃金。一八〇八年，第一本附插圖的法國特產地圖出版，作者是夏爾‧路易‧加戴‧德‧加希庫[18]（Charles Louis Cadet de Gassicourt，一七六九－一八二一）；在這之後，美食就真正被畫在法國地圖上了。難怪後來所有關於法國烹飪的介紹都是時興的餐廳及其精美菜餚，而且主要集中在巴黎。就像在大革命時期的糧食分配一樣（這一點造成長期不良影響），下一個世紀出現的高級烹調也完全是與巴黎有關的。一七七〇年的一部小說中，作者路易－瑟巴斯提安‧梅希耶（Louis-

---

18 藥學家、律師、作家。路易十五的私生子。

Sébastien Mercier，一七四〇－一八一四）筆下的英國敘事者稱法國人為了首都犧牲城市與所有外省，最後造成「被糞肥包圍的一顆鑽石」。[75]而後來的作家似乎只注意這顆鑽石。餐廳本身早於大革命，但是巴黎餐廳的黃金時代完全在十九世紀，屆時法國作者將把精緻飲食的故事寫進法國人的想像中。一八二五到一八五〇年，巴爾札克（Honoré de Balzac，一七九九－一八五〇）在十八份不同文章裡對「康卡勒的懸岩」（Rocher de Cancale）大加讚美，這家餐廳創立於一八〇四年，屬於第一批成熟的美食餐廳。巴爾札克第一次提及是在早期一本不甚著名的小說中，不過大部分是在他的不朽名作《人間喜劇》（*La Comédie humaine*）。甚至一再傳述的那盤違反規定的白醬羊蹄也在美食傳說裡占有一席之地；關於法國人發明的餐廳源起，法國人想聽的故事裡必須有一道精緻的烹飪創作（至少得加了醬汁），往往會有人奇怪為什麼餐廳本身的事實還嫌不夠。馬利－安托萬·卡漢姆是十九世

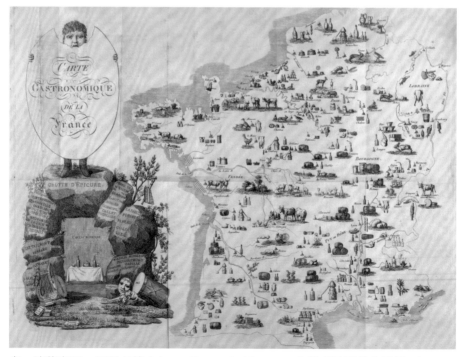

尚·法蘭索瓦·托爾卡第（Jean François Tourcaty）繪「法國美食地圖」（Carte gastronomique de la France，一八〇八），摘自夏爾·路易·加戴·德·加希庫（Charles Louis Cadet de Gassicourt）著《美食旅程》（*Cours gastronomique*，一八〇九）。

著名餐廳，康卡勒的懸岩，位於巴黎的蒙托格伊路（rue Montorgueil），巴爾札克的作品裡多次提到它。創立於一八〇四年，於一八四六年遷移到現址。

紀早期的傳奇名廚，站在行業金字塔頂端，然而值得注意的是，他並不是餐廳大廚。大革命沒有讓他脫離行會的束縛，也沒有讓他從服侍貴族家庭的工作之中解脫（事實上，他不屬於行會，也沒有在貴族家中服務），但是餐廳的誕生分散了巴黎人對於政治的注意力，並且引起了外來遊客的興趣，這些遊客在家鄉沒有餐廳這種東西，而現在他們只需要點一餐飯就能加入時尚階級。在一八二〇與三〇年代，參與餐廳文化只需要錢，不需要專長知識或者家族血統，於是取代了某些菁英活動。餐館閒聊就像現在的名人八卦，分散了公眾對於更大問題的注意，而且這些閒聊都是很容易複述的故事。奇怪的是，此一階段的焦點不在食物，而是在餐廳裝潢、看與被看的體驗。卡漢姆與他的擁護者將會重新取得私宅裡的廚房，那才是卡漢姆選擇的陣地。在十八世紀末的動盪之後，十九世紀初的幾十年將為時尚上層烹調的新時代鳴鑼開道，那將是另一場大革命。

──────────（文學賞析）──────────

路易－瑟巴斯提安・梅希耶，《西元二四四〇年》(*L'AN 2440*) ❶ 第二十三章（一七七〇出版）❷ 〈麵包、葡萄酒等物〉❸

【敘事者在一七六八年陷入沉睡，醒來已是二四四〇年。他請了嚮導來幫助他熟悉如今已經陌生的巴黎。】

我對我的嚮導很滿意，時時刻刻都擔心他離開我。晚餐時間已到，由於我距離住處很遠，而且我的相識【原文如此】都已死去，我正在找個酒館❹，可以按照禮節請他吃飯，而且至少要感謝他對我如此親切。但是我一直沒找著。我們走過好幾條街，沒看到一個應酬娛樂的地方。❺

我說：「從前城裡每個街角到處都有的那些小酒館、那些吃飯的地方❻，在同一個行業裡分分合合總是彼此衝突❼，現在怎麼都不見了？」

「那是你們那個年代為了生存必須忍受的弊端之一；那些場所默許致死的假貨，能夠在完全健康的情況下殺死公民。貧民，也就是城裡四分之三的人，沒有能力得到天然的葡萄酒，但是由於口渴，以及勞動之後必須恢復耗竭的體力，於是喝下這種慢性毒藥、可憎的液體❽，由於日常飲用而掩蓋了這種詐欺……可是現在，我們的酒在公共市場❾出售，都是大自然賦予它們的性狀，並且巴黎的公民們，無論貧富，喝的都是這種有益的液體，並且以酒祝福國王健康，為了他們所愛的國王、為了愛重他們的國王而乾杯。」

「那麼麵包呢？也是這麼好嗎？」

「一直是同一個價格，因為我們明智地建立了公共穀倉❿，隨時裝滿小麥，以備不時之需；而且我們不隨便把這些小麥賣給外地人，三個月後再買的話，價格就是兩倍。它們平衡了種植者與食用者的利益，雙方在同一點上都取得了好處。⓫出口並沒有禁止⓬，因為它很有用，但是必須在合宜的範圍內。由一個有能力而正直的人負責注意這種平衡，當它往一邊傾斜太多的時候，他就會關閉港口……」

「你會看到我們的市場上必需品充足：莢豆類、水果、家禽、魚，等物。⓭富人不以奢侈壓迫窮人；匱乏的恐懼已經遠離我們；我們從來不做無法滿足的貪婪行為、獲取比我們所能消耗還多三倍的東西；我們痛恨浪費。⓮

　　「即使某一年裡大自然苛待我們❶，匱乏也不會造成成千上萬人喪命❻；我們會打開公共糧倉，人類明智的預防措施減緩了嚴寒與上天的怒火。❼乾癟粗劣、汁液有害健康的食物，不會進入習於勞動的人們的胃裡；富人不會分離出最精細的麵粉、只把麩皮留給其他人❽，這樣的暴行被視為最可恥的罪惡。如果我們聽說有哪個人因匱乏而死，我們都認為自己應受譴責；每個人都會為了自己的罪而流淚懺悔。」……

　　「還有其他事情可供你思考，」我的嚮導說，「（當你的眼睛看著地上的時候）注意街上沒有動物鮮血流淌、令人聯想起屠殺❾；空氣中也沒有引起多種疾病的屍臭。乾淨的外觀是公共秩序與和諧的最明顯表徵；到處都一望而知。我冒昧地說，出於合乎道義、有益健康的預防措施，我們把屠宰場建在城外。❷既然大自然判處我們必須吃動物的肉，我們至少應該讓自己免於目睹動物死亡的場景。從事屠戶這一行的人都是遭祖國驅逐的外國人，他們在此受到法律保護，但是我們並不把他們列入公民階級。❸我們當中沒有人從事這種血腥殘酷的技藝，我們擔心它會在不知不覺中讓同胞們習於失去憐憫的自然影響，你知道，憐憫是大自然賜給我們最溫暖、最可貴的禮物。」

---

❶ W. Hooper 英譯，《*Memoirs of the Year Two Thousand Five Hundred*》（London, 1772），一七三－一八七頁。

❷ 梅希耶是狄德羅與盧梭的朋友，信奉啟蒙主義哲學，相信公正君主的統治是可能的。這本烏托邦小說的時間背景設定在七百年之後，梅希耶預言了一個擁有理性公民的和平國家。這本書匿名初版於一七七○年，在一七七三年由於書中批評貴族特權及專制主義，而以大不敬罪名被禁，於是成為盜版暢銷書。梅西耶曾任國民公會（Convention）代表，一七九二年，他投票反對判處路易十六死刑，在一七九三年反對羅伯斯比的叛亂。此書重印了二十五次，有眾多譯本，然後在一七八六年於巴黎出版了匿名的第二版；直到一七九九年的第三版，才有了梅希耶署名。

❸ 梅希耶在這一章討論葡萄酒、麵包、肉類，與十八世紀每個人心中的「必需品」一致。

❹ 梅希耶用的是「*traiteur*」，這個字在英文裡沒有同義字。此時在巴黎已經有了餐廳，但是倫敦還沒有。

❺ 原著中是「*bouchon*」；就像在一五九八年，這個詞指的是一束綠色植物，或者其他類似的標誌，掛在建築門楣上方，表示此處出售葡萄酒。後來這個標誌用來代表供應葡萄酒的、有歌舞表演的小酒館，或者小餐廳；如今在里昂這依然是餐廳的一

個分類，供應傳統菜餚與大量葡萄酒。

❻ 「*aubergistes*」（客棧老闆）以及「*marchands de vin*」（葡萄酒販）。注意作者在兩個段落裡已經使用四個不一樣的詞，用以指稱吃東西的場所，各有不同的定位。梅希耶在這裡與其他出版作品中，都沒有以「*restaurant*」指稱「*traiteur*」飲食場所，包括《巴黎圖景》（*Tableau de Paris*），不過這一段重點在葡萄酒。

❼ 從十六世紀以來的司法紀錄見證了食品供應者之間的不斷衝突。與這段內容最有關的是一七〇八年一道關於廚師行會要求的王家判決，允許「*marchands de vin*」自家的酒窖裡供應葡萄酒與烤肉，但不准自稱熟食外燴業者（*traiteurs*）即廚師；此項特權只適用於 *traiteurs*。

❽ 在十八世紀中，巴黎的掮客與酒商經常遭到謾罵，被指控摻酒及造假、以製酒人與消費者的中間人身分哄抬價格。湯瑪斯・布瑞南（Thomas Brennan）引用當時的一份葡萄酒行業刊物《商業報導》（*Journal du commerce*），該刊建議直接向產酒區商人購買葡萄酒，因為「勃艮第的好商人絕對沒有不講信用的嫌疑」（Thomas Brennan,《*Burgundy to Champagne: The Wine Trade in Early Modern France*》〔Baltimore, MD, 1997〕, p. 191）。來自巴黎城外的葡萄酒必須付一筆高得嚇人的進城稅（*droits d'entrée*），而且就像梅希耶所暗示的，巴黎商人嚴格掌控了塞納河上的交通，以此控制葡萄酒入城。

❾ 這又是一次關於公共市場的當代保證，認為這是讓所有階級都能得到食物的公平途徑。

❿ 這是梅希耶的樂觀想法，他寫作這本小說的時間在一七七〇年代杜爾哥改革之前，杜爾哥的改革造成商人囤積穀物。在一六六二年的一段穀物短缺時期，路易十四指示財政大臣尚─巴蒂斯特・柯爾貝將沒收的穀物存放在羅浮宮的地道，以備公共糧倉之需。一八五四年，麵包師被要求在「市營商店」儲備九十天份的麵粉，最終成為一個以備短缺的共用糧倉。（Armand Husson,《*Les Consommations de Paris*》〔Paris, 1875〕, p. 140.）

⓫ 這句話證明了梅希耶認為干預政策「老方法」是仁善的，能夠達到符合所有公民最高利益的公平價格，這種信念把他與中世紀的前人及保守派連在一起，而這些保守派最終將推翻大革命時期的規劃。

⓬ 一七八八年，賈克・內克爾（路易十六的財政總監）禁止穀物出口，下令所有銷售必須在公開市場進行。

⓭ 在創作於一七八一至一七八八年的《巴黎圖景》一書中，梅希耶滿懷感情寫下了對於巴黎市場的觀察，描述「六千名農民」帶著一車一車的魚、蛋、蔬果與鮮花來到巴黎。巴黎的中央市場是巴黎其他所有市場的「萬能倉庫」（'Les Heures du jour' in Tableau de Paris, ed. Jeffry Kaplow〔Paris, 199〕, p. 64）

⓮ 原著中是「*gaspillage*」即浪費；梅希耶懷著渴望描繪出一幅沒有短缺的景象，見證了幾乎是恆久的循環，一端是歉收與饑饉，另一端則是貪婪。

⓯ 原著中將大自然擬人化為「*marâtre*」（殘忍的後母）。

⓰ 事實已經證明，十八世紀的饑荒與短缺導致的死亡人數比十七世紀少。

⓱ 此處語氣活脫一個真正的百科全書學派啟蒙主義理念支持者。

⓲ 這一段顯然是讚許新式的經濟碾製法，使用同樣數量的小麥，這種技術能夠更精確分離麩皮，製造更多品質更佳、更健康的麵粉，於是所有人都能得到優質麵粉。一七六五年版的《百科全書》記錄了這種碾製過程，在一七七〇年代傳遍法國。

⓳ 此處梅希耶的看法與其他啟蒙哲學家相同，認為肉食是暴力的象徵。

⓴ 在這一點上，梅希耶領先時代甚多，因為屠宰活體直到一八一〇年代才移到城外。

㉑ 這是便利的方法，能夠繼續肉食同時避免殺生帶來的個人道德負擔；屠戶在梅希耶描述的未來世界裡還不如二等公民，只是難民而根本不是公民。

第五章

十九世紀與卡漢姆：
法國飲食征服全世界

　　如果現在人們認為法國烹調就是高級烹調，那麼必須歸功於十九世紀的某些事件，因為「美食文化成為現代社會的一種現象，乃是始於十九世紀初的法國」。[1]我們所聽到鼓吹法國烹調優越性的最強音，來自地位最高的三位一體：馬利─安托萬・卡漢姆、尚─安泰姆・比里亞─薩瓦漢、亞歷山大・巴爾塔札・盧杭・吉穆・德・拉・黑尼葉。在這種表述中，美食文化屬於法國，而精緻烹調將法國帶進了現代。關於法國烹調的常識經常局限於十九世紀的食品與技術，正是因為這三位人物朝著有權勢的菁英及看書的大眾，廣泛持久傳播美食文化的福音，為法國飲食創造出一幅永不磨滅的肖像。十九世紀已經成為法國烹調的萬有終極，這種觀點的確有道理，因為這個時期正是大廚兼烹飪書作者馬利─安托萬・卡漢姆制定規則與編纂匯總的最高點。卡漢姆對於法國烹調的定義如此徹底，他的追隨者將技術傳播得如此廣泛，因此法國烹調在歐洲宮廷與全世界國宴都是唯一的精緻烹調模範。今天米其林星級餐廳中的「經典」法國烹調依然忠於此一根本。但是它本來不可能有這樣的成績：迎接卡漢姆及其美食圈同胞們的那個時代，正是緊跟在動盪的一七八九年大革命之後，而且在一八三〇年與一八四八年又發生了兩次革命[1]，此外還有三次共和、兩次帝制，且兩個皇帝都名叫拿破崙，以及兩次短暫的叛亂（拿破崙的百日王朝及一八七一年三月下旬至五月下旬的巴黎公社）。

　　卡漢姆的豐碑不是一日建成的，法國飲食征服了世界，如同它在形象與信念上，塑造了法國人對法國飲食的認同。法國人在戰場上很少打勝仗，他們取得的勝利是精神上的；於是就像現在，全世界只要

1　分別結束了第二次波旁復辟及奧爾良家族七月王朝。

想到美食，就想到法國。十九世紀的法國飲食告訴全世界，唯一稱得上精緻烹調的就是法國菜，於是從後貴族時代上層與資產階級的餐廳顧客、到家庭主婦與勞工階級，每個人都記住了這件事。在大革命之後，出現的模式不是平民烹調，而是經過知識研究與文字化的烹調，耐久且便於運輸。新的字彙用來描述這種食物以及吃這種食物的人，美食作家這個新職業在國際上都有了追隨者。隨著統一的法國（巴黎）高級烹調的形象傳播開來，巴黎街頭的城市化食品也符合了勞工階級的需要，法國各地區也被視為遠離巴黎、但是對巴黎美食特色至關重要的小島，因而受到關注。在十九世紀法國的美食讀物裡完全缺席的是殖民地，殖民地從上個世紀以來大為擴張，是數種農礦產品的重要來源，也是法蘭西身為帝國的重要發端；這個主題將在下一章詳述。

在巴黎能夠餵飽世界之前，法國其他地方必須先餵飽巴黎。大革命的遺緒以及第一帝國[2]的政治劇變，依然影響著食物分配，而巴黎人口不斷成長，推動了這座大城在糧食供應上的極端措施。一八五九年，拿破崙三世下令將巴黎周邊村鎮納入巴黎市範圍，以供應更多住宅，於是巴黎市內由十二個區擴增到了二十個區。這次擴張巴黎緩解了奧斯曼男爵[3]（Baron Haussmann）的規劃所帶來的危機，當年他的規劃是清除擁擠的住宅區，創建壯觀的林蔭大道與其他著名的不朽建築，包括巴爾塔德設計的雄偉的中央市場（Les Halles）。從中世紀以來在巴黎斷斷續續成長起來的市場系統，在十九世紀初繼續發展。一八一九年，建了一座新的蔬菜市場出售蔬菜、奶油、蛋、乳酪；一八二三年開設了奶油市場（halle aux beurres），但是到了一八三六年就已經嫌小了。一八五八年，包括乳酪在內的乳製品銷售遷到了雄偉的新建中央市場的一個廳裡，靠近一八五七年落成的蔬菜廳。一八一一年拿破崙下令繪製了中央市場原始設計，在延宕三十年之後，直到一八五四年才開工。一八五四到一八七四年之間，完成了最終的十二個廳當中的十個，其特色是引人注目的裝飾藝術風格的鐵藝構件。在埃米爾·左

2　一八〇四－一八一四／一五百日王朝期間。

3　喬治－歐仁·奧斯曼男爵（Baron Georges-Eugène Haussmann），一八〇九－一八九一，於拿破崙三世在位期間主持巴黎城市規劃。

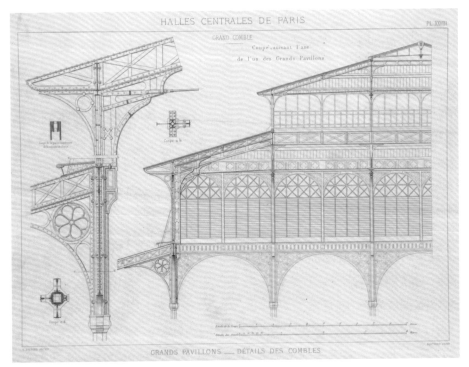

中央市場各廳的裝飾鐵藝構件，一八六三年。

拉（Emile Zola）的《巴黎之胃》[4]（ *Le Ventre de Paris* ），這座市場巨大而稍微有點邋遢。主角弗洛朗（Florent）有一次走路的時候，迷失在紛紛擾擾的中央市場裡：在聖歐諾黑路（rue saint-Honoré）附近，他跟著推著車的小販，走在滑溜的街道上，「成堆的朝鮮薊莖葉、胡蘿蔔纓，把人行道擠得寸步難行。」[2]中央市場的最後兩個大廳於一九三六年開業，見證了巴黎人口增加了一倍，從一八五七年的一百二十萬，到一九〇一年的二百六十萬。[3]一九六〇年代，中央市場停止使用，然後在一九七一年拆除，被一座購物中心取代。關於這座老市場的描述已經被時光與羅曼蒂克的想像打磨潤飾；現在的中央市場不再是那個中央市場了，食品市場已經遷往巴黎市區南部的蘭日斯（Rungis），一座冰冷現代化設施在一九七九年開業，遠離了巴黎的心臟與巴黎人。

───────────

4　埃米爾・左拉，一八四〇―一九〇二。這部長篇小說是他的《盧貢―馬卡爾家族》（ *Les Rougon-Macquart* ）系列二十部當中的第三部，發表於一八七三年，故事背景為中央市場。

　　到了最後，法國的其他地區依然繼續為巴黎與其填不飽的肚子服務。擴增的區域為巴黎市新增了屠宰場，包括在維萊特（La Villette）、貝爾維爾（Belleville，又譯為美麗城），以及塞納河兩岸，一八五八年的一項法令使得巴黎的屠戶行業自由化，因而出現了大批新屠戶，本已混亂的系統更加稠密壅塞。於是在一八五九年奧斯曼提議關閉所有現存的屠宰場，在城外靠近普瓦希與蘇鎮牲畜市場的地方，興建一座新的中央屠宰場（稱為維萊特，由建築師路易－皮耶·巴爾塔德〔Louis–Pierre Baltard〕設計，他也曾負責中央市場的原始設計，日後其子成為中央市場的設計者）。

　　新設施到了一八六七年才開業，但是一直使用到一九七七年。隨著維萊特開業，其餘的城市屠宰場都關閉了，只留下其中三處，而且新的鐵路運輸使得巴黎不再需要牲畜市場。巴黎有了一個集中的肉類處理中心，還有數百名新屠戶，已經準備好供給市民對肉類不斷增長的需求。經濟學家阿爾蒙德·宇松（Armand Husson，一八〇九－一八七四）的《巴黎消費研究》（Les Consommations de Paris，一八七五），記錄了當時從法國其他地方及外國運送到巴黎的牲畜數量驚人。為了舉例證明「為巴黎供應糧食的範圍已有可觀擴張」，宇松記載了巴黎牲畜市場的動物數量，從一八一二年的六十三萬五千頭，增加到一八七三年的一百九十萬頭，來自七十三個法國省分（當時全國共八十九省），以及十四個其他國家，包括法國殖民地阿爾及利亞。[4]肉牛來自諾曼第與安茹，大部分綿羊來自德意志與普魯士，小肉牛來自香檳與奧爾良。由於巴黎在一八七〇年遭圍城[5]，與外地的交易斷絕，巴黎人只好吃他們能找到的一切肉類，包括一八六六年開始在巴黎出現的宰馬屠戶供應的馬肉，以及花園動物園（jardin zoologique）的動物。

　　十九世紀末葉，巴黎流行更精緻的肉品，包括人工以穀物養肥的鵝肝與鴨肝。在一八七〇年代，每年十月到翌年三月，完整的全肝與鵝肝醬上市，無論價格有多高，每一席上等餐宴上都有來自史特拉斯

5　普法戰爭中，拿破崙三世投降後遭罷黜，普魯士質疑投降無效，進攻巴黎，一八七〇年九月十九日至一八七一年一月圍困巴黎。

堡（Strasbourg）的鵝肝。在這個季節以外，依然可以享用「以阿佩爾的方法」保存在金屬罐裡的鵝肝。[5]巴黎人也擴展了他們對魚的口味，他們偏好海魚甚於淡水魚，不過可供選擇的品種眾多。在一八〇四年，奧古斯特・馮・科茨布記錄了某家餐廳菜單上有二十八種不同的魚，此外還有十五種家禽與三十一種甜點。[6]大革命之後，齋日的習俗逐漸消失，於是城市居民拒吃與苦行懺悔和貧窮有關的醃魚、燻魚、魚乾，轉而選擇城裡市場上的鮮魚，並且不是當作肉的替代品，而是當作享受。一七八九至一八七三年，巴黎的鮮魚消費成長為原先的四倍，而海魚消費增加了十倍，這也許是因為修建鐵路，使得內陸也能買到鮮魚。牡蠣成千上萬流入巴黎，在一八四五年達到頂點，高達每年四百四十五萬顆（超過每人四公斤），之後牡蠣開始從海中消失。[7]著名餐廳「康卡勒的懸岩」以生蠔大餐聞名，就得名於康卡勒（Cancale）海岸多產水域中生長的牡蠣。

在康卡勒的懸岩以及其他餐廳，為了把成打生蠔送進胃裡，巴黎人成為香檳區氣泡酒的主要國內消費者，當時香檳酒還叫做「香檳氣泡酒」（Champagne mousseux），以區別於該地區原本就聲譽極高的無氣泡酒。氣泡葡萄酒在十九世紀末促使人們發明了新的酒杯，材質是玻璃而非金屬，外形細長，有些人認為這種外型比起老式的淺寬口高腳杯（coupe）更能增加這種酒的魅力（但也有人認為淺寬口高腳杯能夠讓眾人喜愛的泡沫更活躍，而且寬口方便以攪拌棒（moser）攪動，以驅散氣體、預防時機不巧的打嗝）。[8]除了無可否認的優雅之外，氣泡香檳酒的優點就是能夠製造歡樂而不至於喝醉，並且絕對與年輕人有關。愈來愈多巴黎葡萄酒模仿香檳的樣式，在一些商店以瓶裝出售，不過工人依然在上工前後去小酒館或者葡萄酒館（marchands de vin）喝一杯葡萄酒。十九世紀晚期，這些場所出售的勾兌葡萄酒（vins de coupage）都是混合酒，愈來愈多來自法國南部（le Midi，包括瓦爾省〔Var〕、加爾省〔Gard〕、埃羅省〔Hérault〕）。產量豐富、價格較低的葡萄酒新浪潮，取代了之前占主導地位的法國中部葡萄酒（安茹、奧爾良、都爾），當時這些地方的酒遭到根瘤蚜破壞。資產階級家庭購買

的葡萄酒主要來自東部的馬孔（Mâcon）與薄若萊[6]（Beaujolais），少量來自波爾多；勃艮第與勃艮第周邊地區的好酒通常銷往國外，俄羅斯則承購了阿伊與布濟（Bouzy）出產的最好的香檳。[9]中間階級通常喝二級或三級葡萄園的普通酒就已滿足，預算允許的話，偶爾喝一瓶好酒，但即使只是這些次級葡萄酒，也都出自法國釀酒人的維護與專業技術，足以適合行家飲用。直到根瘤蚜對法國葡萄酒造成嚴重破壞之前，至少勞工階級能喝上天然（不摻水的）葡萄酒了。

由於受到工作時間以及家與工作地點之間距離的限制，巴黎的許多工人外帶早餐，於是每天喝的牛奶咖啡（café au lait）所需的鮮奶需求大增，這種飲料是婦女、小孩、工人都很熟悉的。第二帝國時期[7]，愈來愈多勞工階級在咖啡館或餐廳吃午餐，原因是他們的工作地點離家太遠、家中缺乏烹飪設備或沒有儲存食物。小麵包與各種奇形怪狀的花式麵包（pains de fantaisie，宇松將該類稱為〔panasserie〕）約占巴黎每年麵包消費量的三分之一，而且在大革命之後的時代，這些軟麵包已經不再是富人才吃得起的，而是用來搭配工人的牛奶咖啡以及所有餐廳的飯菜，甚至最簡樸的餐點也少不了它。[10]美食評論家歐仁・布里弗（Eugène Briffault，一七九九－一八五四）在《餐桌上的巴黎》（Paris à table，一八四六）一書中說，商人通常於接待顧客的空閒時間在商店後邊吃主餐（dîner）。勞工階級的男女通常在廉價餐廳吃午餐，這種廉價餐廳的性質按照顧客性別有所區別，與高級餐廳及咖啡館不同；男人在葡萄酒館（marchands de vin）或者廉價小飯館（gargotes）吃飯，但是婦女薪資較低，而且為了安全與名聲，她們通常不涉足這類場所。對婦女比較友善的是新出現的乳品店（crèmeries），這種店供應牛奶咖啡、煎蛋、烤肉，不過沒有烈酒，有些甚至沒有葡萄酒。[11]

更節約的工人會在固定價格的餐廳或食堂點一道「家常」（ordinaire）煮牛肉和肉湯，到了一八八〇年代，這種簡單的一餐已

6　為法國古省名，在奧弗涅－隆－阿爾卑斯大區（Auvergne-Rhône-Alpes）占隆河省大部與羅亞爾省小部分，所產酒又譯為薄酒萊。

7　一八五二－一八七〇，拿破崙一世的姪子路易－拿破崙・波拿巴原任法蘭西第二共和總統，自立為帝。

經包括了三道餐點：湯、肉與蔬菜、飯後甜點則是水果。更簡單的是街頭小販的外帶食品：淡菜、熟食肉品，或者「經典炸物」（la frite classique）——炸薯條，一篇一八九九年的文章將這些食品形容為「卓越的人民食物：晚餐、點心、主菜與請客飯菜」。[12] 左拉的《酒店》（L'Assommoir，一八七七）裡有一幕，正午鐘聲響起的時候，一群工人買了午餐：兩分錢的蝦、一包炸薯條、一把小蘿蔔還有包在紙裡的一根香腸。[13] 街頭小販（通常是女性）論塊出售熟肉，而且是在她們自備的小爐灶上煮熟的，布里弗說這種做法「只有在巴黎常見」。[14] 工人的吟遊詩人左拉，以一段非凡的描寫完整敘述了巴黎的午餐行業：一位女工吃著煮牛肉；數不盡的女工（ouvrière）吃著紙捲裡的炸薯條和杯裝的淡菜；孩子們走出店門，手裡拿著一條熱的血腸或者一片裹麵包粉的炸肉排，都包在紙裡，隨時可吃；提前吃完午餐的顧客們離開小餐館，酒足飯飽，在趕著去吃飯的人流裡緩緩反向而行。[15]

　　對於中產階級來說，餐廳或咖啡館的午餐可以當作工作會面或者政治集會，家裡的午餐不需要正式服裝與儀式，而時間較晚的主餐[8]（dîner）適合沙龍、表演與賭戲派對的夜生活，這些活動讓巴黎的資產階級能夠模仿舊貴族階級。第二帝國時期，巴黎餐廳的尖峰時間是傍晚六點到八點，因為dîner已經成為時髦階層在一天裡的主要（有時候是唯一）一餐。[16] 對於習慣在晚餐之前還要吃一頓飯的人來說，稱為déjeuners à la fourchette（叉子午餐）的清淡午餐是可以接受的，內容包括蛋、烤肉、乳酪。一位正巧姓佩里戈爾[9]（Périgord）的美食作家在一八二五年的《新美食年鑑》（Nouvel Almanach des gourmands）中，證實了當時人們尚不熟悉這些新的用餐習慣，反而提倡在「晚餐盛大上演」之前食用一些紮實的食物與大量葡萄酒來給胃「壓艙」，而且不能在六點前吃。[17] 如果一頓完整豐盛的午餐可能令精緻而都市化的胃感到不適，那麼一杯適口充腸的巧克力是很好的選擇，這也是回歸了十七世紀宮廷仕女流行的熱巧克力。這些上層階級的習慣，就如同這些習慣所伴隨的美食烹調，都是在直接模仿宮廷文化，而此時巴黎資

8　這個詞指一天中的正餐，可能在中午或者傍晚。

9　亦為地名，位於法國西南部，約等於現在的新亞奎丹大區多爾多涅省（Dordogne），當地素以烹飪及出產松露聞名。

尚・法蘭索瓦・德・圖瓦（Jean François de Troy），《生蠔午餐》（*Déjeuner d'huîtres*），
一七三五年，畫布油畫。這幅畫是路易十五為裝飾凡爾賽宮而訂製的，畫中有一瓶冰
鎮香檳。

PARTIE II. — CHAP. I. — DÉVELOPPEMENT DE LA MOUSSE.   407

vin ou celles du vin heurté par lui-même suffisent pour ame-

Les *pateres* ou coupes ont le fond pointu pour développer la mousse, et leur ouverture est très-large pour lui permettre de se maintenir plus longtemps en se répandant sur une grande surface.

581. — Les pointes sont multipliées dans toutes les poussières; toutes doivent par conséquent faire mousser le vin.

艾德莫—儒勒・莫穆尼（Edme Jules Maumené，一八一八－一八九八），《葡萄酒理論與實際產製：葡萄酒的特性、釀造、病害、氣泡酒的釀造》（*Traité theorique et pratique du travail des vins: leurs propriétés, leur fabrication, leurs maladies, fabrication des vins mousseux*，一八七四）。莫穆尼認為圖中最右方的酒杯能夠使得氣泡更活躍。這兩種形制的酒杯主體都是玻璃，足部為金屬，當時由全金屬酒杯改變而來。

產階級也開始參與他們認為是文明社會必須的閒暇活動。[18]美食家並沒有拋棄王室的模式，這個國家本身也沒有，因為它在波旁復辟時期重獲一位君王，在這之後又有了第二位皇帝。

　　雖然勞工階級的午餐很難稱為美食，但是他們的家常餐（*ordinaire*）與上層階級的清淡午餐（*déjeuners à la fourchette*，叉子午餐）依然有共同點，那就是餐廳，而且巴黎為外食者提供各種預算的熱食選擇。在文字與行為上，美食文化都是此一歷史時刻的巴黎現象。在公共場合用餐，使得展示飲食習慣成為社會表演，沒有什麼地方比得上十九世紀的巴黎，以食客的身分或是以讀者的身分，人們在此參與美食帶來的樂趣。左拉的描述提升了巴黎勞工階級的街頭食物，這些食物與外省的豬脂油濃湯（*soupe au lard*）相去甚遠。吉穆・德・拉・

＼ 午餐新理論 ／

　　多道菜的午餐已經是公認的法國習慣了，不過午餐（déjeuner）在十九世紀是巴黎的時髦話題。在巴黎的美食時代，進食時間開始與階級地位有關，於是一天的用餐時間安排也發生了變化。十八世紀，大部分市民在早上八點之前吃一頓小早餐（叫做déjeuner），正午吃主餐（dîner），接著根據季節與各別情況，傍晚五點到十點之間吃晚餐（souper）。商人的晚餐時間最早，其次是資產階級，貴族最晚。大革命之後，時髦階級的晚餐變成有時看完劇院表演之後的一餐，而城市上層階級的主餐也愈來愈晚：在第一帝國時期是下午兩點，復辟時期是四點至六點之間，七月王朝[10]是六、七點，不過在不同的社會階層仍有很大差異。[19]晚餐（souper）則一直是農村地區傳統，其象徵意義在巴黎菁英眼中不受歡迎，不過法國大部分地區（包括某些巴黎居民）直到十九世紀末都維持著傳統的三餐安排，即早上的早餐（déjeuner）、主餐、晚餐，部分地區甚至一直維持到二十世紀。巴黎的資產家庭與外省的家庭有時候依然在中午吃一頓豐盛的早餐（或者主餐dîner），但是對城市上層階級來說，如果他們要在晚餐前吃東西的話，那麼清淡午餐（déjeuner à la fourchette）就比較適合城市生活的快步調。這種新做法吸引了巴爾札克的注意，他在一八三〇年一篇文章〈午餐新理論〉中加以嘲諷。他反對所謂在白天吃一頓完整的飯會使人感官遲鈍、精力減損，他擔心這種對於飯食的輕視會對法國烹調造成影響。巴爾札克對於拋棄中午主餐表示不屑，並且很遺憾這種「致命的方式」把所有供給營養的責任都放在晚餐上，「完全摧毀」了老法子。一天只吃一餐會導致晚餐暴食，而且減少了用餐時的談話，使得同桌用餐的人沉悶單調，只專注於消化。對於努力奮鬥的勞動階層，巴爾札克發現午餐喝牛奶咖啡很常見，令人無法原諒，他還認為葡萄酒屬於泥瓦匠與退休教授；只有水才是時尚的。[20]不過只吃主餐的風尚並不長久，沒有進食卻要度過一整天實在太難，因此產生了分量較小的進餐，有時稱為第一頓與第二頓早餐。到了十九世紀末，第一頓早餐變成了「petit déjeuner」，一頓正午飯也回到了它該有的位置，成為時間固定的正餐之一。那些不屬於富有上層階級或者住在巴黎以外的人，像往常一樣，保持一天三餐或四餐。

---

10 一八三〇－一八四八。一八三〇年七月，法國爆發七月革命，革命持續了三天，波旁復辟時期結束。奧爾良家族的路易－菲利普獲得王位，成為新的國王路易－菲利普一世。他沒有被加冕為「法國國王」，而是登基為「法國人的國王」。他的統治始於一八三〇年的七月革命，結束於一八四八年的二月革命，之後，法蘭西第二共和國建立。

法蘭索瓦・布雪（François Boucher，一七〇三－一七七〇），《Le Déjeuner》，一七三九，畫布油畫。在十八世紀，「déjeuner」是早上的一餐；注意站在壁爐邊的男子手中拿著巧克力壺。

黑尼葉與其模仿者為識字的大眾提供了巴黎美食樂趣的描述，於是就有一部分人能夠「在紙面上比在餐桌上更容易」享用法國烹調。在大受歡迎的《品味的生理學》（Physiologie du goût，一八二五）一書中，在幾乎包含了所有階級的美食科學上，作者尚－安泰姆・比里亞－薩瓦漢以自己的「沉思」（Meditation）為普遍的好滋味寫出一曲頌歌。整體而言，他的作品重點並非製作食品或技術，也不是大廚的技藝，他關注的是用餐者的樂趣；最後產生的結果是美食文學，是與十九世紀十分相稱的新文化產物。

　　從現有證據看來，法國美食的勝利是一個謎。雖然十八世紀嚴重的食物短缺如今已成過去，在拿破崙歷次戰爭及外國占領期間，比如

一八七〇至一八七一年的普法戰爭，法國（尤其是巴黎）依然糧食不足。百科全書學派人士堅定拒絕了複雜餐點與不合理的過多菜餚。甚至《百科全書》將烹調定義為「一種後天習得、吃得過多的飲食方式」，這也表達了支持食物本身的自然簡單，而廚藝只會「破壞原貌」。一六〇六年版的法語辭典《法國語文之寶》（*Trésor de la langue française*）中，「gourmand」意為貪食的人，一六九四年的《法蘭西學院辭典》（*Dictionnaire de l'Academie française*）中，這個詞指的是只想著吃的人，這個用法與十五世紀一樣，與暴食罪（*gourmandise*）有關。但是後來法語配合了大眾的看法，接納了精巧的技術以及對於食物的精緻熱愛。一七八七年版的《法蘭西學院辭典》仍然將「*gourmandise*」定義為七宗罪之一的暴食罪，但是一八二五年版的《法國語文之寶》指出這個詞可以指對於食物的欣賞（在比里亞－薩瓦漢的文章裡），到了一八三五年，「*une gourmandise*」指的是甜食。

一八〇一年，詩人約瑟夫·貝修（Joseph Berchoux，一七六〇－一八三八）發表了一篇長詩，名為《*La Gastronomie*》，後世認為是他發明了這個詞；一八二六年，他獲頒法國榮譽軍團勳章。一八三五年，法蘭西學院收錄了「*gastronomie*」這個詞（顯然在之前已經開始使用），釋義為「製作美味食物的技藝」。一八六六至一八七九年之間的《拉魯斯百科全書》（*Larousse*）依然認為「*gourmand*」是貶義詞，但「*gastronome*」沒有負面含義，指的是喜愛並懂得欣賞美食的人。一八七三年，《里特列辭典》（*Littré*）區分了「*gourmand*」（愛吃的人）和「*goinfre*」（也是愛吃的人，但是其愛吃的行為〔*gourmandise*〕不體面且令人厭惡）。最後，一九三二年，《法蘭西學院辭典》發表「*gastronomie*」一詞是「構成美食製作藝術的規則之集合」，這是無庸置疑的法國概念。法語的變化反映了社會變化，以及從注重食物是否充足到熱愛精美之間的重要轉變，這種轉變不只在飲食本身，也在法國食品的形象上，以及被法國飲食形象所定義的人所做出的評判上。

美食文化流行，而且更多人接觸得到，因為它不僅是一類菜餚，也不局限於某封閉空間比如宮廷或者私宅。美食寫作、上餐廳，都將具有上層水準的知識傳播到上層階級之外；美食家展示了自己的精緻品味，也藉著寫作自己的品味培養了他人的品味。簡樸的飯菜與街頭

亨利・布里斯布特（Henri Brispot，一八四六－一九二八），《饕客》（*Le Gourmand*），
十九世紀晚期，畫布油畫。端上來的是一大份螯蝦，是十九世紀大廚評價很高的食材。

食物也提供了較低層的時髦餐飲，於是每一種社會身分與階層都有愉
快的公共飲食方式。社會學家普莉希拉・帕爾庫斯特・佛格森（Priscilla
Parkhurst Ferguson）指出：「公共餐廳才是將美食制度化、成為社會與
文化習慣的主要媒介，而非私人聚會」，在餐廳的半公共空間裡的用餐
者是眾人可見的，他們依然認為自己是上層階級。十九世紀巴黎的餐
廳不只有單一類型；乳品店（crèmerie）與著名的韋里餐廳[11]（Véry）在
價格上相距甚遠，但是在概念上卻並非如此，因為這兩處對每位食客
都提供單獨的桌子、單獨的餐盤。麗貝卡・斯潘認為餐廳使得每一位
用餐者都能享用迷你版的「國王的公開用餐」（*grand couvert*），由此可
見美食文化的真實寫照並沒有多少民主化，更主要的是恢復了宮廷烹

---

11 十九世紀的巴黎著名餐廳，一八六九年歇業。巴爾札克及美食家吉穆・德・拉・黑尼葉
　　經常光顧。

歐仁‧布里弗著《餐桌上的巴黎》（*Paris à table*，一八四六）扉頁插圖，「伯塔爾」
（Bertall，查理‧阿爾伯特‧德阿爾努赫〔Charles Albert d'Arnoux〕，一八二〇－
一八八二，版畫家、攝影家）繪。畫中一位現代裝束的主廚矗立於城市中，左岸有一把
餐叉，右岸有一個酒瓶，主廚手中的肉湯潑濺在塞納河中。

調的舊等級指度。比里亞－薩瓦漢發現美食文化與私人宴會更為協調，他的全書三十章裡只有一章的主題是餐廳。但是他依然強調，把精緻飲食從私宅引入公共領域上，美食文化占有重要地位，於是每個人身上只要有十五法郎，都可以享用彷彿「王子的餐桌上」的一餐，許多十九世紀的餐廳支持者一再重複這個比喻，於是保持了精緻餐飲的貴族地位。一八四六年，布里弗讚揚餐廳業者「朝著社會平等邁出一大步」，因為窮人在餐廳享受到的服務「和王宮裡一樣豪華」，與富人的地位相同。在某種程度上，每個人在巴黎都能吃得像國王一樣。

　　比里亞－薩瓦漢的《品味的生理學》代表了法國飲食哲學的轉捩點，以及用來表達該哲學的語言的轉捩點。餐廳為大眾提供美味佳餚，而比里亞－薩瓦漢將暴食變成了美食文化，把不道德的行為轉變為理性的美德。《品味的生理學》的目的就是要打造一門美食學（此書由此得名），並且重新定義「gourmandise」一詞，把它與暴食分離開來。他認為，美味食物與飲食樂趣是可以與道德審判分開的，而且「gourmandise」帶來實際上的好處。新型態的「gourmandise」（喜愛美食）是對食品具有知情明達的偏好，這種偏好給食客帶來樂趣，這是合乎道德的，因為造物主規定我們為了生存而吃，「以食欲吸引我們，以味道給養我們，以快樂回報我們。」比里亞－薩瓦漢並進一步為「gourmandise」辯護，認為這是經濟增長的機制，因為對優良食品的需求促進交易、增加稅收、激勵農民與漁民把自己的辛勞成果送往最好的廚房，並且為眾多廚師、烘焙師與其他食品商人提供工作，而這些人也雇用員工。比里亞－薩瓦漢舉例說明注重美食（以及放鬆對於食物的宗教限制）是符合道德的：一位代理主教宅中的四旬齋晚餐便飯，持齋內容包括螯蝦濃湯、醬汁河鱒、一個裝滿了鮪魚、鯉魚子與大量奶油的煎蛋捲，令人想起中世紀克呂尼的僧侶們遭到指責，認為他們吃了過量的魚與蛋。《品味的生理學》背叛了自己的貴族飲食根源，但並非平等宣言。一七八九年，比里亞－薩瓦漢任三級會議[12]代表（Estates General），一七九三年為躲避雅各賓專政的恐怖統治，流亡美

---

12 由法蘭西國王暨納瓦拉國王路易十六於一七八九年一月召開的法蘭西王國的三級會議，是一六一四年三級會議後的首次三級會議，也是法國舊制度下的最後一次三級會議。這次會議有三個階級（天主教教士、貴族和第三階級）參與，目的是應對財政危機。

國；一七九六年回國，擔任法官。他從未拋棄自己的貴族身分，也沒有放棄在家中享用豐盛飲食的喜好。美食文化最終還是屬於較上層的階級，而上層飲食習慣最後也將成為法國在烹飪上占主宰地位的關鍵。比里亞－薩瓦漢的觀點也自然是法國式的，他的結論是，社會若只靠著麵包和蔬菜不可能存活，而且還會遭到強盛鄰國攻擊、最終投降。像他那樣生活在大革命之後的動盪法國，這番結論是得自生活經歷的一曲輓歌，只不過他給挫折戴上了一張笑臉。比里亞－薩瓦漢的敘述中，一八一五年拿破崙敗於滑鐵盧之後，對美食的喜愛（gourmandise）與餐廳拯救了法國免於經濟災難，法國被迫向英國與普魯士支付鉅額賠款，在崩潰邊緣搖搖欲墜，直到占領的外國軍隊空著肚子降臨巴黎的餐廳、酒館、歌舞小酒店、街頭攤販，無意間以用餐消費償還了當年法國被迫付出的一切。

　　卡漢姆可能稱得上是美食文化的皇太子，他以著作深遠地定義了法國高級烹調，包括《巴黎廚師》（*Le Cuisinier parisien*，一八二八）、《法國十九世紀烹飪藝術》（*L'Art de la cuisine française au XIXe siècle*，一八三三），還有之前關於糕點製作的若干手冊（一八一五），以及給餐宴總管（*maître d'hôtel*）的指南（一八二二）。卡漢姆自認為現代法國烹調的奠基人，但事實上最後被稱為「經典」烹調的是巴黎的精緻烹調，或者以赫維爾（Revel）的話來說，是「國際豪華烹調」。卡漢姆將他的第一本書冠以「巴黎」之名，以確認上層烹調存在於巴黎；兩個世紀前拉・瓦罕（Pierre La Varenne）的《法蘭西大廚》宣布了法國烹調的存在，但卡漢姆尋求的是使巴黎高級烹調成為新的民族化法國烹調。法國持續以巴黎為中心集中化，加上巴黎才有的文化環境與活動、比如餐廳與美食寫作，都加強了法國與上層烹調之間的關聯。由於法國廚師向外移民，於是各地的精緻烹調都是法國的，本地的地區烹調被排除在美食文化之外。巴黎將法國地方烹調納入首都烹調，因此法國民族飲食面貌同時具有上層特色與正統的地方特色。最後在十九世紀，法國大廚能夠在「著名本土烹調傳統」的範圍內從業，而這樣的傳統更加強了聲譽。

　　對於法式烹調的系統性發展，卡漢姆聲稱自己運用科學、揚棄舊模式，事實上他的新烹調與舊模式的起點是一樣的，都在上層階級的

富裕家宅中。他以糕點師傅身分起家，然後為君王與達官貴人擔任私人廚師，雇主包括羅斯柴爾德男爵（Baron of Rothschild）、沙皇亞歷山大一世、著名的享樂主義政治人物查理—莫里斯·德·塔列朗（Charles–Maurice de Talleyrand）。卡漢姆對於法國舊政權保有情感上的依戀，他喜愛宴會、他經典的糕餅外型模仿古典形式。卡漢姆的第一本書，在第一帝國時期的書名是《國家糕點師》（*Pâtissier national*），到了路

M.–A. 卡漢姆。十九世紀中。

易十八在位的波旁復辟時期，則改名《王家糕點師》（*Pâtissier royal*，一八一五），由此可見他對於法國美食文化的分段是君主時期、帝國時期、共和時期。在《王家糕點師》的前言裡，他歡迎國王回歸、成為「合法的主人」，稱這將會使大廚回到原先在貴族宅中的位置，並且讓法國烹調恢復往日榮光。對卡漢姆來說，法國烹調的輝煌歸功於貴族，因為他們擁有品味，能真正欣賞這些「文雅而完美的食品」。是他的贊助人塔列朗舉辦的著名宴會為現代烹調賦予了本質，而非黑尼葉的《美食年鑑》，雖然卡漢姆十分尊敬這位同樣投身美食文化的同齡人。在卡漢姆已出版的著作中，他都表明了自己的雄心，要讓高級烹調始終是一種貴族的追求，不讓它流散到街頭、任誰都能閱讀食用。即使是他的烹飪書中的資產階級元素（除了對於「*pot–au–feu*」——蔬菜燉牛肉的讚美）也只是上層階級烹調的次級版本。在國家信心動搖的時刻，卡漢姆成功的關鍵在於他能夠將法國烹調重新區別階層，並使之令人嚮往，不只是對法國的下層階級，而是對國際大眾，他們將會證實法國烹調是唯一正統的精緻烹調。在精神上與實踐上，卡漢姆的現代烹調將大革命的大鍋飯與黑麵包遠遠拋在後頭，重建法國宮廷精美的傳

奇巔峰。

　　卡漢姆的發跡地不是向公眾開放的現代餐廳而是私宅。他的現代烹調與其說是前瞻的，還不如說是對於過去已驗證的模式加以修訂，這些舊模式最早是在十七世紀新法國烹調的經典時代裡編纂的。為了貴族時代之後的新菁英而修訂的貴族烹調模仿了舊宮廷模式，不過未必模仿一次上菜的數量與稀有食材（菜單上並沒有天鵝與蒼鷺），而是可見地鋪張，同時隱形地奢侈。卡漢姆復興的法國烹調主導了上層烹調，因為在結合裝飾與技術方面，它比其他流派做得更好。他的法國烹調以不必要的精緻化為基礎、包括可食用的（醬汁、盤邊裝飾菜、蔬菜雕花）與不可食用的（裝飾底座、糖雕、與烹飪品質無關的建築技巧），建立起一套美麗但難以參透的語彙、將基本食材轉化為難以想像的高雅菜餚的一套鍊金術，並且隱藏起製作所需的費用與手藝，顯示出對於食物與時尚的品味、重現了凡爾賽的烹調，令全世界羨慕欽佩。宮廷烹調在食材上不惜重金，加上醬汁與糕點的創新技術，使得法國成為精緻烹調的翹楚，由於貴族私宅的主廚在大革命中逃散，或者被富有客戶羅致，因此這種模範傳到了全歐洲乃至世界各地。

　　大革命時期，法國國內烹調受到限制，食材短缺，也缺乏展示奢華的環境。在共和時期的法國，如果餐廳業者與食客被評判為不愛國，那麼高級烹調與其所需的餐飲文化等級就沒有希望了。當時法國國內的烹飪貧瘠困頓，但是有高手將法國烹調傳入其他國家並繼續發展。烏爾班・迪布瓦（Urbain Dubois，一八一八－一九〇一）是卡漢姆的學生，職業軌跡與其師類似。他先在羅斯柴爾德宅中當學徒，然後進入著名餐廳英國咖啡館（Café Anglais）與康卡勒的懸岩，最後以御廚身分贏得大名：先是為俄國奧爾洛夫親王（Prince Orloff，Alexey Fyodorovich Orlov，一七八七－一八六二）服務，然後是普魯士國王、德國皇帝威廉一世。數千名法國大廚將高級烹調藝術帶往國外，迪布瓦是其中之一，他在普魯士國王的宮廷裡待了二十年，出版了若干食譜書，全都是裝飾性極強的烹調，包括《經典烹飪》（*La Cuisine classique*，一八五六）、《藝術烹調》（*La Cuisine artistique*，一八七二）。亞歷克西斯・斯瓦耶（Alexis Soyer，一八〇九－一八五八），是一八三七至一八五〇年倫敦的會員制私人改革俱樂

布列塔尼蛋糕（左上，可食用）及蜂巢蛋白脆餅（*meringue en ruche*，右上，裝飾用）；下方是年輪蛋糕（gâteau de broche）及飾有四等分柳橙片的泡芙塔。

部（Reform Club）的著名主廚，他在法國接受訓練，並且在法國總理官邸廚房工作，直到一八三〇年反對國王的革命黨人發起了一次暴力攻擊，於是他逃到英格蘭，在當地幾處貴族私宅中工作。各國王室是法國美食文化巔峰即新宮廷烹調的孵化器，但是這次巔峰在法國洶湧的政治水域中卻缺少了參與者。分布在俄國與歐洲各國首都的前哨，還有在法國國內的主將即卡漢姆本人，讓極度奢靡的豪華宴會得以繼續發展，建立起法國高級烹調身為模範的聲響，直到它回到法國本土。卡漢姆的上層烹調必須等待時機，融合人才與風土，但是當時機降臨的那一刻，他將為合理而精緻美麗的宮廷食品提供一個完整的體系。

　　首先，卡漢姆以科學來完善烹飪藝術。《法國十九世紀烹飪藝術》拒絕了中世紀的香料，改用香草植物與其他植物，宣稱薑、香菜、肉

桂都不屬於現代烹調，而新鮮香草植物、大蒜、香蔥、洋蔥能夠促進食欲，並且為科學所認可。他對於烹調的簡化使得烹調在理性框架中能夠複雜化，在這樣的框架中，食譜彼此之間是互為基礎的。烹調的科學延伸到了技術，而且要強調精確。卡漢姆早期的幾本書提出一套烹飪詞彙與技術，這些詞彙與技術包括刀工、烹調風格、裝飾，已被視為（法式）經典訓練而長存。他的《法國十九世紀烹飪藝術》介紹了「braiser」這個詞，指的是在液體中烹調肉類；這本書定義了刀工中的切丁（brunoise）與切絲（julienne），還重新定義了「fumet」這個詞，意思是一種芬芳的肉汁（jus）。最後，卡漢姆自稱是無庸置疑的烹調藝術大師。（他說）他的著作是原創的，之前所有食譜書過時而幼稚，都該丟到一邊，如果他借鑑了別人，也只是為了改進他們的成果。據他自己承認，他抄襲並修改了文森·拉·夏培的《現代廚師》、曼農的《宮廷晚餐》，但是他向讀者保證，他所尊敬的模範（這些大廚與瓦德勒，三卷都提到了後者）也都會欣賞他的成績，因為他將現代法國烹調的高雅推上了輝煌的巔峰。卡漢姆為了在法國烹調上取得絕對的統治地位，試圖將所有公眾都納入自己的發表對象，在出版的著作中向資產階級烹飪釋出友善的姿態。《巴黎廚師》承認了資產階級烹飪的存在，擴充為兩卷，一卷主題是高級烹調，另一卷則是費用較低的菜單，以便「所有階層的廚師都能受益」。《法國十九世紀烹飪藝術》開宗明義即宣稱這本書不只是為了法國的高門大宅而作，而是為了「服務大眾」。

最成功的是，卡漢姆傾向於法國高級烹調精緻脆弱的本質，其風格、複雜性與難度是其他歐洲飲食文化無法觸及的。《法國十九世紀烹飪藝術》的最後一章是關於卡漢姆工作成果的重要性（自我推銷的大師手筆再現），向刻苦的學生們公布了「泡芙塔與千層酥盒[13]（vol-au-vent）」的祕密，後者是一種酥皮外殼，據說是卡漢姆的發明。在這本書裡，卡漢姆還確立了四種基礎法國醬汁（西班牙醬[14]〔espagnole〕、奶油麵糊白醬〔velouté〕、白醬〔béchamel〕、日爾曼醬〔allemande〕）以及用每種醬汁製作的菜餚，並且創建了已命名醬汁的分類法，精緻

---

13 油酥千層做成小圓盒狀，內盛餡料，法文原意為隨風飛，比喻其輕。
14 又稱褐色醬汁，主要材料為烤牛骨、牛肉、蔬菜、香料。

夏托斯（*chartreuse*，蔬菜糕）的範例，馬利一安托萬・卡漢姆，《巴黎王家糕點師》（*Pâtissier royal parisien*，一八一五）。圖中第五與第六號是「巴黎式蔬菜糕」（*chartreuses à la parisienne*）。

法國烹調的榮光與聲譽就有賴其延續。卡漢姆大部分具有開創性的食譜書都致力於高雅的醬汁、精緻的濃湯、無窮無盡的魚類食譜，這是巴黎與法國大部分地區最昂貴的蛋白質。卡漢姆說，現代烹調使用牡蠣、螯蝦、雞冠之類為裝飾精美的菜餚做邊飾，而不是當作配菜。夏托斯（*chartreuse*，蔬菜糕）在《王家糕點師》一書中被稱為「配菜女王」，書中的夏托斯食譜結合了夏托斯、工藝與滋味，需要以精確切割的蔬菜長條做出裝飾圖案，餡料是山鶉與西班牙醬，以隔水蒸鍋（*bain marie*）塑形並蒸熟，然後小心脫模以保持圖案裝飾，圖案可以根據蔬菜的切割形狀加以修改。這些原則與食譜都讓法國烹調遠離了日常廚師或食客的領域，將其置於完全專業的環境中，需要特別的從業者、專用設備與特殊場合。

　　富有顧客的私人宴會能夠繼續採用卡漢姆偏好的法式上菜服務，即所有菜餚同時上桌，而且較昂貴的食品放在最最尊貴的用餐者附近。

小牛頭與裝飾搭配

海龜醬汁（*Têtede veau en tortue*），配菜是螯蝦與雞冠。

餐廳則喜歡（也許是）更民主的俄式上菜服務，即每道菜都平等提供給所有用餐者，這在十九世紀中成為常態，正好就在一八四八年革命推翻路易－菲利普之後。咸認為是烏爾班・迪布瓦推廣了高雅餐宴採用俄式上菜，目的是為賓客提供熱食。在《餐宴總管》中，卡漢姆解釋這個詞源自俄國餐宴的上菜方式，在巴黎或國外宴請俄國貴族的時候，可能需要採用此法，這個解釋與日後支持者賦予它的民主色彩相衝突。卡漢姆承認俄式上菜速度更快，卻減損了用餐的儀式感，因為所有菜餚包括烤肉，都必須拆分成單人分量。卡漢姆的早期作品堅持法國模式，本質上是因為那是法國的，所以高人一等。俄式上菜服務「對良好食品有利」，但是法式上菜「更高雅、更豪華」，而且依然是歐洲所有宮廷的標準。十九世紀初有一種看法，認為烹調藝術乃法國人獨有，卡漢姆尤為其中代表性人物，他相信法式上菜是為君王奉上「豪華與尊嚴」的唯一方式。他明白法式上菜是一種固有的等級制度，而他希望保存這種制度，因為最精美的菜餚都放在最上層的賓客面前。在《法國十九世紀烹飪藝術》裡，卡漢姆進一步為法式上菜辯護，宣

稱「grosses pièces」（裝飾繁複的大型菜餚）如果合理安排的話，就可以變得現代，比如一大盤精巧的魚，飾以其他魚類與海鮮，比起十八世紀的瑞古燉肉飾以雜亂的家禽、魚類與其他肉類，就是很明顯的一大進步。

德國旅人科茨布身為外國人，對於他在巴黎餐廳的體驗大感驚嘆，可是對於私宅裡的法式服務卻覺得無可稱道。在滾燙的湯以及名稱「無法翻譯」的第一道菜之後，科茨布在烤肉上遭遇困難，因為他必須仰賴與他想吃的菜距離最近的那位客人大發慈悲，才能分到一份。在原著出版一年後，此書的法國譯者在註腳裡忿忿即時回應了此一冒犯（還加了四個驚嘆號），譴責若是有五十個客人爭先恐後自行取用一道愛吃的菜，必定引發一場大亂（「quel désordre！」真是一團糟！），並且補

路易十五在巴黎市政廳（Hôtel de Ville）舉辦宴席，慶祝繼承人出生（一七二九），圖中即法式上菜服務。

充道，這種法國習俗對美食家有益，因為他們可以在一場盛宴上同時體驗三四十道各種菜餚。比里亞－薩瓦漢則觀察到，採用俄式上菜的餐廳對於禮儀有負面影響，因為賓客失去了為同桌服務的習慣；於是在私人宴會上一盤肉片端上來之後，他們只顧著自行取用，卻忽視了為鄰座服務。餐廳的支持者看到了揚棄法式上菜的民主化效果，因為每個用餐者都能得到一樣的菜，雖然按照卡漢姆對於現代烹調主廚的定義，大廚即主人，這位藏身廚房的藝術家擁有凌駕食客之上的權力，從印好的菜單到裝飾好的菜餚都在他的控制範圍內。當代評論者則忘記了法式上菜服務的起源是宮廷烹調，而將重點集中在用餐者失去從眾多菜餚中選擇晚餐的能力。

　　民族主義與法國烹調的推廣息息相關，事實證明，法國烹調擅長融合外來食品與技術，把法國以外的食品加以「完美」改造，使之適合法國人的口味。大廚們偏好法國食材，卡漢姆對於法國必須從瑞士、德國、比利時、荷蘭引進牛羊感到遺憾，進口稅使得肉類在巴黎十分昂貴。《巴黎廚師》刻意將法國菜餚標上「最顯赫的法國貴族名號（王后、王太子妃、攝政時期）」，某些法國基礎醬汁源於國外、冠以外國名稱，本書也加以辯護。據卡漢姆所述，西班牙醬並未冒犯法國的愛國主義，而是為了紀念路易十四的第一任妻子即西班牙公主[15]；當年廚師使用了一種西班牙的棕色醬汁，並以法國技術使之臻於完美。日耳曼醬汁的名稱也具有歷史意義的名稱，不過它的性質濃醇滑膩，因此法國版只模仿了顏色。這兩種醬汁都是完美的，因此都是「歸化」法國的。其他醬汁也都比從前的好：蘇普瑞姆醬（suprême）、拉維格特醬（ravigote）、香檳醬（champagne）、普瓦芙拉德醬[16]（poivrade）、番茄醬、蛋黃醬（magnonnaise）都是新的（或改進的）作法。在卡漢姆描述的現代烹調中，法國醬汁與濃湯征服了世界，頂著諸如義大利、荷蘭、俄羅斯、波蘭、葡萄牙、印度之類的名稱，向顯貴諸如大臣

---

15 Marie-Thérèse de Habsburgo，一六六〇－一六八三，西班牙國王費利佩四世之女。

16 蘇普瑞姆醬主要原料為奶油麵糊白醬（使用的清湯必須是雞清湯）與鮮奶油。拉維格特醬溫熱醬主要使用蔬菜或肉高湯或者奶油麵糊白醬與多種香草植物，冷醬主要使用油醋汁。香檳醬主要使用魚清湯製奶油麵糊白醬與不甜的香檳酒。普瓦芙拉德醬主要使用香煎蔬菜底醬、酒、醋、大量黑胡椒。

柯爾貝、蘇畢斯親王、孔第親王、龐巴杜夫人、塞維涅夫人致敬。一些作家在民族自豪感方面更進一步，尤其是在一八七〇－一八七一年普魯士人對巴黎的毀滅性圍城之後；一八七四年，一個名叫塔弗內（Tavenet）的作者反對美食名稱帶來的外國影響，提議將西班牙醬改名為法國醬、日耳曼醬改為巴黎醬。卡漢姆的事業固有的民族主義其實源自他身處的特定歷史時刻。大革命與其後的政治動盪使得貴族家庭逃往國外；著名大廚（比如卡漢姆本人）也被吸引離開法國，為英國等地富裕的外國客戶工作，而且總體來說，法國遭受的多次入侵與軍事損失阻撓了供應，中斷了國內的烹飪發展。卡漢姆惋嘆法國烹調所受到的衝擊；由於經濟需要，以及造成出色從業者四散的大革命磨難，使得卓越的民族烹調簡化了，不過在波旁王朝復辟之後，又恢復了往日的輝煌。因此現代烹調在大革命時期開始，卻在貴族王朝與巴黎顯貴歸來之後才臻於完美。在卡漢姆看來，甚至清淡午餐的潮流也可用來為法國宣傳。時髦的午餐沙拉、肉凍冷盤[17]（chaud-froid）、魚類冷盤，「深受見過世面的人們喜愛」，卡漢姆也表示自己希望「歐洲所有宮廷都能將我們的巴黎女士視為餐飲樂趣此一偉大藝術之無與倫比的典範」。

　　卡漢姆在法國烹調中擁有主導地位，是因為他主要專注於精緻餐飲，但並非局限於此，他也吸收了資產階級廚師，將所有法國烹飪綜合在一個模式之下。《法國十九世紀烹飪藝術》開篇就是史上第一道印刷出版的食譜，蔬菜燉牛肉（pot-au-feu），以及「對於資產階級燉牛肉的分析」，接著是三章肉清湯、整整一卷濃湯。在卡漢姆的體系裡，一頓像樣的十五人餐是以「一道好湯」（un bon potage）開場，並非濃湯加麵包，而是高湯加蔬菜及麵食，或者米、大麥，接著是燉煮或者烤牛腰肉，或者燜燒牛肉，搭配澆上醬汁的蔬菜，並且伴有一份牛肉製作的肉汁。布里弗證實了牛肉加肉湯（燉牛肉）身為巴黎與法國各地晚餐基本元素的首要地位：「濃湯與牛肉的習慣是全國的。」牛肉已經超越之前遭鄙夷的地位，達到了法國特質的最高點，濃湯也恢復了

---

17 意譯為熱－冷，因為使用的同名醬汁製作時溫熱，但放冷後使用。該醬汁主要材料為禽類。

法國烹調基石的身分，各種食譜高低貴賤不一。卡漢姆在《餐宴總管》中自豪地回憶，在路易十五與十六治下工作、但是在革命後移居國外的大廚所做出來的完美濃湯，終於被發掘並返回家鄉。《法國十九世紀烹飪藝術》書中，濃湯是正餐的「煽動者」；（給勞動者的）「soupe」與（給富人的）「potage」[18]對於勞工階級與美食者的餐桌來說都是必須的。

最早為資產階級大眾出版的烹飪期刊是創始於一八九三年的《蔬菜燉牛肉》，由此名稱可見這道菜對於資產階級的重要性。此外，創始於一八九五年的期刊《藍帶廚房》（La Cuisinière cordon bleu），是藍帶烹飪學校（Le Cordon Bleu）的刊物，它的第一道食譜也是時尚燉牛肉（boeuf à la mode）。透過向專業人士與國內大眾（因此包括了男性與女性）傳播烹飪作法，法國烹調在全國社會各層面都得到了立足點。專業大廚在學徒制裡學習這一行，學徒制今日依然存在，是以免費勞力為基礎，從少年時期開始的訓練方案。第一所專業烹飪學校創始於一八九一年，不到兩年就關門了，因為它無法提供比學徒制更好的模式。女性被排除在專業訓練之外，但是能夠接觸到烹飪刊物，這些雜誌在十九世紀末湧現，包括夏爾・德里森（Charles Driessens）主持的《蔬菜燉牛肉》，以及一八九〇年代先由亨利・佩拉帕（Henri Pellaprat，一八六九－一九五四，大廚，藍帶廚藝學校創始人）後由瑪爾赫・迪斯特（Marthe Distel，一八七一－一九三四，記者，藍帶廚藝學校創始人）主編的《藍帶》廚藝學校刊物。這些出版物針對的是女性家庭廚師，用以幫助傳播法國經典烹調、培養形成良好品味。一八八二年，茹費理[19]（Jules Ferry）將家政引進法國小學課程，正是為了達成前述兩個目標。從本書列出的美食作家與大廚可以看出，法國的高級烹調行業中幾乎全是男性，這也許是因為人們相信女性沒有烹飪創造力，而且女性的烹飪定位是在家庭裡。在卡漢姆的時代，職業化制度將女性排除在巴黎美食烹調之外，但是下一個世紀將出現重要的女性烹調人物，首先是里昂的尤金妮・布拉吉耶（Eugénie Brazier），她

18「soupe」原意為湯水中的一片麵包，後來轉指湯，這種湯可能以麵粉或鮮奶油等增稠。「potage」是肉與菜的燉湯。

19 一八三二－一八九三，法國共和派政治家，曾兩次出任法國總理，任內推動政教分離，殖民擴張，教育世俗化。

是第一位在兩個不同餐廳都得到米其林三星的大廚（不分男女）。卡漢姆領導的法國學派為經典高級烹調建起雄偉的高牆，著名大廚在高級烹調與資產階級（家庭）烹調之間劃出一條清楚的界線，兩邊各有明確的參與人群。

　　卡漢姆的職業生涯相當短暫，他在《法國十九世紀烹飪藝術》出版的同一年去世，但他為城市高級烹調樹立了優秀範式，於是他的追隨者將其繼續發揚，開展並擴大他的框架。他最著名的學生可能是儒勒·古菲，他的《食譜》（Livre de cuisine，一八六七）分為兩部分，一是家庭廚藝，一是高級烹調，「試著建立起家庭烹調與職業烹調兩套不同的規範」。同樣地，烏爾班·迪布瓦除了為專業人士撰寫的幾本「合理的」經典烹飪書籍之外，也「為了城市與鄉間」補充了資產階級的烹飪書《資產階級新烹調》（Nouvelle Cuisine bourgeoise，一八七八），還有一本專為女性廚師編寫，重點介紹「基礎而經濟的方法」，後來的版本又增加了為兒童與病人烹飪的內容《實用廚藝》（Ecole des cuisinières，一八七六）。在二十世紀，奧古斯特·埃斯科菲耶（Auguste Escoffier）以卡漢姆的典範為基礎，著有《烹飪指南》（Le Guide culinaire，一九〇二），這是法國烹調專業人士的權威聖經。埃斯科菲耶的創新之一，就是將專業廚房分為不同負責部門，這樣就沒有廚師單獨從頭到尾做出一道菜。對埃斯科菲耶與卡漢姆來說，沒有一道菜是孤立隔絕的，食譜之間是互相參照的，或者以其他基本食譜為基礎。法國模式在精緻烹調方面已經地位穩固，甚至法國方式就是唯一的方式，現在已是公認的通用方式。法國高級烹調的技術與方法是標準專業知識，這已經是烹飪行業的基礎假設，這種烹飪上的主導地位就根植於十九世紀大革命後的法國。

　　內部殖民形成了市場體系，並將大量農產品從外省運往巴黎，這種殖民在法國美食理念中繼續發揮作用，而巴黎餐廳納入了地方菜餚，這也多少造成了一種觀點，即巴黎代表了全法國。十九世紀，法國獲得又失去了部分領土；一八六〇年，法國併吞了薩伏伊[20]（Savoy）

---

20 薩伏伊是位於法國東南、義大利西北的歷史地區，歷代為獨立伯國或公國，一七九二年法蘭西第一共和國侵占薩伏依，一八一五年將其歸還薩丁尼亞王國。一八六〇年，薩丁尼亞王國國王維托里奧·埃馬努埃萊二世依據同年簽訂的杜林協議，將薩伏依與尼斯地

《美食家的靈感》，Ａ・Ｂ・德・佩里戈爾《新美食年鑑》的扉頁插畫。圖中這位男子坐在寫字桌前，明顯表達出十九世紀寫作與美食文化的關聯。他的墨水是一杯香檳，他的四周是許多美食，包括寫字板是一塊沙特爾肉醬（pâté de Chartres）。

與尼斯城（Nice）；一八七一年，法國在普法戰爭中戰敗之後，失去了阿爾薩斯－洛林（Alsace–Lorraine），由此開闢了新的供應來源，也失去了一些。十八世紀末，地方菜餚比如尼姆的鹽醃鮪魚馬鈴薯焗烤（brandade de morue）、馬賽的雜燴魚湯，在巴黎的「普羅旺斯三兄弟」餐廳（Les Trois Frères Provençaux）蔚為風尚，接著是十九世紀出版了地方烹調食譜書。一八〇八年，夏爾・路易・加戴・德・加希庫繪製了第一張法國美食地圖，表明了在這個國家的美食面貌中，正式認可法國為一整體，同樣的例子還有一八二五年佩里戈爾《新美食年鑑》開篇那幅美食家的寓意肖像畫。按照吉穆・德・拉・黑尼葉留下的模範，《新美食年鑑》的作者製作了一份美味指南，而且在第一卷前

區割讓給法蘭西第二帝國。尼斯當時為尼斯伯國，屬於薩丁尼亞王國。

放了一張木刻畫，描繪的是美食家的書房，「藏書」是各種美食，包括利曼（Le Mans）的母雞、梅因斯（Mainz）的火腿、埃特勒塔（Etretat）的牡蠣、佩里戈爾的火雞，都是那個年代視為法國國寶的地方特產美食。《新美食年鑑》包括巴黎美食徒步遊，前往韋里餐廳與普羅旺斯三兄弟餐廳之行使其更增圓滿；最後則是法國各地區的美食之旅，由書中所附一張烹調特色地圖指引。第二版增加了按城市編排的特產清單，並承諾第三版將提供每個地區出色業主的地址，以便讀者「帶著民族自豪感」前往體驗這些美食之樂。但是真正地方烹調書籍出現，使得省區烹飪有了存在感，而這在之前以巴黎為中心的著作中是沒有的。一八三〇年，來自尼姆的《廚師杜朗》（*Cuisinier Durand*）稱之前的所有食譜書代表的是北方菜餚，而現在「南方菜」（*la cuisine du midi*）終於有了一本書面作品。十九世紀，一系列食譜書相繼問世，比如《加斯科涅烹調》（*Le Cuisinier gasco*，一八五八）、《勃艮第烹調》（*Le Cuisinier bourguignon*，一八九一）、《朗德烹調》（*Le Cuisinier landais*，一八九三），都以當地居民的視角、而非巴黎遊客的淺薄觀點，分別投入介紹法國各地區。推廣地方烹調的食譜書結合了「富裕外省資產階級的精緻，與農民的質樸，融合在當地外省烹調文化中」，而這種結合的基礎是某種「地理上的團結一致」，與巴黎獨有的高級烹調聲譽形成對立。

　　巴黎市是無庸置疑的美食文化中心，但是與十九世紀相隔一定距離的作家在烹飪作法方面往往將巴黎指為法國，斷言地方產品與菜餚對於民族烹調的重要性只是充當「一個無與倫比的更大整體的從屬部分」。卡漢姆將自己的體系建立在某種貴族模式上，該模式融合了「已淨化」的地方菜餚，但這種主張把中心地區價值觀強加於周邊地區，低估了外省地方飲食習俗的堅定，而且這些習俗在當地作法中一直堅持到了二十世紀。比如「經典烹調」拒絕大蒜，卻阻止不了南方廚師製作普羅旺斯式烤魚和大蒜橄欖油醬（aïoli）；法國南部大部分地區依然偏愛橄欖油和豬脂油，無視刻板印象中以奶油為中心的經典法國烹調。直到十八世紀，布列塔尼與羅亞爾河谷的部分地區，奶油還是富人獨享的奢侈品，一些封建領主要求以奶油繳付什一稅。在某些地區，直到第一次世界大戰之後，吃新鮮奶油才成為習慣。知名的美食作家

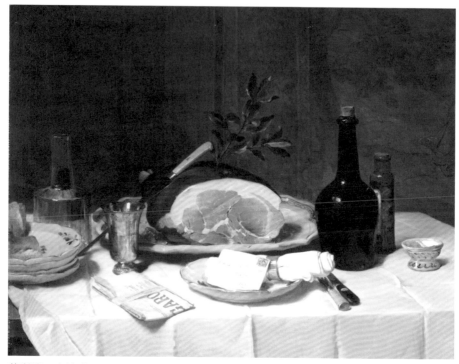

菲利浦・盧梭（Philippe Rousseau），《有火腿的靜物》，一八七〇年代，畫布油畫。

幾乎只探討巴黎一個地方，但地方特色菜和巴黎飲食習慣都構成了法國美食文化圖景，而且地方特色菜可能更甚，因為巴黎消耗了一切、卻產出極少，只有巧克力例外。巴黎通常是最大的貨物輸入地，但是在一八七〇年代成為主要的巧克力出口地，銷售地包括法國本土及國外。巴黎巧克力製造商使用來自殖民地與印度的原料，在一八七四年製造了七百萬公斤的飲用巧克力、巧克力棒、糖果，其中二百八十萬公斤留在巴黎，其餘銷往法國其他地區與國外。巴黎六家製糖廠以甘蔗及甜菜製造了兩億公斤的糖，三分之一出口，其餘在國內銷售。

在肉類與葡萄酒消費方面，外省與巴黎不相上下，在某些情況下甚至超過巴黎。十九世紀的調查顯示，法國疆域內現況多樣，但是農村與城市膳食都定期攝取肉類，雖然是不同種類的肉。城市比農村更常吃肉，歷史學家尤金・韋伯（Eugen Weber）證實了「在草食性國家裡，城市是肉食性的飛地」。但是大部分農村地區也生產並消費一些肉類，包括「家庭自養的豬」（porc familial），在飼養一年之後屠宰。肉

類消費量最高的地區是法國的現代化北部，此外還有城市中心如里昂及波爾多。不過肉價與平均收入及肉類消費量之間的對應關係未必是直接的。在中世紀，盛產葡萄酒的朗格多克地區肉價最高，但肉類消費量是中西部大西洋沿岸區域的兩倍，而後者的肉價是全國第三低價。一八四〇至一八五二年的農業普查估計肉類約占農村家庭膳食的百分之十一，遠遠落後麵包或穀物所占的百分之六十四（剩下的占比是蔬菜與飲料）。確切數量很難統計，不過在一八五〇年前後的巴黎，每人年均消耗市場鮮肉五十公斤，相比之下，朗格多克是三十二公斤，布列塔尼是十七公斤。在可靠的鐵路網於一八六〇年代開通之前，在巴黎以外的地方，肉類一直是本地物產，消費視當地產量而定。在北部與中部有放牧地的工業化地區，牛肉占主要地位；在較不現代化、有林地及馬鈴薯或小麥栽種區的地區，居民養豬並食用豬肉。例外是在香檳區與萊茵區（豬肉），還有阿爾薩斯與洛林（牛肉），這是因為當地習慣，以及在主體為農村的區域出現了反常的工業化經濟。對當時法國人而言，與一七九〇年一樣，在食品的象徵意義方面，肉類一直占據第一位（至少是第二位），不過十九世紀明顯轉向了牛肉。豬肉保持了一些農村特色，不過運到巴黎之後，就轉變為城市商品，以精品火腿、香腸，以及其他熟食的面貌示人。史蒂芬・曼乃爾記錄了十九世紀巴黎勞工階級的有限膳食，主要是麵包、蔬菜、馬鈴薯，以及豬肉熟食，不過阿爾蒙德・宇松為此辯護，認為豬肉熟食方便而便宜，城市工人的午餐是火腿與麵包，要是晚餐是健康的濃湯、鮮肉、蔬菜，那麼就可以平衡。在最偏僻的農村，幾乎從來沒聽過商店的豬肉熟食，直到十九世紀末，屠戶出售的新鮮肉類依然是節日的加菜美食。

農村地區膳食受限的年頭遠遠超過城市。當更多肉類進入法國膳食，在繁榮的北部各地區，麵包的數量與重要性隨之下降。在遠離工業化穀物帶的地區，改變到來更慢，到了十九世紀中葉，農村的麵包供應比從前更倚賴職業麵包師，但是在濱海－阿爾卑斯省（Alpes-Maritimes），直到一九〇五年，家戶依然以公共烤爐烘烤麵包。一八七五至一九〇〇年，病害肆虐西南部的栗子樹，導致栗子減產一半以上，以栗子製作麵包與粥糊也大大減少。韋伯認為，法國農村栗子生產消失是農民經濟轉型的轉捩點，因為環境的改變推動了最抗拒同化

正式宴會使用的栗子碗（*marronnières à ozier*），約一七六○年，賽夫爾陶瓷廠出產。
十八世紀富裕人家的餐桌上有糖衣烤栗子，作為一餐結束時的甜食。賽夫爾的栗子碗
有數種形制，圖中這種鏤空工藝能夠把價格提高一倍。

與統一的地區，使其參與市場。那些從前以栗子做麵包的地區──包
括科西嘉、佩里戈爾、奧弗涅，已經無法自給自足，於是被迫種植並
銷售其他產品，掙錢購買小麥麵包。庇里牛斯山的農村聚落是最後改
吃現代膳食的地區之一，直到十九世紀末都以小麥或燕麥粥代替麵包，
只在節日除外。而一八九○年代的馬孔（在勃艮第）膳食依然包括馬
鈴薯煎餅與蕎麥麵餅。從中世紀開始，南部與西部的農村家庭吃的是
當地種植的蔬菜，輔以乳酪與其他奶製品。擴張中的道路與鐵路網使
得農村地區的農民能夠把貨物送入市場，野生食品諸如蝸牛、兔子、
青蛙、鮮魚、蘑菇在巴黎與城市餐桌上比在農村更常見，因為農村的
生產者盡可能將其銷售，只留下極少量自己食用。全國鐵路網劇烈影
響了生產，每一條新路線都促進了「本地的經濟革命」與新的收入來
源，進而實現機械化與專業化農業的發展。

　　十九世紀中葉，北方農地的改變把地塊聯合成更大的農場，引進
機械化，增加使用肥料。在法國中部與西部，貧瘠的土地由於施加石
灰，恢復了生機，僅布列塔尼就擁有農田六十多萬公頃（一百五十萬
英畝）。法國農業從穀物轉向牲畜與甜菜，於是慢慢走向現代化，但無
意中造成了穀物供應的壓力。在農業較不發達的地區，農民堅持混合
種植與小農場，此一傳統維護了正直的農民形象，但最終導致一八七

〇年代的糧食危機，當時法國的每公頃穀物產量與技術能力遠遠落後其他歐洲國家，而且價格大幅下跌。自從大革命以來，經營中的農場數量一直穩定增長，在一八八〇年代到達頂峰。農業保護政策也使得法國農夫無法接受現代方式，一八九二年的梅林關稅（Méline tariff）為法國紡織業者與農民提供了保障，不過主要受益者是東北部的大型穀物生產者，當時它們正受到來自美洲、俄羅斯、澳洲進口貨的威脅。梅林關稅提供了人為的價格保護，農民因此忽略了機械化與作物多樣化的現代趨勢，正如一些人所說，使得「法國農業僵化，保持十九世紀的模式」，或者至少給保留舊習慣提供了藉口。後來的施政在支持或者領導農業改革方面也幾乎沒有提供什麼幫助。

　　隨著農村人口慢慢轉向現代都市膳食，葡萄酒及其他酒精飲料的消費在全國都有所增加，而且根據種植類型與習慣而有各種不同飲用種類。直到一八七四年，法國一直享有許多小型葡萄園生產的各種區

保羅・高更（Paul Gauguin），《布列塔尼的乾草垛》，一八九〇年。這幅畫是對農村的讚頌，也描繪出在布列塔尼使用石灰恢復土地生機的農田發展。

《早餐》（*Le Déjeuner*，
一八三五），保羅·嘉瓦尼
（Paul Gavarni），石版畫。上
層階級的每天第一餐是一杯
葡萄酒。

域性品類。波爾多每年每人飲用葡萄酒二百三十三公升，居全國之首，
而康城僅有二十七公升，漢斯（Reims，在香檳區）是一百四十二公升，
位於中等；巴黎居民平均飲用二百一十公升，僅次於波爾多。再加上
蘋果酒（cider）、啤酒、其他酒精飲料，這些總數顯示了地區偏好：諾
曼第蘋果產區的康城，每年每人喝了二百六十四公升蘋果酒，毗鄰比
利時的里耳（Lille）在一八六九年平均每人飲用啤酒將近三百公升，
而巴黎人在一八六〇年代開始流行啤酒館之前，平均消費還不到十三
公升。一八六〇年，全國鐵路網完成之後，更便宜的南方葡萄酒運到
了巴黎，於是在十九世紀中葉，巴黎的葡萄酒消費量增長了將近四倍，
咖啡館暴增也推波助瀾，在一八四〇年代末期咖啡館約四百五十家，
到了一八八九年的官方普查數字是三萬家。巴黎的一些工人在早上喝
一杯白蘭地或葡萄酒代替早餐，因為酒精飲料通常比食物便宜。

正如民族主義曾經影響了巴黎高級烹調的發展，在十九世紀末幾乎毀掉法國葡萄酒的災難性根瘤蚜傳染中，民族主義也扮演了一個角色。根瘤蚜傳染病的影響於一八五〇年代開始在波爾多浮現，在勃艮第則是一八六〇年代，隨後很快蔓延至整個南方，並於一八九〇年到達北方的香檳區。葡萄園主對於這種害蟲沒有經驗，起先採用的方法是連根拔除並焚毀病株，或者以硫磺治療病株，但都毫無效果。法國葡萄園的毀壞動搖了人們的信念，即法國土壤及其附隨的風土能產出最好的農作物，而防衛心理又促成了這一場危機，因為心懷恐懼的立法者拒絕了唯一行得通的解決辦法，放任這種病害蔓延了十多年。根瘤蚜攻擊葡萄藤根部，在一八六〇年代隨著美國葡萄藤來到法國。隨後這些葡萄藤種植在法國葡萄園中，之前多年以來一直如此，並沒有出現問題。但是由於輪船速度加快，據後來推測，原本在越洋長途航程中死亡的昆蟲，如今得以存活，於是在易受侵害的法國葡萄園中大快朵頤。唯一成功的治療方式在法國人看來是旁門左道：將健康的美國葡萄藤嫁接到倖存的法國葡萄藤上，而這些法國葡萄藤正是受到美國害蟲入侵威脅的植株。民族主義情緒一直反對這些「美國主義者」、支持「硫化治療派」，以至於根瘤蚜橫掃所有產酒區，在十年內幾乎毀掉勃艮第的所有葡萄藤。直到一八八八年，法律才禁止引進美國幼苗至法國，而直到一八九〇年，大部分農民還相信在法國的老葡萄藤上嫁接新植株太危險。由於種植者缺乏資金以治療或者重新栽種，於是沒有葡萄可賣、失去了收入，因此這場傳染及其後果「決定了那些極少數仍在生產普通紅酒的葡萄園的命運」。

在當時，法國葡萄園的農業生產方式已經維持了兩個世紀沒有改變，即使在豐年，農人也處於經濟脆弱的環境中。對於小農與勞工階級來說，根瘤蚜的影響是一場經濟與社會災難。香檳地區的葡萄酒中間商趁機占了弱勢葡萄農民的便宜，買入大批土地，於是香檳區的大多數葡萄園落入幾個大酒莊手中，實際上結束了當地普通葡萄酒的生產。勃艮第的科多爾失去了百分之二十六的葡萄藤，基本上擠掉了佳美葡萄（gamay），讓皮諾葡萄（pinot）占了大宗。優質葡萄酒能夠在這場危機中倖免，是因為這些富有的葡萄園主有能力度過多年的低產，並且付錢在溫室實驗種植嫁接植株。幸運的是，等級最高的優質葡萄

園（*grand cru*），比如博訥的布夏父子酒莊（Bouchard Père et Fils）的管理者們嘗試了嫁接法以拯救葡萄園，雖然原本的法國原生植株將不復存在。種植者與科學家合作，產生了美國品種與法國氣候及土壤的最佳組合，葡萄酒聯合組織也致力傳播知識與技術。具有嫁接經驗的著名植物學家把新技能傳授給有經驗的種植者，這將拯救他們的生計，但實際上也將翻開葡萄酒新時代的一頁。這樣的改變花了將近三十年，其中十年是以硫磺與殺蟲劑從事無用治療（有些地區浪費了二十年），十年用於實驗與試種，最後十年重建所有葡萄園並結出新一批可供釀酒的葡萄。

在此期間，葡萄酒行業經歷了巨大的改變，即技術的深遠改革以及人員大量變動。受影響的葡萄園從數百年歷史的叢聚種植法（*en foule*），轉向現代的成排（*en ligne*）種植法，是經過組織並以棚架支撐，能夠讓家畜與機械在一排排植株之間移動，方便培育與收成，施用農藥與肥料也更容易，此法最終大幅提高了產出，帶來了對於數量的重視。規模較小且不寬裕的葡萄園主則苦於財務危機，有些人選擇自殺；許多人放棄了這一職業，導致在轉向現代葡萄酒的過程中，流失了歷代累積的知識。過去與現在的評論者始終感到遺憾，根瘤蚜之後的葡萄園和使用嫁接葡萄的釀酒業「與十九世紀沒有任何共同之處」；「古老傳統的種植方式被現代與新技術所取代」，並且現代釀酒師必須重新學習自己的專業，令人深感哀傷。根瘤蚜造成的危機也給巴黎咖啡館裡的習慣帶來了明顯改變，因為根瘤蚜感染造成短缺、提高了葡萄酒的價格（尤其是預算不高的人想喝的品質較低的酒）。於是在一八八○年代，咖啡館勞工階級常客的廉價葡萄酒消費量下降（但並未消失），讓位給苦艾酒，這種酒本來是時髦的藝文人群所獨嗜的。蘋果酒和以梨子為主原料的酒，也不如從前流行，而苦艾酒取代了白蘭地與啤酒，成為巴黎第二受歡迎的勞工階級酒類，僅次於葡萄酒。官方發起反對苦艾酒的宣傳，稱葡萄酒為「衛生的酒」，並在一九○一年廢除了葡萄酒運入巴黎的入城稅，這樣葡萄酒的價格就與苦艾酒相等。根瘤蚜危機過去之後，更多葡萄酒上市，苦艾酒就失去了在工人之間的地位。

與其說十九世紀的法國烹調轉向共和主義，不如說是在城市環境

香榭麗舍大道上的餐廳，一八四六年。希波利特・巴耶爾（Hippolyte Bayard）攝影。

中自願回歸宮廷烹調的等級制度，並且各省也持續孤立隔絕，只除了向巴黎供應食品。卡漢姆以法國在海外已然遠揚的聲譽，融合出國家的（也是民族主義的）烹調流派，而在巴黎，偶然誕生的餐廳也讓大廚有了展示與提升手藝的公共空間，進一步吸引了傳播法國美食福音的外國人。如果當初這些美食享受留在富裕私宅裡，由於後來資產階級在數量與經濟實力上超越了貴族，很可能高級烹調尚未成熟就已枯萎。精緻飲食做到了必要而基礎的轉變，從專屬於貴族轉變為一種公共財，付得起錢的人就能享用，這一點令卡漢姆和那些渴望君主制回歸的人為之愕然。最終這將對法國大有裨益，在十九世紀，法國從經濟與軍事的絕望深淵中走出來，帶來了根植於美與品味的文化產物，即其美食文化。在比里亞—薩瓦漢的筆下，「真正的法國人」自豪地觀察到外國侵略者已經拜倒在法國飲食的魅力之下，在餐館裡償還了法國的戰敗賠款，隨後這些侵略者在和平時代成了常客。對法國來說，掌控世界的關鍵並非軍事征服，而是美學與藝術、莫測高深的專門術語、難以定義卻又無法抗拒的潮流感，尤其是在烹調藝術方面。法國再次贏得了想像力的勝利，並重寫了故事以符合自己的目的。美食文

化當然屬於法國，而且主要從業都在巴黎，但完全倚賴食材供應以及烹飪傳統組成一個整體。那些把法國食物寫進世界的人們，對卡漢姆達到的美食巔峰加以頌揚，而他的巔峰之所以能夠實現，全是因為法國各省以食材與地方創作哺育了巴黎，也是因為法國大廚一度拋棄了法國，為國外雇主服務、淬鍊自己的手藝。十九世紀法國在美食方面的勝利是在偶然的時機、以天賜的法國風土獲取的，而且得益於大眾對於口腹之欲的過分投入。但是幾乎隱形的地方手藝人不會永遠沉默，二十世紀之交將會要求人們關注地方烹調與海外領土的貢獻，這些海外領土屬於在十九世紀大大擴張的法國殖民帝國。

（文學賞析）

德爾芬・德・吉哈丁（Delphine de Girardin），
《巴黎來鴻》（*Courrier de Paris*）
（一八三九年九月六日）❶

　　於是我們宣布，在巴黎，孤獨極其嚴重，目前沒有人敢住在那裡。星期天是所有人一齊拋棄的日子；這一天不再有人留在巴黎，而且你甚至找不到馬車載你離開巴黎。無論出租馬車、敞篷輕便馬車、單馬輕便馬車、貴族式四輪馬車、四輪公共馬車，都消失了；你只能在城裡四處徒勞搜索。你打發你最快的小廝也是徒勞，你在每一個馬車站詢問也是徒勞，只能從早到晚步行；連火車也拒絕你。❷你看那裡，五千人拿著車票在入口等著上月台。有些腋下夾著四磅重的大麵包❸，有些夾著西瓜；這邊有人胳臂上挎著裹在餐巾裡的肉派餅❹，那邊有人捧著油膩膩的紙包著的乾瘦烤雞。還有人拎著一籃桃子到鄉下去！就是嘛，來自巴黎的桃子❺可真是好！他們沒錯，因為有人帶著一棵桃金孃❻，或者天竺葵。❼聖路易紀念日是每個人的節日，有路易、有時候是好幾個路易，不過最常見的是那些阿爾弗雷德、阿契爾、梅爾克、帕米哈、還有帕米拉。❽一個人的名字愈是矯揉造作，私底下就愈可能是路易或路易絲。那一天，鐵路除了必須運送首都所有居民，還有全巴黎的食物與鮮花。星期天在凡爾賽的花園樹下，除了肉派餅什麼也不吃！大理石庭院❾到處是饕客留下的殘屑（gastronomic

蒙特勒伊的桃樹與圍牆，巴黎郊外，二十世紀初葉。

debris）❿、火腿包裝❶、裝鹽的紙袋❷、糖果紙、羊骨頭❸、雞骨頭、火雞殘骸。❹一大群人！這麼多噪音！水中的仙女啊，你們得意洋洋揮灑著水波，妝點人類君王的風景。❺路易十四和現在這位新主人相比之下如何？從前那位的旨意可以在一天之內創造出這些奇蹟，而另一位的旨意可以在一小時內把這些毀得精光。美麗的雕像，你們如此以古典風度自豪，大理石的雙腳，嬌媚豐滿的手臂，都在這可怕的君王面前顫抖，懼怕他狂野的熱情，當他急著觀覽，他能把你們砍倒摧折，以便細細欣賞……我們人民的狂歡總是略微近似暴動，於是更加魅力非凡。在法國，造反是一切歡慶的基礎。

喬治・桑（George Sand）❻，《魔沼》（*La Mare au diable*），第七章，〈大橡樹下〉（一八四六）❼

「實話說，這裡也還不錯，」熱爾曼說著，在她旁邊坐下。「只是我又覺得很餓了。現在差不多晚上九點，糟透的路又很費勁，我感覺累壞了。瑪莉，你不餓嗎？」

「我嗎？我一點也不餓。我不像您習慣一天吃四頓❽，而且我經常不吃晚飯就睡覺，所以今天這樣也沒事。」

「像你這樣的婦女倒很省事，花不了多少錢。」熱爾曼微笑著說。

「我並不是婦女，」瑪莉天真地大聲說，她沒有察覺這農夫話裡的意思。「您這是夢話吧？」

「沒錯，我覺得我一定是在作夢。」熱爾曼說。「也許是餓肚子讓我走了神。」

「您可真嘴饞❾，」現在輪到她快活起來了。「如果您五六個鐘頭不吃東西就活不了的話，您的袋子裡不是有野味嗎，而且還有火可以烤來吃？」

「哎可不是嗎，好主意！可是這一來，要拿什麼禮物去見我未來的老丈人呢？」

「您有六隻山鶉和一隻野兔！❿我想您不必把牠們都吃光才能填飽肚子吧。」

「可是沒有烤叉，又沒有烤爐，會燒成焦炭的！」

「不會的，」小瑪莉說，「我來幫您埋在熱灰裡烤熟，保證一點兒煙味都沒有。您沒在田裡抓過雲雀（lark）❹嗎？把牠們放在兩塊石頭中間烤熟？啊，對了！我老是忘記您沒放過羊。好了，您給這隻山鶉拔毛。❷別這麼使勁！會撕破皮的。」

「要不你拔那一隻，教我怎麼做！」

「所以您想吃兩隻？真是個貪吃鬼！好了，都拔好了。我現在來烤。」

「瑪莉，你真可以當一個隨軍小攤販的女兒❷，可惜你沒有餐車，我也只能喝這【池塘】的水！」

「您還想喝點酒，是吧？或許您想要咖啡。您想像自己正坐在市集的樹底下，朝著老闆喊❷：給能幹的伯萊爾莊稼漢拿酒來！」

「你這個小女巫，拿我取笑！要是你有酒，你也不喝？」

喬治·桑的肖像照，納達爾（Nadar）攝影，約一八六五年。

「我？剛才傍晚跟您在勒貝克修女客棧，我才喝了這輩子第二次。不過如果您乖乖的，我會給您差不多滿滿一瓶，而且是好酒。」

「什麼？瑪莉，我真的相信你是女巫了！」

「那時候在客棧您不是傻乎乎要了兩瓶酒嗎？您和您的小兒子喝了一瓶❷，把另一瓶放在我前面。我頂多喝了三滴，可是您看也不看就付了帳。」

「然後呢？」

「我當然就把滿的那瓶放進我的籃子裡，因為我想您或您兒子在路上會渴的。酒就在這兒。」

「你真是我這輩子見過最周到的姑娘。雖然我們離開客棧的時候，這個可憐的丫頭還在哭，可還是為別人著想而不是自己。小瑪莉，將來娶你的男人肯定是個聰明人。」

「但願如此，因為我不喜歡傻瓜。好了，吃您的山鷸吧，現在火候恰到好處；沒有麵包，您只能吃點栗子將就了。❷」

「你這又是哪來的栗子？」

「有這麼不得了嗎？一路上都是！我們一路走的時候我摘的，口袋都裝滿了。」

「也烤熟了嗎？」

「如果火一生起來的時候我沒想到把栗子放進去，我的腦子是拿

來幹嘛的？我們在田裡都是這樣做的。」

「小瑪莉，我們就一起吃晚飯吧。我想為你的健康乾杯，祝你嫁個好丈夫，配得上你的。你說說想要什麼樣的丈夫吧。」

「熱爾曼，這可難倒我了，因為我從來沒想過。」

「怎麼了，從來沒有？」熱爾曼說著，開始打開農人的胃口吃了起來，不過不時停下把最好的部位切下來遞給自己的旅伴，但是她堅持不受，只吃了幾個栗子。

---

❶ 《巴黎來鴻》第十七號信件，三八六至三八七頁。德爾芬（蓋依）‧德‧吉哈丁（Delphine〔Gay〕de Girardin）的母親是著名沙龍主人及文化界人士，她本人是十九世紀巴黎著名詩人與作者，以筆名維孔特‧德‧魯尼（Vicomte de Launay）撰寫週報專欄。這些虛構的信件採用的是保皇派的觀點，批評巴黎的資產階級暴發戶（arriviste）取代了貴族理所當然的地位，這正好就是卡漢姆的態度。事實上，吉哈丁支持自由主義觀點，以自己的諷刺文章批評七月王朝以及捲土重來的頹廢宮廷生活。吉拉丁的作品提供了當時人的觀察，記錄了直到一八四八年革命為止的七月王朝的巴黎生活（參見夏爾—艾魯瓦‧維亞〔Charles-Eloi Vial〕'À propos de l'oeuvre: Lettres parisiennes'，www.gallica.bnf.fr/essentiels）。

❷ 巴黎－聖傑曼昂萊鐵路（Paris-Saint-Germain-en-Laye）在一八三七年八月二十四號通車，是第一條主要的載客線，也是巴黎第一批主要鐵路線之一。不過，從此處提到的各種馬車看得出來，對於想要逃避城市前往凡爾賽遊覽花園的巴黎人來說，火車並非主要交通選擇。

❸ 當時巴黎的標準麵包，過去數世紀一直如此。

❹ 可能是酥皮肉派（pâté en croûte），當時由糕點師出售，吉穆‧德‧拉‧黑尼葉的《美食年鑑》曾多加讚譽。據黑尼葉說，來自史特拉斯堡（Strasbourg）的肉派在近年大有進步，內餡及外皮都很受喜愛。而亞眠（Amiens）的製品仍屬於十八世紀，外皮以黑麥做成，「像城牆那麼厚」，內餡也令人失望（Paris，一八〇八，p. 150）。

❺ 從十七世紀開始，巴黎郊外的蒙特勒伊（Montreuil，位於塞納─聖丹尼省〔Seine-Saint-Denis〕）的農夫建造了桃子園，以圍牆保持溫暖，讓這種屬於溫暖氣候區的水果在巴黎茁壯成長。一八七〇年，這種「有圍牆的桃林」（mûrs à pêche）達到產量高峰，但是後來鐵路發展，運來南方地區更便宜的產品，這些桃林便荒棄了。

❻ 桃金孃象徵愛神與美神維納斯，吉哈丁暗示到處有戀愛氣息。

❼ 當時戶外花園裡很常見的植物。

❽ 矯揉造作的名字，其中有些來自知名文學作品。帕米哈（Palmyra）是伏爾泰的劇

本《穆罕默德》（*Mahomet*，一七九五）的角色；帕米拉是英國作家塞繆爾‧理查森（Samuel Richardson，一七四〇）同名小說以及義大利的卡洛‧哥爾多尼改編歌劇（一七五〇）中的主角。

❾ 大理石庭院（*Cour de Marbre*）是凡爾賽宮裡國王寢室樓下的中央庭院，以黑色與白色大理石鋪成。一八三五至一八三七年間，路易－菲利普下令翻修凡爾賽宮，將其改為博物館供人民遊覽，試圖以此彌合法國政治派系矛盾。他挖起並降低大理石地面，使之與正面入口的王家庭院（Cour d'Honneur）齊平，並增加了一些雕像，包括在一八三六年完成的路易十四騎馬像。一九八一年，此庭院又經修復，並重新鋪設大理石（Annick Heitzmann et al., 'Fouilles archéologiques de la grille royale du château de Versailles (2006)', Bulletin du centre de recherche du château de Versailles, 7 March 2011）。

❿ 在這封信的寫作年代，「*gastronomie*」在巴黎當作褒義還是比較新的用法。因此吉哈丁讓讀者自行選擇其義為「饕餮」或者「與美食有關的」。

⓫ 「*jambon de Paris*」是一種鮮火腿，水煮並去骨之後，整隻或切片出售。最早提及這種火腿是在十八世紀末葉。儒勒‧古菲的《糕點食譜》（*Livre de pâtisserie*，一八七三）有一道四旬齋火腿（*jambon de carême*）配方，外觀看似煮熟的火腿，事實上是一種糕點，因此沒有違反四旬齋限制。在同一本書中他還承認這種「以假亂真」（*trompe l'oeil*）的糕餅已經過時。

⓬ 通常用以搭配白煮蛋，是常見的火車午餐。

⓭ 「*manche de gigot*」是羊腿上外露的長骨，也指一種有把手的夾子，用來固定羊腿，以便切割。無論指的是羊骨或者這種夾子，羊腿都是一種講究的野餐食物，需要切割刀組與特殊工具，正適合此處描述的大吃大喝。

⓮ 此處吉哈丁列舉的食品，證明了十九世紀初巴黎的外帶食品種類繁多。這些放縱的野餐者在前往凡爾賽之前，先在城裡買足了包裝好以供外帶的熟食。

⓯ 和之前的路易十六一樣，路易－菲利普在一八三〇年登基時，被冠以「*roi des Français*」的名號，即「法國人的國王」，而非法國國王。這個頭銜是為了在新憲法的支持下，讓君主制與國家的人民產生關聯，而不是與領土產生關聯。七月王朝也採用了法國的三色旗，取代了之前復辟時期用來代表波旁家族的白色旗幟。

⓰ 名作家喬治‧桑（本名阿芒蒂娜－露西爾－奧蘿爾‧迪潘〔Amandine-Lucile-Aurore Dupin〕）著有九十部小說與眾多其他作品，她盡力在自己的「鄉村小說」中生動描繪隱形的農民階級，其中最有名的是《魔沼》。這本小說在一八四五年以四天時間完成，在一八四六年首次連載，並於同年以單冊出版。故事描述鰥夫熱爾曼與自己家的朋友瑪莉離開鄉村，前往城市尋求更好的生活。喬治‧桑在法國中部的諾昂（Nohant）度過童年的部分時光，一八四八年她回到當地永久定居（參見 Laetitia Hanin 撰, 'A Propos de l'oeuvre: La mare au diable', www.gallica.bnf.fr/essentiels）。

⓱ 英譯者 Jane Minot Sedgwick 及 Ellery Sedgwick（Boston, 1901）

⓲ 在鄉間，「*déjeuner*」是在早晨，「*dîner*」在中午，「*goûter*」（茶或點心）在下午，「*souper*」在就寢之前。

⓳ 原著中是「*Gourmand*」。一八二〇年代，這個詞在巴黎已經轉變為「懂得欣賞的吃客」之義，但是在其他地方則遲至十九世紀末葉。文中此處這個詞很明顯指的是貪食（*gourmandise*），因為熱爾曼在瑪莉認為還不該餓的時候就餓了。

⓴ 農村農民的膳食中，野味在食用肉類裡占比很大。獵捕與陷阱捕獲的野味並不透過市場，因此不須納稅，但賦稅紀錄是官方統計肉類生產與消費的基礎。所以在二十世紀之前，農村肉類消費的估計並不太可靠。

㉑ 即 alouette。

㉒ 山鶉是貴族餐桌上最受重視的禽類之一，因其美味的香氣而備受讚譽。卡漢姆的蔬菜糕（*chartreuse*）與其他數十種食譜中都使用山鶉，並飾以松露、肉凍，或者肉凍醬（chaud-froid sauce）。喬治桑在此處描寫的農民膳食烤山鶉，與高級烹調使用了一樣的食材。這一幕也顯示了農村居民從大自然中獲取食物的聰明才智，並且頗具行家品味。這段描寫模仿了盧梭的高貴農民的理念。

㉓ 此處喬治·桑用的是「*cantinière*」，即隨軍的平民商販，出售食品與貨物。

㉔ 「*aubergiste*」即酒館老闆。一八四〇年代，在巴黎以外的地方，餐廳還很少見，不過酒館很普遍。但是此時瑪莉與熱爾曼在樹林中，距離酒館很遠。

㉕ 喝葡萄酒比喝水安全，所以有時候兒童也飲酒。

㉖ 在南部某些地區，豐收的大量栗子做成粥糊或麵餅，可以替代麵包。在十八與十九世紀，法國農村居民逐漸養成城裡人的習慣，喜歡吃小麥麵包，而且最好是用白麵粉做的，而城市居民看不起那些吃栗子果腹的人，認為他們天生懶惰，無法栽種小麥這樣的勞力密集作物。但是就像前面提到的山鶉的情況，其實富人與窮人都吃栗子。這種堅果是「窮人吃的肉」，也是富人的獨特零食；在十六世紀，前者稱為「*châtaigne*」，後者稱為「*marron*」（通常後者較大，較易剝殼，而且多做成糖漬栗子。參見 Ariane Bruneton-Governatori, 'Alimentation et idéologie: le cas de la châtaigne', Annales, xxxix, no. 6 (1984), pp. 1161-89）。因為瑪莉與熱爾曼吃的是烤栗子，而非栗子麵包或粥糊，這樣的食品更近於貴族的含義，他們的自給自足也更顯得可敬。

【第六章】
文學試金石

　　如果你要找文學作品裡提到法國食物的例子，得到的答案會是普魯斯特的瑪德蓮小蛋糕（madeleine），或者比里亞－薩瓦漢的名言：「告訴我你吃的是什麼，我就能分辨出你是什麼樣的人。」那麼法國食物電影呢？可能是《芭比的盛宴》（*Babette's Feast*，一九八七）。法國烹調主宰了餐廳文化與高級菜單，也占據了我們在文學與電影中的烹調世界，那些富有想像力的食物描繪，保存了在某些時間地點適合食用的片段。文學與電影裡的食物形象是寫實的，但並非真實的，而是選擇性的描繪，呈現我們在哪裡和什麼人如何吃喝。由於一再重複而流傳下來的描繪，訴說了讀者與觀眾對那些特定飲食片段的共同接納。法國美食的故事依賴法國烹調與精緻之間的關聯，以及仰慕菁英的崇拜特性。因此，法國食物文學中的重要段落記錄了貴族飲食，或者對貴族飲食的模仿。因具有盧梭式的直率而受人喜愛的農民伙食，也有自己的支持者，扮演著次要角色，但沒有登上大師文章的美食巔峰。我們熟記比里亞－薩瓦漢的《品味的生理學》，我們也可以憑空想像出普魯斯特的瑪德蓮，如同他在《追憶似水年華》第一部《在斯萬家那邊》（*Swann's Way*，一九一三）一書中清晰勾勒的那樣，該段落經常被引用，因此被稱為文學中的美食讀物「無法迴避的基石」。這是十九世紀的遺產，當時高雅的法國烹調在餐盤與書頁上擄獲了這個世界，提及法國食物的最著名文學作品，都來自這個時代，或是後人忠實描寫的這個時代的風俗。普魯斯特的精細描繪，以及關於法國烹調的電影傑作所重現的過去，都訴諸卡漢姆這座法國豐碑的藝術性，他的藝術性在當代法國烹調實作中已不復見，但沒有被遺忘，尤其是在一本全心**追憶似水年華**的小說裡。《芭比的盛宴》中的女大廚，為含蓄的北歐賓客呈上十九世紀最受歡迎的餐廳菜餚，成為法國以外觀眾眼中的代表人物。法國烹調以傳說為基礎；在法國食物的虛構作品裡，舊傳說在

現代故事中找到了新意義，而新食品成為舊神話的一部分。文學與電影也為邊緣化的飲食傳統提供了餐桌上的一席之地，移民在法國的烹調故事、法國殖民地原住民的烹調故事，都出現在銀幕上與書中，作者將它們複寫在法國烹調的羊皮卷上，要是沒有了這些故事，法國烹調的特點將會顯得單一局限。法國烹調在文學上的多聲部演出，透過法國人民的食物，強烈表達了法國人的身分特點。

馬塞爾・普魯斯特（Marcel Proust）無疑是最「美食」的法國作家，至少在大眾流傳的想像中是這樣。他的七部《追憶似水年華》（*A la Recherche du temps perdu*，英譯名 *In Search of Lost Time*，或者一九二〇年史考特・芒克里夫的第一個譯本譯名 *Remembrance of Things Past*）出版於一九一三至一九二七年，在書架上據有重大地位。這部作品也因為經常提及奢華飲宴、數種食品、偏執食客而聞名。最重要的是，普魯斯特讓浸在一杯茶裡的瑪德蓮永生了[1]，這種糕餅承載著一段童年回憶。這個段落是此書中被引用最多的，出現在第一部起始未久，並且成為隱喻，以驚人的頻率出現在如今各種關於食物、記憶或者法國文化的文章裡。瑪德蓮遠非唯一的試金石，普魯斯特的作品充滿了富有感染力的經典法國食品場景。這一家人的朋友查理史旺是美食家，會帶來糖漬栗子當禮物，能夠提供格里畢許醬（gribiche）或者鳳梨沙拉食譜。[2]蓋爾芒特家（Guermante）的餐桌上有蘆筍搭配慕斯林醬（mousseline），還有對於羊肉搭配貝那西醬（*sauce béarnaise*）的回憶；在維爾迪蘭家（Verdurin），賓客們享用完美的新鮮比目魚（brill），搭配上等奶油做成的白醬，以及中國珍珠鈕一般美麗的馬鈴薯。[3]與阿爾貝蒂娜（Albertine）有關的是想像中如巴黎市中旺多姆柱（Vendôme column）的冰淇淋，與吉兒貝特有關的是高聳的巧克力蛋糕，馬塞爾鄉間別墅廚子法蘭索瓦絲做的巧克力布丁（crème au chocolat）是只有鄉巴佬才會拒絕的「神啟」。[4]普魯斯特的普羅旺斯燉牛肉浸肉凍（daube de boeuf à la gelée），豐富的意象至少比得上瑪德蓮那麼誘人，有著「石英般透明的水晶肉凍」，出自敘事者高雅家宅的專家大廚之手，這位大廚是「我們家廚房裡的米開朗基羅」。[5]尤其普魯斯特小說中的食物特點是過量無度：法蘭索瓦絲創作的菜單無窮無盡，經常出現的飲宴邀請，甚至街頭小販的嘈雜，都激發著阿爾貝

蒂娜的想像。在普魯斯特式的飯廳裡，讀者遇到的是精心製作、裝盤充滿藝術性的菜餚，以及作者的欲望，他想要「在眾多餐宴中大量增加食品，不斷累積，而且經常超越了一切可能」。[6]

　　普魯斯特的小說裡，這位做出令人難忘的菜餚的虛構大廚是女性，這在法國高級烹調的公開形象中很罕見，但是從十七世紀起在私宅很普遍。在十八世紀之交的外省，只有地位最高的家庭才能吸引男性大廚，其他家庭都雇用女廚師。[7]曼農在一七四六年為女廚師出版的《布爾喬亞家庭的女廚師》，在四十三年裡發行了三十二版，由此可見此一風潮。十九世紀，資產階級烹調併吞並挪用了宮廷烹調，使得時尚的法國烹調散播至全國、全歐洲乃至更遠。資產階級能夠享用出色的餐飲，這一點擴大了精緻法國烹調的主導地位，而大部分人對於這種飲食方式的需求帶來了指導非職業人士的烹飪刊物（主要是女性家庭廚師）。從十四世紀的《巴黎家庭主婦之書》教導資產階級主婦處理家務開始，家庭烹調一直是女性的地盤。女性廚師的稱呼不是「chefs de cuisine」，而是「cuisinières」，她們扮演著重要明確的角色，保存了文化之源即家庭的烹飪，樸實但基礎，為家人照管廚房的母親與祖母也是如此。十八世紀的資產階級烹調在烹飪書中獲得了正式認可，被稱為節儉與自然的結合，而節儉與自然是第一次新烹調的象徵，很快就與女性領域有了關聯。在十九世紀，明確的等級制度擴大了（男性主導）經典烹調與（女性主導）家庭烹調之間的區別。卡漢姆的《法國十九世紀烹飪藝術》開篇食譜是令人讚嘆的資產階級蔬菜燉牛肉，在《餐宴總管指南》，他說大革命之後，女性廚師（他用的詞是「filles de cuisine」即「廚房女孩」）不得不以有限的預算，做出高雅簡潔的現代烹調，以極少的材料做出營養均衡的飯菜。當傑出的男大廚力求精通廚房的專門技巧，並且引用類似軍事體系在廚房大軍裡樹立規矩，女廚師在爐灶上以小火慢燉牛肉，這兩方都符合現實，卻也具有象徵意義。

　　富有象徵意義的法國家常菜，在文化與烹飪上的試金石則是牛肉：卡漢姆《法國十九世紀烹飪藝術》中神聖的燉牛肉（比如蔬菜燉牛肉），還有一八九五年的家庭烹飪刊物《藍帶廚房》的第一道食譜，時尚燉牛肉（boeuf à la mode）。慢燉的牛肉與蔬菜有時屬於高等烹調，有時

反之，但是唯有在十七世紀之後，實際中的作法才克服了先前對牛肉的猶豫、即認為牛肉不健康且不體面，不堪作為上層階級的食物。中世紀的《食物之書》中有牛肉，不過建議水煮，以克服這種肉的燥性。醫藥權威警告，烤牛肉（以燥性方法烹製的燥性肉類）可能引起憂鬱，但下層階級經常吃牛肉與豬肉，而資產階級的《巴黎家庭主婦之書》則詳列牛肉的各部位，作為購物參考。英國式的烤牛肉在大革命時期自有一股風潮（尤其在文森·拉·夏培於一七三五年出版的食譜書裡），當時許多菜單上出現了牛腰肉（aloyau），不過長時間慢燉的牛肉從成為法國菜的那一刻起，就成為法國烹調的一部分，始終沒有失去地位。法蘭索瓦·皮耶·拉·瓦罕的《法蘭西大廚》提供了兩道這樣的菜：「時尚燉牛肉」，是將表面有豬脂油的牛肉與香草植物及「各種香料」放在肉清湯中同燉，接近中世紀風格；「燉牛肉排」（Pièce de boeuf à la daube）是以肉清湯慢燉，中途再以烹製手法加上豬脂油，上菜時必須是「熟透並調味，別忘了還要加上葡萄酒」，這種作法比較接近大家熟悉的現代方式。[8]

以自身肉汁加上葡萄酒小火慢燉的燜燒牛肉（braised beef），含有羅蘭·巴特（Roland Barthes）在《神話學》（Mythologies）提及的「牛的精華」（taurine essence），與法國人的想像產生共鳴。[9]尚－安泰姆·比里亞－薩瓦漢在著作中對煮牛肉及其優點加以延伸思考，並提出警告：煮牛肉可以產生濃郁的肉湯，也可以做出多汁的肉質，但兩者不可得兼，有鑑賞力的食客應該避免吃煮牛肉，因為它「失去了自身的肉汁」。[10]在十八與十九世紀的文學作品中，蔬菜燉牛肉及其近親是家庭晚餐的基礎：在《短篇小說集》（Contes et nouvelles，一八八二）裡，對法國小說家居伊·德·莫泊桑（Guy de Maupassant，一八五〇－一八九三）而言，「星期天的蔬菜燉牛肉裡那一點肉是所有人的盛宴」；在《包法利夫人》（Madame Bovary）裡，福樓拜（Gustave Flaubert，一八二一－一八八〇）將蔬菜燉牛肉與資產階級烹調聯繫在一起，書中藥劑師奧梅警告當心巴黎的危險食物，謂巴黎最好的餐廳還比不上一鍋上好的蔬菜燉牛肉。[11]在二十世紀，《拉魯斯美食百科》（Larousse gastronomique）稱蔬菜燉牛肉是「法國的特別製法」，巧妙地在一口鍋裡做出湯（高湯）、煮牛肉及蔬菜。[12]馬塞爾·胡夫（Marcel Rouff）

在小說《多丹－布方的人生與熱情》（*La Vie et la passion de Dodin-Bouffant*，一九二四）中把燉牛肉提升至高級烹調之列，故事的敘事者多丹－布方在烹調比賽中，以一道曾經著名且屬於俗世的菜餚，給他的挑戰者歐亞王子留下深刻印象。這本小說的靈感來自比里亞－薩瓦漢的一生，背景是一八三〇年代，完全是卡漢姆的時代，但是地點在法國東部，並非巴黎。敘事者新雇用的廚子阿黛樂・皮杜（Adèle Pidou）也是廚房裡的女性米開朗基羅，她的燉牛肉用的是牛肉、一點培根、小牛肉混合豬肉與香草植物做成的香腸、事先與小牛骨一起煮熟的雞片、蔬菜，全部放在肉高湯裡煮。上菜的時候，牛肉與香腸切片放在一層鵝肝上，周圍是蔬菜，這道菜結合了必要的牛肉、甚受敬重的農民豬肉，以及精緻的禽類，再加上著名的法國美食產品——貴族風的鵝肝。這道菜是為了貴族口味而做，但並不完全偏離其平民根源，而且適當的大量肉類與其種類，更提升了以一口鍋做出一桌晚餐的經濟效益。

　　一邊是家中灶火燉鍋，另一邊是高端千層牛肉，處於這兩者意象之間的是普魯斯特小說中法蘭索瓦絲的精緻創作，首先出現的是燉牛

蔬菜燉牛肉（牛肉、蔬菜與高湯）。

肉浸肉凍（*boeuf à la gelée*），最後是時尚燉牛肉，這麼做彷彿是為了更完整涵蓋法國烹調中如此基礎的燜燒牛肉。為了招待當天晚宴的嘉賓、外交官諾布瓦侯爵，法蘭索瓦絲接下了創造一道非凡菜餚的艱鉅任務：牛肉與胡蘿蔔，其他菜餚還包括猶如粉紅色大理石的火腿、鳳梨松露沙拉。這頓飯不使用醬汁，大理石火腿與肉凍的結晶塊邊緣也沒有不成形的缺陷；用來搭配牛肉的肉汁精華凍，凝固並淨化了「醬汁的軟弱底子」。[13] 諾布瓦稱這道牛肉「令人驚嘆」，並宣稱希望以其他菜餚，比如俄國酸奶牛肉（beef Stroganoff）來評判這戶人家的「瓦德勒」（他以瓦德勒相稱，意在讚美，雖然他誤以為歷史上的瓦德勒是一位大廚）。[14] 小說敘事者馬塞爾的寫作直接與法蘭索瓦絲的時尚燉牛肉連結在一起；他知道自己將創作出自己的書，就像法蘭索瓦絲創造這道菜一樣，「為了這道菜，選出這麼多牛肉塊，然後結合在一起，使肉凍如此濃郁。」[15] 在其他地方可能被視為家常燉菜的食品，成為美的事物，每一項元素鑄造出更大的整體，展現出藝術家的技巧，法蘭索瓦絲幾乎與馬塞爾一樣天賦過人。雖然名稱從慢燉（*daube*）變成了時尚燉牛肉，但這道菜的細節並不如慢燉牛肉所包含的眾多品類重要，慢燉牛肉這一大類就像是馬塞爾精細慢燉的小說。普魯斯特的時尚燉牛肉美得驚人，富有烹飪傳承，對法國人民的心與胃而言都是那麼親切可愛，擁有永恆的文學符號的所有標誌。然而，榮譽屬於瑪德蓮小蛋糕，就像那句虛構的瑪麗・安東瓦內特的名言「讓他們吃蛋糕」那樣著名。為什麼這種茶點超越了「牛的精華」與上好慢燉牛肉的完美烹飪技巧，登上了法國烹調隱喻的寶座呢？

關於普魯斯特的回憶觸發，（迄今為止）出現在一萬多篇學術文章裡，包括人類學、記憶研究、認知心理學、符號學、現代主義文學、財產法、嗅覺化學等。它經常被當作出發點，用以討論法國烹調身為國族象徵的重要性，關於食物、記憶或者普魯斯特的俏皮話也經常引用它。瑪德蓮並不占法國烹調的中心地位，浸泡它的椴樹花茶也是一樣。普魯斯特的筆記顯示，在早期草稿中，馬塞爾在茶裡沾的是蜂蜜吐司與義大利杏仁餅乾（biscotti），直到定稿才確定是瑪德蓮。此一永恆場景的關鍵就是這種小蛋糕與它的法語名稱，要是換成了吐司或者搭配咖啡的義大利餅乾，實在難以想像。法語詞彙與貴族優雅結合，

＼法國以外的慢燉牛肉（ *daube de boeuf* ）／

　　法國食客對葡萄酒燉牛肉有很深的共鳴，不過這道菜在海外也代表了法國。英國作家維吉尼亞・吳爾芙（Virginia Woolf）的小說《燈塔行》（*To the Lighthouse*），中心是一場慢燉牛肉（*boeuf en daube*）的凱旋晚餐，讓主人公拉姆齊夫人將背景各異的賓客們團結成有凝聚力的整體，創造出短暫和睦的一刻。她的客人讚美這道菜是一場勝利，她則自豪地解釋這是她祖母的法國食譜，並強調法國烹飪比英國菜優越。事實上，「*boeuf en daube*」這個不正宗的名稱洩露了拉姆齊夫人這道菜只是外國人的模仿，仿製普魯斯特描寫的真正法國慢燉牛肉（*daube de boeuf*）。吳爾芙小說中的慢燉牛肉含有月桂葉，類似更有農村風格的普羅旺斯燉牛肉（*boeuf en daube à la provençale*），收錄在奧古斯特・埃斯科菲耶的《烹飪指南》，也適合拉姆齊一家的鄉村別墅。茱莉亞・柴爾德（Julia Child）與合著者西蒙娜・貝克（Simone Beck）把普羅旺斯燉牛肉與慢燉牛肉都收錄在《精通法國烹飪藝術》（*Mastering the Art of French Cooking*）。這部著作從經典法國烹調慢慢轉向更加美國化的食譜，因此比較傳統的慢燉牛肉是在第一冊（一九六一），而普羅旺斯燉牛肉（名為 *boeuf en daube*）在第二冊（一九七〇）。柴爾德在第一冊也收錄了時尚燉牛肉，用的是以紅酒、蔬菜、大蒜、香草植物醃製過的牛肉，上菜時搭配燜燒胡蘿蔔與洋蔥，還有一種變化作法，需要以肉凍裝飾牛肉。柴爾德的烹飪書是為了表面上不熟悉法國烹飪的美國家庭廚師準備的，涵蓋了從繁瑣正式到家常的各式食譜。她的慢燉牛肉（名為「葡萄酒牛肉蔬菜砂鍋煲」〔Casserole of Beef with Wine and Vegetables〕）使用白酒或紅酒或苦艾酒、香草植物、大蒜、洋蔥、胡蘿蔔、洋菇、番茄。普羅旺斯燉牛肉則使用牛肉、紅酒、有鯷魚的「普羅旺斯調味」則視個人口味添加。第二冊的這道美國化普羅旺斯燉牛肉與法國原版已有差距，這一點從其名稱，以及被邊緣化的「異國情調」鯷魚變成可省略就能看得出來。

成了普魯斯特之後法國菜餚的簡明代稱，將整個法國烹調凝聚並淨化，形成單一的形象。普莉希拉・帕爾庫斯特・佛格森稱《追憶似水年華》是「真正的民族作品」，大部分是因為書中提及烹調，在「完成法國烹調國族化」當中占了一席之地。[16]當代人類學家艾咪・特魯別克（Amy Trubek）把法國烹調的其他代表菜餚與瑪德蓮連結在一起：「這些食材

時尚燉牛肉餐廳的標誌，
凡爾賽。

燉牛肉浸肉凍（牛肋肉
與肉凍）。

與菜餚成為象徵，具有普魯斯特的瑪德蓮的精神，是某些特定地點的
記憶所繫之處[1]（*lieux de mémoire*），其滋味象徵著法國地理環境的富饒
多樣。」[17]普魯斯特身為法國文化的重要標誌，在皮耶・諾哈（Pierre
Nora）編纂的鉅著《記憶所繫之處》（*Les Lieux de mémoire,* Realms of
Memory）占據了最後一篇，而且當然是以瑪德蓮開篇。作者是法蘭
西公學院法國文學教授安托萬・康潘紐（Antoine Compagnon），他解
釋了這部小說的吸引力（並進而解釋了小說中述及瑪德蓮所產生的吸
引力），認為它代表了十九世紀末迷人的自由派巴黎資產階級，這是
接受了古典文化教育的最後一代；人民中有一大群人「並不需要廣博
學識」就可閱讀這部小說。[18]不過分析普魯斯特小說的已出版學術

1　法國史學家皮耶・諾哈所創，定義為「一種物質或非物質實體，經由人類或時間轉變，
　而成為社群的象徵性遺產」。

著作之多，表明了情況可能並非如此，但是如此廣大的關注也表明了這部小說是完全接納探索的，所有一切都開放給所有人。瑪德蓮一節出現在小說開篇不久，其本身就是甜蜜輕鬆的，在浮光掠影的閱讀之下很容易消化，但也能催化深奧的智性啟示，猶如馬塞爾自己的流動記憶。很多人提出這種柔軟帶摺的蛋糕裡具有官能性，一位學者從瑪德蓮的貝殼外型看出宗教象徵，因為貝殼模仿了前往孔波斯特拉[2]（Compostela）的朝聖者配戴的扇貝，使得馬塞爾的瑪德蓮「不只象徵他追求真實存在與藝術表現的心靈朝聖，也是開啟他心靈朝聖的實際靈感來源」。[19]從一塊蘸了茶的蛋糕得出的生活基本真理：普魯斯特為世界提供了這個完美的象徵，它的簡單（但絕不陳腐）之中依然洩露了一點神祕，並且允許幾乎無限的接觸與詮釋。

但瑪德蓮未必是神聖的事物。穆瑞爾‧巴貝里（Muriel Barbéry）的小說《美食家》（*Une Gourmandise*，二〇〇〇）講述一位暴躁的美食家在臨終前回想自己烹飪生活的一件獨特往事，這段回憶將揭示他存在的意義。最重要的是，他希望自己偶然的回憶是美好的，不像「普魯斯特那討人厭的瑪德蓮，在一個不祥陰鬱的下午，在一匙極度冒犯人的花草茶裡，這塊可怕的蛋糕散落成海綿狀的碎片」。[20]對這位評論家而言，聲譽重於一切。他認為瑪德蓮是「平庸的食物」，只是因為與它有關的情感而顯得珍貴，但最後他依然在普魯斯特式的一刻發現，他最基本的食物記憶是由工業化生產的重糖泡芙組成的。相比之下，瑪德蓮似乎更適合巴黎上層社會，而且顯然比燉牛肉，哪怕是肉凍環繞的燉牛肉，更符合美食文化的慵懶形象。普魯斯特的瑪德蓮適合素食者、兒童、腸胃弱的人，如今已十分常見，已經成為法國美食文化的基礎符號。瑪德蓮可以代表任何法國食物的記憶，即使它不符合法國烹調的標準形象（但普魯斯特小說裡高明的醬汁與精心烹調的菜餚成功地喚起法國烹調的標準形象）。不同於他的小說中喚起的偶然記憶，瑪德蓮已經成為博學而有教養的形象，蘊含著對於法國食物的「第一眼」印象：高雅、精緻、高級。在公眾的想像中，身為作家的普魯

2　全名Santiago de Compostela，西班牙北部城市。朝聖者沿著聖雅各朝聖之路（*Camino de Sandiago*）從法國翻越庇里牛斯山前往聖地牙哥－德－孔波斯特拉，當地大教堂裡收藏著使徒聖雅各的遺骨。傳說聖雅各遺體在海中往伊比利半島漂流時，有扇貝群集保護。

比里亞－薩瓦漢，十九世紀中葉。

斯特也一樣是個無懈可擊的法國人，屬於上流社會，是高尚的。瑪德蓮成為引用對象，其中包含了文學的智慧，以及引用它的人應該受過的文雅教育。普魯斯特是超越塵俗的，只有少數人才能享受他的小說，而大多數人只知道這種引用。但是普魯斯特小說的象徵意義在於，在真正資產階級且非常法國式的家庭背景下，讓宮廷宴會、貴族奢華、迷人的優雅重現人間。

對於尚－安泰姆・比里亞－薩瓦漢的《品味的生理學》的引用，幾乎像普魯斯特與瑪德蓮一樣無處不在，尤其是他的開篇警句中的第四條：「告訴我你吃的是什麼，我就能分辨出你是什麼樣的人。」這句名言作為單一的引用句，已經有了自己的生命，經常缺失任何上下文，只列出作者姓名，偶爾加上《品味的生理學》現代重新出版的日期，彷彿這句評述永遠是全新的一樣。這話已經被重複得太多了，幾乎已經不再有意義，只是「現代廣告業的陳腔濫調」。[21] 這些簡潔的警句是全書的序言部分，幾乎適用於一切場合，不同於比里亞－薩瓦漢寫作的十九世紀早期的背景。茲從數千例中舉其一，比如一八七九年某期《科學美國人》（*Scientific American*）一篇關於以薔薇果製成蜜餞的文章，引用了第五條警句：「發現一道新菜比發現一顆星星對人類的貢獻更大。」[22] 比里亞－薩瓦漢這本著作的其餘部分是回憶錄／科學論文／美食評論，比警句部分難以理解，也沒那麼受到普遍讚賞。他在一八二五年出版這本書僅僅兩個月之後就去世了，沒有享受到自己幾乎難以預見的成功，因為他自費出版此書，而且是匿名出版。波特萊爾（Baudelaire，一八二一－一八六七）稱這位作者是「某種乏味的布里歐許麵包（*brioche*）」（一句恰如其分以食物為主題的侮辱），因為他在《品味的生理學》中對葡萄酒的介紹有限；而當代政治學學者保羅・伊瑞斯認為，這本書在很久以後成為經典，「與其說是出於美食文化原因，不如說是出於政治原因」，可能是為了確立作者的身分是被極端分子逐出祖國的誠實貴族。[23] 歷史學者尚－保羅・阿隆（Jean–Paul Aron，一九二五－一九八八）感嘆，比里亞－薩瓦漢「繼承了本該屬於亞歷山大・巴爾塔札・盧杭・吉穆・德・拉・黑尼葉的所有榮耀」，吉穆・德・拉・黑尼葉從一八〇三至一八一二年出版的《美食年鑑》，為美食寫作樹立了標準。[24] 不過在現代，文學評論家法蘭欽・杜・普雷希・葛雷（Francine du Plessix Gray，一九三〇－二〇一九）稱《品味的生理學》是「最歷久不衰的烹飪寫作經典」，而現在有一種蛋糕及一種三重奶油乳酪[3]（triple–cream cheese）都以比里亞－薩瓦漢之名增色，是在一九三〇年代重新命名紀念他的。[25]

3　乾物質中脂肪含量超過七十五％（即總體脂肪含量約為四〇％）的乳酪。

帶有松露的比里亞－薩瓦漢乳酪。

　　《品味的生理學》的原創性與它產生的時間及地點有關。這本書是關於講究飲食之道的「沉思錄」，可視為文學作品與回憶錄、歷史與科學，因為它包含了上述一切。以它的出版時間來看，會誤以為它是美食作家年代的作品，但事實上它的大部分文章早於「美食文化」這個詞開始流行之前。「gourmandise」這個詞從罪惡變為美德，就起源於比里亞－薩瓦漢的寫作，他在作者前言中證實了在他寫作當時，美食文化正流行。《品味的生理學》撰寫時間超過三十年，作者目睹了麵粉戰爭、法國大革命、拿破崙的興衰、波旁復辟、巴黎餐廳發展的第一階段、精緻飲食向資產階級擴張、貴族對新定義的美食文化之控制的終結。有些人嘗試解釋比里亞－薩瓦漢對其時代的重要性，認為他為講究飲食這項風尚賦予了智性。十九世紀初，比里亞－薩瓦漢擁有短暫的機會，得以創造出此前並不存在的精緻餐飲的語言、發明一套詞彙與分析系統，他從身為食客的角度出發，而不像大廚或者時尚引領者如黑尼葉，也並非政治掮客兼宴會主人塔列朗。此外，由於他的個人選擇及出身背景，他在撰寫大部分內容的時候，身在國外，這使得他能夠以外國文化磨礪自己的信仰，並將其推廣給更多受眾。他在《品

十九世紀法國印刷品，《美食聚會，又稱用餐的美食家》(*Réunion gastronomique: ou, Les Gourmands a table*)，作者軼名。

比里亞－薩瓦漢的格言。文字內容為：國家的命運取決於它餵飽自己的方式。注意圖中央那位法國婦女戴著大革命時期的佛里幾亞無邊帽，手中端著牛排與炸薯條。尚・巴里（Jean Paris）繪製，一九〇〇年代初。

味的生理學》描寫的菜餚不僅是巴黎菜，比如卡漢姆與黑尼葉的菜，甚至不僅是法國菜，因為他曾經前往瑞士與一些美國城市，在當地他喜歡以烤叉烹製的禽類、炒蛋、拌蔬菜沙拉，以及火雞（還喜歡獵火雞）。

　　在十九世紀之前，如他這般貴族出身的法學家暨作家，不會紆尊降貴研究食物哲學。食物與品味進入了科學領域，在學術研究的層次中上升，而精緻餐飲（或其模擬品）則從貴族事物下降到了大眾事物。在卡漢姆之後，百科全書派學者與比里亞－薩瓦漢將科學添加到烹調之中，「烹調的確被認真看待」，視為哲學家、人類學家、社會學家、地理學家等的正式研究領域。[26]據說在十八世紀末，美食已經向所有人開放，就像當時餐廳向所有人敞開大門（原則上如此），而且「享樂與特權都已民主化」。[27]對於認為比里亞－薩瓦漢的「*éprouvettes gastronomiques*」（美食檢驗標準）是一種民主姿態的人來說，《品味的生理學》從中發揮了作用。這份檢驗標準建議每一個收入等級，從「普通」到真正富裕之家，都要有一份符合美食文化的菜單，如此方能根據生理屬性，為每一位食客提供合適愉悅的烹調體驗。「中等」菜單包括小牛肉、鴿子、泡菜、香腸、塞滿栗子的火雞。最精緻的菜單則包含了所有期待中的美味：塞滿了松露的禽類、鵝肝、鵪鶉、狗魚配上螯蝦與兩打圃鵐（*ortolan*，二名法 *Emberiza hortulana*，雀科鵐屬），這是一種整隻食用的小鳥。[28]雖然比里亞－薩瓦漢關於美食文化的思考認為，對於美食的欣賞，在王家宴會與一只白煮蛋裡都是同等存在，但是這種向所有人敞開美食之門的善意嘗試，依然忽視了較低階層的經濟現實。它也包含了古老的貴族階級假設，認為無知（以及不適合的體質）妨礙了下層階級體會較高階層的樂趣。維克多・雨果（Victor Hugo）在《悲慘世界》（*Les Misérables*，一八六二）中以一位主教訓斥一位富有的議員，表達了比里亞－薩瓦漢的美食檢驗標準的信念：「精緻講究的」哲學是富人獨有的，而且「信仰上帝就是人民的哲學，好比栗子烤鵝就是窮人的松露火雞」，富人也不認為這有什麼不對。[29]比里亞－薩瓦漢的《品味的生理學》力圖提高烹調的理念目標，達到富裕巴黎人的標準，而非把美食文化降低至所有人民的水平。在十九世紀的法國，「告訴我你吃的是什麼」並不是客觀的檢驗標準，即使今

天它被當作人類學研究的起點。對愛國主義甚至民族主義的美食作者來說，很多事物有賴於法國烹調在世界上的聲譽，而這種聲譽又仰賴於那些最適合了解並推廣法國菜的人。《品味的生理學》的確是它所屬時代的產物，認為私人宴會高於餐廳、松露高於栗子，即使它給一枚完美的白煮蛋在最底層留了一點空間。比里亞－薩瓦漢和卡漢姆及其同道一樣，把貴族烹調變成了「經典」法國烹調，並且協助傳播了一種現在已經無庸置疑的概念，即「真正的」法國烹調永遠是高級烹調。

食物的文學呈現偶爾也包括地方烹調與特產，這與對巴黎的入骨回憶有所不同。古斯塔夫・福樓拜的《包法利夫人》（*Madame Bovary*，一八五七）以一幅博識周詳的諾曼第鄉間寫照，展現了從樸實的農民膳食到高級婚宴的各層面。作者個人喜歡一種穆斯林纏頭巾形狀的麵包，他稱之為「謝米諾」（*cheminot*，原意是鐵路工作人員），是故事發生地盧昂的特產。福樓拜在信中透露，打算把這種麵包設定為藥劑師奧梅的最愛。這是無酵麵包，在滾水中燙過然後烘烤，有點像焙果（bagel）的作法，據福樓拜說，這類「頭巾狀食品」（*turbans alimentaires*）起源於中東，也稱為「*chemineau*」或「*seminel*」，詞源是拉丁文的「*simila*」，即細白麵粉。在小說中，奧梅每次去盧昂出差都特意為妻子買點謝米諾麵包，因為她「喜歡這些紮實的頭巾狀小麵包，原本是在四旬齋期間搭配鹹奶油吃的。」[30]在奧梅的想像中，為她購買的這種紮實虔誠的食品，代表了法國的輝煌歷史。他幻想這種硬麵包捲源自哥德時代甚至十字軍時代，當時「強健的諾曼人」飽餐麵包，並相信他們看到「在一壺一壺香料葡萄酒[4]（*hypocras*）與巨大的火腿之間，還有即將被吞噬的薩拉森人頭[5]」。[31]

某次奧梅正在盧昂為妻子買這種與大齋犧牲及諾曼十字軍祖先有關的麵包，撞見吃了一驚的艾瑪・包法利，當時她來到這個城市是為了婚外情。奧梅夫人只要有開水燙過的齋期麵包就能滿足，而艾瑪正與她相反，有無法控制的胃口，她「帶著飢渴的胃口，奔向歡趣」，彷彿一隻母螳螂，而她的情人萊昂就是交配期的大餐。[32]奧梅堅持單純

4　又拼寫為hippocras，中世紀時以葡萄酒加糖、香料，通常有肉桂，加熱飲用。
5　Saracen，中世紀起泛指穆斯林。

《包法利夫人》提到的謝米諾麵包（也稱為瑟米內爾〔*seminel*〕或柯奈〔*cônet*〕）。

簡潔的資產階級飲食習慣，而查理·包法利對於飲食樂趣相當淡漠，但是小說中的精緻飲宴場景是艾瑪進入上流社會的關鍵，她也從此沉溺於自己負擔不起的生活，最終致命。在昂戴爾維利耶侯爵（前國務卿）宅中宴會上，七點鐘的晚餐主菜包括龍蝦、冰鎮香檳、鳳梨與石榴，還有一位餐宴總管，「像法官一樣嚴肅」，以大托盤為賓客上菜。[33]食客們的習慣是模仿巴黎做法，在舞會與娛樂之後又吃了一頓宵夜，包括加上肉凍的冷肉與含有牛奶的濃湯；之後在早餐時，出乎查理的預料，居然沒有利口酒。在查理與艾瑪的鄉間婚宴上，賓客待了十六個小時，享用以法式上菜服務端上來的牛肉排、慢燉雞、三隻羊腿、一隻巨大的乳豬，然後是一個奢華的結婚蛋糕，以卡漢姆著名的建築風格裝飾，包括一座酥皮糕餅城堡以及果醬做成的池塘。[34]揮霍鋪張滿足不了艾瑪的欲望，最後她服下致命劑量的砒霜，並且在可怕的催吐一幕中清空了胃[6]，這與書中無休止卻空洞的貴族飲宴形成鮮明對比，也與堅持符合自身地位飲食的諾曼第資產階級之強健體魄形成對比。

6　包法利夫人服毒之後經過了上吐下瀉的催吐折磨，死後穿上壽衣時遺體嘴中流出黑水。

上方為雞肉凍冷盤（*chaud-froid*），下方為現代式（*à la moderne*）「鰻魚堡壘」，出自烏爾班‧迪布瓦的《經典烹飪》一八五六年版。

　　一八七三年，埃米爾‧左拉在《巴黎之胃》描繪出巴黎中央市場裡勤奮的食品攤販，將巴黎與法國外省之間時而冷淡時而親密的關係加以擬人化。左拉把故事設定在一八五八年的巴爾塔德中央市場，他曾經見證此地到一八七〇年為止建造的十座大廳。通過敘事者佛洛朗的視角，讀者觀察到一幅詳盡的描繪，包括龐大險惡的市場大廳，以及正在奧斯曼男爵規劃下重塑的陌生巴黎，從一八四八年革命動盪開始，巴黎經歷著新規劃的拆除住家街區、開闢林蔭大道。中央市場幾乎吞噬了佛洛朗，商販與馬車的浪潮形成圍籬與路障，阻止他找到出路。在左拉的敘述中，中央市場變成巨怪一般的生命體，「就像一個龐大的中央器官，正在猛烈跳動」，誇張地發出「許多巨嘴」咀嚼二百萬市民的食物的聲音。[35] 巴黎外面就是法國的花園，但巴黎只是一個胃。《兩個孩子的環法遊》（*Le Tour de la France par deux enfants*，一八七七）是小學生的法國文化入門讀物，在這本書裡，中央市場證明了巴黎與外省之間的象徵性（而且是愛國的）關係。故事裡一個孩子看到大量的食品供給，於是感嘆：「法國有好多人忙著餵飽巴黎呀！」而他的哥哥告訴他，巴黎的工人也同樣為法國服務，而且法國的知

識分子培養出「慷慨且有教養的公眾」。[36]

這裡沒有卡漢姆式的巴黎烹調，只有這種烹調的材料在街頭販賣，與美食作家打磨出的輝煌相去甚遠。左拉筆下的蔬菜商販法蘭索瓦太太，只有必要的時候才在巴黎停留，她視這座城市為不得已存在之惡，很感激能夠在每個市集日結束之後把它拋在身後。在清晨四點半的微光中，商品閃爍著美麗的光芒，「萵苣的細緻綠色，胡蘿蔔的玫瑰珊瑚色，蕪菁的朦朧象牙色」襯托著骯髒粗糙而果斷的商販與顧客。[37]佛洛朗觀察那些從市場買來蔬菜，然後在街上出售維生的婦女（即 *revendeuses*）、與親人一起工作的兒童、為工人提供廉價杯裝葡萄酒與短暫休息的葡萄酒館（*marchand de vin*），以及帶著移動式小爐灶出售熱咖啡與濃湯的女小販。

十九世紀的花式蛋糕，出自烏爾班·迪布瓦的《經典烹飪》一八五六年版。

最後佛洛朗在海鮮售貨廳（一八五七年落成）找到檢查員的工作，變成了販賣豬肉熟食（*charcutière*）的弟媳莉莎與別名「諾曼第美女」的當地魚販之間競爭的棋子，而這整個故事背景更是擴大的隱喻，對比了「精瘦」（瘦削的、有革命思想的佛洛朗）與「肥胖」（營養充足、懷念帝國時期的商人們）。在這個故事裡，食物具有隱喻的意義，而這些人物就存在於這些屬性裡，想要分辨出他們是什麼樣的人，並非通過他們吃的東西，而是通過他們販賣的東西。水果小販拉·薩莉埃特散發著青春性感，膚色如桃子與櫻桃，她的攤位上擺滿了線條優美的水果：蒙特勒伊的桃子，果皮細膩剔透如北方少婦；南邊來的桃子果皮經過日曬，就像普羅旺斯的年輕女子；蘋果與梨彷彿圓潤的肩膀

中央市場（*Les Halles*），版畫，巴黎，一八六〇年代。

與胸脯，「謹慎地裸露」；超乎一切的是成熟水果的醉人香氣，「一股強
勁薰然的麝香」。[38] 在左拉的自然主義世界裡，我們現在稱為「全天
然」食品的象徵意義取代了對法國烹調卓越地位的讚頌。水果蔬菜散
發出美，而人類工業改造的食品則引起懷疑，並暗示著腐敗。勒科爾
太太的乳酪店裡各種商品組成的「乳酪交響曲」，為愛說閒話的薩熱小
姐提供了背景襯托，她洩露了佛洛朗曾經入獄，此一惡毒的小道消息
後來玷汙了他的名譽，導致他因不實指控被逮捕。在其他文章裡，乳
酪是法國獨創性的珍寶，但在這裡散發出令人作嘔的可怕氣味：利瓦
羅乳酪發出「一股硫礦味」，一塊傑洛米乳酪（Géromé，即芒斯特乳酪
〔Munster〕）氣味刺鼻，連蒼蠅都死在它周圍。這些乳酪的外觀也不佳：
荷蘭乳酪被比作砍斷的頭顱，羅克福乳酪（Roquefort）「布滿猶如血管
的藍絲與黃絲，彷彿飽受見不得人的疾病折磨，像是吃了太多松露的
有錢人一樣」。在這些女人密謀反對佛洛朗的時候，乳酪的刺鼻氣味飄
散而去，卡芒貝爾的「惡臭氣息」夾雜著類似肉類的腐臭，馬華爾聞
起來像睡過的被褥，利瓦羅彷彿「垂死的人體呼出的氣息」，都像周圍
這些人一樣醜怪而墮落。[39]

　　左拉提供了關於十九世紀巴黎市場的詳盡百科，但是大眾對他那

中央市場的蔬果售貨廳（*Pavillon des fruits et primeurs*），一八九七。

肉感潑辣的描寫，遠不如對於普魯斯特那麼熟悉。法國高中的文學專科生可能針對左拉《巴黎之胃》中自然主義的食物描寫撰寫論文，可是從部落格到醫學期刊到處都是普魯斯特。普魯斯特占據了公眾的想像，因為他的作品符合既有的法國食品形象：複雜、上流、令人讚嘆。蔬菜本身也許很美，但並不複雜；左拉的乳酪激發了想像，但這些乳酪並不能帶來愉悅，在左拉的精密描寫中，它們不像看似簡單的慢燉牛肉加肉凍，或者幾乎沒有任何描寫的瑪德蓮那樣充滿了神祕感。法國食物在文學中的定位就和在生活中一樣，取決於對精緻及高雅餐飲樂趣的認可，以及使其超越平凡的難以言傳的特質。普魯斯特為資產階級獲取從前只屬於上層階級的東西，而左拉試著回到地平面。在想像中的法國烹調裡，地位還是愈高愈好。

　　由蓋布瑞爾・亞斯里（Gabriel Axel）導演的丹麥電影《芭比的盛宴》可能是被引用最多的法國美食電影，雖然它的產地並不在法國。這部電影根據凱倫・白烈森（Karen Blixen，筆名伊薩克・丹尼森〔Isak Dinesen〕，最著名作品是《遠離非洲》〔*Out of Africa*〕）在一九五四年

以牛乳製作的蒙布里松藍乳酪（*Fourme de Montbrison*）。

完成的故事改編，獲得奧斯卡最佳外國影片獎，雖然它代表了局外人
的視角，但是電影重心的那場盛宴複製了卡漢姆與弟子樹立的美食理
念。它以各層面展示了自從十八世紀末巴黎現代精緻烹調誕生以來，
烹飪權威（廚師與作家）所投身推廣的故事。作者對於貴族菜餚及菜
餚祕密的守護者、巴黎大廚芭比・赫桑（Babette Hersant）的描寫，
導演使用的柔和燭光與輝煌色彩把文字轉化為視覺調色板，對比出白
髮黑衣婦人及晚宴，都賦予這部電影不朽的吸引力。故事的主角逃離
一八七一年的巴黎公社，躲到丹麥一處人口稀少而虔誠的新教村莊中，
為一對姊妹擔任家庭廚師。她突然得到一大筆彩票獎金，於是用自己
的意外之財為此地居民創作了一場豪華盛宴，值得的是這給了她機會，
能夠重新表現自己身為大廚的藝術才華，雖然對象是如此含蓄沉默的
一群人。這場盛宴展現了法國烹調，不過是在電影裡才具體化的，因
為原著短篇小說中並沒有芭比的菜單細節，包括海龜湯、德米多夫薄
餅（blini Demidoff）搭配魚子醬與法式酸奶油（crème fraîche）、「*caille
en sarcophage*」（酥皮「墳墓」包裹的鵪鶉）、苦苣沙拉（endive）、一

道乳酪與水果、無花果蘭姆巴巴[7]（*baba au rhum*）。芭比把一整隻海龜變成了清澈的金色高湯；魚子醬與薄餅的貴族名稱呼應著卡漢姆喜愛的俄羅斯；包裹著鵪鶉的酥皮外殼讓人想到傳說是卡漢姆發明的千層酥盒，據稱它輕得可以隨一陣微風飛走。這頓晚宴沒有紅肉，只有海鮮與加了松露的細巧禽類。

這對虔誠的丹麥姊妹以及共進晚餐的同伴都認為，拒絕芭比的慷慨是不禮貌的，但是他們打定了主意，這些食物絕不會讓他們感到愉悅。結果證明精緻烹調的世俗誘惑是不可抗拒的；匱乏遠比不上芭比獻上的藝術與溫暖所帶來的可人（也是被允許的）愉悅。就像在大革命之後回歸奢靡一樣，普魯士圍城後貴族飲食再次受到（在國外的）法國烹調歡迎。最後我們得知芭比戰前曾在巴黎的著名餐廳英國咖啡館擔任大廚，就歷史而言這是異例，因為當時並沒有職業女性大廚，但是安排在這部電影裡，就能讓她以值得敬重的藝匠身分受到觀眾喜愛。正如佛格森所指出，在原著中，芭比的政治傾向更明顯，她參與了巴黎公社的血腥衝突，而且她不能回到巴黎，因為她會被逮捕，也因為她身為廚師所服務的上層客戶、即她身為公社成員所對抗的那些人，已經不存在了，隨之而去的則是她的藝術家地位。佛格森把芭比的烹飪時刻比為普魯斯特的瑪德蓮，認為芭比的烹調讓人想到一個理想化的法國，因為它代表了「每一名法國廚師及法國大廚」，而且它參與了法國烹調的敘事，「是一個適合所有時間與地點的故事」。[40]但是原著與電影中設定的時代標記又使得這場盛宴與眾不同，它是卡漢姆之後法國藝術某個特定時刻的再現，是法國在戰場上與疆域內遭受慘敗之後不可缺的安慰劑。芭比以特別的理由重現了十九世紀晚期的法國高級烹調，因為這是法國想要保存的輝煌時刻，也是它傳遞給國際公眾的時刻，所以外國作者（也許無意中）選擇了這個時刻，將其視為法國烹調榮光的巔峰。卡漢姆為法國烹調在現代的優越性提供了出發點，從那時起，法國烹調在演變過程中經常回顧這個起點，有時是為了拒絕它，有時是為了改變它，但始終將它視為比較的對象。某種看法認為法國烹調是與歷史無涉的普世典範，事實上這是選擇忽略了

---

7 從東歐傳入法國的糕餅，圓蛋糕外表覆以蘭姆酒糖漿，加上鮮奶油。

在十九世紀曾經刻意宣傳法國菜優越性，這是一座人工的紀念碑，但是它決定了往後的一切。

和法國大廚一樣，法國國王、皇帝、總統都在國內與世界上扮演著代表法國烹調聲譽的角色。法國公眾仔細審視總統的飲食偏好，雖然總統官邸愛麗舍宮（Elysée palace）不再像過去的宮廷那樣創造飲食潮流（這個角色現在屬於大廚），但是在象徵法國美食文化方面，總統的習慣依然有其意義。法國總統受潮流影響，但公眾也期望他們擁有教養形成的品味教育。在現代，瓦萊里・季斯卡・德斯坦（Valéry Giscard d' Estaing，任期一九七四－一九八一）對於菜餚的態度嚴肅而注重健康，經常光顧的餐廳提供大廚米歇爾・吉哈（Michel Guérard）的健康烹調（cuisine diététique），這是一九七〇年代的新烹調流派，從濃重醬汁轉向蔬菜與高湯做成的肉汁（jus）。人們一直認為賈克・席哈克（Jacques Chirac，一九九五－二〇〇七）愛吃「小牛頭」（tête de veau），這是一道複雜的祕傳經典菜餚，但是他在愛麗舍宮的官方大廚說自己只為他做過一次；席哈克喜歡日本菜、摩洛哥菜、泰國菜。[41] 尼古拉・薩科奇（Nicolas Sarkozy，二〇〇七－二〇一二）只吃烤肉與蔬菜，而且素有在用餐時不耐等待的名聲。法蘭索瓦・歐蘭德（François Hollande，二〇一二－二〇一七）喜歡砂鍋燉菜與巧克力慕斯，並且讓薩科奇取消的乳酪盤重新上桌，不過更喜歡一旁備用的醬汁。[42] 艾曼紐・馬克宏（Emmanuel Macron，二〇一七－）還沒有關於他的烹調喜好簡介，只有某次競選活動中在自助餐廳點了藍帶雞肉，結果被告知那是兒童套餐。但是沒有一位總統在美食聲望方面能夠凌駕法蘭索瓦・密特朗（François Mitterrand，一九八一－一九九五）。

據席哈克撰寫的紀念文章說，密特朗代表了「風土的生活、我們鄉村的生活、他幾乎以肉身食欲熱愛的鄉土法國」。[43] 他的飲食偏好包括傳統的地方烹調、懷舊的「祖母的菜」（grand-mère）以及美食文化的最高境界與巔峰。《巴黎御膳房》（Les Saveurs du palais，二〇一二，克利斯蒂安・凡桑〔Christian Vincent〕導演）是一部關於密特朗的私人大廚的電影，為他的神話迷思提供了助力，描繪出一個有著嚴苛品味，既堅持資產階級經典、又堅持法國美食的人。他堅持雇用丹妮爾・德普許（Danièle Delpeuch）擔任他的私人大廚，她沒受過什

麼訓練，但能夠重現他童年的菜餚，並且在他生命最後的時光以他祖母的食譜撫慰他。這部電影半虛構了的情節是德普許試著中和密特朗口味的兩面，在電影中以兩個相鄰的空間為象徵，一邊是總統的私人廚房，她在這裡烹製家常菜（電影裡稱為「媽媽的菜」），另一邊是愛麗舍宮的官方廚房，滿是戴著白色高帽的大廚們與全男性的侍者大隊。但即使是「家常」廚房裡也有高級烹調的元素，備有充足的著名布雷斯雞（Bresse）與松露。影片表現的最後一餐是慈母般的情感，但也恰如其分具有總統氣派，德普許照料因病痛而沒有胃口的密特朗，給他準備的是吐司搭配松露奶油與一整片松露，單獨在私人廚房裡進食。

在電影中稍早時，密特朗要求「簡單的烹調」，沒有過多裝飾（他特別反對過度美化的甜點），尋求「重新發現食物的滋味，真實的事物，我祖母的菜」以及「法國最好的一切」。因此這部電影展現了兩個迷思，一是法國食客必定根植於正宗法國（鄉村）烹調並加以保護，二是法國總統認為最好的法國必須向外國政要提供高級烹調。從 LSR 認為拉‧瓦罕的烹飪過於複雜，以及卡漢姆以自己樹立的「簡化」技術主宰了十九世紀常規作法的時候起，「簡單」在法國烹調中就是很重要的概念。一種「簡單的」醬汁包含了一整個儲藏室的配料，還有從成品中無法察覺的各種輔助處理。在法國總統的餐桌上，「鄉土法國」與風土具有的象徵意義，與巴黎烹調等量齊觀。德普許說服總統，讓佩里戈爾的承包商供應她需要的農產品與肉類，這些都是從原產地得來的基本原料，即使是由私人廚房的女廚師烹製，仍然是經過了巴黎技藝與總統府的高雅光澤打磨。姑且不論這部電影，其實密特朗最後一餐的故事本身已經成為傳奇；這頓飯以幾打生蠔開始，最後是一盤盤圃鵐，這種鳴禽現在瀕臨絕種，以整隻烹製，據說味道像鵝肝與松露。吃的時候，饕客們把餐巾罩在頭上，以便捕捉它著名香氣的每一個分子。圃鵐在普魯斯特的書中出現過兩次，很能代表最高級餐飲。在《追憶似水年華》第六部《女逃亡者》（La Fugitive），馬塞爾在沉思觀點時指出，如今簡單的可頌麵包能帶給我們的快樂，就像圃鵐、兔子、山鶉給路易十五帶來的一樣多。[44]《追憶似水年華》第三部《在蓋爾芒特家那邊》（Côté de Guermantes），敘事者回憶曾經品嚐以各種方式烹製

的圃鵐，佐以一杯滴金酒莊[8]（Château d' Yquem）葡萄酒，但是他注意到，那些再次於蓋爾芒特家「神祕餐桌」上用餐的賓客，並沒有被要求一起吃這些鳥。[45]德普許說自己從來沒有為密特朗做過圃鵐，但是她回憶曾經為米哈伊爾‧戈巴契夫（Mikhaïl Gorbachev）做過一次以松露為主的晚宴。在關於密特朗的回憶裡，那些烹調迷思比較符合他的國宴形象，而非他私下那種專注而樸實的飲食習慣，但是他對於「祖母的菜」的喜愛也是其形象一部分。密特朗的公開／私人美食表現，融合了兩個世界裡最精華的部分：鄉土灶火上的菜餚，與高雅法國烹調的藝術。片中密特朗這個人物囊括了二十世紀美食文化，它超越了巴黎，將地方菜餚與資產階級烹調都包含在法國傳承中。在把法國烹調建構成商品的過程中，彼此相異的派別（資產階級烹調、高級烹調、祖母的菜、職業烹調）需要統一的形象。隨著法國烹調不斷尋求新的愛好者，它從屬於宮廷與巴黎的實體，發展為國家的高級烹調，然後成為所有階級的烹調，而且以美食家與鄉村風土愛好者密特朗為十足的代表。

　　與法國大廚的男性公眾形象形成鮮明對比的是，在代表法國烹調榮光的文學作品中，女大廚的出現頻率驚人，比如普魯斯特的法蘭索瓦絲、電影中的芭比、胡夫的阿黛樂‧皮杜、為密特朗做菜的丹妮爾‧德普許（半虛構形式）。女大廚似乎更容易出現在虛構故事中，而非專業大廚世界的重要位置上。在二十世紀以前，並沒有女大廚著作的食譜書，而且凡是提到女廚師（如果居然提到的話）都是在家庭廚房裡。但是在銀幕上與書上，在食物的想像中，女性代表著高明廚師。在家庭烹調與職業（餐廳）烹調之間，十九世紀做出了決定性的突破，承認女性是能幹的廚師，但是其烹調流派等級較低，大部分女性廚師的文學形象都遵循此一分界。經典烹調必須有燉牛肉與巧克力布丁，這些是祖母的菜，是法國烹調面貌中的寶藏，也是可以放心交給女性的。女性可以走出家庭廚房，展現受人珍愛的法國食物，但還不算是專業人士。法蘭索瓦絲與阿黛勒技藝絕倫，但都在私宅中工作，而且都被講述故事的男性權威人物加以「傳譯」。芭比具有著名職業大廚的名

8　位於新亞奎丹大區吉倫特省的索泰爾訥（Sauternes），以生產貴腐甜白酒聞名。

聲，但是這個身分出現在電影故事開始之前，而且在電影中她已經失去了這個身分，我們看到的她不是英國咖啡館的大廚，而是在家庭廚房裡發揮廚藝。德普許沒有受過正式訓練，但對烹飪有母親般的感覺，這讓她能夠成為總統的大廚，但那是在總統的私人廚房裡。餐廳餐飲出現在法國文學中（比如巴爾札克經常提到「康卡勒的懸岩」餐廳），但很少描寫餐廳大廚。職業大廚無法激起想像或同情，因為他躲在自己的實驗室裡，從事一門艱深難懂的科學。女廚師由於定位於家庭，能夠加以觀察，並賦予意義。這就是法國人擁抱的懷舊意象：熟悉的菜餚，廚藝純熟，出自守護正宗傳統的女性之手，而這些女性知道自己的位置何在，安分守己。

高級烹調主導著（巴黎）法國飲食文化的藝術表現，十九世紀的模式總是滲透到頂端。地方飲食傳統居於次要地位，不過在今天的法國，關於飲食文化的敘事已經開始重視移民烹調與「混合或者無國界烹調」（*cuisine de métissage*）。在後殖民時代二十世紀來自馬格里布（Maghreb，主要是突尼西亞、阿爾及利亞、摩洛哥）的北非移民，改變了法國的面貌，並引發關於公民身分、宗教表達、文化準則的辯論。在烹調傳統成為民族認同基石的國家，移民的飲食習慣受到更多審視與批評。二○一二年，清真肉類變成法國總統大選的導火線，右翼候選人瑪琳・勒朋（Marine Le Pen）提出，超市貨架上沒有食品標示的清真肉類堪虞，以此暗示清真肉類就像吃這些肉的法國穆斯林一樣，都是可疑的。而一份全國性雜誌上的文章透露，為國際穆斯林市場製作的清真鵝肝，是法國生產商的一大利潤來源。鵝肝是極具象徵意義的法國食品，與風土有很深的關聯，而且傳統上是聖誕節的食物，因此鵝肝所受到的這種「汙染」使得評論者建議，不慶祝聖誕節的人就不應該吃鵝肝。[46] 在殖民時代，官方曾試圖支持海外的法國企業，採用的方法是從殖民地進口某些食物至法國本土，但收效甚微。唯一例外是庫斯庫斯（couscous），也許是因為它很容易被同化，能夠做成外觀熟悉的菜餚，還帶點可接受範圍內的異國情調。庫斯庫斯搭配蔬菜燉肉，這種燉菜類似拉・瓦罕《法蘭西大廚》一書中的瑞古燉菜以及資產階級的燉牛肉，而蒸熟的穀類近似米飯或義大利麵，可以端上法國餐桌。尤金・佛蒙田（Eugène Fromentin，一八二○－一八七六）在

一八五七年的遊記中描述了第一次接觸庫斯庫斯，證明了這道菜屬於「可接受的外國事物」。對於自己在穿越撒哈拉旅程中感受到的熱情好客，佛蒙田充滿敬意，詳細描述了當地以手取用共食的風俗，當時那頓飯吃的是烤羊羔肉與庫斯庫斯，人們把庫斯庫斯捏成丸子，蘸上羊肉燉水果。佛蒙田認為，這頓飯是關於「教養、慷慨、為人著想」的重要一課。[47]

　　阿布德拉提夫・柯奇許（Abdellatif Kechiche）在二〇〇七年的電影《家傳祕方》（*La Graine et le mulet*）以庫斯庫斯為中心，在法國的多民族環境下，巧妙利用了一道家庭傳統食譜的異國情調，而且這種異國情調是觀眾能夠感知的。在一些國外市場上，這部片子名為「庫斯庫斯」，它在二〇〇八年贏得數項凱薩獎，包括最佳影片，突尼西亞出生的柯奇許獲得最佳導演。現代法國充滿了關於移民與民族主義的緊張氣氛，而庫斯庫斯依然代表著可以接受的異國情調。法國的庫斯庫斯消費量居歐洲首位，到一九九九年為止，法國已成為全世界庫斯庫斯的主要生產國與出口國。從二〇〇四年以來，民意調查顯示庫斯庫斯是法國最受歡迎的菜餚之一，民意調查機構稱此證明了「法國飲食習慣所受到的地中海影響」，這種解讀避免了將庫斯庫斯定位於馬格里布或非洲，從而它可以被「重新包裝並本地化，成為一種熟悉的慰藉食品與地方歡宴菜餚」。[48]科奇許這部半自傳體電影呈現了地中海港口塞特（Sète）的突尼西亞移民，他們的家庭午餐是庫斯庫斯、鯔魚與埃斯柏來特[9]（Espelette）辣紅椒，這道已有年頭的食譜屬於這一家的女家長索阿德。她的前夫斯萊曼，即本片主角，剛剛失去了一份勞動工作，於是把希望寄託在這道著名的庫斯庫斯上，期待以它重振運氣。在繼女萊姆的鼓勵下，他籌了一筆資金，開了一家庫斯庫斯水上餐廳，說服前妻在開幕當天掌廚。斯萊曼家的庫斯庫斯起源於突尼西亞，但它在多民族身分的背景下登場，還有音樂與舞蹈伴隨（由職業烏德琴樂隊現場表演）。斯萊曼穿梭於白人銀行家與老闆、移民鄰居與朋友之間，而且他的家人聚在一起的時候說阿拉伯語及法語。他計畫的庫斯庫斯晚宴將把這些匯合的圈子集中到一場烹飪技巧的慶祝會上，而這

9　位於法國西南邊境，新亞奎丹大區，庇里牛斯—大西洋省。以出產乾紅椒聞名。

種烹飪可以安置在法國的可接受地方飲食範圍中。這道食譜是成功的標誌性菜餚，避免了有爭議性的肉類，改用當地的魚，對穆斯林與基督教飲食都很合宜，並讓人想起宮廷餐桌上的精緻菜餚，以及很久以前齋戒期間清心寡欲的飲食。電影標題中的鯔魚在塞特港沒有什麼地位，而且很便宜。在其中一段，索阿德拒絕了斯萊曼為了示好送來的新鮮鯔魚，因為她的冰箱已經裝滿了這種魚。但是因為有這位專家的精湛廚藝與進口香料增添了正宗風味，鯔魚庫斯庫斯看來符合法國可接受菜餚的條件。斯萊曼邀請一群背景各異的支持者與朋友，包括法國人與移民，來享受餐廳的開幕之夜，而他的女兒們則擔任餐廳侍者。食客滿懷期待，又有點不放心，對其中部分人來說這是異國烹調，而對其他人來說則是家常菜。庫斯庫斯沒有按時出現，希望變成了絕望（斯萊曼的兒子無意間把做好的食物放在車裡帶走了）、續杯的葡萄酒、萊姆跳個沒完的肚皮舞也都沒能發揮聲東擊西的功效。到了最後，只有主角一家突尼西亞人吃到了「用愛製作」的庫斯庫斯；對外人來說，這道菜依然遙不可及。柯奇許的家庭鯔魚庫斯庫斯，是電影對於法國北非食物的描繪，幾乎已經被法國語境同化，而且可以在法國語境裡產生意義；這部電影在全世界的成功證明了他的藝術才能，也證明了一道混種（*métissée*）菜餚是可以存在於電影裡的，就像餐廳裡也有它一樣。

在法國本土，突尼西亞庫斯庫斯可能傾向於同化，但對於法國－加勒比食物的克里奧爾[10]（Creole）風格描繪則可能帶有抗拒的調子。作家吉賽爾・皮諾（Gisèle Pineau）出生在法國，父母來自瓜德羅普島（Guadeloupe），在她的小說裡，香料把烹調放置在其原生語境中，並且將加勒比食物與法國食物區分開來。「在我的作品中，克里奧爾香料的確是極其普遍。」[49]皮諾試圖以食物重現人物的出生地，運用克里奧爾香料來反擊法國本土的平淡世界，雖然這些香料是從別處引進，而且和克里奧爾語言及身分認同一樣，混合了非洲、印度、歐洲。咖哩山羊肉（*Colombo de cabri*，使用一種叫做可倫坡〔*colombo*〕的獨特混合香料）是與瓜德羅普島關聯最深的菜餚，傳承自廢除奴隸

---

10 殖民時代歐洲白人在美洲與非洲的混血後裔。

制[11]之後來到此地的印度移民，他們為加勒比諸島留下了烹飪遺產。東印度群島的混合香料馬薩拉（masala）在馬提尼克島（Martinique）是代表性食物，出身該島的作家愛德華‧格里桑（Edouard Glissant，一九二八－二○一一）認為這是刻意針對西方影響的反敘事。在他的小說兼論文《所有人》（Tout Monde，一九九三）當中，「馬薩拉隱喻」褒揚了印度文化與宗教對馬提尼克的影響（而一些加勒比作家忽視或貶低這種影響），並「打破了主流分類的穩定平衡」，包括法蘭西帝國與前殖民地之間的關聯。[50]在《所有人》裡，格里桑讓馬薩拉既準確又發散：一道沒有標明用量的食譜，可以加以試驗，並成為「沒有方位也沒有主次的連續體……它是一切的基礎，有著這麼多不同的結果。」[51]格里桑的多起源馬薩拉尖銳地置身於法國傳統之外，而且無法被國族化，也無法被全球化包攝。

皮諾在一九九六年的回憶錄小說《茉莉亞敘述的流放》（L'Exil selon Julia）中也把馬薩拉視為對祖母的回憶，加以歌頌；一份多語言的香料清單，包括「calchidron」與「coton mili」（芫荽），致敬的對象是「這裡的印度人的咖哩醬，他們來自遙遠的印度加爾各答，把咖哩醬與他們的眾神一起帶來了瓜德羅普。」[52]皮諾通過祖母在法國生活時講的故事，在想像中尋訪瓜德羅普，一邊是她所繼承文化的來源地，一邊是她父母渴望以同化的法國公民身分居住的國家，她在這兩者之間建立了連結。在小說中，扁豆的法語詞中一再出現的「lentilles、Antilles」（小扁豆、西印度群島），提示著它們起源的島嶼，而由外婆傳給母親再傳給女兒的燉扁豆食譜，讓人想起那些構成它們共同起源的島嶼，每個棕色圓點都是棕色海洋中的一塊土地。敘事者在挑揀扁豆時發現的小石頭，讓她想起瓜德羅普的泥地與岩石，並給她帶來安慰。在給祖母的一封信中，她把在巴黎聽到的種族主義的傷人言論變成了歸屬感：「對那些要我回到我自己的國家的人，我可以告訴他們，我的確經常回去。」[53]這種歸屬感在記憶與皮諾的成年生活現實中，都是隱喻。法國評論家可能會繼續把加勒比文學視為異國情調，如同

---

11 法蘭西帝國於一八四八年廢除所有領土上的奴隸制。一八五四年之後，瓜德羅普島引進來自印度東南朋迪治里地區（Pondicherry）的契約勞工。

加勒比美食，但是皮諾斷然拒絕這樣的看法：「我的文學不是異國情調，因為組成它的事物是我所知道的、建構了我的事物、我的生活。」[54] 她的生活是克里奧爾的、混種的，也是法國的。如今現代法國飲食相關作品，開始表現單一法國文化與它者法國之間的緊張關係，採取的方式比實際中的法國政治及社會論述更為先進。即使在巴黎，上層法國飲食也不再是卡漢姆與埃斯科菲耶的封閉領域了，而且「異國風情」即使可能還處於邊緣，但已經是大家熟悉的。

瑪麗絲‧孔第（Maryse Condé）的《維克多瓦：風味與話語》（ *Victoire, les saveurs et les mots* ）是關於她的外祖母維克多瓦的虛構故事，維克多瓦是瓜德羅普一位著名廚師，在孔第出生前就去世了。作者的母親很少透露維克多瓦一生的細節，寧可抹去自己這位不識字、為白人家庭工作的單身母親的痕跡。孔第撰寫這位自己不認識的外祖母的故事，設法在她所知的家族歷史與實際上可能的真相之間，以這個故事創造出一道橋梁：她思考的是，如果她知道外祖母的經歷，「我與我自己的關係、我對我的島嶼的看法、對於小安地列斯群島以及整個世界的看法，我的寫作所表達的一切，實際上可能的真相是什麼。」[55] 在孔第創作的虛構故事裡，維克多瓦藉著自己的廚藝奇蹟，彌補身為單身母親與淺膚色黑白混血兒的底層社會地位；她在教堂救濟貧民的廚房裡，以有限材料完成了「猶如耶穌顯現聖容[12]的奇蹟。在她手中，最肥、最柴、軟骨最多的肉變得美味可口，入口即化。」[56] 後來，她在一名白人克里奧爾家庭擔任廚師，以她的獨創性與精緻烹飪的天分，利用當地材料做出法國烹調。她的女婿出身貧寒，在她的餐桌上品味了烤龍蝦與檸檬草燻雞，依然認為她最精彩的菜餚是一道簡單的魚高湯，搭配米飯與豇豆，遠勝於「她發明的那些混合各種香料、酸甜調味、肉與海鮮的複雜食物」。[57]

在孔第的小安地列斯群島語境中，用心品味的人（無論其出身背景）都認為簡單的新烹調遠勝於香辣酸甜的混雜糾結，後者是從法國本土繼承下來的、過時的前現代菜餚。格里桑珍視那些無法加以分類

---

12 Transfiguration。耶穌在受難的四十天之前，在他泊山Tabor改變容貌並發光。《聖經‧新約》馬太福音17：1-2 六天以後，耶穌帶著彼得、雅各和他的兄弟若望，單獨帶領他們上了一座高山，在他們面前變了容貌：祂的面貌發光有如太陽，祂的衣服潔白如光。

辨認的混合香料,而皮諾喜歡人民的食物,比如咖哩、扁豆、香料。孔第半虛構描寫的維克多瓦則找到了中庸之道:按照雇主要求提供法國菜餚,同時在自己創作的混種菜餚裡發出了自己的聲音。維克多瓦不識字、不會說法語,但她比普魯斯特的法蘭索瓦絲更深遠地發揮著餐桌的力量,法蘭索瓦絲的藝術性隸屬於敘事者的寫作。烹飪與寫作這兩種彼此相關的行為,將這兩位創造者連在一起,但是法蘭索瓦絲依然只待在廚房裡,而馬塞爾占據著男性的、對外的視角,是這樣的視角將她的作品帶入了公共空間。普魯斯特眼中的上下等級,在孔第看來是彼此平等的,她設法打造出連結,把外祖母的創造力裡的「滋味、顏色、氣味」,以及用以定義她自己的書面文字連結在一起,但並不評判這兩者有何優劣上下之分。法蘭索瓦絲做了一道燉牛肉浸肉凍,作家的文字語句將其描寫出來,於是它在各方面都符合完美的標準;維克多瓦無法運用法語,但是她的創作超過了這些標準。她最大的成就是一次洗禮宴會,菜單「抒情得彷彿一首詩」,有報紙加以轉載,並稱為「一位真正的東道主安菲特律翁[13](Amphitryon)的大作」。[58]她生前最後一次大展身手,是為她的白人克里奧爾雇主與黑人親友做的一頓飯,包括海膽凍冷盤(chaud-froid)、海螺與淡水小魚派餅、番薯泥、什錦冰沙與香檳。[59]維克托瓦自己將法國烹調經典重新轉化為瓜德羅普菜餚,既是法國的、卻也不是法國的,勇於以本地食材打破標準,讓番薯泥變成配得上香檳的食品。可以說,孔第把自己與母親寫進了這本小說,她的黑人母親性格嚴屬,吃得很少,從來不做飯,而在孔第的筆下,外祖母一生的勞動顯得真實了起來,並且是可以閱讀並了解的。維克多瓦是一個文學符號,提供了女大廚的新版本,終於擺脫了男性話語,固然帶有殖民政策的烙印,但是她身為局外人,反而能夠為了自己超越法國烹調體系。

　　法國文學中最經久不衰的烹飪代表人物可能是法蘭索瓦·瓦德勒(François Vatel),他是孔代親王(Prince of Condé)的餐宴總管,一六七一年,他負責在尚蒂依城堡(Chantilly)為路易十四舉辦宴會,

---

13 希臘神話中底比斯的將軍,海克力斯的養父。這個名字在法語裡代表慷慨周到的宴會主人,出自莫里哀創作於一六六八年的同名喜劇,劇中一句台詞:Le véritable Amphitryon est l'Amphitryon où l'on dîne. 真正的安菲特律翁,就是人們能夠飲宴之處。

席間因必需的鮮魚未到，他深感失職而羞愧自殺。瓦德勒有法蘭索瓦[14]這個愛國的名字，有著餐宴總管這個顯然是法國的職業，而且是在古典時期、烹調開始冠以法國之名的時代，侍奉最有名也最能創造傳說的法國國王，並且參與了最高級的高級烹調，也就是王家飲食。將近四百年後，如今瓦德勒已成為「法國美食文化的英雄與保護者」，雖然他的一生（與死）都在美食餐飲術語與常規誕生之前。[60]他的故事占了一個優勢，就是根植於事實、並非虛構，而且記錄在十七世紀同時代人塞維涅夫人的書信中。不過瓦德勒的形象很快就擺脫了歷史背景，變成一幅空白的畫布，他是一個可變的象徵，每當法國烹調的榮光需要重新講述，就可取用。十八世紀，他的名字出現在餐廳招牌上；雖然他的職業是餐宴總管，但是在十九世紀，他的名字成為餐廳業者的通稱。約瑟夫・貝修（Joseph Berchoux，長詩《La Gastronomie》的作者）與卡漢姆分別在一八〇一年與一八三三年的作品中，選入塞維涅夫人那封信的完整內容，他們將它視為法國烹調的基本文本，但對於十九世紀的讀者來說，這封信一定非常陌生。

從塞維涅的信到貝修的詩之間這段時間裡，瓦德勒差不多從書面紀錄中消失了，有些人試圖回歸貴族價值觀，而這樣的價值觀似乎是他所信仰的，於是這些人使他復活了。法蘭索瓦・馬杭在《歡慶之神科摩斯的禮物續篇》（Suite des Dons de Comus，一七四二）的前言簡短提到他，但不是為了讚美他的名譽，而是暗示現在烹調不會出現這麼戲劇性的選擇，因為強調的是技術而非菜餚的數量。[61]更能喚起讀者回憶的是，貝修稱瓦德勒是其處境的「不幸受害者」，不過依然值得尊敬與稱頌。[62]到了卡漢姆的十九世紀，隨處可見提及瓦德勒，從對於魚類供應的調侃，到對於瓦德勒履行職務時所表現的榮譽心的評論。一八三〇年的《美食家》（Le Gastronome）刊物上有一篇文章提及瓦德勒，記述的是餐廳「康卡勒的懸岩」的一次晚餐，當時（食客們發現）似乎沒有生蠔供應了；吉穆・德・拉・黑尼葉將他的第八期《美食年鑑》（一八一二）題獻給瓦德勒，稱其為「餐宴總管日曆上的第一位聖人」[63]，並且證明了近似羅馬將軍的激昂榮譽心也屬於廚房裡的

---

14 源自古法語，意為「法蘭西的」。

偉大領袖。經濟學家阿爾蒙德‧宇松（Armand Husson，一八〇九－一八七四）在《巴黎消費研究》中提到「我們這個時代的瓦德勒們」（*les Vatels de notre temps*），他們重拾古老習慣，把燻火腿切片當作第一道菜。[64]一八二七年的歌舞喜劇《瓦德勒，一位偉人的孫子》（*Vatel: ou, Le Petit–fils d'un grand–homme*）想像瓦德勒的兒子與孫子在貴族大使宅中擔任大廚。在劇中，主角西薩‧瓦德勒也遭受了職業上的榮辱，但情況不同。他心愛的瑪內特是未經訓練的家庭廚師，憑記憶做出一道失傳已久的經典菜餚，在廚藝上勝過了他，他幾乎羞愧自殺。然而某次重要晚宴缺少最後一道菜，僕人們端上瑪內特的菜（眾人以為是西薩的作品），席上識貨的賓客對此大加讚譽。於是全新的瓦德勒陰錯陽差得到了榮譽，他因為復興了一道資產階級經典菜餚，而免於自殺的命運，全是由於一位才華洋溢、可是與羅馬將軍相去甚遠的女人。對這齣戲的現代分析認為，對於忽視或輕視數百年來女性在家庭廚房裡守護了經典法國烹調的人，瑪內特這個角色就是對他們的回應。[65]瑪內特沉默的成功的確對烹調傳統中菁英男性的主導地位開了個玩笑，這種傳統曾經導致歷史上瓦德勒展現榮譽心的戲劇性行為，而此一極端行為先後受到黑尼葉與卡漢姆的稱頌。這個幽默版本的瓦德勒傳說賦予了資產階級烹調與家庭廚房的地位（並嘲諷了上層烹調的誇張戲劇性），把原本的故事顛倒過來，但依然表達了對於正宗法國經典烹調的讚譽。

比較常見的是，瓦德勒以朦朧的英雄人物身分出現，代表了高標準的最高點。卡漢姆在兩本作品中提到了瓦德勒；在《巴黎廚師》（一八二八）裡，是為了向他已故的導師拉吉皮耶（Laguipière）致敬，他在俄羅斯軍事戰役中去世；在《法國十九世紀烹飪藝術》（一八三三）裡，卡漢姆稱瓦德勒也會欣賞現代烹調的華麗與高雅。至於比較戲劇性的，對卡漢姆而言，瓦德勒始終代表了王家食品供應者的高貴精神，他們為自己的名聲贏得了榮譽，這正與那些政治領導人相反，他們就算損害了國王與國家的尊嚴，也不願遵循瓦德勒的榜樣，高尚地犧牲自己。[66]《法國十九世紀烹飪藝術》裡有兩道魚類食譜以瓦德勒的名字命名，證明了他在精緻法國烹調中的光榮地位（兩道菜都適用於齋日，正是瓦德勒最後一次服務時的致命星期五）。最近有一本關於巴黎

中央市場歷史的書籍，在魚市場這個主題上提及瓦德勒：巴黎很少像瓦德勒那樣受苦。[67]在現代想像中，瓦德勒通常與卡漢姆、保羅‧波克斯、埃斯科菲耶相提並論（不過埃斯科菲耶說過，如果他是瓦德勒，他就用雞代替魚）；作家們在他死後賦予他大廚的頭銜（其實這是錯的），而且把香緹鮮奶油（Chantilly cream）歸功於他。傑哈‧德巴狄厄（Gérard Depardieu）主演的法美合作電影《瓦德勒》（二〇〇〇），回歸這位十七世紀不幸餐宴總管的故事本身，但是把他的自殺原因改為社會階級：他的下層地位使得他對貴族德蒙圖西夫人的愛無以為繼。二〇〇三年，米其林星級大廚貝納‧盧瓦蘇（Bernard Loiseau，一九五一－二〇〇三）位於勃艮第的餐廳「La Côte d'Or's」得到令人沮喪的評價，之後他自殺而死，時人也將其與瓦德勒相提並論。事發後，法國新聞報導匆忙將這位行業頂尖名廚受到惡評的恥辱，與重視榮譽卻無法履行對國王職責的瓦德勒所受到的恥辱，聯想在一起，熱烈討論評星制度與保持餐廳地位帶來的壓力。於是故事的寓意產生了變化，但是如今瓦德勒在文化上依然代表了「一個時代裡宮廷社會的奢華、另一個時代裡正在消失的榮譽感、超越一切的行業壓力」。[68]自從大廚取代了國王與宮廷、成為烹調權威的象徵之後，瓦德勒的形象開始扮演新的角色。瓦德勒依然代表了法國人的烹調與歷史榮光，展現了不容懷疑（雖然可能是裝飾性的）的承諾，致力於烹調的最高標準，這樣的最高標準正是法國人堅持的國族理想。

　　文學作品與電影為飲食的現實情況做了補充，當作歷史紀錄、社會評論，以及藉以確認潮流都很有用。尤其是對法國飲食，這些紀錄敘述了國族飲食面貌隨著時間推移的建立過程。大眾消費中最熟悉的法國文學美食場景來自卡漢姆的時代，而且這是很有道理的，因為那個時代正是寫作與美食文化開始成功合作之時。當然，十九世紀之前的文字作品裡也有飲食場景，比如文學作品中穿插的事件，但是在現代高級烹調出現的時代之前，並沒有刻意推廣和美化法國烹調藝術。塞維涅夫人對瓦德勒的記述如今已成永恆，她證明了瓦德勒其人的名譽，而非那場宴會食物的品質。在十九世紀的美食革命發生之後，文學中的食物馬上流行起來，而在那之後，文學作品提及食物最令人難忘的是關於高級烹調與精緻飲宴。喬治‧桑在她的鄉村小說中很少提

到食物，除了福樓拜，資產階級家庭烹調幾乎不曾出現在小說中。左拉力圖為人民的食物發聲，但是他的描繪之所以能引起共鳴，只是因為他把品德高尚的蔬果與鋪張奢侈的濃厚乳酪及肥膩肉類對立起來。直到現代以前，很少有女性以文學飲食形象出現，雖然她們也被畫進了家庭廚房的場景中，就像她們如祖母般的食物一樣受到珍愛。出身安地列斯群島的作家，如孔第與皮諾，堅持把祖母寫進重溯根源的烹調故事裡，而一八二七年那齣劇中的女版瓦德勒（即瑪內特）也是值得注意的例外。使用法語的其他文化，紛紛有了手握紙筆與攝影機的代表人物，將自己的飲食傳統的形象，加入集體想像中，慢慢改變文學的面貌，使之符合法國內外文學大眾的樣貌。格里桑的馬薩拉與皮諾的克里奧爾香料定義了一種烹調文學身分面貌，它並不是與法國對立的，而是與法國不同，而柯奇許的法國本土庫斯庫斯不是無國界烹調，而是突尼西亞傳統，在它的法國鄰居之中生機勃勃。

　　但是電影與小說中廣為人知的、關於法國食物的普遍概念，是由一些不斷重複的引用所形成的。法國文學中所表現的食物，通過對於共同主題的重複，確立了法國烹調聲譽所渴望的特點，即高雅、精緻、保存傳統。而問題在於傳統的定位。在十九世紀法國烹調於象徵性及實務方面取得勝利之後，讀者將所有法國食物文本解讀為美食文化，而不考慮其年代。評論家將「美食文化」（gastronomy）一詞應用在卡漢姆之前的作品與人物，比如瓦德勒與比里亞－薩瓦漢，也用在家庭飲食與資產階級飲食上。在形成全球法國烹調的單一形象方面，流行的食物文本與電影發揮了作用，這種整體單一的形象是細心維護的文化產品，將宮廷貴族餐飲與「經典」資產階級家庭烹調結合在一起。在對貴族烹調的擁護與政治的平等觀點彼此衝突的時候，就求助於資產階級烹調中包含的法國菜之家庭與爐灶意象。誇張點說，資產階級的燉牛肉與白醬燉小牛肉（blanquette de veau）在法國烹調面貌中都有重要的象徵意義。資產階級烹調具有寶貴的地位，因為它是象徵，根植於風土與不可或缺的法國行家知識，雖然它在藝術上顯然不如高級烹調，自十八世紀以來，它在著作中的地位是與高級烹調分開的，而且經常被降格給女廚師負責。在一本普魯斯特美食食譜的前言中，詹姆斯・比爾德（James Beard，一九〇三－一九八五）說自己發現了

「十九世紀與二十世紀初食物的真摯，以及家一般的舒適感」，並將該書視為一種跡象，「我們正在找出自己的路，從戲劇效果回到資產階級飲食的正派品德」。[69]但普魯斯特小說中描寫的飲食是完全戲劇性的，而且幾乎不符合中產階級烹調的定義。普魯斯特式的、卡漢姆式的、令人難忘的文學中的法國食物是國族化的、男性化的、鋪張的，回歸了居於主導地位的高級貴族烹調，但是在我們當今的時代裡，見證者希望看到它是「屬於每個人的一切」。在書本上與銀幕上，關於法國食物的永恆神話是一門藝術的完美呈現，也是祖母的烹調、灶火與家常的經典。實際上，《芭比的盛宴》之所以引起共鳴，是因為它讚頌並支持的事物正好與此相反，是金碧輝煌的飲食與非理性的耗費，使食客感覺自己彷彿國王。

【第七章】
在六邊形國土之外：
海外的風土

　　法國的海外領土至今以各種實際方式塑造了法國食物的形象。從十七世紀末聖多明哥（Saint–Domingue）的農場以及一八三〇年征服阿爾及利亞開始，法國人在數次行動中發展出他們的殖民食品帝國。[1]一八八七年，印度支那成為法國屬地（Indochina，稱為印度支那聯邦〔Fédération Indochine〕，後來改稱印度支那聯盟〔Union Indochine〕），首先是入侵交趾支那（Cochinchina，現在的越南南部），最後囊括了安南與東京（Annam 與 Tonkin，現在的越南中部與北部）、柬埔寨、寮國，以及現今中國廣東省的一小部分。海外領土在經濟與商業上對法國有利，尤其是在一九二〇年代的繁榮時期，但這些地方始終沒有成為法國公民的主要前哨。[2]在三個世紀裡，法國把自己的海外勢力範圍總稱為「大法蘭西」、法蘭西帝國、海外法蘭西、法蘭西聯盟，最後定名為DOM–TOM（海外省與海外領土〔*départements d'outre mer–territoires d'outre mer*〕），然後最近又修改為DROM–COM（海外省及大區與海外集體〔*départements et régions d'outre mer et collectivités d'outre mer*〕）。在殖民時代，咖啡、巧克力、熱帶水果出現在法國餐桌上，而且在二十世紀之交，法國應對人口增加與糧食短缺的方式就是在殖民地擴大種植糧食。聖多明哥（現在的海地）的甘蔗農場在十八世紀為法國建立起龐大的蔗糖出口工業，直到一七九四年奴隸革命結束了法國對該島的剝削；在這之後，法國國內的甜菜生產規模成長，達到歐洲首位。一九三〇年代，法國對外國（非法國領土）的糖、油籽和水果徵收關稅，而對來自法國在非洲殖民地的產品加以優惠，以此保護自己的海外利益。不過法國與殖民地之間在食物方面的關係，乃是建立在一種哲學基礎上，即教化使命及科學與理性的首要地位都凌駕於自然之上。正如文化歷史學家赫曼·萊博維奇（Herman

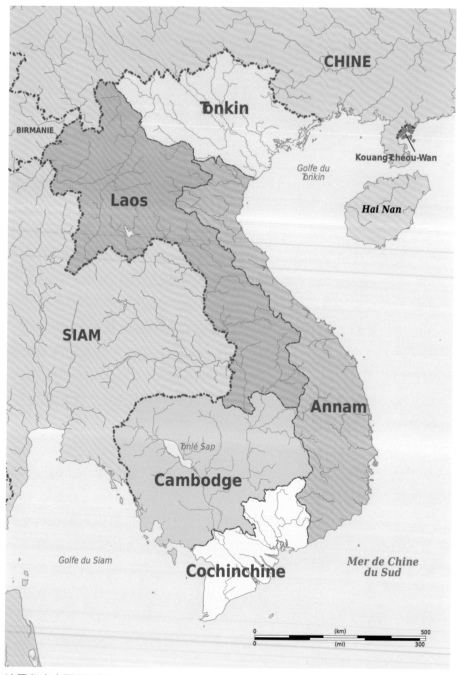

法屬印度支那的地圖。

LIBOX, EXTRAIT DE VIANDE ASSAISONNÉ
CHIMISTES CELEBRES.
4) Fondation de la première fabrique de sucre de betterave par Achard.
Reproduction interdite.　　　　　　　　　Voir l'explication au verso.

一九二八年李比希公司（Liebig）宣傳卡片，圖中是佛朗茨・卡爾・阿查德（Franz Karl Achard，一七五三－一八二一）發明的第一座甜菜製糖工廠，並稱其為「歐洲製糖業發展的起點」。

Lebovics）所說：「法國在殖民地的文化敏感性模式可說是忽視與改造，這種說法並非過度簡化、斷章取義。」[3]

　　法國企業家亞歷山大・拉札列夫為「法國烹調優異論」這種說法辯護，稱法國影響提升了安地列斯群島的食物，儘管他無法區別這些島嶼。他宣稱，前殖民地的飲食傳統是「『法國烹調優異論』的光輝代表」，「人們在法屬安地列斯群島吃得肯定比在英國或荷蘭屬地好。」[4]他的觀點與那種將法國食品及前殖民地聯繫在一起的支配性情緒是一致的：這種家長式做法從來沒有把法國放在第二位，而是希望在非法國的土地上複製法國飲食方式。在殖民地食品計畫中，教化使命（mission civilisatrice，相信法國有義務通過強加其習俗與文化、來提升「次要」國家），以及在烹飪與文化上保持法國優於DROM–COM的願望，這兩者之間存在著緊張關係。一八八五年，法國共和派政治家茹費理在一場為殖民帝國擴張辯護的演講中聲明，他認為法國有責任將她的文明教化禮物帶到世界其他地方：「她必須把她的語言、她的習

俗、她的旗幟、她的武器、她的天賦，帶往能力所及的一切地方。」[5] 在這些事物當中，很明顯缺少了法國最偉大的禮物，也就是她的烹調傳統。要與他人分享法國飲食方式，需要別的方法：為了讓法國食客接受殖民地食物，必須在孕育這些食物的土地上，將法國風土轉移到這些食物上頭。

風土的悠久歷史相當複雜。至少早在文藝復興時期的文字中，就出現了稱頌法國身為花園之國的語句，稱其享有溫和氣候，以及含有有益成分的優越土壤（一六○○年，出自奧立維・德・塞赫，此外還有其他例子）。[6]塞赫認為風土與其說是滋味，還不如說是植物與其自然環境的協調；一六九○年，安托萬・傅荷歇的《通用辭典》使用了風土一詞（terroir），指的是包括好與壞的風味與特性轉移到植物上。對殖民地的食物來說，風土可以是字面意義上的土壤，或者是法國食客與家鄉土壤生長的食物之間的關係；然後，就殖民地農業而言，風土是可轉移的。首先，只有熟悉的植物適應了異國土壤之後，才算是可食的（因為它們的精華與細胞內部已經有了風土）。

接下來，風土擴大到人類與土壤的相互作用。就殖民時期的海外領土而言，風土代表著法國科學技術的應用，這一套做法為愈來愈多可相容於法國的海外產品，創造了一項可接受的媒介。這些食物不僅是一個標籤，且是經由精製、操作手法、生產者的組織／教育、信仰，成為真正法國式的。

曼農在一七四九年的著作《餐宴總管的烹調科學》（La Science du maître d'hôtel cuisinier），致力於提高烹調達到藝術或科學的地位，日後殖民地食物計畫的思想正當性之根源，由此開始展現。在開篇文章〈論現代烹調〉（Sur la cuisine moderne）中，曼農堅持食物與氣候對國家及其國民的健康與習慣有直接影響：北方人得益於糖與香辛料等來自溫暖地區的食物，這些食物補足了當地膳食缺乏的要素與「靈性精華」。[7]曼農此番分析並非毫不科學，比如他指出來自南方國家的產品大大減少了阿姆斯特丹的壞血病。曼農確立北方高於南方的等級制度，接著鼓勵多樣化的健康膳食，但其原料（以及潛在的危害）必須通過烹飪加以修正，才能使這些食物「精細」、完美、淨化，並且「具有精神意義」。[8]在這些方針中隱含著一種觀念，即法國的技術與天賦能夠

精製異國食物，使其完全適合具有鑑別力的、文明的法國人口味。這些物產在運到法國之後，經由法國的技術，轉化為「法國的」產品。根據一本殖民時代的食譜，蘭姆酒代表了「古老歐洲與炎熱安地列斯群島」之間的合作，是在法國酒桶中經由熱帶炎熱環境發散的五十年陳釀。[9]

　　以理性科學的形式加以「精製」，就可以把外國土壤生長的物產轉化為法國認可的產品。十九世紀，殖民地遊說團體提出，法國的海外資產有助於擴展法國農業；但挑戰在於將這些作物「本土化」，才能被法國本土接受。殖民地提供熱帶水果（添加到已經法國化的食譜裡就可接受）及非法國農民生產的工業化作物，比如花生與棕櫚油。一八八五年，法國工程師在塞內加爾修建鐵路，連接達卡（Dakar）與聖路易，以改善當地物產的運輸網絡，尤其是運往法國用於榨油的花生。來自塞內加爾的油為波爾多的工廠提供了工業機器用油或照明用油的原料，這些油對於十九世紀所有法國工業公司都是不可缺的。[10]這些新物產與法國本土外的大規模生產地點，對於「小農戶農業模式」造成了威脅，使得法國決策者擁護本土，並「提升法國模式小農的地位」。[11]本土農夫與土地的直接關係、進一步的法國消費者與土壤的直接關係，都對「家的食品」這個法式理念至關重要。法國鄉村與法國美食鑑別力之間的象徵性關係是持久的概念，對法國美食的優越性是不可缺的。在法國國內與國外，「法國飲食之道的品質在於農民生產者與其土地（或風土）之間的獨特關係，也在於法國消費者欣賞這種關係的獨特能力」，上述這種信念使得法國農業得以生存，雖然法國農業已經外包給海外領土。[12]對法國人而言，風土既實用又富哲理，而想要全心接納殖民地農產品，就需要在實驗園圃（jardins d'essai）的土壤中實際播種。若反過來要將根植於法國土壤的「農業遺產」完全傳播到殖民地，則需要思想變革、經濟上的緊急狀況，以及一場世界大戰。[13]

　　在向國外傳播法國風土這件事上，法國植物學家在殖民地管理的實驗園圃發揮了重大功能。早在一七六九年，留尼旺群島（Réunion）就開設了實驗園圃（或者從植物園發展而來），然後包括馬丁尼克（一八〇三）、塞內加爾（一八一六）、阿爾及利亞（一八三二）、西貢

一位女士與一位紳士正在喝巧克力，十八世紀。

（一八六三）。[14]起初是打算當作國立自然史博物館[1]（Muséum d'histoire naturelle）的植物科學實驗室，後來成為殖民地計畫的中心，是歐洲蔬菜的苗圃，以及用來種植對殖民地「有用」的植物。馬克西姆·科努（Maxime Cornu）在一八八四至一九〇一年擔任該博物館館長，他建立了廣大的聯繫網，使他能夠從海外領土收集稀有植物，並將「理想的」物種送到殖民地種植，比如印度支那的橡膠樹、幾內亞的香蕉。由於科努的介入，「中國香蕉」（*bananier de Chine*）於一八九七年抵達幾內亞的首都科奈克里（Conakry）的實驗園圃，這個品種被稱為柯納延（Camayenne），在當地欣欣向榮；到了一九三八年，幾內亞香蕉出口達五萬三千噸，占法國香蕉進口量的三分之一。[15]在整個法蘭西帝國，香蕉種植暴增，到了一九三七年，法國本土的進口香蕉完全來自

1 成立於一七九三年，前身是路易十三的王家藥用植物園。

皮耶－奧古斯特・雷諾瓦（Pierre-Auguste Renoir），《阿爾及爾的實驗園圃》（*Le Jardin d'essai à Alger*，一八八二），畫布油畫。

海外領土，這也因為非法國領土的香蕉必須繳交關稅。從那之後，幾內亞的香蕉企業被其他非洲生產商取代，但在二○一○年，馬丁尼克與瓜德羅普依然分別生產了二十萬噸與六萬一千噸香蕉。[16] 早年很明顯的是，殖民地農場與農夫是法國國家糧食計畫與其霸權成功的一部分，但「不是財產的一部分，也不是國家農村大自然的管理者」，因為他們在作物種植方面幾乎沒有自己的權力。[17] 實驗園圃的本質在其第一階段是要強加歐洲標準而非改進當地原本的體系，甚至是為了直接剝削現有物產，就如同上述香蕉一例。博物館的主事者相信，他們能夠、並且應該把「有利於殖民行為的生態」移植到這些領土，也就是說，這樣的生態可以為殖民者提供熟悉的農產品與花卉，並展示歐洲主宰了這些殖民地的大自然。[18]「有利於殖民行為的生態」這一關鍵措辭，也描繪出法國風土的另一面：相信（土壤中的）生態能夠教導並影響人類的信仰與行為。在這種情況下，轉移到殖民地的風土是次等產品，具有法國特色的植物與技術，被強加在有時其實並不合適的土壤上。但其結果是被食用、被強加的風土，因為殖民者種植並消費這些植物，於是此間（生態與文化的）水土才顯得更適合殖民者。

在阿爾及利亞的二十一座實驗園圃（其中一座是現在阿爾及爾的哈瑪植物園〔Jardin du Hamma〕），最初遵循規定，不得種植法國農作物，因為當時共識是殖民地農業不得與法國本土產品競爭。但是海外廣闊的穀田十分誘人，於是產生了「讓全新的聖多明哥成為傳奇中的羅馬糧倉」這類夢想，這些說法天生都帶有殖民色彩（聖多明哥在十八世紀是法國控制的蔗糖生產重心）。[19] 一八五五年，世界博覽會上殖民地產品的宣傳資料中說，希望「阿爾及利亞成為第二個法國，年輕、富饒，居住著祖國的繁盛人口。」[20] 為了不與法國農業競爭，殖民地的科學家們的海外農業重心首先集中在甘蔗、香草、咖啡、可可豆及其他利潤豐厚但屬於歐洲以外地區的作物上，可是這些努力在阿爾及利亞收效甚微；一八六七年，當地的實驗園圃都賣給了私人協會。一八七○年的法國糧食危機促使重新收購哈瑪植物園，以幫助法國農業多樣化，此處依然是熱帶植物苗圃，但目的是移植到法國南部[21]，這有點像是代孕，在這些物種完全法國化然後被收養之前，確保它們健康無虞。與此類似的是法國的根瘤蚜疫情突然使得葡萄的海

外種植變得利潤豐厚、令人嚮往。法國葡萄酒短缺，促使進口葡萄酒加以摻雜，而擁護殖民者開始推銷阿爾及利亞葡萄酒，其說詞是阿爾及利亞葡萄園可以「拯救法國的葡萄栽培，復興被阿拉伯民族篡奪的羅馬文明的偉大」。[22] 嚴格說來，阿爾及利亞葡萄酒的確是種植在法國土地上，因為阿爾及利亞在一八四八年成為法國的一個省，但是這些葡萄酒的法國風土屬性並不穩定。根瘤蚜危機下，阿爾及利亞葡萄酒價格升高，從前被認為不如法國本土產品、品質不穩定，現在卻又受到喜愛，而且向殖民地葡萄酒生產商開放的新貸款也使得它們從小麥轉作葡萄。當然，農業發展的最終結果往往對殖民地不利。一九二〇年，剝削導致阿爾及利亞發生糧食危機，因為百分之九十八的泰勒阿特拉斯山脈（Tell，阿爾及利亞北部的山脈與高地）被歐洲殖民者占用，一九一七至一九二一年之間，殖民政策導致大部分非洲法語地區發生饑荒。[23]

對蔗糖需求的詳細研究顯示，法國在與殖民地交易及進口上的排他政策，產生了其他問題。一七七五年，來自聖多明哥（今海地）、馬丁尼克、瓜德羅普的糖占了這些島嶼對法國出口的一半，這是使用奴隸及關稅優惠的結果。[24] 奴隸貿易對製糖工業與殖民地食品生產的效力不可小覷，而法國在永久廢奴方面的步調比其他歐洲鄰國來得慢。聖多明哥的蔗糖生產是法國經濟的中心，該島是三角貿易[2]（Triangle Trade）的主要港口之一，在法國殖民地勞動的男女奴隸將近半數在此上岸。從一七六〇到一七九一年之間聖多明哥的蔗糖貿易增長，使其成為「法國殖民體制的支點」，並且讓法國在世界蔗糖市場享有至高的地位。[25] 相較於歐洲其他國家，法國國內對糖的消耗量較少，因此法蘭西帝國產製的大部分蔗糖都能從法國再出口以獲取豐厚利潤。聖多明哥在十八世紀向法國供應了絕大部分可出口貨物（主要是糖與咖啡），使得法國能夠保持對外出超，並發展自身的經濟與港口城市。一七九四年在聖多明哥奴隸領導的革命成功之後，奴隸制在法國殖民地曾短暫廢除，直到一八〇一年在拿破崙統治下又重新開始。在一系

2　十六世紀末至十九世紀初，歐洲、西非、美洲的交易路線。歐洲人往西非輸出紡織品、蘭姆酒、工業製品，將非洲奴隸運往美洲，再將美洲的蔗糖、菸草、棉花運往歐洲。

列規模較小的措施之後，一八四八年，法國政府在所有法國領土上徹底廢除奴隸制。一八〇四年聖多明哥獲得獨立並更名為海地，從此法國失去了對蔗糖市場的控制，英國首先占領了馬丁尼克與瓜德普羅，接著控制了貿易的海上航道，開始主宰蔗糖市場。

　　排他政策意味著剩餘的法國殖民地只能向法國本土出售產品、只能進口法國產品，殖民地也不能生產任何與法國本土競爭的商品。而殖民地因該政策獲得的農產品補貼幾乎無法滿足自身需求。但是，英國在航運貿易的主導地位及一連串經濟危機，迫使法國在一七八九至一八一五年修改並最終放棄了排他政策，可是在復辟時期又恢復了。全球市場上有大量廉價的外國糖，而法國殖民地只能與法國本土交易，此政策置殖民地與糖商於十分不利的地位，同時也促成了法國本土甜菜製糖業的興起。世界其他地區都偏愛蔗糖，只有法國本土是甜菜糖的唯一市場，這又是法國烹調的另一個例外。結果，法國殖民地生產商發現自己正在與一個愈來愈活躍強大的對手展開正面戰鬥，爭奪法國的本土市場，而這是他們唯一的市場。[26]法國殖民地的土壤過度開發，勞動力不穩定，

路易·費吉耶（Louis Figuier）《工業的奇蹟：主要現代工業概觀》（*Les Merveillesde l'industrie:ou, Description desprincipales industries modernes*, 1873–7）一書中的甜菜。

加上法國壟斷航運造成運輸成本高昂，而本土甜菜糖免徵關稅，又得益於其他保護措施。經過廣泛的辯論以及在法國廢除甜菜糖的提議失敗後，在一八四三年通過了一項法律，對殖民地蔗糖與甜菜糖徵收一樣的關稅，保留了對法國經濟造成很大損害的甜菜糖工業。最後，甜菜糖生產壓低了所有糖的價格（以鼓勵更多本土消費），並迫使殖民地進一步從事單一耕作，而且要求政府提供更多保護以維持價格、確保利潤。目前法國甜菜糖產量逐年上升，二〇一七年，甜菜糖出現貿易順差，並取消了一九六八年起為保證價格下限的配額措施。

十九世紀的法國殖民地，法國公民在當地尋找熟悉的食物與膳食指南，比如喬治・泰伊（Georges Treille）的《殖民地衛生原則》（*Principes d'hygiène coloniale*，一八九九），為非洲的法國殖民者規定了一套盡可能模仿歐洲標準的健康膳食。對泰伊來說，蔬菜比肉類好，因為他聲稱這些國家的野味並不適合歐洲消化系統，而「精挑細選的動物」比如羊肉、牛肉、家禽比較合適。[27]在二十世紀初的法屬印度支那，小羊腿象徵著法國身分與富裕，因為它很難取得，而且越南習俗裡沒有這種東西。「克服不便與開銷，在餐桌上端出羊腿，表明了不惜一切代價維持法國生活方式的決心。」[28]一九〇〇年，一份對於印度支那安南正式餐宴的第一人稱法文紀錄中，使用筷子食用各種精緻美食及米飯令作者感到有趣而驚奇，並且把使用筷子比為擊劍。本地菜餚全部端走之後，按照「歐洲式」重新擺設餐桌，「為那些無法以安南食物滿足胃口的人」，端上巨大的沙托布里翁牛排（*Chateaubriand*，一道具有法國名稱的牛肉），並且以一級葡萄園的波爾多紅酒取代不受歡迎的米酒。[29]至於甜點，即使保守點說，也是絕對的成功：出色的本地水果（包括芒果與山竹）與法國糕點（花色小蛋糕〔*petit four*〕、流心小蛋糕〔*fondant*〕、巴巴蛋糕等等）。[30]這些熟悉的名稱把異國風味的原料與作法帶進了可接受的歐洲領域。

科學與技術的優勢也顯示在殖民地內部的食用方式上，即罐頭食品。河內商會一九〇九年一份報告指出，當地的法國居民所吃的大部分食物都是從法國本土進口的罐頭。[31]黛博拉・尼爾（Deborah Neill）認為，將罐裝法國食品帶到殖民地的獨創技術「導致更強烈的歐洲烹

調與文化的優越感」。[32] 在法國本土，人們抗拒罐頭肉類與蔬菜，但是在殖民地很快流行起來。馬丁‧布勒哲爾（Martin Bruegel）提出，這類食品的價格在一定程度上解釋了為什麼法國本土對它們感到抗拒：罐裝青豆與豌豆的零售價格在十九世紀下半葉穩定下降，但依然遠高於麵包與新鮮蔬菜。富裕階層（殖民者通常被象徵性包括在內）食用玻璃罐裡的非當季農產品，是炫耀性消費的表現，而下層階級比較喜歡「天然」產品，尤其是肉類。[33] 布勒哲爾又強調，法國消費者「貌似珍視其與提供物產的土地之間的直接關聯」[34]，而當這種關聯被距離切斷，法國殖民者就將土地的產品裝在罐頭裡，並且用自家菜園來補足這些產品，因為殖民當局鼓勵他們保留一塊私人菜地。經過加工的罐頭食品沒有法國精緻烹調的高貴身分，當然也缺乏風味，不過在國外生活時，「對法國人來說，吃到法國風格比實際滋味更重要」。[35] 殖民者家中的本地廚師接受指示，每天準備法國特色菜餚、烘烤新鮮麵包。因此法國殖民者維持著風土的雙軌制，一是直接的、或曰頭等的（顯然也是他們偏好的），二是次等的，在某些條件下才可能出現在非法國的土地上。

　　如果法國殖民者將殖民地改造成遵循法國方式，那麼在思想上就可以接受殖民者是法國農業土地的延伸；也就是說，如果殖民地能夠為法國農業服務，那麼他們就是有用的。一九〇二年，一位作者觀察了交趾支那的高利潤水稻生產，充滿哲思地做出了結論：水稻農作並不能解決法國的經濟難題，因為這種作物在法國不會繁盛，並指出，法國殖民者在印度支那試圖種植甘蔗不但成本高昂，而且並不成功。他宣稱，「各種農業實驗的失敗，使得某些反對者認為在這個國家耕作土地對歐洲人來說是辦不到的」，這表明了當時存在一種固執的看法，即非歐洲土壤與歐洲需求不相容，而不是外國植物與本地土壤不相容。[36] 馴化法國作物或者法國強加的外來植物很少成功，但對於將權力與自主賦予殖民地人民及其土地，抵制依然存在。然而，科學是頑固的。當大自然顯然不會屈從於殖民者的意志時，政治風向就轉變了。多次企圖在殖民地土壤引入外來作物而失敗之後，殖民地管理者開始開發本地作物，從完全被法國行家知識所馴化，轉變為發展本地作物與農夫，不過依然是為法國經濟服務。在二十世紀之交，存在已久的

殖民地實驗園圃在管理上也發生了重要的思想變化，這從一八九九年在塞內加爾的諾尚（Nogent）設立殖民地園圃（Colonial Garden）就看得出來。

在西非的植物學家奧古斯特・謝瓦利埃（Auguste Chevalier，一八七三－一九五六）與農學家伊夫・亨利（Yves Henry，一八七五－一九六六）是這一轉變的主導人物。一九〇五年，謝瓦利埃出版的《來自熱帶法屬非洲的有用植物》依然堅定表達了殖民地農業必須對法國有益的態度。一九〇六年，亨利在關於西非農業的報告中建議，實驗園圃要在市場力量的推動下，轉向單一耕作有利潤的植物，並放棄實驗室模式。亨利認為應該「科學開發現有作物」，以達到經濟上的可行性，並限制園圃科學家的工作，以支援這些選出來的（並強加的）品種開發成功。[37] 謝瓦利埃在一九一三年於塞內加爾建立的花生試驗田，旨在改良花生耕種，而直到一九四五年，花生占了法屬西非出口總值將近一半。此舉經濟意義明顯大於慈善意義，但依然代表著法國思維的劇變。[38] 從十九世紀開始，法國中央政府在法屬西非設立了供出口的單一耕作農場，包括塞內加爾的花生、達荷美（Dahomey，今貝南共和國〔Benin〕）的棕櫚心與棕櫚油，以及後來在幾內亞的香蕉。這些小農場裡有許多是法國強制種植系統的一部分，要求非洲村莊生產特定數量的特定作物，否則面臨罰款，並且使用被徵召的義務勞工。雖然是在不同環境下，但依然按照法國小農場的傳統，這些經濟作物幾乎都是在當地小農場上由農民手工種植。[39] 西非殖民地農業的工業化來得很晚，而且是刻意製造的，是為了在經濟上牢牢控制殖民地土地。除了對工人的鎮壓之外，殖民地當局對當地生產者的關注也不夠，於是妨礙了生產，並助長了原住民農民抵制與法國人進行農業合作，這可想而知。在種植並收穫了強制耕作的作物之後，由於地方長官的變動，或者法國本土無法履行購買物產的承諾，以至於浪費了整批收成，這種情況也並不少見。[40] 在第一次世界大戰期間，對糧食的需求與對勞動力及士兵的需求之間發生了衝突，勞動力缺乏意味著產量低，而且缺乏人力來運輸法國徵用的糧食。[41]

第一次世界大戰與隨後的糧食危機期間，把殖民地的糧食運到法國的論點更加迫切，卻未必更有說服力。由於印度支那的稻米產量增

一對背負甘蔗的人物瓷像，青銅與銀著色（一七三八－一七五〇），可能曾經為路易十五的情婦龐巴杜夫人所有（Madame de Pompadour）。像這樣的收藏品顯示了法國人對殖民地文化感到著迷，同時又與其保持距離。著色據稱出自依田－西蒙・馬丁之手（Étienne-Simon Martin，一七〇三－一七七〇）。

加，在有些人看來，進口稻米與米粉做麵包似乎是解決戰時法國國內小麥急遽減產的好辦法；一九一六年的小麥產量比一九一三年低了百分之六十四，一九一七年比一九一三年低了百分之四十二。到了一九二〇年，小麥產量仍僅為一九一三年的百分之七十四。[42] 在戰爭期間與戰後，對白麵包的追求「定義了法國反對外國與殖民地外人的國族認同」。[43] 米粉製成的麵包比劣質美國小麥做成的麵包更白，但是它與殖民地、尤其是東方殖民地的關聯，是過於沉重的象徵性負擔。首先，在二十世紀初的法國烹調中，稻米很少使用，甚至遭到汙衊，甜點中使用稻米，但是菜餚卻很少。[44] 印度支那稻米被指為品質格外低的產品，因此殖民地遊說團體經歷了艱辛的戰鬥，但最後發現了機會。營銷商為了給稻米製造論點，打出兩張象徵性的牌：白色與法國鄉土，把殖民地農業與祖國網綁在一起。他們巧妙地暗示，「米粉是法國收成的一部分，而米粉融入麵包，有助於法國藉著麵包的白色回歸正常狀

態。」[45]雖然這些代表意義十分有力，但是法國公眾通過科學研究、法律行動和消費者的冷漠表示了抵制。首先，一九二六年六月一項政府法令要求法國的麵包含有百分之十的非小麥粉。接著，由小麥生產者與麵粉行業的重量級人物組成的「穀物麵包社」（Office des céréales panifiables）開始行動；在巴黎麵包製造商協會的要求下，國立醫學科學院在一九二六年八月對替代粉做了研究，結論是稻米、玉米、木薯粉都不適合做麵包，由此導致了禁止銷售米粉麵包。很明顯地，這是把文化標準強加於貌似科學的研究上，米粉麵包「無法克服定義麵包的文化與法律限制」，而且這種文化與法律限制是從中世紀以來就如此。[46]反之，十九世紀中葉，法國長棍麵包在印度支那（今越南）開始流行，在一九五〇年代成為著名的越南三明治（bánh mì）的材料。

　　然而由於發現了殖民地在戰時的貢獻，而且面對法國的嚴重短缺，在一九二〇與一九三〇年代，殖民地管理者對殖民地及其農業採取了「mise en valeur」（以提供補助的方式維持穩定物價），目標依然是維護法國的經濟利益。阿爾貝・薩羅[3]（Albert Sarraut）在一九一一至一九一九年任印度支那總督，在一九二〇至一九三二年之間兩次擔任殖民地部長，他在一九二一年提出合作方法——「聯合政策」（une politique d'association）。[47]但是他並沒有忽略該方案的最終目標，也就是讓戰後法國藉由海外耕地實現復甦。以他的話來說，考慮到那個年代的經濟現實，浪費「大片未開墾的土地」是不可想像的[48]；這些人口稠密的地區被比擬為管理者耕作的土壤，這已經說明了它們的象徵價值。為了將科學與技術教育融入此一新結構，諾尚的殖民地農業學校在一九二一年成為殖民地農學研究所，開始教育殖民者與當地原住民科學家，實際上是向殖民地傳授法國的風土。實驗園圃的這種新角色把它們變成了植物學研究中心，以科學與理性為動力，專精生產最適合該地區的物產。然而，在實驗園圃科學研究目標的兩股競爭力量之間，緊張依然存在；政府主要為了法國本土的利益，力圖剝削殖民地的全部經濟潛力，而博物館的植物學家則是要了解殖民地的具體生態，以改進當地技術。但是無論在哪種情況下，這樣的改革還是為

3　一八七二－一九六二，激進－社會黨政治家，一九三三年及一九三六年曾任法國總理。

約瑟夫‧布朗謝（Joseph Blanchet），印度支那展覽廳，巴黎殖民地博覽會，一九三一。

殖民地農業帶來了一個新目標：藉由農學向法國提供異國食品，並使法國在國際市場上更具競爭力。[49]

第一次世界大戰後，殖民地農業在法國本土的發展潛力被殖民地遊說團體當作投資殖民地發展的動力。這個想法遭到法國公眾的抵制，他們對於法國需要殖民地食物這種想法感到憤怒。為了協助破冰，殖民地總局（*Agence Générale des Colonies*，成立於一九一九年）提供了諸如可可、香蕉、稻米等「異國風味」產品試吃，以使這些產品更親民，讓人們熟悉。[50]達那‧黑爾（Dana Hale）對殖民時期廣告形象的研究表明，馬格里布產品的標籤強調的是農業盛產穀物、水果與葡萄酒。[51]香蕉在二十世紀的歐洲愈來愈受歡迎，於是出現了大量香蕉飲料，例如香蕉維克（Bananavic）、超級香蕉（Superbanane），以及香蕉尼亞（Banania），這款飲料從一九一五年開始使用一名微笑的塞內加爾士兵（*tirailleur sénégalais*）圖案以及「*Y'a bon!*」[4]廣告詞，因而飽受

---

4 「這個好！」，據稱是塞內加爾士兵使用的不標準法語，其實是杜撰。這款飲料現在依然在市面上銷售。

＼ 香蕉尼亞 ／

　　這款巧克力香蕉早餐飲料創始於一九一二年，是最知名的法國品牌之一，它的傳統頗受爭議。記者皮耶·拉戴特（Pierre Lardet）模仿一種在尼加拉瓜發現的類似穀物飲料，結合了兩項殖民地產品（香蕉與巧克力），加上煮熟的穀物與牛奶，創造出這種營養飲料，即香蕉尼亞，旨在強化法國兒童體質。一九一四年，在第一次世界大戰開始的時候，為了宣傳殖民帝國的恩澤以及對於法國本土的慷慨，拉戴特註冊了香蕉尼亞的商標。香蕉尼亞的早期廣告裡有一位具有歐洲五官的安地列斯群島婦女，並強調該產品對全家人的健康與營養益處。一九一五年後，微笑的塞內加爾射手畫像和他說的「Y'a bon!」成為這個品牌的標誌，這個設計對為了法國而戰的塞內加爾軍隊表達感謝，同時也是對非洲男性的幼稚化與刻板化表現。後來的事實證明了，時機對於這個公司來說特別重要。就在同一年，拉戴特給前線的法國士兵送去滿滿一整列火車的香蕉尼亞，於是得到了亟需的知名度（並得到了榮譽軍團勳章）。[54] 在一九三一年的巴黎殖民地博覽會上，香蕉尼亞繼續在法國消費中占了一席之地；在第二次世界大戰期間，該公司暫時調整配方，熬過了蔗糖與巧克力配給制，之後又恢復了歷久不衰的原配方，包括小麥、大麥、香蕉、蜂蜜、可可亞。

　　直到一九六〇年代，香蕉尼亞幾乎一直是同類產品中的唯一，主宰了巧克力早餐飲料市場。法國殖民地國在一九五〇與一九六〇年代開始瓦解，前殖民地獲得獨立，於是許多公司放棄了黑人男女的貶義廣告形象（如今被視為刺眼的種族主義），但香蕉尼亞保留了代表性的廣告詞「Y'a bon!」與塞內加爾射手標誌，在一九五七年由藝術家艾維·默杭（Hervé Moran）改成卡通人物畫像。一九七七年，這句廣告詞消失了。一九八七年，在數十年的行業讚譽及廣告獎項之後，香蕉尼亞採用了新包裝，取消了塞內加爾人畫像，換成微笑的太陽。一九九九年，塞內加爾人又回到包裝上，不過縮小了，位置放在「老派」沖泡食用說明旁邊。目前的廣告則是現代的修改版，是一名年輕黑人男子戴著紅色與藍色的北非無邊氈帽，面帶燦爛笑容。

爭議。在第一次世界大戰中，共有十六萬非洲人為法國參戰並犧牲，於是「好黑人」（bon noir）的刻板印象流行起來，廣告中的非洲人形象變得友好而無害，但是也顯得帶有貶義的天真。一九三〇年代在巴黎與馬賽舉辦的殖民地博覽會（Exposition Coloniale）力圖推廣一項

觀點，即殖民地出口有助於重建戰後的法國。這些博覽會的官方目標是促進法國與其海外領土、特別是與北非之間的貿易。一九三一年五月至十一月在巴黎舉行的國際殖民地博覽會的潛在目標之一，就是強調歐洲與殖民地之間的固有差異，進而說明教化使命是必要的。博覽會中，一邊是代表法國文明的展覽館（裝飾藝術風格的知識之城〔Cité des Informations〕），另一邊是「土著」樣式的殖民地展覽館。法國人以殖民地為「東方」（激起感性、非理性與頹廢），與西方理性的實驗室形成對比，希望藉此展現「科學而清晰的理性」。[52] 科學成為區分法國與殖民地的等級因素。一九三一年巴黎殖民地博覽會之後，展覽館重新命名為殖民地博物館與水族館，如此遊客可以在明顯的法國空間裡，在科學的招牌下繼續欣賞殖民地文化與工業。於是法國公民就會同意「世界上充滿了神奇的人類與他們的藝術，但需要一個法國組織來容納、證明並詮釋」。[53]

　　法國在兩次世界大戰期間恢復了經濟地位，重新確立了法國民族與殖民地在思想上的身分認同區別。比如，法國葡萄酒在二十世紀擺脫了根瘤蚜疫情而復甦，阿爾及利亞葡萄酒便很快從救世主變成了競爭對手。在一九三一年的殖民地博覽會上，展示高品質的阿爾及利亞葡萄酒是為了說服法國消費者，阿爾及利亞是屬於法國的。阿爾及利亞葡萄酒免徵外國葡萄酒關稅，在一九三〇年代，試圖給阿爾及利亞葡萄酒設置進口上限，但以失敗告終。如果（以法國標準而言的）上好葡萄酒來自阿爾及利亞土地，而且好酒又是法國傳統的一部分，那麼「阿爾及利亞葡萄酒就是將法屬阿爾及利亞納入法國的有利論據」。[55] 對阿爾及利亞展覽館的策畫人來說，阿爾及利亞藉著農業盛產及這些產品品質，成為法國的一部分。但就像印度支那麵包的情況那樣，法國人拒絕了法國烹調必需品當中隱含的外國身分，拒絕了法國意象中隱含的外國身分，所以阿爾及利亞葡萄酒始終沒有得到法國本土葡萄酒的同等地位。侯傑・德吉雍在一九五九年出版的葡萄酒歷史大全中沒有提到阿爾及利亞葡萄酒。當年博覽會上的其他展館強調北非食品與法國食品的區別，供應明顯是突尼西亞與摩洛哥特色的菜餚，但整體而言，博覽會上的食品販賣區提供的是沒有明顯特色的殖民地烹調，因為這些餐廳與販賣區的目標是營利而非教育。推廣人

提供了異國食品的樣品與烹調課程，希望將這些食品融入法國家庭，但殖民地博覽會上的食品相關實際經驗顯示，一九三〇年代法國對殖民地食物的接受程度有限，也缺乏認識。R・德・諾替（R. de Noter）在一九三一年出版的食譜《殖民地烹飪美食》（*La Bonne Cuisine aux colonies*）鼓勵在一定範圍內，將「我們殖民地同胞的傳統遺產」融入法國烹調面貌中。他承認，代表非洲、亞洲與美洲的食譜缺乏「我們出色大廚的精湛技藝」及高級烹調的科學精確，不過他認為，這些食譜為海內外法國家庭提供了合理與健康的選擇。[56]殖民地食品被放置在有別於法國固有習俗的特製空間裡，如果像博覽會與博物館上那些展覽一樣小心擺放進去，那就是可口的。

　　二十世紀法國四季豆在布吉納法索的例子，可以當作吸取了十九世紀經驗的法國域外食品計畫施行案例分析。二十世紀初，想吃熟悉的食物的傳教士與管理者把四季豆（*haricot vert*）帶到了殖民地布吉納法索（當時的上伏塔〔Upper Volta〕）。

　　精選公司（Sélection）成立於一九七〇年，所有者伊夫・嘉陸（Yves Gallot）為該企業創建了一個小型農場的網絡，並贊成一項「在法國很普遍」的信念，即比起工業化農業，農民能夠將農村環境維持得更好、

阿爾及利亞展覽館，巴黎殖民地博覽會，一九三一。

生產出更好的食品；精選公司因而成為歐洲最大的四季豆進口商，及前法屬西非地區最重要的四季豆買主。[57]殖民地管理者希望在布吉納法索建立從農場到市場的體系，而這也是教化使命的一部分，即創造出現代、勤奮、繁榮與穩定的非洲農民階級。家長式的號召科學與農村的懷抱再次出現，讓人想起實驗園圃，二○○二年，精選公司的網站自豪地宣布，在他們的協助下，布吉納法索人使用「合理的耕種」與「農民的行家知識與大自然」生產美味健康的豆子。[58]布吉納法索的法國豆子就是移植風土的例子，這是混合物，包括了法國與地球的神祕連結、經濟機會、一種法國化程度可堪接受的產品。事實證明，風土是可移動的，但有其局限，而且壽命不長。

第二次世界大戰的震盪終於使得殖民地管理者相信，有必要幫助海外領土改革其生產體系，並向更廣大的市場開放貿易。殖民地生產者與法國之間的貿易閉環代表著非洲殖民地已經與世界市場隔絕，並因此受到了災難性的損失。法國體會到了西非人民在戰爭中的貢獻，於是試著讓非洲殖民地的生產者分享更多其自身的勞動成果，為殖民地提供更好的機會以滿足他們的經濟需要，並提供在殖民地和法國本土的新貿易市場。一九四四年的布拉薩維爾會議5（Conference of Brazzaville）提出法屬西非工業化計畫，目的是提高居民生活水平，為定期的設備與訓練升級提供資金，並讓各殖民地在法國本土的象徵性批准下自行決定海關稅則、藉此打開世界市場。然而這份指導方針故意排除了重工業與利潤更高的技術（比如林業與採礦），藉此保存法國的經濟實力，並剝奪殖民地真正自給自足的可能。[59]這些發展措施遠遠沒有達到獨立的地步，而且也沒有表明法國會放鬆對於海外領土的控制。也許正因為法國加入協議時其心不誠，後來這些措施差不多都失敗了，付出了極大的成本，但幾乎沒有實際結果。一九四五年，非洲法屬殖民地法郎（CFA franc）誕生，將法屬西非與法國更加緊密連繫在一起，因為這種貨幣與法國法郎之間的匯率是固定的。在此期間，法國與西非領土之間的貿易占該地區出口總額的五成至七成。

---

5 布拉薩維爾位於剛果共和國南部，殖民時期屬於法屬赤道非洲。一九四○年，成為自由法國的象徵性首都。一九四四年，戴高樂領導的自由法國與法屬非洲殖民地代表在布拉薩維爾舉行會議，這次會議決定重定二戰後法國及其非洲殖民地的關係。

　　不過布拉薩維爾協議的確培育了一些新實業，有兩種行業明顯得益，即花生與咖啡。一九三九年在塞內加爾建立了第一座油品加工廠，當地的花生種植者能夠將自己收穫的一半加工成油出口，而在一九三〇年代之前只有百分之三。[60]象牙海岸的咖啡與可可豆生產者得益於殖民地管理方法的改變，包括免費種苗、著手防治瘧疾與其他疾病、農業專家的指導。早在一七一六年，法國在留尼旺建立了咖啡園，接著是一七二三年在馬丁尼克、一七三一年在聖多明哥；一七八九年，從這些地方出口了一千八百萬公斤咖啡豆。[61]然而到了一九五〇年代末，在這些地方歐洲人種植的咖啡占比不到百分之七，而當地農民接手生產，照料植物做得更好，並且在產量低的時候種植糧食作物以自給。[62]當本地種植者採用分佃制（sharecropping）來吸引並留住來自鄰國的勞動力，非洲人擁有的田地比歐洲人的田地更成功。分佃制（métayage）類似現代早期改造法國農村的制度，保證了工人的住房與食物、更多的自由與出售作物後的利潤分成，在缺乏勞動力的地區，有時利潤分成能達到一半。[63]因此，非洲的「自由人」比起來自歐洲的種植者，更願意為象牙海岸的咖啡與可可生產商工作。一九三九年，咖啡出口超過了棕櫚產品；一九四八年，咖啡與可可占了象牙海岸出口的七成，其中大部分出口至美國。雖然象牙海岸時常發生的政治與經濟危機嚴重影響了咖啡與可可行業，但目前仍是全世界最大的可可豆生產國。殖民主義對這些前殖民地經濟停滯的深遠影響，從這件事能夠很明顯看得出來：非洲從徵召義務勞工到分佃制、再到準現代市場經濟，比歐洲晚了七百年。

　　在法國海外領土，文化與烹調的殖民影響如今依然深遠，展現了風土的另一面。在馬丁尼克，某些出口商品帶有語言的印記：進口洋蔥稱為「法國洋蔥」，小麥粉無論產地為何一律稱為「法國麵粉」。[64]在馬丁尼克，法國灌輸了一種錯覺，「認為吃得像法國人就是法國人，所以就是成功的；更重要的是，它將國際資本主義勢力偽裝成法國的，如此維持了舊法蘭西帝國的虛構形象——不可或缺的供應者，就像在一九六〇年代獨立之前那樣。」[65]雖然法國曾介入，但馬丁尼克並未達到糧食自給自足。事實上，在一九四〇至一九四三年此一稱為「*an*

《波旁島上的咖啡園》（*La Culturedu café à l'île de Bourbon*），尚一約瑟夫・帕圖・德・侯斯蒙（J. J. Patu de Rosemont, 1767–1818），水彩。畫中表現了十九世紀早期在波旁島（Ile Bourbon，即留尼旺）的咖啡園。

tan Wobè」的時期（意為「在侯貝爾[6]上將時代」），維琪政府停止出口物資至該島，對於法國補貼的依賴使得該島發生了毀滅性的饑荒。對馬丁尼克而言，當時和現在一樣，法國是供應者、是祖國，正如一位馬丁尼克人回憶饑荒時所說：「你的母親不餵你的時候，你怎麼辦？」[66]

　　由於法國與其殖民地之間的貿易增加，對殖民地產品的開放終於慢慢移植到了法國本土的餐飲上。殖民地食譜在法國最受歡迎的時候是一九三〇年代，當時正是巴黎殖民地博覽會上出現「殖民地烹調」（*la cuisine coloniale*）。殖民地生產的材料如熱帶水果與咖哩粉，都成功地被接納了，這些材料都是能夠適應、並已經適應了法國烹調，而且都被認為與「概括性的殖民地**他者**」（generic colonial Other）有關，而非特定的某國或某民族。[67]到十九世紀末，香蕉、芒果、椰子、鳳梨等「異國」水果在法國（尤其是巴黎）已經很常見，一八九五年的資產階級烹飪雜誌《蔬菜燉牛肉》的食譜中也有這些水果，通常用於甜點。

6　侯貝爾（Georges Robert），一八七五－一九六五，法國海軍上將。

這類「周邊餐點」（plats périphériques）對法國餐飲架構的威脅較小，而且又被進一步邊緣化，冠以「塞內加爾式」、「印度式」等名稱，雖然這些名稱並非完全符合其中的外國材料來源地。法國烹飪的輝煌在於熟練處理材料，以及對外國菜餚加以「法國化」或者調整以適應法國模式，這種思想是卡漢姆的遺產，正好與一九三〇年代流行的安全範圍內的異國菜餚互相呼應。十九世紀末與二十世紀初的烹飪雜誌向讀者保證，外國菜餚食譜已經改編。[68]一九三四年，一道「阿爾及利亞式」（à l'algérienne）茄子食譜宣稱「我們已經把它做得比那邊更精緻一點，更適合所有人的腸胃」。二十世紀初，「水土適應協會」7（Société d'acclimatation）提供的午餐使用進口材料（包括稻米、魚露、蘭姆酒醬浸水果），目的在推廣使用殖民地食品，「精選並製作以滿足法國口味」，並按照上流社會的常規服務。[69]

　　殖民地的法國居民唯一合口味的非法國物產是當地水果，目前法國進口網中來自海外省及大區（DROM）的唯一重要產品也是熱帶水果。目前統計顯示，法國海外省（瓜德羅普、圭亞那、馬丁尼克、留尼旺）供應的蔬果在法國及所有領土的占比很少，而且是幾種產品的唯一來源。二〇一〇年，DROM生產的糧食不到法國及所有領土總產量的千分之一，番茄與四季豆產量不到百分之三；沒有供應油籽，但是囊括了全部的甘蔗、香蕉、鳳梨與「熱帶」根莖類，而法國進口的這些產品遠遠超過DROM的貢獻。[70]但這些特產不足以平衡DROM的預算，二〇一〇年，馬丁尼克得到的補助占其農業預算的百分之四十二，在瓜德羅普是百分是二十三，留尼旺是百分之十六。[71]二〇一七年，法國香蕉的最大供應國是象牙海岸（占總量的四分之一）及喀麥隆（占五分之一），而DROM地區供應的香蕉量減少了近三成。[72]即使在今天，吃殖民地食物的人依然被視為他者。一九一二年，《藍帶》烹飪雜誌把摩洛哥菜餚加以淨化，稱庫斯庫斯「被法國烹調藝術所改造」，因此可以出現在高級餐桌上。[73]一九六二年阿爾及利亞獨立後，有一百萬名出生在當地的歐裔、即「黑腳」（pied noir）來到法國，也

7　十九世紀至二十世紀歐美的義工團體，致力於推廣非本土物種。如今人們已經知道這種思想與行為對於生態環境可能是有害的。

帶來了對於庫斯庫斯的喜愛。法國公司加爾比（Garbit）在一九六二年
推出第一款罐裝庫斯庫斯。[74]不過對於與國族認同有關的外國食品依
然存在著猜疑，在二〇〇二年的一篇文章中，法國記者莫里斯・馬斯
奇諾（Maurice Maschino）報導，一名申請法國國籍的摩洛哥移民被問
及她多久吃一次庫斯庫斯。[75]

　　殖民與去殖民決定了法國人如何設想自己的祖國，相當名符其實
地產生了現在隨處可見的象徵性「六邊形」（hexagone）圖案，「六邊形」
也是法國的代稱。以六邊形象徵法國，是在一九六〇年代法國海外領
土解放後設計的，直到一九六六年之後，這個設計才開始廣泛使用。[76]
十九世紀末葉法國在本土以外掠奪土地，是為了彌補普法戰爭之後交
回阿爾薩斯－洛林之痛，直到（察覺）失去了（從未「屬於」法國的）
殖民地之後，六邊形才用來團結法國本土。當時法國需要重新界定自
身的後帝國歐洲國家之身分，六邊形就成為一個方便的代表物；在法
國人的感性與理性中，「首先民族國家法國已經鞏固，其後才有再現於
地圖與圖像上的具體易懂的形象。」[77]於是六邊形一旦隨處可見，法
國領土就可以被視為「比例均衡和諧的國家」，這是維達爾・德・拉・
白蘭士（Paul Vidal de la Blache）在一九一五年提出的說法，而法國
人的自我形象很快恢復。一九七七年，《奇耶百科辭典》（Dictionnaire
encyclopédique Quillet）稱法國在歐洲的地位等同於帝國時期的法國，
當時是「廣大殖民地帝國的領導者」。[78]

　　今日的法國是由來自前法蘭西帝國各地區的公民組成的，根據政
治氛圍變化，多少算是和諧生活著。殖民主義的一項深遠影響，以
及一九三〇年代對殖民地的補貼政策，為法國的多樣化人口鋪了路：
一九六一年，為了尊重前殖民地，法國政府對於出生於所有法國前領
土的人，取消了申請入籍的最低居住年限，無論該領土是在什麼時期、
以什麼原因屬於法國，其中包括阿爾及利亞、摩洛哥、塞內加爾、海
地、前印度支那、突尼西亞，還有更受人矚目的比利時、義大利與德
國部分地區、美國的二十個州。[79]但是阿爾及利亞人要取得法國公民
身分並不容易，因為法國在一八三四年吞併該地之後，當地穆斯林與
猶太人被視為法國臣民，但被禁止入籍。一九六二年阿爾及利亞獨立
後，出生於法國的阿爾及利亞人後代，無論其宗教背景，出生即取得

法國籍，而所有阿爾及利亞居民都能夠歸化為法國公民。[80]然而，無論公民身分如何重新界定，出生在法國的法裔公民與前殖民地公民之間的緊張關係依然很尖銳。已經建構的各種身分特性，在殖民地食物與法國風土食物之間製造了人為差異，這些特性依然牢牢立足在法國人的思維方式之中，並繼續左右人們的思維，告訴人們誰是法國人、誰是他者。馬丁尼克的居民吃「法國麵粉」製成的糕點，巴黎人吃庫斯庫斯，但這種行為無視比里亞－薩瓦漢「告訴我你吃的是什麼……」的簡單邏輯，因為在殖民與後殖民背景下，吃得像法國人並不等於是法國人。事實上，瓜德羅普人與摩洛哥人重拾克里奧爾、印度與當地的飲食方式，這些飲食方式可能與法國方式不同，也可能已經融合，而法國人力圖在新的世界秩序中保持他們過去的烹調優勢地位。

───────────（ 文學賞析 ）───────────

瑪麗絲·孔第❶，《食物與奇蹟》（ *Mets et merveilles*，二〇一五 ）❷
第1章　學藝的日子：從椰子布丁（ Flan ）到聖誕節布丁（ Pudding ）❸

當時我已經很有創意，大膽提出了一些提議。比如，我建議【阿迪莉亞】❹做鹽醃鱈魚馬鈴薯焗烤（ brandade de morue ）❺的時候，用甘藷代替馬鈴薯。她笑道：「那變成什麼了？」

【有一次，阿迪莉亞允許瑪麗絲做布丁當作甜點。】

阿迪莉亞向圍坐在餐桌旁的家人宣布，布丁是我的作品。在我們家，從星期一到星期六，數量比品質重要。我的七個手足和我父親總是很快吃完阿迪莉亞做的簡單燉豬肉、紅豆、米飯或山藥。她的才華只保留給星期天與生日，她會做出完美的燉螃蟹（ dombrés au crabe ）❻、慢燉大西洋鮪魚、可倫坡咖哩山羊肉（ colombo de cabri ）。❼那天晚上，我的家人飽餐一頓，客客氣氣誇獎我，但並不熱情。我母親說了一句：「只有蠢人才會為了食物而興奮。」

【一開始碰的釘子並沒有減低瑪麗絲對烹飪的興趣，正好相反，讓她膽子大了起來。】

儘管傳統得過了頭的阿迪莉亞表示異議，但我還是發明了粉紅葡萄柚與酪梨沙拉，以大量檸檬汁調味。然而從那時起，每次我走進廚房，都感到越軌、感到公然挑戰了一項規定，這感覺就像幾年後我開始學電影裡跟男孩子親嘴一樣。十五歲的時候，我就會做咖哩山羊肉，這是印度人留給我們的民族菜餚。❽可是我做的從來沒有得到阿迪莉亞的認可。她抿起嘴：

「95 *Brandade de morue*」（鱈魚），剁碎的鱈魚與馬鈴薯。

「你哪來的主意！你居然加了肉桂粉！咖哩山羊肉加不得肉桂！」

為什麼？這是誰決定的？我對傳統菜餚沒有興趣，這些不可改變的食譜彷彿是祖先賜下的聖典。❾我喜歡去創造，去發明。

---

❶ 孔第是瓜德羅普島人，從一九八五年起在哥倫比亞大學任文學教授，二〇〇四年退休。她出版了十四部小說，包括《我，提圖芭》（*I, Tituba*，一九九二）及《穿越紅樹林》（*Crossing the Mangrove*，一九八九），以及數部回憶錄。二〇一八年，她獲得新學院獎（New Academy Prize，在那一年代替諾貝爾文學獎）。她的小說涉及克里奧爾人的身分認同與殖民主義的影響，關注女性主義主題，並相信文學是社會變革的媒介。

❷ 瑪麗絲・孔第，〈*Les Années d'apprentissage: du flankoko au pudding de Noël*〉，《*Mets et merveilles*》（Paris, 2015），Maryann Tebben 英譯。

❸ 在這部自傳體作品中，孔第探索了自己在寫作生涯中把烹飪與文學連結起來的過程，這是她一生中並行的兩種熱愛，是相互激發的創作途徑。這本文集之所以誕生，是因為孔第與一位巴黎餐廳老闆提出的文學烹飪書構想遭到拒絕，原構想起源於孔第發現此類書籍有英語作品，但沒有法語作品。孔第詢問的法國出版商堅持烹飪書與文學屬於兩個完全獨立的領域。在這部作品中，她為食物與寫作的統一提出辯護，以此對抗法國人不願接受事實上食物也代表了智性的追求。

❹ 阿迪莉亞是這一家的廚師，年少瑪麗絲早年的導師。瑪麗絲認為廚房是她在皮特爾角城（Pointe-à-Pitre）家中「最喜愛的避難所」。

❺ 「Brandade de morue」是鹽醃鱈魚加馬鈴薯與牛奶，搗成糊狀，然後烘烤，有時加一點大蒜與歐芹做成的歐芹醬（persillade）。這是十九世紀在巴黎流行的第一批地方菜餚之一。在瓜德羅普，鮮魚很容易買到，鹽醃鱈魚用來做炸鱈魚球（*accras de morue*），這是從非洲與葡萄牙作法改動而來，在安地列斯群島隨處可見。阿迪莉亞選擇鹽醃鱈魚焗烤，說明了法國菜已經滲透進入她認定的「傳統」烹調。

❻ 燉螃蟹與麵粉糰子，瓜德羅普的復活節菜餚。在法文原著中，孔第用的是克里奧爾拼法「dombwé」。

❼ 可倫坡咖哩山羊肉，瓜德羅普的一道民族菜餚，對許多安地列斯群島作家具有重要象徵意義，如本書第六章所述。阿迪莉亞的節日菜單雖然傳統，卻展示了瓜德羅普的特產，包括新鮮螃蟹與鮪魚；她的燉鮪魚（*daubes de thon rouge*）取代了法國文學餐桌上的燉牛肉。

❽ 印度移民在瓜德羅普上岸，他們帶來的香料傳統在克里奧爾烹調中流傳悠久。

❾ 法國的先人們，比如卡漢姆，十分熱中藉由「聖典」保存法國烹調，但是孔第在此暗示，這位瓜德羅普本地廚師對於傳統、對於口述留下正確咖哩配方的印度先人，

也是亦步亦趨，堅定不移。與加勒比地區其他作家相比，孔第反對將安地列斯群島各文化視為具有加勒比「同一性」、並將此同一性當作對抗外來者他異性（alterity）的基礎。她的小說沒有擁抱靜態的加勒比身分，而是「旨在重塑讀者預期的地平線，進而實現某種感受力」，並對他異性持開放態度（Nicole Jenette Simek,《*Eating Well, Reading Well: Maryse Condé and the Ethics of Interpretation*》, Amsterdam and New York，二〇〇八，頁二〇）。在這個段落裡，孔第暗示，她身為個體可以創作新菜餚，並不是與法國模式作對，而是因為她的經驗使她成為獨立的思考者。同樣地，身為來自瓜德羅普的作家，她也在法國文學中以法語從事「創造發明」。

【第八章】

現代：永遠是農民

　　經過帝國數十年的擴張又縮減、國內外的農業挑戰，以及高級烹調長達一世紀的主宰地位，法國進入了現代，它需要新的敘事來保存其國族傳統。卡漢姆模式已過時，遭入侵占領又喪失領土以及戰時的艱辛都打亂了法國維持國內食物供應的能力，更別說成為精緻餐飲的世界領袖了，於是法國在美食文化的領先地位受到質疑。美食文化是法國人身分認同的外層，而二十世紀的糧食問題觸及了核心，也就是法國養活人民的能力，以及界定他們是誰的能力。法國再次轉向保護主義。來自外部的（感受到的或者真實的）威脅，催生了努力要讓法國食物中的「法國性」形式化：要保留過去，也要保留法國公民身分的基礎（白人、資產階級／上層階級，主要為男性），而來自海外領土的人民與傳統挑戰了法國烹調的同化特性。在二十世紀，法律部門直接將法國特產與法國土壤綑綁在一起，藉由書面上與法庭上的正式描述，來支撐文學與想像中的風土。為了讓法國烹調優越性在國際市場上形成制度，開發品質標籤是其中一種方式，同時，根植於農民主義（認為強大的農民階級是國家穩定的關鍵）的農業政策，力圖保護法國農業免受現代資本主義的入侵。巴黎人「發現」並鼓吹地方烹調，外省終於在烹飪方面達到幾乎與首都同等的地位。處於現代的法國，面對一個擁抱融合與新奇事物、不斷變化的世界，持續尋求維護並捍衛自己的歷史與本地風土的價值。

　　所謂法國土壤孕育了優質法國食品，這種說詞利用了法國鄉村持續存在的意象，以及法國想像中農民的性格，經常都是脫離物質現實的。現代文章繼續提及法國小農「根植於農村地區，維護法國農業遺產」的重要象徵性地位，雖然地理學家（其中包括馬克·布洛克）已經發現了一九三〇年代以來法國農業的一項趨勢，即小地產合併為較大的農場。[1]農民階級在法國食品方面的地位，與小農在法國農業體

系中的角色不相上下。尤金・韋伯的農民史頌揚高貴農民的迷思，這樣的農民固執健壯，（比如在布列塔尼）只吃大麥做的粗麵包，因為小麥麵包帶來太多享受。[2]一八七〇年，在法國第三共和時期，全國三分之一是城市，三分之二是農村；到了一九三〇年代，一半人口被劃歸屬於農村，但從一九四〇年代起，從農村出走至城市的人口逐年增加；一九七五年，農業勞動者只占勞動人口的百分之八，而且只有四分之一的法國領土可被視為農村。[3]在十九世紀末葉，農村支持票數對於共和國來說是不可缺的，但是農民身為一種象徵，即使在農村居民人數與聲量減少的情況下，依然擁有政治資本。一八九〇年代，新農場增長數量自大革命以來首度開始減緩，到了一九二九年，在把小地產合併為大地產之後，法國超過一公頃（二・五英畝）的單個農場

尚－法蘭索瓦・米勒（Jean–François Millet），《手持鋤頭的男人》，一八六〇－六二年，畫布油畫。十九世紀末葉的藝術家經常以農民為作品主題。在一八六三年的巴黎沙龍展上，觀者認為米勒這幅畫是社會主義的抗議，在工業革命初始時期法國農村人口減少，但農民依然艱苦。

數量減少了五十萬。[4] 但對於鄉村農夫而言，農民仍然是很有用的身分，他們用這個詞來強調自身與耕種同一片土地的祖先之間的關聯；而對某些政治人物來說，農民也是很有用的面具，他們從事政治交易的時候，自由穿梭在農民無知落後及民族遺產高貴繼承人兩種形象之間。在法國政治中，保守派對農民的歌頌正與天主教理念或反共和的情緒一致；至於左派這邊，農民形象象徵著反對專橫的政府政策或「城市生活的虛偽與壓迫」。[5] 對於法國食品與法國民族的故事來說，最重要的是，農民身為一種象徵不斷重現，證明了現代工業化的法國與其農業傳統可以並存。

在二十世紀，人們了解到法國外省對於國家整體的重要性。農村居民在第一次世界大戰中遭受巨大損失，來自鄉村的男子占傷亡人數一半以上。戰爭期間，年長男子與婦女接手了農作，因為有軍需要求，農業一度持續數年盈利。戰爭結束後，北方大型工業農場以再投資資金進行現代化，以恢復戰爭破壞的土地，而小型家庭農場繼續使用傳統低效的耕作方式，於是小型與大型農場之間的鴻溝變得更顯著。由於法國消費者吃的麵包愈來愈少，國內小麥市場下跌，於是法國政府試圖藉著阻止外國小麥進入市場等措施來支撐法國的小麥生產。然而一九三二與一九三三年的豐收使得價格崩塌，小農負債，許多人被迫放棄務農，進一步加劇了農村人口外流。政府調控市場的努力沒有解決內部問題，保護主義措施導致小麥與麵包價格高漲，但開放便宜的外國小麥進口又將摧毀小農隊伍。代表農夫的行業聯合組織領導人們持續宣傳此一觀點：「法國的道德與社會生存取決於保留大量農民家庭，即使他們無法以世界價格生產糧食。」[6]

第二次世界大戰發生，迫使糧食系統發生變化，尤其是對農村居民而言。在德國占領下，維琪政府領導人制定的農業政策繼續擁護農民形象及農業首要地位，並以此為途徑，回歸法國工業化之前的型態的真正根源。維琪政府官員曾希望藉著一項關於「重新安置農地」（remembrement）的法律，直接重建農村地景，向已經放棄農耕的農民提供補貼，使其重返農業，並藉此法律將大片土地分割為小塊。該法在一九四〇年代的效果很小（不到一千人），但直到一九六〇年代一直有效，並在長期內產生了明顯成果，尤其是在法國中北部。維琪

政府的法國國家元首菲利浦‧貝當元帥（Maréchal Philippe Pétain，一八五六－一九五一）讚揚農民的愛國思想，並緊緊抓住此一形象的譬喻價值，當作政治資本。但是維琪政府的大部分農業政策領導人本身就是農夫，或者全國農業組織聯合會（Union National des Syndicats Agricultural，簡稱UNSA）的成員，因此在回歸農業主義這件事上有其合法權益。[7]在維琪政權下，UNSA在一九四○年創建了一個機構，名為農民公會（Peasant Corporation），擁有監管權與收取會費的能力。該公會向所有農村家庭提供會員資格，提供經濟與社會援助。但是小農與勞工對於加入公會沒有什麼興趣，於是一九四二年一項新法律規定為每一類勞動者創建地區分部（包括勞工、佃戶、分佃制農夫、地主），以此解決農村缺乏凝聚力而妨礙了初期組織的問題。新的公會型態「對公會主義者所珍愛的農民團結迷思提出了痛苦的挑戰」，因為這種新型態必須承認分歧，可見農民團結是理論而非現實。[8]但是在實踐中，維琪政府創建的這些組織，以及對農民神話的重新強調，都說服了倔強易怒的農村成員，朝著共同目標努力是有價值的。各農村聯合組織的心態轉變，在法國解放後的政府中產生了農業總公會（Confédération Générale d'Agriculture），這是一個聯合所有農業部門的機構。一九四六年，它很快就被FNSEA（全國農業工人工會聯合會）合併，FNSEA的第一任主席要求成員宣誓支持農民團結。很顯然，講述農民的故事有了實實在在的效果。

在二十世紀，法國農民在地區行業組織及國家組織中，為農業保護打了一場苦戰，他們被夾在幾乎沒有效果的巴黎親農言論，以及選自農民但是分裂的當地領導層之間。高調的象徵行為偶爾引起全國注意，並促使政府採取行動，就像在十八世紀的麵粉戰爭裡那樣，因為農民的形象有其分量。一九六一年五月，在布列塔尼，馬鈴薯價格下跌使得數千名農民開著拖拉機走上街頭，在市鎮廣場上傾倒一車車馬鈴薯，並焚燒投票箱，這是一場經過選擇的非暴力抗議。然而在政府逮捕了兩名抗議組織者之後，騷亂蔓延到了布列塔尼其他地區，抗議者舉行了十天的示威遊行並擺放路障；從這些地方，騷動蔓延到法國南部與西部，鄉間部分地區發生激烈動亂長達六星期。[9]這些現代農民起義提高了新一代農業活動者的形象，推動政府通過短期援助及長

期農業改革措施，使得巴黎與外省的關係翻開新的一頁。一九六〇年代，法國農業經歷了一系列重大發展，重點是新法律、新政策、結構變化（政府補貼、機械化、人口外流、土地重整等等），終於將法國農村帶入了現代。雖然法國人仍堅持理念，認為法國農民是高貴可敬的，但企圖恢復工業化前的十九世紀鄉村農業工人的嘗試已經不再拖累法國農業。

　　對食品生產者來說，旨在保護非巴黎供應商的新法規終於承認，巴黎市場（中央市場）的監管系統關係到整個國家。鐵路路線在一八六〇年代末完全建成，而且自然環境保護改善，於是外省農民能夠把更多貨物運往巴黎市場。但是就像十八世紀在巴黎的葡萄酒專賣制度一樣，非巴黎的銷售商必須仰賴陌生且往往不可靠的中間人。雖然其距離對大說數人來說不算太遠，但一八七八年一項法令仍禁止外省農民直接在市場上銷售蔬果，只允許巴黎代表（稱為「中間人」〔facteur〕）處理銷售，此制度一直沿用到一九五三年。農民抱怨這些中間人的詐欺行為，但巴黎擔保銷售量的吸引力超過了風險，導致中央市場內供過於求（且價格下跌）、國內其他地區的短缺（且零售價格飆漲）。[10]一九六〇年六月，布列塔尼農民與其中間商之間的糾紛導致了一場為期一週的「朝鮮薊戰爭」，期間農民用卡車將朝鮮薊運往巴黎，在街角出售，此一戲劇性的舉動正符合偏好象徵意義的法國農民行動。為了解決詐欺並保護地方供應者，法國政府成立了「國民利益市場」（Marchés d'intérêt national，縮寫為 MIN），於一九五三年頒布法令，並於一九五八至一九六七年逐步完成，消除了中間商，為大城的地方市場提供保護區域，目前共有十七個地點，包括巴黎城外的蘭日斯。這些 MIN 為兩種銷售者提供批發市場，一是傳統批發商，他們將商品直接展示給客戶看驗，一是提供全方位服務的批發商（GASC 即 grossistes à service complet），他們直接將商品運送給客戶，完全繞過實體市場。支持者認為 MIN 是保存傳統商業的一種方式，聲稱 MIN 保護了「瀕危的」批發市場銷售[11]，承認了這種做法的策略所在。最初的法令再現了中世紀麵包市場的理性及公正的用語，並加上了對於科學的呼聲：藉由「根據現代科學數據使交換與運輸合理化」，「要達到的目標是尋求最佳價格，這是消費者預算的最低價格，同時也為生

產者的勞動爭取到公正的報酬。」[12] 市場上的保護主義（至今依然）保留了法國意象中珍愛的「老方法」，允許消費者從當地生產者那裡獲得商品。它還新近成立了省內市場，但不是巴黎市場的下級組織，而是屬於「國民利益」網絡，正如MIN的名稱所示。

　　法國人所講述的關於貨真價實與保護傳統的故事，在二十世紀初又以一新型態出現了，就是「原產地命名管理」（Appellation d'origine contrôlée，簡稱AOC）系統對葡萄酒與乳酪的法律保護。一九〇五年的一項法律針對食品造假與不實的產品描述，對葡萄酒原產地加以劃分，給予原產地命名（appellation d'origine）標籤；一九一九年又頒布一項法律，設立行政法庭來管理這些產區及其使用。以AOC規則保護法國葡萄酒，起始的時候差不多正是法國剛剛在第一次世界大戰中遭受了領土與主權損失。就像十九世紀政治不穩定的時刻，產生了牢不可破的國族型態的高級烹調，AOC保護也可能被視為奮鬥，即使在其他戰線失敗的情況下，確立法國的優越性與行家知識。一九三三年，它也解決了豐收帶來的過剩危機。在兩次世界大戰期間，阿爾及利亞的葡萄園數量成長了兩倍，而國內葡萄酒消費減少。一九三〇年代，法國政府從監督數量改為整頓葡萄酒生產，包括禁止一些葡萄品種與剷除葡萄園。一九三五年的法律創立了一個機構，現在稱為國家原產地命名監控院[1]（*Institut National des Appellations d'Origine*，簡稱INAO），並賦予它權力，管理劃分的葡萄酒產區，以及葡萄酒及烈酒釀造的某些方面，包括產區、葡萄品種、每公畝量、天然釀造的最低酒精含量。[13] 此一新的主管機構不僅保護了原產地命名產品的名稱，也保護了產品的組成部分，以及它與特定風土之間的關聯。

　　兩次世界大戰之間，法國手工乳酪製造者看到了機會，他們能夠以葡萄酒走過的路為先例，使用諸如「風土」、「本地」等詞彙，讓自己的傳統得到認可與保護。[14] AOC系統延伸到了乳酪，有助於保護並推廣法國手工產品，這些產品隨著工業奶酪的成熟幾乎已經消失。在二十世紀之交，布里、卡芒貝爾、格魯耶爾成為「現代乳酪」，與大規

1　二〇〇七年一月起改稱國家原產地命名與品質監控院（Institut national de l'origine et de la qualité）。

埃普瓦斯AOP生乳（牛奶）乳酪。

模工業生產合作，脫離了地方關聯，在國內與國際上贏得聲譽。法國乳酪有兩條路，一是與鄉村及傳統方式相關的手工乳酪，一是吸引廣大消費者的巴氏殺菌工業乳酪。工業乳酪製造商求助於微生物學家，為工廠乳酪安全與衛生辯護；而手工生產者，也就是「anciens」即「老派」製造者，將自己的乳酪從「農村土氣」提升到「正宗」的方式，則是建構與這些乳酪有關的故事與傳說，並攻擊工業的「城市」乳酪是仿冒品。[15]為法國鄉村乳酪與法國烹調中其他元素創造出傳說歷史，最終造成了這些故事被織進法國人對於食物的信仰中，如此一來，這些故事就不是虛構的，而是「真實的」，而且對於評價某種乳酪或葡萄酒是否為真正法國產品，這些故事是不可缺的。很有幫助的是，農民與地方烹調有一位可貴的支持者，即美食家庫爾諾斯基[2]（Curnonsky），他在一九三四年發表了一篇文章〈乳酪天堂法國〉（La France, paradis des fromages），附一幅手工乳酪的發源地地圖。一九二五年，洛克福爾獲得產地標籤，於是手工乳酪也得益於AOC資格，不過洛克福爾這

2　本名Maurice Edmond Sailland，一八七二－一九五六，二十世紀法國最著名的美食作家，暱稱Cur，公認為「美食文化王子」。

個標籤只用於該城葡萄酒熟成的洞穴，而非用於乳製品。

乳酪與葡萄酒不一樣，多多少少算是工業產品，而法規的精神也反映了此一理念。因為當時有項說法是牛奶引發布氏桿菌病與肺結核，影響法國乳製品在國內外銷售，為了解決這個問題，一九三五年一項新法律確立了商業乳製品的衛生標準，在大多數情況下要求採用巴氏消毒法。該法令概述了「國家乳酪」（包括卡芒貝爾、布里、格魯耶爾）的普遍特徵（脂肪含量、乳的種類），涵蓋廣泛，但特別排除直接從生產者賣給消費者的「地方生產與消費的乳酪」。[16]當時手工乳酪在法國市場仍占有一席之地，但一九三五年的法律對工業奶酪多少形成了官方認可；強大的工業製造者認為，普通乳酪更符合乳酪工業現代化以及在國內外行銷乳酪的目標。[17]AOC對乳酪的認定與葡萄酒相反，避免了明確的收乳地理區域，以實現更大產能，而且沒有考慮奶類的特定風土。終於在一九九〇年，AOC法規修訂，迫使奶酪製造商開始遵循為葡萄酒建立的風土系統，並監控乳酪所有原料的地理來源。在同一年，AOC認證也對所有法國食品開放；一九九二年，法國模式啟發了歐洲的法規，於是創立了歐洲的AOP（原產地命名保護〔Appellation d'origine protégée〕）標籤，應用於歐洲所有食品（葡萄酒除外）；二〇〇九年，葡萄酒以產品身分加入AOP。法國的AOC奶油包括著名的諾曼第伊西尼（Isigny），具有獨特風味與顏色，高礦物芬芳與乳脂；產在西南部的普瓦圖－夏朗德奶油（Beurre de Charentes–Poitou），要求鮮奶油熟成十五小時之後才能製成奶油；最新的AOC法國奶油則是產在東部的布雷斯奶油（Bresse）。[18]

AOC乳酪遵循嚴格的原料與作法規則，這是法國食品法規化熱潮的一部分，是為了保持高水準，維護法國製品的「真正形式」，使其不因時間而逐漸變化。在此僅舉一例，在一九〇五年與一九三五年的「乳酪法令」之後，一九八八年的一項條例規定，只有山羊乳酪才能採用「傳統外形」，即直徑六十公釐、長度十至二十公分的圓柱體，或者直徑六十五公釐、長五至七公分的圓柱體（稱為bonde，即塞子），或者任何比例與尺寸的角錐體。[19]到了一九八〇年代末，法國的手工乳酪東山再起，津津樂道其獨特風土，並在展示與包裝上渲染鄉村氣息。根據AOC的規定，具有浸洗外皮、滋味刺激的乳酪埃普瓦斯

（Epoisses）只能取材自科多爾地區內（Côte d'Or）三個品種的牛奶（布律納〔Brune〕、季門塔爾〔Simmental〕、蒙貝利亞爾〔Montbéliard〕），這些規定有效管理並加強了十六世紀以來這種勃艮第乳酪的風土。埃普瓦斯乳酪在一九五〇年代消失，在一九九一年由一位農民取得了AOC認證而復興。比起工業乳酪，鄉村的地方性乳酪廣受美食評論家喜愛，而且符合傳統方法與真實正宗之間的關聯。

對於葡萄酒，管理也塑造了消費與趨勢。在朗格多克省，從一九五〇年代開始，人們設法從高產量的「大紅」（gros rouge，又稱黑蒙德斯〔Mondeuse noire〕）葡萄轉向品質更高的品種，於是生產出更多符合AOC品質的酒，擺脫了低品質廉價葡萄酒。一九六一至一九七八年，法國的廉價葡萄酒每人年均消費量從一百三十公升下降到九十公升，而AOC標籤葡萄酒的品質有保證，聲譽提高，於是對於AOC標籤葡萄酒的需求也隨之增加。由於有了AOC標籤認證，葡萄酒不再是「基本必需品」中的食品，而是「文化商品」。[20]皮耶・馬約爾（Pierre Mayol）對於一九七〇年代里昂食品商店促銷葡萄酒的描述，也講述了同樣的故事：每瓶普通葡萄酒都有一張標籤，收集十張標籤可換一瓶VDQS葡萄酒（Vins délimités de qualité supérieure，一九四四年設立的第二級名稱），通常是一瓶隆河谷丘（Côte du Rhône）。一瓶VDOS具有「禮物」的象徵性地位，因為其分類確認了品質差異；好酒的「有效的象徵性區別」製造了欲望，認為特殊場合值得一瓶好酒，即使對那些日常習慣飲用普通葡萄酒的人來說也是如此。[21]這種微妙的教育下，消費者喝酒不是出於必要，而是因為馬約爾所謂的「savoir-boire」，即具有文化根據的品酒。這種文化標準也可加強法國本土產品的等級制度。比如，法國拒絕為阿爾及利亞葡萄酒設立AOC認證，一九六二年阿爾及利亞獨立之後，法國將阿爾及利亞葡萄酒排除在法國產品與葡萄酒識別之外，解決了阿爾及利亞是否具有法國風土的問題。阿爾及利亞葡萄酒生產歷經一百多年，卻「不存在於法國的葡萄酒敘事中」。[22]由於一九九〇年代穆斯林基本教義派壯大，阿爾及利亞之前產酒的葡萄園多數已被小麥田取代。

現代的AOC標籤與INAO在卓越的法國烹調這個敘事中扮演了重要角色，它是「使法國烹調理念有法律依據的國家級分級」。[23]與法國

烤鵝肝，佩里戈爾地區特產，
庫爾諾斯基尤其喜愛。

主宰的其他食品領域一樣，乳酪與葡萄酒的分級有助於在國際舞台上
確立法國美食優勢，並具有重要的經濟成果。AOC標籤為消費者將乳
酪分類，而這些乳酪宣傳自己的鄉村手工特色。可以說，原產地命名
管理系統宣布並頌揚最好的法國食品的農村起源，農村生產者的堅持
在國家食品圖景中得到承認。對某些人來說，AOC系統召喚出「法國
農業的精華」[24]，因為它讓法國消費者堅持本地農業的理念，獨立於
全球化與工業化農業之外。它還提供了途徑，能夠對已確立的（法國）
做法與原則加以認可。最初的一九三五年法律沒有考慮到AOC葡萄酒
的品質，或其是否符合預期的特點（比如索泰爾訥葡萄酒〔Sauternes〕
的味道），而只考慮地理位置的標識與特定的生產要素。一九四七年，
INAO主席約瑟夫・卡普（Joseph Capus）堅持，只有專家進行的品酒
（dégustation），加上化學分析，才能保證AOC葡萄酒的真實性。於是
在對法國葡萄酒的評價中，科學與藝術這兩門學科融合再一起，因為
具有豐富傳統與專業知識的產品之細微差異與特點，只有品嚐才能加
以鑑別，但品酒並不是一種科學，「像所有藝術一樣，它有純粹的主
觀價值，取決於它的應用方式。」[25]科學或化學成分必須提供客觀的
驗證模式，但不是唯一的方法。檢查員目前鑑定的是遵守AOC指南與
否，他們將風土解釋為產品生長或製造環境的自然特點，或是自然與
人為因素的混合（即行家知識 savoir-faire）。[26]就像對葡萄酒一樣，

科學與人類的評斷一起證明了乳酪的風土：微生物測試證實了某種乳酪的特殊菌類生長，而品嚐評定了工藝與風味。AOC標籤起始於地理定義，而在這種地理定義的演變之下，INAO標準現在認為風土不只是有形的土地，也是代代傳承知識的聚落所擁有的「共同的行家知識」（*savoir-faire collectif*）。[27]AOC標籤將人類空間與地理空間等同起來，而進化的AOC精神包含了暗示：只有法國社會的行動者才能在這片土地上生產這種食品。所有因素缺一不可，包括得天獨厚的地理／氣候／土壤與法國人才，才能生產出這些佳妙的產品。

地方特產如手工乳酪，在二十世紀贏得了新的敬重，成為渴望新奇事物的巴黎人未發現的領域；在殖民地解放之後，國族烹調（從前的巴黎烹調）讓「法國位於歐洲」這個概念重新回到中心位置，而地方特色菜也是這樣的國族烹調進化的結果。在十九世紀國族飲食面貌的形成過程中，巴黎無疑是中心，法國的各省都為這位主人服務。在現代，美食作家開始讚頌地方烹調傳統，但通常是為富有的旅人服務，而且是出自作家所屬的巴黎菁英的觀點。但是法國農村的大部分地區的飲食習慣依然像上個世紀。直到一九一○年之後，農村居民（除了最偏僻的地方）才終於放棄了粥糊，改吃愈來愈白的小麥麵粉麵包，並且用稻米代替小米。[28]古老的煮穀類食品並沒有完全消失，而是變成了甜點，就像一九○六年《好飲食的藝術》（*Art du bien manger*）一書中，有一道加糖的「*cruchade*」食譜（庇里牛斯山區的主食，玉米糊加豬油）。[29]直到第一次世界大戰，農民依然保持著他們熟知的自給自足模式，吃自家土地生產的各種當地物產，但很少購買。地區差異依然明顯，農村地區也還是遭受偏僻之苦。巴黎鼓吹的那種國族烹調與大部分法國人的飲食方式幾乎沒有相似之處，每個地區的居民對於鄰近地區的烹調所知甚少。

地方傳統首先得到推崇，是吉穆・德・拉・黑尼葉在一八○六年的《美食年鑑》上發表了一篇〈美食地理〉的文章，然後是一八○八年，加戴・德・加希庫的法國美食地圖，於是因為城市裡的美食作家與眾多旅遊指南而得到國內外認可。庫爾諾斯基與胡夫合作的二十四卷《環法美食遊》（*Tour de France gastronomique*）系列（始自一九一二年）介紹了當地特產，並且向全國各地私宅中的精緻飲食致敬，在這些地

方，法國烹調是「偉大的藝術，理性而智性的享受」。[30]他們的佩里戈爾地區指南指出，油封鴨肉與松露不僅遊客喜歡，「對所有本地人而言是盛宴的標誌」。[31]這樣的評論顯示出美食作家的態度，即各省就像是法國境內的外國，他們的烹調傳統值得研究，但是與巴黎的法國烹調擁有不同標準，而且保持著一定距離。在巴黎，一九二三年的秋季沙龍藝術展（Salon d'automne）把地方烹飪當作第九藝術加以頌揚，這證明了巴黎藝文界將地方美食提升為「地方精華」以及「已經無法躍事增華的同質整體」。[32]一九三三年版的《法國美食之寶》（Trésor gastronomique de la France）中，庫爾諾斯基與歐斯汀‧德‧寇茲（Austin de Croze，一八六六－一九三七）提供了一份完整的法國菜餚與葡萄酒名單，當作廚師們在設計菜單時參考的地方材料清單。其中南方菜比北方與東方菜在國內更有名，二十世紀出現的普羅旺斯食譜書比阿爾薩斯、諾曼第、布列塔尼、里昂食譜書都來得多。[33]

　　事實證明，與巴黎之間的距離對里昂有利，使得女大廚有機會接觸美食烹調。在文藝復興時期，里昂被譽為拉伯雷[3]《巨人傳》的母國；一九三五年，庫爾諾斯基在《世界美食之都》一書中以此名稱呼里昂。里昂的卓越烹調長久以來享有盛名，尤其是因為它為資產階級烹調增光發揚。當地的傳統餐廳「bouchon」供應經典的酒館菜餚，比如可內樂魚丸及豬腳，並自豪地提供當地葡萄酒。在現代，里昂以其稱為「里昂媽媽們」的女性大廚傳統有別於巴黎。其中最著名的是尤金妮‧布拉吉耶，她於一九二一年在里昂開了一家同名餐廳，於一九三三年在兩家不同餐廳都得到了米其林三星，是達到如此成績的第一人。她師承法蘭索瓦絲‧菲力歐（Françoise Fillioux，一八六五－一九二五），一八九〇年，菲力歐將一家葡萄酒館（marchand de vins）改成餐廳，供應的菜餚始終不變，包括里昂香腸、可內樂、朝鮮薊配松露鵝肝、松露雞[4]（chicken demi–deuil），直到她在一九二五年去世。傳奇的法國大廚保羅‧波克斯是布拉吉耶的弟子；二〇〇八年，馬修‧

3　拉伯雷在一五三二年遷居里昂，在里昂主宮醫院（Hôtel-Dieu）行醫，期間寫作並出版了《巨人傳》第一及第二部。

4　demi-deuil原意為「輕喪服的、半喪服的」。將松露片嵌入布雷斯全雞的皮下，以少許水煮熟全雞，雞皮下映出白色雞肉與黑色松露，故得名。

維亞涅復興了她的餐廳「布拉吉耶媽媽」(*Mère Brazier*)並開業至今。二十世紀上半葉，里昂餐廳由女性主導，此一傳統的部分原因是城市的產業特徵，城市女性通常都外出工作。從十八世紀起，里昂就有女性經營餐館，但是在戰後，法國為了恢復民族自信心而回歸根源、汲取養分，於是里昂媽媽們得到了全國的關注。布拉吉耶與其同儕在里昂的傳統餐廳裡做的是傳統資產階級烹調，包括加了醬汁的菜餚、慢燉肉類，再加上根植於當地特產、在美食文化上的精益求精。布拉吉耶（及菲力歐）的招牌菜是松露雞(*poulet en demi-deuil*)，原料是布雷斯雞與嵌在雞皮下的黑松露切片。評論家們讚揚她們的烹調單純，但小心翼翼將其置於高級烹調之外；以某位歷史學家的話說，廣受讚譽的里昂媽媽們使用「無可挑剔的原料」並且「最重要的是單純，但並不能就此忽視她們明顯的行家知識！」[34]在外省城市供應資產階級特色菜的女廚師，以法國美食文化形象而言是可以接受的；巴黎頂尖餐廳的女性大廚則花了更長的時間才被接受（除了虛構電影中的芭比）。從布拉吉耶開始，又有四位法國女性獲得米其林三星，都是在巴黎以外的餐廳，包括一九三三年的瑪莉‧布爾喬亞（Marie Bourgeois，一八七〇－一九三七），來自法國東部的安省（Ain）地區；一九五一年的瑪格麗特‧畢茲（Marguerite Bise，一八九八－一九六五），來自東南部的上薩瓦省（Haute-Savoie）；二〇〇七年的安－索菲‧畢克（Anne-Sophie Pic），來自東南部的瓦朗斯（Valence）；二〇一八年的多米妮‧坎恩（Dominique Crenn），她的餐廳在美國舊金山。二〇一五年的六百零九家米其林星級餐廳裡，十六家由女性大廚經營。[35]

　　駕車旅行的風尚為擁有經濟能力的人提供了新的可能，那些與法國其他地區極為隔絕的外省餐廳及旅館十分受益。第一次世界大戰後，地方旅遊指南開始宣傳法國內陸的小鎮與傳統，吸引了開車旅行的遊客。米其林指南從一九〇〇年世界博覽會開始問世，重點從汽車與輪胎的技術資訊轉向美食文化，為駕車旅行者列出的車庫比以前少，而旅館與餐廳愈來愈多。一九一二年，該指南共六百頁裡有六十二頁是關於輪胎，但到了一九二七年，輪胎只占了九百九十頁裡的五頁。[36]米其林指南從一九二三年開始列出餐廳，一九三一年開始對外省餐廳採取一到三星的排名，一九三三年後才開始評價巴黎的餐廳，由此可

見該指南對外出旅行的巴黎人最有幫助。外省餐廳在巴黎蓬勃發展，但是地方餐廳吸引顧客的方式只有廣告宣傳一道菜或者當地特產用料，這屬於巴黎無法複製的風土範圍。而現在，小城正在消亡，城中的咖啡館與商店不敵商業購物中心的優勢。二〇一七年，下勃艮第一處從前的採礦小鎮上，著名餐廳大廚傑洛姆‧博修（Jérôme Brochot）主動放棄了自己的米其林評星，宣布自己無法維持星級餐廳的營運成本，當地顧客也負擔不起在那裡用餐。[37]

地方烹調提升為法國民族烹調，得益於法國烹調特有迷思的建構，使得城市居民「藉由品嚐被記憶神聖化的菜餚，復活自己來自外省的根源」，從而將精緻化的鄉村帶到城市中。[38]尤其是在二十世紀，法國人發明了地方／國族的美食模式，重寫了一再強調的美食文化主題。美食文化曾被定義為模範技術加上最好的食材，在城市環境中，出自主廚大師的巧手；而現在美食文化根植於土壤，向人們灌輸此一理念：「法國烹調最輝煌的食譜是風土的產物，是根植當地的產物，這種根植當地為美食意象帶來了意義與價值。」[39]比如在一本里昂美食文化史

油封鴨，搭配肉汁做成的醬汁，反映了新現代烹調中的地方特色菜與清淡配菜。

狗魚魚丸（可內樂），里昂烹調特色菜。

墨魚汁可內樂魚丸，從傳統狗魚可內樂變化而來。里昂保羅·波克斯中央市場（Les Halles de Lyon–Paul Bocuse），是國民利益市場（Marché d'intérêt national，簡稱 MIN）之一。

的當代作品中，里昂重獲「高盧首都」的稱號。[40]美食文化的概念變化，正與反映此一新價值觀的AOC法規相吻合，這樣的新價值觀認為完整的法國行家知識不能脫離法國土壤，因此只能存在於法國國境之內。不能在其他地方複製，「地方烹調不會遷移。」[41]

高級美食文化的呈現方式在現代也發生了變化，對巴黎不再那麼強調，新的烹調聖經也不再強調向大眾傳授專業水準的食譜，即使預設的讀者是餐廳大廚。奧古斯特・埃斯科菲耶的《烹飪指南》（Le Guide culinaire，一九〇三）以「保持簡單」（Faites simple）這句忠告再次重新定義經典法國烹調；他在一九三四年出版的《我的餐桌》（Ma Table）則特別為家庭中的女性大廚而做。雖然埃斯科菲耶在著作中推崇受人景仰的前輩卡漢姆與烏爾班・迪布瓦，但他學藝與工作都是在餐廳裡，從來沒有在私宅中，他的職業生涯從巴黎的餐廳「普羅旺斯三兄弟」（Les Trois Frères Provençaux）及「小紅磨坊」（Le Petit Moulin Rouge），到一八七〇年普法戰爭期間的軍隊廚師，再到一八九〇年倫敦薩伏依餐廳（Savoy Restaurant）的主廚，然後長期服務於倫敦的麗思－卡爾頓飯店。他最重要的傳承是現行的廚房人員組織，以及對法國醬汁製作進行了革命性的修改、取消了奶油炒麵糊（flour roux），有利於減少肉類。一九七〇年代新烹調運動的大廚們將此一修改再次發揮，以清淡肉汁（jus）代替增稠後的醬汁，重複了十八世紀新烹調廚師的循環，當年他們鄙棄香辛濃烈的瑞古燉菜，喜歡更高雅的麵粉增稠的肉類醬汁。阿里巴巴（Ali–Bab，美食家亨利・巴賓斯基〔Henri Babinski，一八五五－一九三一〕的筆名）在一九〇七年出版了《美食實踐》（Gastronomie pratique），這是一本詳細的高級烹調食譜與歷史評論概要，書中有許多註釋。一九三八年，普拉斯佩爾・蒙塔涅（Prosper Montagné，一八六五－一九四八）編纂了極具影響力的《拉魯斯美食百科》。這本參考書延續了法國編輯烹飪方法的傳統以及出版的傳統，於一九六一年譯成英文，現在的副標題是「世界上最偉大的烹飪百科全書」。

一九二〇與三〇年代蓬勃發展的美食出版可能有特別的熱情，因為這些書是在第一次世界大戰法國遭受苦難之後出現的。戰爭期間，起初法國的糧食供應順利，直到一九一七年價格上漲，糧食極為短缺。

貨架上幾乎完全看不到馬鈴薯、咖啡、食用油和巧克力，而糖、麵包、肉類的短缺尤為嚴重。法國政府再次求助於嚴格的麵包規章來管理有限的麵粉供應。一九一七年二月，當局禁止了軟白麵包（*pains de fantaisie*）、布里歐許奶油麵包、可頌麵包，而餐廳限制供應麵包，一餐價格低於四法郎者，顧客每人定量二百公克麵包，更貴的餐點則搭配定量一百公克麵包。[42] 政府以這種方式保存了長久的傳統，即從文藝復興時期的固定重量定價系統開始，收入與麵包數量呈反比。法國居民以灰色的乾麵包勉強果腹，而供應給法國士兵的盡可能是正常麵包。肉店奉令每週關閉兩天，以便配給肉類；根據食品供應部的命令，餐廳只在午餐供應肉類，晚餐不供應肉類，星期天除外。和大革命時期一樣，馬鈴薯再次成為人民救星，人民被鼓勵多吃馬鈴薯、少吃麵包。

　　第二次世界大戰期間，農民在前線服役，於是農產量減少了一半，而且法國分裂為自由法國與被占領區。自一九四〇年起德國占領下，國民忍受著嚴格的限制與配給制，還附帶強大的黑市與配給卡。一九四〇年首先開始麵包與糖定量配給，緊接著是奶油、乳酪、肉、蛋、咖啡；一九四一年又加上巧克力、魚、馬鈴薯、牛奶、葡萄酒、新鮮蔬菜。在戰爭期間，就像在所有緊迫時期一樣，政府放鬆了監管以滿足需求，尤其是對工業化最高的乳酪品種。卡芒貝爾在全國都有知名度且需求不斷；在德占期間，當局沒有完全放棄卡芒貝爾，而是規定成品中的乳脂含量不得超過百分之三十，而非以往的百分之四十五。[43] 餐廳私下無視規定，把非法取得的肉類與葡萄酒提供給買得起的人；遵守規定的餐廳只供應固定套餐，套餐沒有魚和蛋的冷盤，只能選擇葡萄酒或奶油。[44] 在這種情況下，法國人保持了某種必要的文明程度，在餐飲方面平衡了限制與文化需要。

　　在二十世紀中葉，城市與農村的習慣依然有著明顯差異。一九五〇年代，在外省的農村地區，典型的早餐依然是麵包、湯、豬肉製品、白葡萄酒或蘋果酒，與城市的牛奶咖啡及塗了奶油的麵包形成鮮明對比。城市地區食用的肉類多是來自肉販，而且豬肉較少，農村農民幾乎都在午餐時喝湯，晚餐也經常喝湯。[45] 庫爾諾斯基在他的佩里戈爾美食指南中寫道，當地居民主要吃禽類與野味，極少吃屠戶屠宰的肉類，除了河魚以外很少吃魚，而且從來不塗奶油，「因為佩里戈爾人不

羅西尼牛排（Tournedos rossini）的配菜包括鵝肝、黑松露、削製的馬鈴薯。在二十世紀，地方特產比如松露與鵝肝被巴黎美食烹調所吸收採用。

喜歡奶油」、喜歡鵝油或豬脂油。[46]一九五〇年代一項官方調查顯示，九成農村家庭有電，但只有百分之三十四有自來水，百分之十有室內廚所。[47]不過城鄉之間流通增加，有助於建立全國性的共通貨物市場，於是農村飲食接近城市模式，包括來自麵包店的麵包、鮮魚，還有農貿市集，供當地居民購買通常銷往城市的蔬菜。[48]飲食習慣變得不再那麼地方化，也變得更加工業化：從前吃自製乳酪的農民，如今選擇將牛奶賣給大型乳酪製造商，自己購買商業乳酪。

＼ 法國長棍麵包 ／

一七七八年，安托萬·帕門蒂埃見證了麵包變長變薄的趨勢，較輕且軟的發酵麵團讓麵包師能夠給麵包增加更多表面積，做成鬆脆的外皮。長形麵包現在咸認為法國烹調的象徵，事實上是直到二十世紀才在全法國流行起來。

符合法國政府定義的「傳統」長棍麵包。

到了一九二〇年代，技術上的進步諸如揉麵機與蒸氣烤箱使得棍狀麵包臻於完美，從細長的「細繩式」（ficelle）到寬大的「巴黎式」（parisien），最後終於能夠大量生產。到目前為止，標準的長棍麵包（baguette，法語棍子之意）是在法國出售的最受歡迎的麵包，也是國際最著名的「法式」麵包。從十八世紀開始，巴黎人就喜歡各種形狀的軟麵包。長棍麵包最早在巴黎流行，後來成為二十世紀食品國族化的一部分，傳遍全法國。現在的巴黎長棍麵包重二百五十克，長六十至七十公分，頂部麵包外皮上劃有七條斜線。一九三三年一項法令規定了法國手工麵包的標準，防止工業麵包與超市麵包的入侵，這是衍生自一九〇五年關於食品造假與摻假的法律，AOC的分類正是從該法而來。為了讓品質優良的法國麵包與法國毫無疑問地連繫在一起，就像法國乳酪與AOC認證的關聯一樣，政府發明了「法國傳統麵包」（pain traditionnel français）的標籤，適用該標籤的麵包只能以小麥、水、鹽、酵母或酸麵團老麵製成，可加上不超過百分之二的黃豆粉、麥芽粉或豆粉。[49]對公認的法國產品施以法國標籤與標準，這樣的防衛性行動表明了法國食品遺產持續受到威脅的感覺。無疑的是，法國手工麵包是國家風土的一部分，在原料與技術上都遵守傳統。但隨著國家的變化，麵包師也在變化。愈來愈多年輕人加入現代麵包製造行業，尤其是來自移民家庭的年輕工人。二〇一八年最佳巴黎長棍麵包獎的得主是突尼斯移民之子，馬茂德·姆賽迪（Mahmoud M'seddi），他因此有幸為法國總統官邸愛麗舍宮供應麵包。愛麗舍宮現任主廚是紀堯姆·高梅茲（Guillaume Gomez），出身西班牙移民家庭。二〇一七年的最佳長棍麵包獎頒給了薩米·布瓦圖（Sami Bouattour），其父母也是突尼斯人。二〇一五年，塞內加爾移民紀柏里爾·柏姜（Djibril Bodian）則是第二次獲獎（第一次在二〇一〇年）。[50]

戰後的艱難歲月最後終於被法國經濟一段大幅增長所取代；從一九四五至一九七五年稱為「輝煌三十年」（trente glorieuses），法國享有充分就業、更高的薪資、出生率提高。隨之而來的飲食現代化使得國內的生活習慣趨於一致，並導致了悠久習俗的變化。可支配的收入增加、汽車數量增加，於是人們開始光顧價格廉宜的超市，法國消費者更常享用「富足的」食物比如乳酪與新鮮水果，而麵包與馬鈴薯等基本糧食則吃得較少。從一九五九到一九七〇年，法國家庭在新鮮蔬果上的花費增加了一倍，在乳酪上的花費增加了兩倍。一九九三年，法國人在肉與魚方面的預算是一九五九年的兩倍，在乳酪與奶製品上將近三倍，在新鮮水果上增加一半，但馬鈴薯等根莖類則減少百分之二十。[51]一九五九至一九七〇年，法國家庭在葡萄酒上的預算增加一半，但最近葡萄酒的整體消費量減少了，尤其是普通餐酒，從一九六五年的每人年均八十四公升下降到一九八九年的二十一公升。[52]相反的是，AOC葡萄酒消費比率提高，從一九七〇年的每人平均八公升，上升到二〇〇八年的二十二公升。[53]第二次世界大戰結束後的幾年，法國人麵包食用量比起後來高出許多，一九五〇年每人每年超過一百公斤，一九六五年下降到八十四公斤，而一九八九年是四十四公斤。[54]麵包依然是法國餐桌上的必需品，但數量愈來愈少；二〇一六年的一項研究顯示，在過去十年中，麵包消費量下降將近百分之二十五，目前的估計是每人每年三十四公斤。只有三分之一的法國人每頓飯都吃麵包，雖然在麵包消費量方面，收入等級很明顯沒有造成區別。[55]

在法國，麵包消費量持續下降，但麵包依然是受到珍視的必需品，自中世紀以來一直受到法律的保護。為了提高法國麵包品質標準，立法機關在一九九八年通過一項法律，規定只有將麵粉混合、揉麵、發酵、烘烤的營業場所，招牌上才能使用「麵包店」（boulangerie）這個詞。[56]若是違反這項法律，包括使用冷凍麵包、出售非該場所生產的麵包，將被處以最高三萬七千五百歐元的罰鍰及兩年監禁。目前政府已不再干預出售給公眾的麵包價格與重量，麵包重量不受具體規定的限制，並且重量因地區而異。巴黎的長棍麵包重量必須為二百五十克，長笛麵包是二百克，但另一個城市的長棍根據當地法律，重量可能是二百或三百克，只要商店內明確標示出重量即可。自一九八六年

以來，只要每一種類與重量的麵包價格都有明確標示，法國麵包師可以自由定價。一九七八年的一項法令經過一系列修正，規定了價格上限，關於提高價格達成了協議，而且試圖緩和通貨膨脹，但後來這項法律又恢復了最初的標準。[57] 最後該法被納入《商業法》（Code de Commerce，二○一九年一月），但是保留了商人的定價自由，而政府有權在危機或特殊情況時加以調停。[58]

在努力固定傳統形式以保存法國飲食遺產的同時，美食文化在一九七○年代經過第二次新烹調運動再次蛻變。領軍人物是餐廳評論家亨利·古特（Henri Gault，一九二九－二○○○）與克里斯提安·米攸（Christian Millau，一九二八－二○一七），他們為新的法國烹調提出了十誡。古特與米攸勸戒大廚們揚棄不必要的複雜繁瑣，減少烹飪次數，使用最新鮮的食材，去掉濃厚的醬汁以及用奶油炒麵糊（roux）增稠，選擇地方烹調而非巴黎高級烹調，以及「嘗試不斷發明」。[59] 伊莉莎白·大衛（Elizabeth David）詳述了新烹調運動的興衰，認為這是大廚們的第一波創新，無可救藥的過時經典烹調「傳統僵化、墨守成規」，他們試圖以較清淡的食品與更簡單的技術來加以更新；新烹調後來在用料與擺盤方面變得矯揉造作，最終成為一九八○年代的風土烹調（cuisine de terroir）。[60] 有一道很快成為國際經典的菜餚堪稱模範，是來自羅阿訥（Roanne，里昂附近）圖瓦古餐廳（Troisgros）的酸模鮭魚片，是三分熟的鮭魚搭配大量精緻調味的醬汁。與新烹調一同興起的是一批名廚，包括圖瓦古家的兄弟尚·圖瓦古與皮耶·圖瓦古、保羅·波克斯、米歇爾·吉哈；米歇爾·吉哈的纖體烹調（cuisine minceur）讓高端法國烹飪進一步變得更清淡，並且在一九七六年讓他登上了《時代》封面。新烹調時代出現的新技術包括微波爐烹飪，不要過度烹煮、保持清脆口感（al dente）的蔬菜、烹煮時不需要油脂的鐵氟龍不沾鍋。

隨著纖體烹調的流行趨緩，政治與社會變化為傳統烹調回歸準備好了舞台。在法蘭索瓦·密特朗擔任總統期間（一九八一－一九九五），文化部長賈克·朗吉（Jacques Lang）積極推動法國的創意與文化活動，部分原因是為了對抗在一九八○年代被視為一大威脅的美國文化「帝國主義」。朗吉乃至密特朗政府將文化發展列為優先，

領域包括烹調、時尚、科技、在法國各地舉行的世界音樂節（Fête de la musique），以及推動建築設計的大巴黎計畫（Grands Projets），產生了羅浮宮金字塔、新凱旋門（Arche de La Défense）、巴士底歌劇院（Opéra de la Bastille）與新的國家圖書館（Bibliothèque nationale）。這些重要項目提高了法國在全球舞台上的可見度，法國烹調也是一個要角。一九八〇年代，國家烹調藝術中心聯合文化部、農業部、衛生部、國民教育部、旅遊部，共同成立了烹調遺產目錄（Inventory of the Culinary Patrimony），全國二十二個大區各占一卷。一九八九年成立全國烹調藝術委員會，並從一九九〇年開始舉辦「品嚐週」（Semaine du goût），是十月裡的一系列活動，旨在教導成人與兒童如何品嚐、評價並欣賞美食以及法國自己的行家知識。

朗吉直接參與了愛麗舍宮的飲食選擇，愛麗舍宮是來訪政要的重要聚會點，也是法國公眾很感興趣的地方，據他說，在當時提供的食物「多少是一九二三年版《拉魯斯美食百科》裡的菜餚，各式烤肉與高腳盤上的甜點」。[61]文化部長明白，在總統官邸展現法國飲食是很重要的，他揚棄了那些老舊的、即使是受到尊敬的菜單，為密特朗喜歡的「祖母的菜」鋪開回歸之路，這種烹調具有濃郁醬汁與上好乳酪。在重現與展示法國總統與膏腴美食之間的關聯上，朗吉與密特朗象徵著成功以及恰到好處的鋪張，這代表了蓬勃的經濟與興旺的人民大眾。在密特朗就任之際，一九七〇年代的新烹調浪潮達到巔峰然後消散，品味上完全偶然的變化導致傳統且可行、眾人欽佩的資產階級烹調重新發揚光大，這種烹調以愛國之情令人聯想起法國鄉村，並吸引了所有階層與口味。二〇一〇年，「法國人的美食餐點」（gastronomic meal of the French）列入聯合國教科文組織的人類非物質文化遺產名錄，為了這個目的所做的努力與宣傳遵循了同一理念：將法國烹調當作與藝術或建築同等重要的文化創作，而且是法國民族性格的基礎。

捍衛法國烹調並不僅限於上層，約瑟・博韋（José Bové）為長久以來備受敬重的農民運動傳統發出了新的呼聲。一九八〇年代，博韋因為反對基因改造食品而揚名國內外，尤其在一九九九年，席哈克任總統期間，博韋拆毀了米攸（Millau）鎮上建造中的麥當勞餐廳。博韋是農民聯盟（Confédération paysanne）的創始人之一，他以自家綿羊

農場生產的洛克福爾乳酪作為象徵、代表值得保護的農業法國，反對工業「垃圾食物」（*malbouffe*）的入侵。他那毫不保留的激進主義反對世界貿易組織，以及法國農業中的基因改造動植物，引起了公眾的注意，主要是因為他「培養了來自法國鄉土南部的小農象徵，以推廣其主張」。[62] 雖然博韋如此有名，但法國反對（美國）速食只是原則而非實際做法，速食店在法國繼續蓬勃發展，尤其是在年輕人當中。二〇一四年，麥當勞的法國分店是其在美國以外最賺錢的餐廳，法國麥當勞的前負責人丹尼・恩肯（Denis Hennequin）將此一增長大部分歸功於博韋。因為在一九九九年的拆毀事件之後，麥當勞藉由強調當地出產的食材（夏赫來茲牛肉〔Charolais〕與法國馬鈴薯）及工作機會，證明了自己在法國的正當地位。[63]

由於上層社會在法國美食文化上的大量努力，以及法國烹調在全世界的特殊地位，營造出來的形象是法國烹調是菁英、世俗、富有的。這種形象排除了「邊緣的」法國飲食文化，忽視了由社經差異或宗教習俗所界定的真實法國烹調習慣。外在威脅曾經導致供應方面的保護主義；現在這些威脅造成一種以排斥為基礎的法國烹調，而且保守派希望占據其中心，藉此抗拒移民文化的抹消，抗拒全球化，甚至只是抗拒年輕一代隨著時間流逝遺忘了星期天的燉牛肉。文化上的盲點超越了階級，包括了宗教，就像在二十世紀初關於清真肉類的爭論一樣。二〇〇九年，快客漢堡連鎖店（Quick）決定開設數家完全清真的分店（目前在法國有二十二家），此一變化激起法國公眾的廣大反應，從出於文化多樣性的原因加以接受，到認為這些餐廳威脅了「法國共和理想的精髓」[64]，但這些反應沒有一種是因為這是家速食店。這家速食並不是外國的，但在可見的宗教影響下可能變成外國的。快客是比利時公司，二〇〇七年被法國企業集團收購，不過法國媒體似乎不加考慮將其冠以法國之名。因此它的地位比起完全美國血統的麥當勞稍微高一些，但推出清真漢堡在法國人之中激起了「防禦性美食民族主義」（defensive gastronationalism），這是利用日常食品在法國境內強化法國國族認同的努力。[65] 速食（或者至少被認為是法國的速食）終於被包括在法國烹調之內，其理由是在清真肉類滲透的威脅下，速食不再是法國烹調的敵人，而是法國文化的一部分，是值得保護的。

　　反對快客試驗的人們聲稱，清真漢堡歧視非穆斯林的法國公民，要求消費者對食品的選擇是出於文化群體的成員身分、而非平等地位的個體身分。進一步追問的話，一些消費者認為提供清真與非清真肉類選擇是可接受的，但完全清真違反了平等與政教分離（laïcité）的原則。由於同時提供這兩種肉類需要兩條生產線，而且會帶來交叉汙染的可能，所以快客決定讓這些餐廳完全清真。在二〇一二年總統選舉期間，瑪琳・勒朋聲稱法蘭西島大區[5]（Ile-de-France）所有屠戶都生產清真肉類（而且只有清真肉類），此一說法受到廣泛關注，因為它牽扯了法國美食中心巴黎，而且自從勒朋暗示巴黎人在不知不覺中食用清真肉類，就引起人們擔憂食品體系中存在著隱形腐敗。具有象徵意義的是，這項指控觸動了人心，因為它威脅到了牛肉的政教分離，而牛肉是法國燉牛肉的精華。更廣泛地說，它反映了人們對於法國食物失去法國特色有著根深蒂固的恐懼，尤其是巴黎為了適應移民潮而變化，其飲食特點反映了新的全球世界主義。針對勒朋的質問，食品部官員很快證實了巴黎銷售的肉類出自蘭日斯中央市場，來源則是法國各地。而巴黎僅存的幾處屠宰場能夠按照清真或猶太標準處理肉類，但也只是在二〇一一年十二月頒布一項法令後，才會按照買方需要服務。[66]

　　主流（保守派）關於法國飲食的言論，依附的是記憶裡知識上的、排他的烹調；如今法國烹調是「國家意象落後於社會現實的症狀之一」。[67]在最近關於學校與監獄為穆斯林及猶太信仰者提供無豬肉飲食的辯論中，烹調與政治繼續發生衝突。二〇一八年，里昂一處上訴法庭推翻了當地市長的行政命令；該市長取消了學校餐廳提供不含豬肉的餐點選擇，這是法國各地多項類似倡議之一。該法庭引用一九八四年通過的一項法令認為，讓學生能夠遵守宗教或哲學原則的另類餐點，並不會威脅到一切國家機構所要求的政教分離原則。[68]法國持續勉力將多種烹調的身分面貌融入長達數世紀的霸權傳統，此傳統曾經讓法國得以存續，使法國在遭受入侵、貧困、失去領土的情況下生存，並且一次又一次將自己建設為歐洲強國。法國的烹調面貌是其經濟成功的基礎，滋養了觀光業，保持了法國的重要地位。當面對

5　該大區以巴黎為中心，是巴黎首都圈。

新法國的不確定性，這個新法國不但要適應各種宗教習俗，還要適應速食與無麩質膳食，那些捍衛傳統光輝的人很難想像一張所有人共用的餐桌，他們在某個食品研究學術會議上，滿懷寄望與不耐煩，登高一呼：「我們要的是什麼共和國？」[69]

對法國飲食的未來感到焦慮，這是由於人口、生產與國族認同發生重大變化，這些變化將法國帶入了現代。法國曾經是小農農耕國家，也是最精緻的高級烹調的代表，法国開始將這兩者融合，讚頌地方烹調，並力圖將疆域內的所有地區重新國族化，並且統一起來，使法國烹調既具地方特色，又具有國族性。法國的美食文化故事仰賴於這樣一種信念，即具有獨一特色的各地區構成了完整的國家，「其多樣性是獨一無二的（且統一的）」。[70]可接受的部分殖民地烹調在一段時間內符合這種地方／國家烹調模式，前提是這些菜餚的風土依然是法國的。法國烹調中的農民敘事既真實又具有象徵意義，而且一直有其分量；這種敘事在維琪政權時期復興，產生了深遠持久的結果，橫跨的時代從戰後的農民工會到約瑟‧博韋的農民運動。在另一方面，高級烹調的殿堂裡，大廚與消費者開始拒絕卡漢姆／埃斯柯菲耶的模式，這種典式讓法國烹調成為「唯一的烹調，而非烹調之一」，是一種儀式性的高級烹調，令人感到排他、沒有與時俱進，尤其體現在各式吃魚刀及醬汁調羹上，都是「令人生畏、充滿歧視的器具」。[71]法國美食文化是有銷路的產品、也是法國身分認同的必備特色，而對於此種地位的關注，分布在兩方面，一是必須繼續製作國際知名的菜餚，二是必須繼續製作在法國家庭與餐廳裡的菜餚。為了維護法國的主要自然資源，暨烹調上的主宰地位，美食文化跨過了性別界線，男性主導餐廳廚房，但女性也含括在法國烹飪之優越地位與豐富資源的表現領域中，諸如烹飪課程與報刊、著名大廚的家庭食譜書、以女性為主的地方烹調廚房，最後這一項長期保存了法國的資產階級烹調經典，直到復興並移植至巴黎。現代法國飲食的形象令人感到舒適，這是因為有地方烹調、小酒館與里昂傳統餐廳菜餚，以及祖母的廚房。現代法國飲食還擁有一些高級烹調方面的創新，比如米歇爾‧吉哈的纖體烹調採用了中國烹飪的水蒸法；現在的法國大廚依賴日式高湯「出汁」（dashi，日本的魚高湯，主要原料是柴魚絲與海帶）作為醬汁的基本成分之一，取代

了從前的庫里肉汁或者濃縮高湯（fond）。可是在二〇〇一年，當艾倫・巴薩爾（Alain Passard）把琶音餐廳（L' Arpège）的菜單從「動物烹調」大部分改成素食菜餚，批評者稱這是「對法國烹調的犯罪」，雖然他們知道他在法國西部建立了三座悉心照料的菜園以供應自己的餐廳，此舉重複了不可否認的法國傳統，即選取最好的外省物資為巴黎服務。現實中的法國餐飲包括速食、冷凍食品、外來食品諸如焙果、甜甜圈，以及無處不在的中東烤肉串等等。法國飲食的敘事還在猶豫，是否要承認法國以外的影響，但這些影響依然存在：「來自牆外」的全球化工業食品與烹飪傳統，這兩者都是威脅，可能破壞過去數世紀裡精心打磨、極受珍視的法國烹調形象。

艾倫・巴薩爾的琶音餐廳著名的「蔬食烹調」（*la cuisine végétale*）。現代法國烹調分為豐盛的地方菜餚，以及極為精緻且注重裝飾的新烹調（*nouvelle cuisine*）。

———————（文學賞析）———————

妙莉葉・芭貝里 ❶，《一位美食家》❷，
〈農場〉❸

　　柯耶維爾（Colleville）一座農莊的百年老樹下，就是在那裡，幾頭豬亂糟糟的喧鬧曲調伴隨著（讓有一天敘述這個故事的人感到十分開心），我享用了一頓最好的飯菜。食物簡單❹可口，但是我真正大快朵頤的是——相比之下，連生蠔、火腿、蘆筍、雞肉都屈居次級配菜——主人話語中的剽悍：也許語法魯直草率，但是那充滿生氣的坦白卻真是溫暖。❺我飽餐他們說的話，就是鄉親聚會上隨處可見的話❻，這些話有時比肉體的享受更令人愉悅。話語是許多陳列室，展示著許多獨一無二的現實，爾後這些現實轉變為一本選集中的許多時刻；話語也是魔術師，它們改變現實的面貌，因為它們讓現實成為難忘的回憶❼，收藏在記憶的圖書館裡。生命存在，完全仰賴於話語與事實的滲透，前者將後者包括在儀式禮服中。所以，這些萍水相逢的人說的話，賜予我這頓飯❽前所未有的恩典，在我不知不覺之時，幾乎成了這頓盛宴的本質，而且我如此歡欣享用的是席間的動詞，而非肉食。❾

———————————

❶ 芭貝里出生在摩洛哥，擁有哲學博士學位。她至今出版了四本小說。二〇〇六年的《刺蝟的優雅》（*L'Elegance du hérisson*）廣受好評。

❷ 英譯者艾利森・安德森（Alison Andersen, *Gourmet Rhapsody*, New York, 2009, p. 99）。這本書在二〇〇〇年贏得法國美食文學最佳作品，被譯為西班牙文、義大利文、葡萄牙文、丹麥文、瑞典文、德文、俄文、土耳其文，見證了全世界對於法國美食文化故事一直保持著興趣。書中一位身罹絕症的飲食評論家回憶一生中的佳餚，藉此找出一次完美的品味回憶，能為他帶來寧靜並揭示他存在的意義。

❸ 他回憶一趟諾曼第旅行，問路時偶然在農莊上吃到一頓美味。這一家農民剛吃完午飯，邀請他入座，他吃了生蠔、鮮奶油雞肉、諾瓦慕提耶島馬鈴薯（Noirmoutier）、煮熟的蘆筍、毫無瑕疵的蘋果塔。這頓飯是法國人理想中鄉村地方烹調的縮影，由農家主婦以當地特產製作，更有可敬的勤奮農人一同分享。作者的行文令人想起庫爾諾斯基對於「本地人」的觀察，可能不知不覺吸收了十九世紀末葉以來發揮作用的農民主義修辭。

❹ 這是預料中用以描述這些烹調的形容詞，製作完美但不是巴黎風格。

❺ 這種描述算是欣賞，不過顯得這些農民像小孩一樣了，而且強調了他們與這位巴黎評論家之間的距離，他住在塞納河左岸的格勒內路上（rue de Grenelle），距離榮軍院（the Invalides）不遠。

❻ *Fraternité*，也就是說強調了「*campagnards*」即鄉下人。

❼「記憶所繫之處」（*lieux de mémoire*），對於法國烹調的故事來說是必要的。

❽ 就像第一代美食家如十九世紀吉穆・德・拉・黑尼葉那樣，對芭貝里的故事而言，寫下的（或者口頭傳述的）文字是美食文化少不了的成分。

❾ 法文原文表達更加高雅：*le verbe et non la viande*。

【 CONCLUSION 】
結論

　　法國飲食的歷史不只是美食文化、風土，或者農民，而是所有這一切。它絕不僅只是一件事物，而是法國烹調卓益主義的千層派，有著一層層高級烹調與資產階級烹調、巴黎與地方、城市與農村。法國飲食的全貌包括來自境外的產品與菜餚，但是在名稱與做法上改變了，於是它們也成為法國的產品與菜餚了。科學與藝術結合，生產出最好的麵包，還確立了AOC葡萄酒與乳酪的高標準。最重要的是，法國飲食的歷史是建立在神話與象徵上的，這些神話與象徵讓飲食超越了現實，進入想像的領域。乳酪的傳奇故事、葡萄酒發明者與醬汁名稱成為法國人民的「記憶所繫之處」（*lieux de mémoire*），而且與產品本身品質一樣重要。國族群體的成員共有的飲食歷史（無論是否真實），為其創造了紐帶，創造與推廣共有的烹調身分面貌方面，法國人有著非凡技能，這種身分的定義完整透徹，在全世界引起共鳴。馬利—安托萬‧卡漢姆與尚—安泰姆‧比里亞—薩瓦漢幫助貴族烹調成為「經典」法國烹調，並協助建構了無庸置疑的概念，即法國烹調就是高級烹調。與此同時，古斯塔夫‧福樓拜與喬治‧桑描繪出身強體壯的鄉下人享受豐盛的「真正」（質樸）食物。在法國文學的想像中，法國烹調是瑪德蓮與燉牛肉浸肉凍，絕對是上流社會的，但也有慢燉牛肉與資產階級烹調，因為它們根植於法國風土，永遠附著在法國領土上。

　　法國飲食歷史被視為一個整體，實際上包括了三個譬喻上的時代：永遠的美食文化、人民的正宗烹調、照料法國家園沃土的農民。定義了法國飲食歷史的神話在這三個時代都有某種呈現，而且彼此之間重疊。在頂端，法國人發明了美食文化，或者至少發明了美食文化這個詞與面貌。早在字典收錄這個詞之前，法國人（首先是高盧人與法蘭克人）就因為吃得好且挑剔而享有盛名。文藝復興與十七世紀宮廷烹調引領著潮流，激起人們的關注與羨慕；到了烹飪書籍的古典時代，

宮廷烹調就被稱為法國烹調。在十九世紀，法國大廚刻意將精美飲食與貴族地位連在一起，使之成為嚮往。各地的上層社會都有菁英或者宴會烹調，而法國把菁英烹調當作國族烹調，甚至在大革命後，貴族被剝奪政權，法國烹調依然回歸貴族烹調的高貴身分，並邀請所有人參與其中，如果無法實際上參與，那麼就藉由印刷品在精神上參與；如果沒有宴會，那就藉由精心製作的麵包參與。自從在中世紀確立了一項觀念，即所有法國人都有權以公平價格吃上好麵包與肉，法國的法律與法規保證了品質，法國人民逐漸接受乃至期待監督，而監督的傳統也得以確立。為了保持高標準以提供給值得吃到優越產品的國民，法國人在技術上精益求精，並以科學為後盾。將時尚與下一波無法預測的潮流結合，在菜單與烹飪書的法文詞彙裡增添高雅，在歐洲十字路口上這座獨特的首都裡推廣這種烹調，以達到無可否認的美食文化力量，而這種力量就是法國。在每一個節點上，法國人都藉由量化的標準來達到分級、風格與品質。通過宣傳培養「法國優越」這種觀念，法國烹調的故事本身就成了品質保證。相關詞彙已經是天生固有的，「烹調」（cuisine）這個詞與法國的關聯永遠緊密。對尚－法蘭索瓦・赫維爾（Jean–François Revel）來說，「烹調使得飲食完美。美食文化使得烹調完美。」[1]高級美食文化的詞彙完全離不開法語，根植在某種法國特質之中，而這種法國特質在美食文化思維建構中是很明確的。

　　大革命理念可能是法國的自由、平等、博愛的外皮，但在美食文化方面，所有道路都通往宮廷烹調。為實現公平的麵包價格所做的努力，可能會讓人想起路易十六的王后瑪麗・安東瓦內特，但麵包相關法律從來沒有讓人們對於鬆軟白麵包的渴望絕跡。從本質上說，法國美食文化讓所有人都能接觸王公貴族的餐宴，而非將食物降低水準至最低公約數。大革命之後，卡漢姆的模式風靡全球，但那並非大眾的烹調，而是知識化與文字化的烹調，這種充滿抱負的版本在流行文化中產生共鳴，受到飲食學者的熱情關注。餐廳大廚為新貴族服務，讓每個用餐者都能享受到屬於他的御膳。在十九世紀，美食從只屬於貴族的追求轉變為公共財，付得起價格的人就能享用，這樣的轉變是必須的。撇開階級問題不談，美食文化也有其優點；法國餐廳與精緻餐飲的名聲有效地拯救了法國，使其從十九世紀戰爭與占領後的軍事及

經濟低谷中爬了出來。熱情的食客帶來了觀光客的美元，至今依然持續支撐著法國。這樣的旅遊業有很大一部分是依賴宣傳、廣告，以及對於金碧輝煌的十九世紀美食形象的信仰。

至於美食文化身為一種修辭概念，則提供了結構，使得烹調更具分量，成為最重要的法國藝術。尚─法蘭索瓦・赫維爾稱，在法國，「烹調是一門量化的藝術，就像文法、品行、醫藥一樣，永遠不能把描述與處方分開。」[2] 在法國，與烹調相關的訓練有其固定規則，對法國食客來說，存在著「正確」方法。嚴格的規則使得法國藝術免於變質，但仍需創新來保持美食文化不墜。第一批法國廚藝大師仿效自己的導師，第一波美食文化則是模仿王室餐飲，但創新也隨之而來，帶來源源不絕的成功。創新促使大廚們不斷競爭，但根據歷史學家巴斯卡・歐希（Pascal Ory）所言，創新也讓「變化有了快速的庸俗化，以及對外國產品特別開放」。[3] 現代的創新帶來了「融合烹調」（cuisine métissée）的可能，也許會沖淡法國文化底蘊。認為美食文化是不容辯駁的、天生就是法國的，此種觀點的缺點是它與民族主義關係緊密，認為經典法國烹調是一元化的，並排斥那些對這種理念形成威脅的人。佛洛朗・葛里耶說，法國建構的「美食文化話語基本上是民族性的，但對於普世性一直有一種非常法國式的主張。」[4] 為了讓法國標準保持純粹，法國在海外領土採取了防禦性手段，強制轉移風土，並且承認了阿爾及利亞葡萄酒，但後來又拒而不認。目前法國的美食文化不再像從前那樣徹底接受「世俗的、普世的、理性的、愛好和平想像的餐桌」[5]，現在法國的美食文化是用來強調產品的法國特質。二〇〇八年，聯合國教科文組織拒絕了將法國美食文化列為人類非物質遺產的申請，因為美食文化不只是法國的，而且是僅限於上層階級的；於是法國人再次嘗試，在二〇一〇年「法國美食餐飲」終於得到了認可。

代表正宗法國烹調的家常菜是屬於人民的，就意義上來說則屬於各省。懷舊的「祖母的菜」是法國高級烹調的競爭對手，目標是代表法國飲食的桂冠。在今天的法國飲食形象中，資產階級烹調的地位顯著，不過在資產階級形成之前，人們就已經認識到各地方的獨特法國風土。在十九世紀，樸素的家常烹調也受到推崇，就像美食文化一樣，因為人們以此來區分高級烹調與家常菜。將（主要出自女性的）家庭

烹調限制在次級結構中，於是專業大廚保護了自己的封閉領域，進而創造出兩套烹飪文化，使得法國贏得更多陣地。即使到了現在，法國的美食文化特點依然分為高級烹調與經典烹調兩種。十八世紀的資產階級烹調與曼農在家庭廚師之間展開了烹飪知識教育，並將法國技術傳播到餐廳廚房以外的領域。在家做飯的婦女保存了地方烹調，在餐桌上把好品味傳授給孩子，這種記憶儲備也許就是為什麼虛構故事中的大廚往往是女性，從普魯斯特筆下到馬塞爾‧胡夫再到瑪麗絲‧孔第。對於非上層烹調的喜愛帶來了地方特產的培育，這些地方特產也成為巴黎的創新活水，並且是在二十世紀復興法國烹調的一種方式。一九八〇年代，在象徵上與實際上，密特朗政府的對外宣傳及總統廚房都回歸風土烹調。由此法國烹調進入了新時代，從巴黎事物發展為所有階層的國族烹調，並且由美食家暨鄉村風土愛好者密特朗全權代表。

在二十世紀初葉，對於資產階級烹調的喜愛，使得法國各地區得到認可，成為美食特產的來源，但並沒有取代首都。長達數世紀時間裡，人們意識中的外省地區只是遙遠的孤島，為巴黎服務。烹調的進步發生在巴黎，而且留在巴黎，大革命期間麵包由圓變長，但也只在

烤麵包，十五世紀末葉修道院年曆。

巴黎。農村地區繼續吃非小麥粉製成的粥糊或麵包。餐廳發軔於巴黎，而且留在巴黎將近一世紀，然後才滲透到全國其他地區。中世紀形成的各省都被榨乾以服務巴黎；二十世紀早期為了豐富國族美食文化而纂奪了地方烹調，也是這種現象的延續。甚至香檳本來也是地方產品，變成了國家的產品；一八七〇年的策略是把「香檳」印在葡萄酒標籤上，而不是標示出當地的特定葡萄園，這是為了將其呈現為一元化的產品，消除使用者採用多個葡萄來源而引起的真偽疑慮。但風土仰賴於外省，這個想法來自一六〇〇年的奧立維・德・賽赫，當時他指的是里昂郊外的鄉間。外省地方的地位次等，功能類似於保護性的溫室，供給產品給受其庇護的烹調，而外省婦女只能在中心巴黎以外的地方成為烹飪明星。瑪麗・海爾讓諾曼第的卡芒貝爾乳酪出了名，尤金妮・布拉吉耶追隨里昂媽媽前賢的腳步，讓里昂烹調成為現代的試金石，而最近的馬格里布移民也將他們的烹調添加到南部沿海城市的菜單

銀湯碗，一對當中的一只，上方飾以花椰菜與鰲蝦，約一七四四－一七五〇年，湯瑪斯・傑曼（Thomas Germain）製作。

中。巴黎依然是美食文化的重心，但家常菜與地方特產在法國飲食的現實與故事中都占有重要地位。

法國飲食的故事不可避免要回到農民與土地上，在風土中統一起來。人們經常認為法國烹調的成功與法國「農業遺產」及小農場傳統有關。農民現在是象徵分類，但在中世紀，是農民直接塑造了土地，由於這些農夫，法國飲食者與產出食品的土地之間形成了共生關係。馬克‧布洛克指出，當「分佃制」（métayage）將法國從各別的農民土地轉變為大型管理農場時，城市人口身為農地所有者、投資土地產出，就與土地有了直接關聯。殖民地的實驗園圃，也在國外複製了土壤與風土的聯繫，以及運用「農民行家知識」在殖民地發展小農場的殖民者。在維琪政府時期，讓流離失所的法國公民重返土地，再次成為藉農業使法國恢復健康的策略。在實際層面上，農業政策制定者在崇拜小農場模式之下耽擱了太久、忽略了法國向北部大型工業農場的穩定轉變，於是加深了南北之間的經濟鴻溝。

但是園圃／土壤／風土的概念始終貫穿了法國飲食背後的故事。中世紀的園圃讓農民能夠存活，肉類只屬於貴族餐桌，而獵場對他們關閉。來自大地的飲食成為宮廷時尚，土壤的產物變得極有價值，導致了殖民地農耕中充滿象徵性的風土命名。統治階級的烹調形成了美食文化，而這種烹調之所以能夠存在，全是因為農民階級提供了高品質的物產，使得法國烹調一飛衝天；艾倫‧巴薩爾的蔬食烹調倚賴的是對於農場的、已變形的看法，這裡頭沒有農民，卻充滿了法國鄉村園圃的意象。由於政治與文化上的原因，農民經常被重提並受到重視；人們在飲食史上可以觀察到一種看法，即中世紀農民吃蔬菜湯是因為他們節儉、因為他們欣賞法國土地上的物產（而不僅僅因為他們窮）。從殖民地的糧食計畫可以看出，法國人希望與他們在國外的食品建立某種領土上的關聯，即使園圃地處遙遠，強加的風土也可以承認某些產品，不過這只有在科學與經濟有需要的時候。如今農民的形象再次出現，因為它能支撐風土的概念、因為法國人堅信農業傳統與現代法國能夠並存。

如果說法國飲食的歷史可以概括為美食技巧、傳統、與土壤的關聯，那麼有一道菜的地位最高，囊括了所有法國事物，那就是湯，即

法語的「potage」。湯具有歷史的重要性與譬喻的實用性，反映了農民的節儉與烹飪技能，而且永遠與麵包有關。杯裝的肉湯（湯的精華）是法國美食文化優異論的象徵，在十八世紀為我們帶來的餐廳，並啟發了阿佩爾發明出高湯塊的前身。比里亞－薩瓦漢宣稱，法國有最好的湯，這件事實對他來說並不出奇，「因為湯是法國民族膳食的基礎，而且數世紀的經驗已使它臻於完美。」[6]卡漢姆在《餐宴總管》裡同意了這個觀點，並感嘆法國湯品在十九世紀終於重新被發掘並回到祖國，當年這些湯是在路易十五與十六時期大廚手中臻於完美，但他們在大革命之後移居國外。蔬菜湯反映了節儉甚至虔誠。基督教式的法國膳食始於中世紀修道院的蔬菜湯和穀物粥，追隨的是聖伯努瓦的禁欲主義模式。「Potage」這個詞起源於「potager」（菜園），從古代就由農地上工作的人照料，菜園是高盧人的特徵之一，而且反映出法國領土得天獨厚、擁有良好土壤，同時也是下層階級免稅物產來源，這些下層階級都必須向封建領主繳租。赫維爾稱「potage」是「祖傳的法國烹調名品」，因為它跨越了時代與社會階層，而且因為它的原料真正根植於法國土地。[7]現在的湯是用以搭配麵包，但在十八世紀文本中，「soupe」指的是硬麵包，加在水中就做成非常基本的一餐。安托萬・歐格斯坦・帕門蒂埃（一七七八）及保羅－賈克・馬盧瓦（一七七九）麵包手冊中提到了兩種麵包，一種搭配「soupe」，另一種搭配「potage」。[8]

　　湯反映了法國烹調的共通特色，無論菜餚的地位高低。法蘭索瓦・皮耶・拉・瓦罕、法蘭索瓦・馬杭及卡漢姆都在各自的基礎烹飪書中收錄了大量肉湯與「potage」食譜，每種都代表了其所屬時代流行的食材。尼古拉・德・波內封在一六五四年的園藝手冊中說：「關於湯，我所說的那些話，我是當作一項法律普遍應用於所有食物上的。」[9]《芭比的盛宴》中心是一道精彩的海龜湯；法國士兵的口糧通稱為「soupe」，因為湯是軍營的主要食物。燉牛肉的肉與湯，都可以視為非官方的法國國菜。卡漢姆把燉牛肉推上神壇，瑪賀・杜德（Marthe Daudet）在一九一三年出版的《法國名菜》（*Les Bons Plats de France*）將燉牛肉地方化，這本「反現代主義食譜」將法國分為四個區域，每個區域以一道湯代表，首先就是燉牛肉。[10]法國每個地區都有自己的

查爾斯・威廉斯（Charles Williams，一七九七―一八三〇），《英國烤牛肉與法國湯：英國羊羔與法國老虎》，英國的政治漫畫，諷刺拿破崙一世（一八〇六）。

招牌湯或燉菜，比如馬賽的雜燴魚湯、庇里牛斯山區的「包心菜湯」（garbure）、巴黎的觀光客喜愛的洋蔥湯（gratinée）。湯與過去及法國鄉村有所關聯，象徵著舊日法國，一直具有譬喻價值。一項對一九五七至一九六三年巴黎以外地區的飲食習慣的研究顯示，在農村地區（甚至在馬賽與里昂這樣的城市），湯是將近半數受訪者的早餐、是超過四分之三的人的午餐第一道菜，九成受訪者把湯當作晚餐的一部分。[11]相比之下，城市居民早餐喝牛奶咖啡，午餐時很少喝湯，不過晚餐經常有蔬菜湯（potage）。研究者的結論是，減少喝湯顯然是法國膳食現代化與城市化的標誌。人們發現湯正在從法國餐桌上消失，取而代之的是三明治或者可怕的速食，這可能引起人們對這道古老法國菜餚帶來的滋養感到渴望與懷念。

　　從根本上說，造就法國食品的是地理與天才創新者，使得法國創新能夠成功的自然因素，再加上決心推廣單一國族烹調，使其成為一元化的整體以及最好的烹調。法國麵包的藝術起源於法國小麥在地理上的成功、天主教興起、限制肉類但承認麵包地位的四旬齋規定，以

法國可頌，法國的代表象徵之一。

摩洛哥傳統的哈利拉湯（Harira），羅蘭・巴特去世後出版的自傳體作品中提到它。

及為麵包與（有法規支持，確保標準化的）烘焙行業建立的精確術語；這一套術語使得麵包地位重要且保證了麵包品質。優良的法國葡萄酒源於經濟上的偶然事件：中世紀的富有贊助人負擔得起遠在航運路線以外的葡萄園種植成本，而預算較少的人足以維持次級葡萄酒莊營運。天主教會沒有拒絕享樂，只是拒絕過分享樂，所以虔誠的飲食並不排斥品味與精緻。僧侶保持著禁欲主義的膳食，但依然生產了修道院的各式乳酪，這些乳酪就是我們今天生活中的乳酪的起源，僧侶種植葡萄、為我們提供了唐‧培里儂葡萄酒（雖然未必是以他為名的氣泡酒），僧侶還為麵包設定了高標準。糧食危機、占領、入侵、穀物短缺和大規模政治變動並沒有妨礙法國人吃好喝好，並且把美食視為第一要務。百科全書學派哲學家們試圖勸阻吃肉，革命領袖們鼓勵節儉，健康烹調（cuisine diététique）試著取消奶油與濃厚的醬汁，但法國的風格與方式依然屹立不搖。歷史學家文森‧馬提尼（Vincent Martigny）認為，無論在什麼語境下，美食文化總是與法國民族想像中的快樂回憶連在一起，永遠是「輕快的，是歡樂的同義詞」。[12]

自十九世紀以來，現代法國烹調經歷了重視傳統與重視發明之間的衝突。[13] 這兩種同時存在的願望促進了訓練新大廚以及提出新菜單，但也激起復興法國烹調「美好舊時光」的呼聲，雖然這些美好舊時光可能只是迷思。試圖藉由烹調來創造一個被定義的身分認同，於是形成了不斷挑戰的循環：如果法國烹調允許創新，那麼其基礎可能會崩潰；如果法國烹調為了保持活力而允許必須的外來影響，那麼它就不再是「法國的」。法國飲食的現代性並非一直帶來正面感受，比如無國界烹調可能取代經典法國烹調，根瘤蚜疫情之後的葡萄酒抹去了法國傳統，巴氏殺菌乳酪不再有手工乳酪的特質。不過拒絕改變可能是危險的：由於擔心引進美國葡萄以解決根瘤蚜危機會沖淡法國風土，法國人付出了高昂代價，葡萄園被毀、經驗豐富的部分釀酒師被迫放棄了自己的職業。法國農業朝著大規模農業緩慢過渡，這就表示其遠遠落後歐洲鄰國，直到進入十九世紀都是如此。由於存在著這些困難，法國模式本來不可能像現在這樣有效。法國美食文化依賴於複雜的術語，以及難以複製的、刻意不以言喻的做法。高級烹調達到其最高點的時候，同時也是錯綜複雜卻又毫不費力的，以高雅簡單的外表隱藏

了時間與費用上的卓絕付出。然而世界各地的餐廳廚房都在教授及練習法國技術。宮廷飲食與農民本不應該愉快共存在一個飲食傳統中，可是在法國的確是如此，它們被行家知識這項共同元素連結在一起，這是法國飲食故事所發明並不斷複製的概念：法國農民生產出富饒的穀物，麵包師把這些穀物變成不同凡響的、符合規定的麵包；農民收取牛奶，在法國菌種與代代相傳的技術幫助下，這些牛奶變成著名乳酪；大廚藉由修改古老菜餚，發明了新菜餚，堅持創新和傳統是一樣重要的。法國飲食的多重性下至土地、上至想像雲端，使得法國飲食經久不衰。法國飲食得益於某些無法解釋與不可複製的特質，使得它成為一種獨特的烹調，有著悠久的歷史。對於法國飲食身分特性的挑戰一直存在，法國人在打造現代烹調的面貌時也一定會有失誤，但是法國飲食會找到出路，還會有新的故事要說。

【 Historical Recipes 】
歷史上的食譜

- **Lenticula**（以檸檬與芫荽調味的小扁豆）

  安提姆斯（Anthimus），《飲食觀察書信》（*De observatione ciborum, Letter on the Observance of Foods*），約西元五一一年，

  馬克・格蘭特英譯（Mark Grant, Totnes, Devon，一九九六）

  小扁豆洗淨後以清水小心煮沸，這是很好的。確保倒掉第一次的水，第二次酌量加上熱水，不要太多，然後在爐子上慢慢煮。煮好之後，加上一點醋調味，再加上一點叫做敘利亞鹽膚木果粉（*sumach*）的香料。扁豆還在火上的時候，撒一勺這種香料，攪拌均勻。把扁豆離火，端上桌。當扁豆還在煮的時候，你可以在第二道水中加上滿滿一勺未成熟橄欖油來調味，以及兩勺芫荽中的一勺——包括根部、不是磨碎的而是完整的根，以及一小撮鹽來調味。

- **Un coulis de perche ou de tanche ou de sole, ou d'ecrevisses**（用以搭配鱸魚、丁鱥、鰈魚、螯蝦的醬汁）

  《巴黎家庭主婦之書》

  【把魚】放在水裡煮，留下湯，把杏仁與一些魚肉一起磨碎，再用湯稀釋，倒出來煮沸；把魚煮好，上面放糖。如果味淡，就加大量的糖。

  【註：泰額凡的《食物之書》收錄了同一道食譜】

- **Limassons que l'on dit escargots**（蝸牛）

  《巴黎家庭主婦之書》

  最好在早上撿蝸牛。從葡萄藤或灌木叢裡收集年幼的、小的、有

黑色殼的蝸牛，然後放在水裡清洗，直到它們不再釋放泡沫。在鹽與醋裡再洗一次，然後放在水裡煮。接下來必須用別針或針把它們從殼裡挑出來，然後必須去掉它們尾端的黑色部位，因為那是它們的「排泄物」。接著再洗，放在水裡煮熟，取出放在盤中或者淺碗裡，與麵包同吃。有人說以上述方法煮熟之後，最好再用油與洋蔥煎，或者用其他汁液來煎，然後與香辛料一起食用。這些方法是給有錢人的。

• Artichaux confits（糖醃朝鮮薊）

奧立維・德・賽赫（Olivier de Serres），《論農業》（*Théâtre d'agriculture*，初版一六○○）

要做朝鮮薊蜜餞，最好是選嫩的、小的、完全不大的，這樣才能醃得妥當，比其他許多朝鮮薊都好看，此外還有一個好處，那就是做好後看起來就像剛從菜園裡拔出來的新鮮朝鮮薊，葉子尖尖的，很完整，還有著天然的綠色，永遠這樣保存了下來。收割時，留下兩指寬的莖，這樣方便處理；為了防止枯萎，從菜園取來後馬上放進鹽裡（一定要先以清水洗過）。十天或十二天之後，把它們從鹽裡拿出來，去掉鹽【在流動的水中，或者浸泡，要換三到四次水】。在這一步之後，把它們放在陶鍋裡，如此就可以用前述製備的糖漿覆蓋之【一天加兩次煮沸的糖漿】，十天或十二天之後，就可以晾乾了，而且包裹著最後一次的糖漿。

• Tourte de grenouilles（蛙肉塔）

法蘭索瓦・皮耶・拉・瓦罕（Pierre La Varenne），《法蘭西大廚》（*Le Cuisinier françois*，初版一六五一）

把青蛙大腿切下，放在煎鍋裡，加上新鮮奶油、蘑菇、歐芹、切碎的朝鮮薊與續隨子（caper），一起煎成金褐色。把這些都調味好，放在一塊薄的、片狀糕餅麵皮中【*fine ou feuilletée*】，然後煎熟。煎熟後，不要蓋上鍋蓋，馬上搭配白醬食用。

• Poulet d'Inde à la framboise（覆盆子火雞）

法蘭索瓦・皮耶・拉・瓦罕（Pierre La Varenne），《法蘭西大廚》

　　火雞剖洗好，拔出胸骨，剔掉骨上的肉，加上脂肪與少量小牛肉一起切碎，加上蛋黃與乳鴿肉混合，調味，塞進火雞裡，然後用鹽、胡椒、磨碎的丁香、續隨子調味。把火雞放在烤叉上，慢慢轉動。將近烤熟的時候，取下火雞，放在砂鍋中，加進好的肉湯、蘑菇、一束香料包括歐芹、百里香與青蔥。製作醬料是取一點切碎的豬脂油，在煎鍋中加熱，融化後離火，混合一點麵粉，這樣就呈很好的褐色。再以一點肉湯與醋稀釋，和檸檬汁加進陶鍋裡，即可供食。如果是覆盆子的季節，在上面放一把，或者用石榴。

• Choux pommés farcis（包心菜鑲肉）

尼古拉・德・波內封（Nicolas de Bonnefons），《鄉間樂事》第二部（Délices de la campagne，一六七九）

　　把包心菜最大的葉子去掉，按照你想要的大小留下其餘部分，然後煮成半熟。從水中取出，濾掉水分。稍微冷卻後，把所有葉子打開直到根部，稍微壓住，使根部露出。放上兩三片非常薄的豬脂油，以一點胡椒調味。放上一把餡料，或者類似於製作鑲黃瓜的碎肉，上面再放幾層豬脂油，然後插上兩三顆丁香。然後把葉片一層一層合上，把餡料包起來，將包心菜調整呈圓形，壓按去除水分。完成後，用線或繩子綁上兩三圈，防止葉片分開。把每個包心菜分別煮熟。煮熟後，放在大托盤裡的麵包上。去掉線，把包心菜切成兩三份，讓餡露出來，然後以油炸麵包或配菜裝飾……在齋日，餡料換成魚或香草植物，就像鑲黃瓜的作法。

- **Brochet à la sausse allemande**（狗魚搭配日耳曼醬）

  法蘭索瓦‧馬塞洛（François Massialot），《王家與資產人家大廚》（*Cuisinier royal et bourgeois*, Paris，一六九三）

  　　將一條狗魚剖洗得當。將魚切成兩半，放在水裡煮，但不要完全煮熟。取出，刮去魚鱗使其變得非常白，放進砂鍋中，加入白葡萄酒、切碎的續隨子、鰻魚、百里香、新鮮香草植物、切碎的蘑菇、松露、羊肚菌。先把它煮沸然後慢慢煮，這樣魚肉就不會碎。加一塊好奶油，使其變稠，再加一點帕瑪森乳酪。準備好上菜的時候，把盤子裝飾好，加上你喜歡的配菜。

- **Epaule de veau à la bourgeoise**（布爾喬亞式小牛肩肉）

  曼農 Menon，《資產階級家庭的女廚師》（*La Cuisinière bourgeoise,* Paris，一七五二）

  　　在烤盤裡放一塊小牛肩、兩夸脫水（法語原文 *demi–septier*）、兩大匙醋、鹽、胡椒、歐芹、青蔥、兩瓣大蒜、一片月桂葉、兩個洋蔥、兩個根莖蔬菜切成片、三顆丁香、一點奶油。蓋上蓋子，以麵粉混合少量水，將蓋縫密封。在烤爐裡烤三小時，把醬汁上的油撇去，過篩，把醬汁澆在肉上供食。

- **Pot–au–feu de maison, ou bouillon restaurant**（家常燉牛肉，又稱滋補肉湯）

  馬利─安托萬‧卡漢姆（Marie-Antoine Carême），《法國十九世紀烹飪藝術》第一部（*L'Art de la cuisine française au XIXe siècle*，一八三三）

  　　在夠大的陶鍋裡，放上四磅烤牛大腿肉、一大塊小牛腿肉、在烤叉上烤至半熟的全雞。加上三公升冷水，把鍋放在火上，小火慢燉。這一步完成，馬上加入一點鹽、兩根胡蘿蔔、一個蕪菁、三根韭蔥與半根芹菜綁在一起、一個洋蔥上插進一顆丁香。加入前述根莖類之後，

小心將整鍋再次煮沸，然後小火不間斷燉五小時。之後取出根莖類，仔細將其去皮。嚐過肉湯之後稍微加鹽調味，接著撇去油，把麵包片浸在裡面。再把蔬菜放在上面即可供食。

　　這是家中自製的健康肉湯，能夠恢復體力，適合為兒童提供健康飲食的家庭。

• Dinde aux truffes（松露火雞）
凱特琳小姐（Mademoiselle Catherine），《資產階級人家廚師手冊》（*Manuel complet de la cuisinière bourgeoise*, Paris，一八四六）

　　把兩磅佩里戈爾產的松露剝皮，洗淨後瀝乾，放進燉鍋，加上一磅切碎的豬脂油、鹽、肉豆蔻、一束香草植物，以及剝下的松露皮。在火上燉半小時。放入火雞，火雞必須小心洗淨內部，然後綁好。以上準備必須在烹煮之前四天就做好，讓火雞能夠吸收松露的香氣。將火雞穿在烤叉上，以塗有奶油的紙包起來，需要烤兩個小時。然後烤十五分鐘使其上色，最後放在托盤上供食，托盤上以之前小心保存的松露皮裝飾。

• Horse–steacks（馬肉排）【原文如此】
M・德斯塔米尼爾（Destaminil），《圍城時期的菜餚：馬肉與驢肉食譜》（*La Cuisine pendant le siège: recettes pour accommoder les viandes de cheval et d'âne*, Paris，一八七〇－一八七一）

　　取一片肉排，去掉筋，切成拇指寬的長條，敲打。如果有馬脂或融化的奶油，就用以醃製肉條。將肉放在火上，一面烤熟時翻面，放上一塊核桃大小的馬脂，混合香草植物、鹽、胡椒、檸檬汁。根據口味可以做成全熟或三分熟。

- **Gâteau de marrons**（栗子蛋糕）

  畢達伯爵夫人（Mme Baronne Bidard），《法國烹調：吃得好的藝術》（*La Cuisine française: l'art du bien manger*, Paris，一九〇六，艾德蒙・理查丁編輯）

  取一公斤栗子，去外皮，水煮，再去第二層皮。把栗子搗成糊狀，把加了糖與香草的牛奶及六個蛋白加入，打發。將麵糊倒入塗了焦糖的模具中，以中溫烤一小時。在食用前一天烤好蛋糕，供食時與香草卡士達醬一起上桌。

- **Oeufs à la neige**（軟的蛋白脆餅）

  庫爾諾斯基與馬塞爾・胡夫，《美食法國：佩里戈爾地區》（*La France gastronomique: le Périgord*, Paris，一九二一）

  每公升牛奶搭配八個雞蛋。把蛋黃與蛋白分開。將蛋白攪打至穩固不塌陷，然後在**不加糖**的牛奶中煮熟（一定不能加糖）。煮的方法是將蛋白分批落入一鍋沸騰的牛奶中，然後用漏勺把它們翻身。煮的時間不要超過三分鐘，然後在陶鍋蓋上一片布，將蛋白餅放在布上，瀝乾牛奶。在鍋中沸騰的牛奶裡加糖，然後將牛奶倒在蛋黃上，蛋黃必須先放在陶鍋裡打勻。倒入牛奶後使勁攪拌。

  把鮮奶油放在沙拉盤上或很淺的陶瓷碗裡，把蛋白餅呈不規則狀擺在上面，放涼。在供食前十五分鐘或半小時，做一些恰到好處的焦糖，顏色不太淡也不黑，塗在蛋白餅上面。

- **Couscous à la Marga**（阿爾及利亞庫斯庫斯）

  R・德・諾替（R. de Noter），《殖民地烹飪美食：亞洲、非洲、美洲》（*La Bonne Cuisine aux colonies: Asie – Afrique – Amérique*, Paris，一九三一）

  在高窄的湯鍋中，放一只羔羊肩和腰肉，要切成同樣大小，然後一隻老母雞切成五、六塊，加上三公升水淹過肉。

　　煮沸，撇去浮沫，加入兩三個番茄、一些櫛瓜、兩三個甜椒、一些蕪菁、小的朝鮮薊、一些洋蔥，都切成同樣大小，以及一些浸泡一夜的豆子與鷹嘴豆、一大匙粗鹽、一小匙甜的紅椒粉、一大撮小茴香籽、一些香辛料、兩根辣椒。鍋上放置裝著庫斯庫斯的專用濾器「keskes」，庫斯庫斯要先以之前講過的方式準備好。一起蒸兩小時。

　　將庫斯庫斯放在大而深的托盤中，上面放上肉與蔬菜，以有蓋的大湯碗盛上高湯。

【Acknowledgement】
銘謝

　　不可能的。寫一部全面的法國飲食史是不可能的任務。大部分人聽到我說起這個計畫的時候，他們的普遍看法就是這樣。然而最後事實證明，這是可能的，但這完全是因為在我之前已經有無數學者做好了這部歷史的一部分。我以專家們的集體知識建造了我的金字塔（雖然我盡了最大的努力，至少要把每一件事物都提一筆，但的確是有選擇性的），這些知識的主題包括從古代魚類到殖民地稻米之間的一切。我身為法國飲食學者，擁有志同道合的夥伴，我非常感謝位於法國都爾的食品歷史歐洲學院的年會（Institut européen de l'histoire de l'alimentation），讓我可以介紹我正在進行的研究，並為我從事的法國飲食研究提供了許多資料。我為本書做的大部分研究都有各大學圖書館的協助，這些圖書館允許我查閱藏書。我很感激耶魯大學（Yale University）、阿默斯特學院（Amherst College）、麻薩諸塞大學（University of Massachusetts）、曼荷蓮學院（Mount Holyoke College）、佩斯灣大學（Bay Path University）的圖書館員工與工讀生對我的歡迎。

　　此外，我還從自己所屬的研究機構得到了寶貴的研究協助與支持。賽門岩校友會圖書館（Simon's Rock Alumni library）的工作人員幫忙我找出文章來源，在書目方面給我極佳的協助。如果沒有巴德學院賽門岩預科（Bard College at Simon's Rock）在二〇一八年秋天慷慨地讓我休了研究公假，這本書是不可能完成的。我要特別感謝院長派翠西亞·夏普（Dean Patricia Sharpe）的鼓勵，感謝我的同事們在我休假的時候分擔了額外的職責。

　　我永遠感激珍妮特·歐科本（Janet Okoben），她是文字編輯專家、耐心的第一位讀者，她的專業精神與勤奮（更不用說見識）幫助我完成了一本更好的書。最後，我衷心感謝我的家人、他們對細節的興趣、

對過程的耐性。露西（Lucy）、瑟萊斯特（Celeste）、伊森（Ethan）、諾亞（Noah）、凱文（Kevin），你們好。餐桌上見！

【 References 】
引用書目

Unless otherwise noted, all translations from the French are my own.

Introduction

1 Waverley Root, *The Food of France* (New York, 1958), p. v.
2 Pascal Ory, 'Gastronomie', in *Les Lieux de mémoire*, ed. Pierre Nora, Colette Beaume and Maurice Agulhon (Paris, 1984), vol. III/3, p. 829.
3 Alexandre Lazareff, *L'Exception culinaire française: un patrimoine gastronomique en péril?* (Paris, 1998), p. 13.
4 Florent Quellier, *Gourmandise: Histoire d'un péché capital* (Paris, 2013), p. 116.
5 Amy B. Trubek, *The Taste of Place: A Cultural Journey into Terroir* (Berkeley, CA, 2008), p. 53.
6 Quellier, *Gourmandise*, p. 155.

ONE Gallic Origins

1 I use the descriptive term 'Gallic' for this chapter, recognizing that 'Gallo-Roman' might be more historically precise. My use of 'Gallic' intentionally emphasizes the particular character of Gallic/Frankish eating in the territory that persists during and after the Roman occupation.
2 An important caveat: scholars are divided on the accuracy of translations of many culinary items from antiquity, particularly species of plants and animals that may have no modern equivalent. Andrew Dalby warns that many translators use terms such as pumpkin, marrow, squash and French bean freely, 'though the accepted opinion is that these species were unknown in the classical world' (*Food in the Ancient World from A to Z* (London/New York, 2014), p. xv). As I am not an archaeobotanist, I have verified these translations in a number of sources but am ultimately dependent on the work of the scholars and translators I cite in these pages. As such, I accept and repeat Dalby's claim that 'uncertainty should be read into all such identifications given below' (ibid., p. xvi).
3 Mark Grant, Introduction to Anthimus, *De observatione ciborum*, trans. Mark Grant (Totnes, Devon, 1996), p. 28.
4 Ibid., p. 35.
5 Anthimus, *De observatione ciborum*, trans. Mark Grant, §38, p. 65.

6 Paul Ariès, *Une Histoire politique de l'alimentation* (Paris, 2016), p. 146.

7 Pliny the Elder, *Natural History*, trans. John Bostock and H. T. Riley (London, 1855), Book XI, chapter 97.

8 Martial, *Epigrammata,* ed. Jacob Borovskij (Stuttgart, 1925), Book 12, chapter 32.

9 Strabo, *Geography*, trans. H. C. Hamilton and W. Falconer (London, 1903), Book IV, chapter 3, §2.

10 Anthimus, *De observatione ciborum*, §14, p. 57.

11 Martial, *Epigrammata,* Book 13, chapter 54.

12 Ariès, *Une Histoire politique,* p. 195.

13 Ibid.; Massimo Montanari, 'Romans, Barbarians, Christians: The Dawn of European Food Culture', in *Food: A Culinary History,* ed. Jean-Louis Flandrin, Massimo Montanari and Albert Sonnenfeld (New York, 2000), p. 167.

14 Ariès, *Une Histoire politique*, p. 179.

15 Pliny, *Natural History*, Book XVIII, chapter 12. Bostock and Riley translate *frumentum* as 'corn', which in British usage refers generally to a type of grain.

16 Dalby, *Food in the Ancient World*, p. 158.

17 Roger Dion, *Le Paysage et la vigne: essais de géographie historique* (Paris, 1990), p. 195.

18 In their respective original Latin works, Ausonius uses 'salmo' and Anthimus uses 'esox' (possibly a Latinized Celtic word) to refer to what English translators call 'salmon'. Carl Deroux suggests that 'esox' is adult salmon. The other Latin terms in Ausonius are *squameus capito* (chub), *salar* (trout), *perca* (perch), *mullis* (mullet), *lucius* (pike) and *alburnos* (shad). Carl Deroux, 'Anthime, un médecin gourmet du début des temps mérovingiens', *Revue belge de philologie et d'histoire*, LXXX/4 (2002), p. 1109.

19 Decimus Magnus Ausonius, 'Mosella', in *Ausonius: In Two Volumes*, ed. and trans. Hugh G. E. White (New York, 1919), pp. 231–3. See the Annotated Literary Interlude for a fuller presentation of this text.

20 Anthimus, *De observatione ciborum*, §40, p. 65.

21 Danuta Shanzer, 'Bishops, Letters, Fast Food, and Feast in Later Roman Gaul', in *Society and Culture in Late Antique Gaul*, ed. Ralph W. Mathisen and Danuta Shanzer (Burlington, VT, 2001), p. 231.

22 Ariès, *Une Histoire politique*, p. 171.

23 Deroux, 'Anthime', p. 1124.

24 Anthimus, *De observatione ciborum*, §22 (pheasants and geese), §27 (cranes), §25–6 (partridges, starlings, turtledoves), pp. 59–60.

25 Liliane Plouvier, 'L'Alimentation carnée au haut moyen âge d'après le *De observatione ciborum* d'Anthime et les *Excerpta* de Vinidarius', *Revue belge de philologie et d'histoire*, LXXX/4 (2002), pp. 1357–69. Plouvier calls Anthimus' *afratus* 'a recipe of exceptional finesse and astonishing modernity' (1367), generous praise for what is really a description of whipped egg whites.

26 Montanari, 'Production Structures and Food Systems in the Early Middle Ages', in *Food: A Culinary History*, ed. Flandrin, Montanari and Sonnenfeld, p. 171.

27 Dalby, *Food in the Ancient World,* p. 158.

28 Deroux, 'Anthime', p. 1111.

29 Anthimus, *De observatione ciborum*, §67, p. 71.

30 For *siligo* (winter wheat), see Pliny, *Natural History*, Book XVIII, chapter 20. For panic, see ibid., chapter 25.

31 Pliny, *Natural History*, Book XVIII, chapter 12.

32 Florence Dupont, 'The Grammar of Roman Dining', in *Food: A Culinary History*, ed. Flandrin, Montanari and Sonnenfeld, p. 126.

33 Ibid.

34 Emmanuelle Raga, 'Bon mangeur, mauvais mangeur. Pratiques alimentaires et critique sociale dans l'oeuvre de Sidoine Apollinaire et de ses contemporains', *Revue belge de philologie*, LXXXVII/2 (2009), p. 183.

35 Grant, Introduction to Anthimus, *De observatione ciborum*, p. 9.

TWO Medieval and Renaissance France: The Age of Bread

1 See Colette Beaune, *Naissance de la nation française* (Paris, 1993).

2 '[Elle] fut portée à chercher plus que les autres nations son mérite dans la foi et la conformité à la volonté divine.' Ibid., p. 228.

3 After Charlemagne's death in 814, Louis the Pious wrote the Ordinatio Imperii in 817 to divide the territory among his three sons, a triumvirate that held until a fourth son was born by a second marriage. With the Treaty of Verdun in 843, Charlemagne's empire ended definitively, split into Francia Occidentalis (ruled by Charles the Bald), Francia Orientalis (by Louis le Germanique) and the centre territory, now Italy and part of Provence (by Lothaire).

4 See Alban Gautier, 'Alcuin, la bière et le vin', *Annales de bretagne et des pays de l'ouest* (2004), pp. 111–13. Gautier interprets Alcuin's denigration of English beer as one of religious criticism, not national-identity creation.

5 Roger Dion, *Histoire de la vigne et du vin en France: des origines au XIXe siècle* (Paris, 1959), p. 594. See also Antoni Riera-Melis, 'Society, Food, and Feudalism', in *Food: A Culinary History*, ed. Jean-Louis Flandrin, Massimo Montanari and Albert Sonnenfeld (New York, 2000), p. 264.

6 Dion, *Histoire de la vigne*, p. 608.

7 Bruno Laurioux, *Manger au moyen age: pratiques et discours alimentaires en Europe aux XIVe et XVe siècles* (Paris, 2002), p. 88.

8 Louis Stouff, *Ravitaillement et alimentation en Provence XIV et XVe* (Paris, 1970); Francesco Petrarca to Pope Urban V, *Rerum senilium,* Book 9, Letter 1 (composed in 1366).

9 Jean-Claude Hocquet, 'Le Pain, le vin et la juste mesure à la table des moines carolingiens', *Annales. Économies, sociétés, civilisations*, XL/3 (1985) pp. 665–7.

10 Sakae Tange, 'Production et circulation dans un domaine monastique à l'époque carolingienne: l'exemple de l'abbaye de Saint-Denis', *Revue belge de philologie et*

d'histoire, LXXV/4 (1997) pp. 945, 951.

11 Riera-Melis, 'Society, Food, and Feudalism', pp. 262–3.

12 Kirk Ambrose, 'A Medieval Food List from the Monastery of Cluny', *Gastronomica*, VI/1 (2006), pp. 14–20.

13 Bernard de Clairvaux, 'Apologie à Guillaume de Saint-Thierry', in *Oeuvres complètes*, trans. Abbé Charpentier (Paris, 1866), chapter IX, sec. 20–21.

14 Pierre Abelard, *Lettres d'Abélard et d'Héloïse*, trans. Victor Cousin (Paris, 1875), vol. II, Lettre VIII, p. 317.

15 Riera-Melis, 'Society, Food, and Feudalism', pp. 260–61.

16 Massimo Montanari, 'Peasants, Warriors, Priests: Images of Society and Styles of Diet', in *Food: A Culinary History*, ed. Flandrin, Montanari and Sonnenfeld, p. 184.

17 Hocquet, 'Le Pain, le vin', pp. 678–9.

18 Paul Ariès, *Une Histoire politique de l'alimentation: du paléolithique à nos jours* (Paris, 2016), p. 205.

19 Françoise Desportes, *Le Pain au moyen age* (Paris, 1987), p. 17.

20 Hocquet, 'Le Pain, le vin', p. 673.

21 Desportes, *Le Pain au moyen age*, p. 28.

22 René de Lespinasse, *Les Métiers et les corporations de la ville de Paris* (Paris, 1886), vol. I, *XIV–XVIIIe siècles*, p. 367.

23 *Lettres du prévôt de Paris, contenant un nouveau texte de statuts en dix-sept articles, pour les pâtissiers,* 4 August 1440. Cited in Lespinasse, *Les Métiers,* p. 376.

24 Ariès, *Une Histoire politique,* p. 174.

25 Fabrice Mouthon, 'Le Pain en bordelais médiéval (XIIIe–XVIe siècle)', *Archéologie du midi médiéval* (Carcassonne, 1997), pp. 205–13.

26 Mouthon, 'Le Pain en bordelais médiéval', p. 207.

27 Ibid., p. 210.

28 Desportes, *Le Pain au moyen age*, p. 90.

29 Françoise Desportes, 'Le Pain en Normandie à la fin du moyen age', *Annales de Normandie*, XXXI/2 (1981), p. 104.

30 Mouthon, 'Le Pain en bordelais médiéval', p. 208.

31 Desportes , 'Le Pain en Normandie', p. 103.

32 Desportes, *Le Pain au moyen age*, pp. 89–90.

33 Lespinasse, *Les Métiers*, p. 195.

34 Ordonnance de Philippe le Bel, adressée au prévôt de Paris, portant règlement sur le commerce du pain, des vivres, et sur le métier des boulangers, 28 April 1308, in Lespinasse, *Les Métiers*, pp. 197–8.

35 Ordonnance du roi Jean II, sur la police générale et sur les divers métiers de la ville de Paris, 20 January 1351, in Lespinasse, *Les Métiers*, p. 3.

36 Lespinasse, *Les Métiers*, p. 200.

37 Desportes, *Le Pain au moyen age*, p. 108.

38 Mouthon, 'Le Pain en bordelais médiéval', p. 211.

39 Lespinasse, *Les Métiers*, pp. 196, 206.

40 Olivier de Serres, *Le Théâtre d'agriculture et mesnage des champs* (Paris, 1600), vol. VIII, pp. 825–6.

41 Ibid., p. 826. There were even two ovens, one for white bread and one for all other bread: the servant was ordered never to mix them up.

42 Marc Bloch, *Les Caractères originaux de l'histoire rurale française* (Paris, 1988), pp. 111–38. As to the question of why this systematic change happened first in France, Bloch says only 'je n'ai pas trouvé' [I did not find the answer] and suggests that other researchers take up this work.

43 'Il cesse d'être un chef d'entreprise – ce qui l'amènera aisément à cesser d'être un chef tout court. Il est devenu rentier du sol', ibid., p. 139.

44 Ibid., p. 147.

45 Emmanuel Le Roy Ladurie, *Histoire des paysans français: de la peste noire à la Révolution* (Paris, 2002), p. 191.

46 Bloch, *French Rural History*, trans. Janet Sondheimer (London, 2015), p. 148.

47 Thomas Brennan, *Burgundy to Champagne: The Wine Trade in Early Modern France* (Baltimore, MD, 1997), p. 110.

48 Ibid., p. 114.

49 Thomas Parker, *Tasting French Terroir: The History of an Idea* (Oakland, CA, 2015), p. 31. Gohory's book was published in the same year as Joachim Du Bellay's *Deffense et illustration de la langue francaise* proposing that the French language had superseded Latin in linguistic perfection and sufficiency of poetic expression.

50 Parker, *Tasting French Terroir*, p. 31.

51 Etienne de Conty, *Brevis tractatus* (1400), cited in Beaune, *Naissance de la nation française*, p. 322.

52 Dion, *Histoire de la vigne et du vin*, p. 186.

53 Beaune, *Naissance de la nation française*, p. 320.

54 Serres, *Théâtre d'agriculture*, vol. VIII, p. 824.

55 Le Roy Ladurie, *Histoire des paysans français*, p. 151.

56 Montanari, 'Production Structures and Food Systems in the Early Middle Ages', in *Food: A Culinary History*, ed. Flandrin, Montanari and Sonnenfeld, p. 173.

57 Montanari, 'Toward a New Dietary Balance' in *Food: A Culinary History*, ed. Flandrin, Montanari and Sonnenfeld, p. 249.

58 Louis Stouff, 'La Viande. Ravitaillement et consommation à Carpentras au XVe siècle', *Annales. Economies, sociétés, civilisations*, XXIV/6 (1969), p. 1442.

59 Philippe Wolff, 'Les Bouchers de Toulouse du XIIe au XVe siècle', *Annales du Midi: revue archéologique, historique et philologique de la France méridionale*, LXV/23 (1953).

60 Lettre patente de Charles VI, August 1416, cited in Lespinasse, *Les Métiers*, p. 276.

61 Laurioux, *Manger au moyen age*, p. 82.

62 Bruno Laurioux, 'L'Expertise en matière d'alimentation au moyen age', in *Expertise et valeur des choses au moyen âge. I: le besoin d'expertise*, ed. Claude Denjean and Laurent Feller (Madrid, 2013), p. 26.

63 Laurioux, 'L'Expertise en matière d'alimentation', p. 26.

64 Jacques Dubois (Sylvius), *Régime de santé pour les pauvres* (1544), quoted in Jean Dupère, 'La Diététique et l'alimentation des pauvres selon Sylvius', in *Pratiques et discours alimentaires à la Renaissance: actes du colloque de Tours de mars 1979*, ed. Jean-Claude Margolin and Robert Sauzet (Paris, 1982), p. 50.

65 Philip Hyman, 'L'Art d'accommoder les escargots', *L'Histoire*, 85 (1986), pp. 41–4.

66 Dubois, *Régime de santé* (1544) quoted in Dupère, 'La Diététique et l'alimentation', p. 51.

67 Terrency Scully pronounces the debate over whether Guillaume Tirel authored the first manuscript of *Le Viandier* 'a moot question' (Taillevent and Terence Scully, *The Viandier of Taillevent: An Edition of All Extant Manuscripts* (Ottawa, 1988), p. 9). As an object of study, *Le Viandier* is not one book but an interrelated series of manuscripts, none of which can be called definitively 'the original'. Scully discusses this problem extensively in his introduction. Tirel was certainly known as Taillevent and there is evidence that he worked as a royal chef in France in the fourteenth century. Simply put, all extant editions of *Le Viandier* except the earliest one (which seems to predate the 'productive life' of Tirel) contain a preface attributing the work to Taillevent, and it can be assumed that he used the earliest text as a model. Scully hypothesizes that a now lost edition of *Le Viandier*, composed by Taillevent between the first and second known versions, may have been the true *Viandier de Taillevent* (p. 14). Jérôme Pichon and Georges Vicaire assert that copies of the 1392 *Le Viandier* circulated in manuscript form among cooks and housekeepers in the late fourteenth century, as evidenced by direct borrowing from *Le Viandier* in *Le Ménagier de Paris* (Taillevent, *Le Viandier de Guillaume Tirel dit Taillevent: publié sur le manuscrit de la Bibliothèque Nationale, avec les variantes des Mss. de la Bibliothèque Mazarine et des archives de la manche*, ed. Jérôme B. Pichon and Georges Vicaire (Paris, 1892), p. xxxix).

68 Jack Goody, *Cooking, Cuisine and Class* (Cambridge, 1982), p. 136. Goody further notes the practice in English that names given to live animals are of Anglo-Saxon derivation (cow, pig) but meat on the table carries a French-derived term (beef, pork).

69 Anne Willan and Mark Cherniavsky, *The Cookbook Library: Four Centuries of the Cooks, Writers, and Recipes that Made the Modern Cookbook* (Berkeley, CA, 2012), p. 39.

70 Bruno Laurioux, *Le Règne de Taillevent: livres et pratiques culinaires à la fin du moyen âge* (Paris, 1997), p. 231.

71 Barbara K. Wheaton, *Savoring the Past: The French Kitchen and Table from 1300 to 1789* (New York, 2015), p. 42.

72 Ariès, *Une Histoire politique,* p. 212.

73 Béatrix Saule, 'Insignes du pouvoir et usages de cour à Versailles sous Louis XIV', *Bulletin du Centre de recherche du château de Versailles*, 18 July 2007.

74 Laurioux, *Manger au Moyen Age*, pp. 20–21.

75 Jean-Louis Flandrin, 'Seasoning, Cooking, and Dietetics in the Late Middle Ages', in *Food: A Culinary History*, ed. Flandrin, Montanari and Sonnenfeld, pp. 317 and 324.

76 In the manuscript held by the Bibliothèque Nationale, dated 1392 by its owner Pierre Buffaut (reprinted in Pichon and Vicaire).

77 Laurioux, *Manger au moyen age*, p. 39.

78 Laurioux, *Le Règne de Taillevent*, p. 341.

79 Pichon and Vicaire, eds, *Le Ménagier de Paris* [1393] (Paris, 1896), vol. II, p. 236.

80 Vanina Leschziner, 'Epistemic Foundations of Cuisine: A Socio-cognitive Study of the Configuration of Cuisine in Historical Perspective', *Theory and Society*, XXXV/4 (August 2006), pp. 426–7.

81 François Rabelais, *Gargantua* [1534], ed. Abel Lefranc (Paris, 1913), p. 187.

82 Laurioux, *Manger au moyen age*, p. 22.

83 Jean-Louis Flandrin, 'Brouets, potages et bouillons', Médiévales: Nourritures, V (1983), p. 5.

84 Florent Quellier, *La Table des Français: une histoire culturelle, XVe–début XIXe siècle* (Rennes, 2013), p. 32.

85 Susan K. Silver, '"La Salade" and Ronsard's Writing Cure', *Romanic Review*, LXXXIX/1 (January 1998), p. 21.

86 Jacqueline Boucher, 'L'Alimentation en milieu de cour sous les derniers Valois', in *Pratiques et discours alimentaires,* ed. Margolin and Sauzet, pp. 162–3.

87 Serres, *Théâtre d'agriculture,* vol. VIII, p. 856.

88 Boucher, 'L'Alimentation en milieu de cour', p. 164.

89 See Wheaton, *Savoring the Past*, p. 43.

90 Jean-Louis Flandrin, 'Médecine et habitudes alimentaires anciennes', in *Pratiques et discours alimentaires,* ed. Margolin and Sauzet, p. 86.

91 Dion, *Histoire de la vigne*, p. 7.

92 Serres, *Théâtre d'agriculture,* vol. VIII, p. 831.

THREE French Innovations: Cookbooks, Champagne, Canning and Cheese

1 'Un modèle culinaire bien individualisé, seigneurial et carnivore.' Alain Girard, 'Le Triomphe de "La cuisinière bourgeoise": Livres culinaires, cuisine et société en France au XVIIe et XVIIIe siècles', *Revue d'histoire moderne et contemporaine*, XXIV/4 (October–December 1977), p. 507.

2 Vanina Leschziner, 'Epistemic Foundations of Cuisine: A Socio-cognitive Study of the Configuration of Cuisine in Historical Perspective', *Theory and Society*,

xxxv/4 (August 2006), p. 432.

3 Girard, 'Le Triomphe de "La cuisinière bourgeoise"', p. 507.

4 Paul Hyman and Mary Hyman, 'Printing the Kitchen: French Cookbooks 1480–1800', in *Food: A Culinary History*, ed. Jean-Louis Flandrin, Massimo Montanari and Albert Sonnenfeld (New York, 2000), p. 400.

5 Molière (Jean-Baptiste Poquelin), *La Critique de l'école des femmes* [1663] in *Oeuvres complètes* (Paris, 1873), p. 359.

6 François Pierre La Varenne, *Le Cuisinier françois* (Paris, 1651), p. 50.

7 Ibid., p. 74.

8 LSR, Editor's note, *L'Art de bien traiter* (Lyon, 1693), n.p.

9 LSR, Préface, *L'Art de bien traiter* (Lyon, 1693), p. 2.

10 François Marin, 'Avertissement au lecteur', *Les Dons de Comus* (Paris, 1739), pp. xx–xxi. The *Avertissement* is believed to have been composed by two Jesuits, Pierre Brumoy and G. H. Bougeant.

11 Arjun Appadurai, 'How to Make a National Cuisine: Cookbooks in Contemporary India', in *Comparative Studies in Society and History*, xxx/1 (1988), p. 11.

12 François Massialot, Préface, *Le Cuisinier royal et bourgeois* (Paris, 1693), p. viii.

13 Emmanuel Le Roy Ladurie, *Histoire des paysans français: de la peste noire à la Révolution* (Paris, 2002), pp. 321–4.

14 Stephen Mennell, *All Manners of Food: Eating and Taste in England and France from the Middle Ages to the Present* (Oxford, 1985), p. 73.

15 Ibid., p. 83.

16 Girard, 'Le Triomphe de "La cuisinière bourgeoise"', p. 513.

17 Barbara K. Wheaton, *Savoring the Past: The French Kitchen and Table from 1300 to 1789* (New York, 2015), p. 114.

18 Anne Willan, Mark Cherniavsky and Kyri Claflin, *The Cookbook Library: Four Centuries of the Cooks, Writers, and Recipes That Made the Modern Cookbook* (Berkeley, CA, 2012), pp. 155, 161.

19 Nicolas de Bonnefons, 'Aux Maîtres d'hôtel', in *Délices de la campagne* (Paris, 1654), p. 214.

20 Anon., *Dictionnaire portatif de cuisine, d'office et de distillation* (Paris, 1767).

21 Girard, 'Le Triomphe de "La cuisinière bourgeoise"', p. 512. The author cites a government official in Brittany who paid his male cook 150 livres per year in 1710 and his female cook 70 livres in 1754, but notes that a female cook working in an aristocratic house in the provinces in the same period would earn 90 livres.

22 Wheaton, *Savoring the Past,* p. 156.

23 Mennell, *All Manners of Food,* p. 67.

24 Susan Pinkard cites *potagers* used in the Papal kitchens in Rome in the sixteenth century as well as those featured in Bartolomeo Scappi's 1570 work. See *A Revolution in Taste: The Rise of French Cuisine* (Cambridge, 2009), p. 110.

25 LSR, *L'Art de bien traiter*, pp. 65–7.

26 Daniel Roche, Tableau 2, 'Cuisine et alimentation populaire à Paris', in *Dix-huitième Siècle*, XV (1983), p. 11.

27 See Jean-Louis Flandrin, 'From Dietetics to Gastronomy: The Liberation of the Gourmet', in *Food: A Culinary History*, ed. Flandrin, Montanari and Sonnenfeld, p. 421.

28 Pierre Couperie, 'L'Alimentation au XVIIe siècle: les marchés de pourvoierie', *Annales. Economies, sociétés, civilisations*, XIX/3 (1964), pp. 467–79.

29 Philip Hyman, 'L'Art d'accommoder les escargots', *L'Histoire*, LXXXV (1986), pp. 43–4.

30 Sydney Watts, *Meat Matters: Butchers, Politics, and Market Culture in Eighteenth-century Paris* (Buffalo, NY, 2006), p. 8.

31 Roche, 'Cuisine et alimentation populaire', p. 13.

32 Olivier de Serres, Préface, *Le Théâtre d'agriculture et mesnage des champs* (Paris, 1600), n.p.

33 Ibid., vol. I, p. 14.

34 'à ce que chacune rapporte son goût particulier', ibid, vol. VIII, p. 846.

35 Bonnefons, *Délices de la campagne*, pp. 215–16.

36 Bonnefons, Préface au lecteur, *Le Jardinier français* (Paris, 1679), p. x.

37 Thomas Parker, *Tasting French Terroir: The History of an Idea* (Oakland, CA, 2015), p. 88.

38 Bonnefons, Epistre, *Le Jardinier français,* p. vii.

39 Florent Quellier, *Festins, ripailles et bonne chère au grand siècle* (Paris, 2015), pp. 50–51.

40 Ibid., p. 51.

41 See Wheaton, *Savoring the Past*, p. 184.

42 Jean Meyer, *Histoire du sucre* (Paris, 2013), p. 109.

43 The full title is *Nouveau Traité de la civilité qui se pratique en France parmi les honnêtes gens* (New Treatise on Civility That Is Practiced in France among People of Culture).

44 Norbert Elias, *The Civilizing Process*, trans. Edmund Jephcott, ed. Eric Dunning, Johan Goudsblom and Stephen Mennell (Oxford, 2000), pp. 58–9.

45 Maryann Tebben, 'Revising Manners: Giovanni Della Casa's *Galateo* and Antoine de Courtin's *Nouveau Traité de la civilité*', *New Readings*, XIII (2013), p. 13.

46 Michel de Montaigne, 'De L'Expérience', in *Essais* (Paris, 1588), vol. III, ch. XIII, p. 480.

47 Fernand Braudel, *The Structures of Everyday Life* (Berkeley, CA, 1981), p. 206.

48 Louis de Rouvroy, duc de Saint-Simon, *Mémoires* [1701] (Paris, 1856), vol. III, p. 21.

49 Ibid., [1715], vol. XII, p. 45.

50 Jean-Pierre Poulain and Edmond Neirinck, *Histoire de la cuisine et des cuisiniers*, 5th edn (Paris, 2004), p. 172.

51 Roche, 'Cuisine et alimentation populaire', p. 14.

52 Paul Ariès, *Une Histoire politique de l'alimentation: du paléolithique à nos jours* (Paris, 2016), p. 285.

53 Florent Quellier, *Gourmandise: histoire d'un péché capital* (Paris, 2013), p. 84.

54 Ibid., p. 101.

55 Benoît Musset, 'Les Grandes Exploitations viticoles de champagne (1650–1830). La Construction d'un système de production', *Histoire et Sociétés Rurales*, XXXV/87 (2011), p. 87. The 1694 abbey d'Hautvilliers champagne vintage sold for a record price, averaging 350 livres per hectolitre, although specific Burgundy vintages may have earned a higher price.

56 Musset, 'Les Grandes Exploitations', p. 80. Musset records that average wines cost 10–25 livres per hectolitre in 1650, but that Burgundy wines never dipped below 30 livres beginning in 1690, and champagne passed 40 livres after 1690.

57 Roger Dion, *Histoire de la vigne et du vin en France: des origines au XIXe siècle* (Paris, 1959), p. 627.

58 Nicolas de La Framboisière, *Gouvernement nécessaire à chacun pour vivre longuement en santé* [1600] (Paris, 1624), p. 105.

59 'incommodes voluptueux', LSR, *L'Art de bien traiter*, p. 32–3.

60 Jean-François Revel, *Un Festin en paroles: histoire littéraire de la sensibilité gastronomique de l'antiquité à nos jours* (Paris, 2007), p. 181.

61 Thomas Brennan suggests that racking was documented in professional treatises in the 1730s (*Burgundy to Champagne: The Wine Trade in Early Modern France* (Baltimore, MD, 1997), p. 248). Musset claims that equipment for racking (*soutirage*) was documented in bourgeois productions in the 1740s, and that bottling equipment appeared in the 1760s ('Les Grandes Exploitations', p. 90)

62 Cited in Dion, *Histoire de la vigne*, p. 644.

63 Brennan, *Burgundy to Champagne*, pp. 248–9.

64 Dion, *Histoire de la vigne*, p. 645.

65 Musset, 'Les Grandes Exploitations', p. 88.

66 Archives départementale de Marne, cited ibid., p. 91.

67 Cited in Brennan, *Burgundy to Champagne*, p. 191.

68 Kolleen Guy, *When Champagne Became French* (Baltimore, MD, 2003), pp. 28–9.

69 Ibid, p. 31.

70 Nicolas Appert, *L'Art de conserver pendant plusieurs années toutes les substances animales et végétales* (Paris, 1810), pp. ix–xi.

71 Ibid., p. 6.

72 Ibid, p. 110.

73 Sue Shephard, *Pickled, Potted, and Canned: How the Art and Science of Food Preserving Changed the World* (New York, 2000), p. 233. Shephard cites an unpublished PhD dissertation by Norman Cowell that suggests that Appert collaborated with the British team of Bryan Donkin, John Gamble and John

Hall to protect his financial interests in canning technology in the wake of Napoleon's abdication and nonpayment of Appert's contracts with the French navy (*Pickled, Potted, and Canned*, pp. 234–9).

74　Shephard, *Pickled, Potted, and Canned*, p. 241.

75　Jack Goody, *Cooking, Cuisine and Class* (Cambridge, 1982), p. 160.

76　Martin Bruegel, 'How the French Learned to Eat Canned Food, 1809–1930s', in *Food Nations: Selling Taste in Consumer Societies*, ed. Warren Belasco and Philip Scranton (London, 2002), p. 121.

77　Bruegel, 'How the French Learned', p. 122.

78　See, for example, Alexandre-Balthazar-Laurent Grimod de La Reynière,

79　Marie-Antoine Carême, *Le Maître d'hôtel français: ou parallèle de la cuisine ancienne et moderne* (Paris, 1822), p. 119.

80　The phrase 'imperial technology' comes from Simon Naylor, 'Spacing the Can: Empire, Modernity, and the Globalisation of Food', *Environment and Planning A*, XXXII (2000), p. 1628.

81　Photis Papademas and Thomas Bintsis, *Global Cheesemaking Technology: Cheese Quality and Characteristics*, ebook (Hoboken, NJ, 2018).

82　Dick Whittaker and Jack Goody, 'Rural Manufacturing in the Rouergue from Antiquity to the Present: The Examples of Pottery and Cheese', *Comparative Studies in Society and History: An International Quarterly*, XLIII/2 (2001), p. 235.

83　Paul Kindstedt, *Cheese and Culture: A History of Cheese and Its Place in Western Civilization* (Hartford, VT, 2012), pp. 127–30.

84　'France', in *Oxford Companion to Cheese*, ed. Catherine W. Donnelly (New York, 2017), p. 293; 'Maroilles: Historique', Institut national de l'origine et de la qualité (INAO), www.inao.gouv.fr, accessed 15 August 2018.

85　Catherine Donnelly, 'From Pasteur to Probiotics: A Historical Overview of Cheese and Microbes', *Microbiol Spectrum*, I/1(2012), p. 12.

86　Raymond Dion and Raymond Verhaeghe, 'Le Maroilles: "le plus fin des fromages forts"', *Hommes et terres du nord*, I (1986), p. 69.

87　Serres, *Théâtre d'agriculture*, vol. IV, p. 286.

88　Kindstedt, *Cheese and Culture*, p. 153.

89　Gilles Fumey and Pascal Bérion, 'Dynamiques contemporaines d'un terroir et d'un territoire: le cas du gruyère de Comté', *Annales de géographie*, IV/674 (2010), pp. 386–7.

90　Ibid., p. 397, n. 9.

91　Jean Froc, *Balade au pays des fromages: les traditions fromagères en France* (Versailles, 2007), p. 30.

92　Ibid., p. 50.

93　Whittaker and Goody, 'Rural Manufacturing in the Rouergue', p. 239.

94　'Roquefort: Historique', INAO, www.inao.gouv.fr, accessed 15 August 2018.

95　Danielle Hays, 'L'Implantation du groupe Bongrain en Aquitaine: la recherche et le succès de fromages nouveaux', in *Histoire et géographie des fromages: actes du*

Colloque de géographie historique Caen, ed. Pierre Brunet (Caen, 1987), p. 168.

96 Laurence Bérard et Philippe Marchenay, 'Le Sens de la durée: ancrage historique des "produits de terroir" et protection géographique', in *Histoire et identités alimentaires en Europe*, ed. Martin Bruegel and Bruno Laurioux (Paris, 2011), p. 35.

97 Pierre Boisard, *Camembert: A National Myth* (Berkeley, CA, 2003), pp. 27, 37.

98 Ibid., p. 5.

99 Ibid., pp. 44–5.

100 Ibid., p. 68.

101 'Camembert: Historique', INAO, www.inao.gouv.fr, accessed 15 August 2018.

102 Boisard, *Camembert*, p. 6.

103 Ibid., p. 10. Boisard has written an entire book deciphering the veracity and importance of the Marie Harel myth. My brief summary here only touches the surface.

104 Parker, *Tasting French Terroir*, pp. 56–8.

FOUR The Revolution and Its Results: Butchers, Bakers, Winemakers

1 Emmanuel Le Roy Ladurie, *Histoire des paysans français: de la peste noire à la Révolution* (Paris, 2002), pp. 400–402. Le Roy Ladurie connects the agricultural success of these regions to their industrial development dating to the Middle Ages and particularly in the wool and textile trade of the seventeenth century, in contrast to the wine-rich but non-industrialized Atlantic ports and the underdeveloped southern regions.

2 Kolleen M. Guy, *When Champagne Became French: Wine and the Making of a National Identity* (Baltimore, MD, 2003), p. 47.

3 Le Roy Ladurie, *Histoire des paysans*, pp. 380–81. The author emphasizes the approximate value of these figures, but suggests that 'at a *minimum*, the *national* viticultural production must have grown by a quarter or even a third' between 1550 and 1670 (p. 380, emphasis in original).

4 Roger Dion, *Histoire de la vigne et du vin en France: des origines au XIXe siècle* (Paris, 1959), p. 594.

5 Thomas Brennan, *Burgundy to Champagne: The Wine Trade in Early Modern France* (Baltimore, MD, 1997), p. 226.

6 Etienne Chevalier, spokesperson for the winemakers of Argenteuil 1790, cited in Dion, *Histoire de la vigne*, p. 511.

7 Brennan, *Burgundy to Champagne*, p. 146.

8 Dion, *Histoire de la vigne*, p. 607.

9 Ibid.

10 Robert Philippe, 'Une Opération pilote: l'étude du ravitaillement de Paris au temps de Lavoisier', in *Pour une Histoire de l'alimentation,* ed. Jean-Jacques Hémardinquer (Paris, 1970), p. 63.

11 Louise A. Tilly, 'The Food Riot as a Form of Political Conflict in France', *Journal*

of Interdisciplinary History, II/1 (1971), p. 23.

12 Le Roy Ladurie, *Histoire des paysans*, p. 717.

13 Reynald Abad, *Le Grand Marché: l'approvisionnement alimentaire de Paris sous l'ancien régime* (Paris, 2002), p. 798.

14 Tilly, 'The Food Riot', p. 28.

15 Le Roy Ladurie, *Histoire des paysans*, p. 191.

16 Tilly, 'The Food Riot', pp. 52–5.

17 Steven L. Kaplan, *The Bakers of Paris and the Bread Question, 1700–1775* (Durham, NC, 1996), p. 573.

18 Kaplan, *The Bakers of Paris*, p. 481.

19 Steven L. Kaplan, *Provisioning Paris: Merchants and Millers in the Grain and Flour Trade during the Eighteenth Century* (Ithaca, NY, 1984), p. 339.

20 Ibid., p. 273.

21 Judith A. Miller, *Mastering the Market: The State and the Grain Trade in Northern France, 1700–1860* (Cambridge, 1999), p. 70.

22 Cynthia A. Bouton, *The Flour War: Gender, Class, and Community in Late Ancien Régime French Society* (University Park, PA, 1993), pp. 82–4.

23 George Rudé, 'La Taxation populaire de mai 1775 en Picardie en Normandie et dans le Beauvaisis', *Annales historiques de la Révolution française*, XXXIII/165 (1961), p. 320.

24 Bouton, *The Flour War*, Appendix 1, pp. 263–5.

25 Ibid., pp. 87–8.

26 Kaplan, *The Bakers of Paris*, p. 561.

27 Paul-Jacques Malouin, *Description et détails des arts du meunier, du vermicelier et du boulanger, avec une histoire abrégée de la boulengerie et un dictionnaire de ces arts* (Paris, 1779), p. 166.

28 Etienne-Noël d'Amilaville, 'Mouture', in *Encyclopédie; ou dictionnaire raisonné des sciences, des arts et des métiers, etc.,* ed. Denis Diderot and Jean le Rond d'Alembert (Neufchâtel, 1765), vol. X, p. 828.

29 Antoine Augustin Parmentier, *Le Parfait Boulanger ou traité complet sur la fabrication & le commerce du pain* (Paris, 1778), p. 176.

30 Kaplan, *The Bakers of Paris*, p. 480.

31 Malouin, *Arts du meunier*, pp. 217, 356.

32 Maurice Aymard, Claude Grignon and Françoise Sabban, 'A La Recherche du Temps Social', in *Le Temps de Manger: alimentation, emploi du temps et rythmes sociaux*, ed. Aymard, Grignon and Sabban (Paris, 2017), p. 11.

33 Malouin, *Arts du meunier*, p. 6.

34 Abel Poitrineau, 'L'Alimentation populaire en Auvergne au XVIIIe siècle', in *Pour une Histoire de l'alimentation*, ed. Jean-Jacques Hémardinquer (Paris, 1970), pp. 147–9.

35 Guy Thuillier, 'L'Alimentation en Nivernais au XIXe s.', in *Pour une Histoire de l'alimentation*, ed. Hémardinquer, pp. 155–6.

36 Parmentier, *Le Parfait Boulanger*, p. 436.

37 Kaplan, *The Bakers of Paris*, p. 569.

38 Bouton, *The Flour War*, p. 240.

39 Lynn Hunt, *Politics, Culture, and Class in the French Revolution* (Berkeley, CA, 2004), pp. 67–71.

40 Hunt, *Politics*, p. 146.

41 Guy Lemarchand, 'Du Féodalisme au capitalisme: à propos des conséquences de la Révolution sur l'évolution de l'économie française', *Annales historiques de la Révolution française*, CCLXXII/1(1988), p. 192.

42 Jean de Saint-Amans, *Fragment d'un voyage sentimental et pittoresque dans les Pyrénées* (Metz, 1789).

43 Sydney Watts, *Meat Matters: Butchers, Politics, and Market Culture in Eighteenth-century Paris* (Buffalo, NY, 2006), p. 8.

44 Léon Biollay, 'Les Anciennes Halles de Paris', *Mémoires de la société de l'histoire de Paris et de l'Ile de France*, vol. III (1877), p. 12.

45 Ibid., p. 14.

46 Abad, *Le Grand Marché*, p. 456.

47 Nicolas Delamare, *Traité de la police*, vol. II (Paris, 1722), p. 493.

48 Biollay, 'Les Anciennes Halles', pp. 11–12.

49 Sylvain Leteux, 'La Boucherie parisienne, un exemple singulier de marché régulé à une époque réputée "libérale" (1791–1914)', *Chronos*, XXVI (2011), p. 216.

50 Lettre patente de Louis XIII, juillet 1637; in René de Lespinasse, *Les Métiers et les corporations de la ville de Paris* (Paris, 1886), vol. I: XIV–XVIIIe siècles, pp. 286–7.

51 Delamare, *Traité de la police*, vol. II, p. 529.

52 Watts, *Meat Matters*, p. 76.

53 'Statuts des bouchers en soixante articles et lettres patentes de Louis XV confirmatives', July 1741; in Lespinasse, *Les Métiers*, pp. 291–2.

54 It is difficult to establish firm numbers for the 'explosion of butchers' after deregulation: sources give a range of 250–300 master butchers before 1791 and 700–1,000 total butchers by 1802. Watts, *Meat Matters*, p. 197; Elisabeth Philipp, 'L'Approvisionnement de Paris en viande et la logistique ferroviaire, le cas des abattoirs de La Villette, 1867–1974', *Revue d'histoire des chemins de fer*, XLI (2010), p. 1; Louis Bergeron, 'Approvisionnement et consommation à Paris sous le premier Empire', in *Mémoires publiés par la fédération des sociétés historiques et archéologiques de Paris et de l'Ile-de-France*, vol. XIV (Paris, 1963), p. 219.

55 Eric Szulman, 'Les Evolutions de la boucherie parisienne sous la révolution', in *A Paris sous la révolution: nouvelles approches de la ville*, ed. Raymonde Monnier (Paris, 2016), pp. 117–26.

56 Abad, *Le Grand Marché*, p. 390.

57 Leteux, 'La Boucherie parisienne', p. 218.

58 Szulman, 'Les Evolutions de la boucherie', p. 125.

59 Leteux, 'La Boucherie parisienne', pp. 223–4.

60 Jean-Michel Roy, 'Les Marchés alimentaires parisiens et l'espace urbain du XVIIe

au XIXe siècle', *Histoire, économie et société*, XVII/4 (1998), p. 709.

61 See, among others, Stephen Mennell, *All Manners of Food: Eating and Taste in England and France from the Middle Ages to the Present* (Oxford, 1985), p. 139; Jean-François Revel, *Un Festin en paroles: histoire littéraire de la sensibilité gastronomique de l'antiquité à nos jours* (Paris, 2007), pp. 207–208.

62 Rebecca L. Spang, *The Invention of the Restaurant: Paris and Modern Gastronomic Culture* (Cambridge, MA, 2001), p. 24. Spang is the unquestioned authority on the history of the restaurant and her study treats this question in much greater detail than I present here.

63 *Avantcoureur* [journal], 9 March 1767, cited ibid., p. 34.

64 'Restauratif ou restaurant', in *Encyclopédie*, ed. Diderot and d'Alembert (1765), vol. XIV, p. 193.

65 Spang, *The Invention of the Restaurant*, p. 44.

66 Ibid., pp. 173–4.

67 August von Kotzebue, *Souvenirs de Paris, en 1804*, trans. René Charles Guilbert de Pixérécourt (Paris, 1805), vol. I, p. 263.

68 See Spang's discussion of the *grand couvert* and the democratization of the table, *Invention of the Restaurant*, pp. 149–50.

69 Kotzebue, *Souvenirs de Paris*, pp. 263–4.

70 Spang, *The Invention of the Restaurant*, p. 179.

71 Mennell, *All Manners of Food*, p. 140.

72 Spang, *The Invention of the Restaurant*, p. 185.

73 Mennell, *All Manners of Food*, p. 140.

74 Spang, *The Invention of the Restaurant*, p. 200.

75 Louis-Sébastien Mercier, *L'An deux mille quatre cent quarante: rêve s'il en fût jamais* (London, 1770), p. 5.

FIVE The Nineteenth Century and Carême: French Food
Conquers the World

1 Priscilla Parkhurst Ferguson, 'A Cultural Field in the Making: Gastronomy in 19th-century France', *American Journal of Sociology*, CIV/3 (1998), p. 599.

2 Emile Zola, *Le Ventre de Paris* [1873], ed. A. Lanoux and H. Mitterand (Paris, 1963), p. 630.

3 Patrice de Moncan and Maxime Du Camp, *Baltard – Les Halles de Paris: 1853–1973* (Paris, 2010), p. 85.

4 Armand Husson, *Les Consommations de Paris*, 2nd edn (Paris, 1875), pp. 187–8.

5 Ibid., p. 373.

6 August von Kotzebue, *Souvenirs de Paris, en 1804*, trans. René Charles Guilbert de Pixérécourt (Paris, 1805), vol. I, pp. 268–9.

7 Husson, *Les Consommations de Paris*, pp. 320, 326.

8 Edme Jules Maumené, *Traité theorique et pratique du travail des vins: leurs*

propriétés, leur fabrication, leurs maladies, fabrication des vins mousseux (Paris, 1874), p. 540.

9 Husson, *Les Consommations de Paris*, p. 265.

10 Ibid., p. 145.

11 Martin Bruegel, 'Workers Lunch Away from Home in the Paris of the Belle Epoque: The French Model of Meals as Norm and Practice', *French Historical Studies*, XXXVIII/2 (2015), p. 264.

12 Georges Montorgueil, *Les Minutes parisiennes: midi* (Paris, 1899), p. 55.

13 Emile Zola, *L'Assommoir* [1877], ed. A. Lanoux and H. Mitterand (Paris, 1961), p. 720.

14 Eugène Briffault, *Paris à table* (Paris, 1846), pp. 62–3.

15 Zola, *L'Assommoir*, p. 406.

16 Claude Grignon, 'La Règle, la mode et le travail: la genèse sociale du modèle des repas français contemporain', in *Le Temps de manger: alimentation, emploi du temps et rythmes sociaux*, ed. Maurice Aymard, Claude Grignon and Françoise Sabban (Paris, 2017), pp. 276–323.

17 A. B. de Périgord, *Nouvel Almanach des gourmands: servant de guide dans les moyens de faire excellente chère* (Paris, 1825), pp. 34–6.

18 Jean-Louis Flandrin, 'Les Heures des repas en France avant le XIXe siècle', in *Le Temps de manger*, ed. Aymard, Grignon and Sabban, pp. 197–226.

19 Jean-Paul Aron, *Essai sur la sensibilité alimentaire à Paris au 19e siècle* (Paris, 1972), p. 41.

20 Balzac, 'Nouvelle Théorie du déjeuner' [May 1830], in *Oeuvres complètes de Honoré de Balzac* (Paris, 1870), pp. 455–7.

21 Grignon, 'La Règle, la mode et le travail', p. 323.

22 Ferguson, 'A Cultural Field in the Making', p. 625.

23 Louis de Jaucourt, 'Cuisine', in *Encyclopédie; ou, Dictionnaire raisonné des sciences, des arts et des métiers, etc.*, ed. Denis Diderot and Jean le Rond d'Alembert (Neufchâtel, 1754), vol. 4, p. 537.

24 'Gastronomie', *Le Dictionnaire de l'Académie française*, 8th ed, vol. I (Paris, 1932–1935).

25 Stephen Mennell, *All Manners of Food: Eating and Taste in England and France from the Middle Ages to the Present* (Oxford, 1985), p. 267.

26 Ferguson, 'A Cultural Field in the Making', p. 606.

27 Rebecca L. Spang, *The Invention of the Restaurant: Paris and Modern Gastronomic Culture.* (Cambridge, MA, 2001), p. 202.

28 Briffault, *Paris à table,* p. 149.

29 Jean Anthelme Brillat-Savarin, *Physiologie du goût* [1825], (Paris, 1982), p. 142.

30 Ibid., pp. 144–5.

31 Jean-François Revel, *Un Festin en paroles* (Paris, 2007), Chapter 8.

32 Ferguson, 'A Cultural Field in the Making', p. 620.

33 Marie-Antoine Carême, *Le Pâtissier royal parisien: ou, Traité élémentaire et*

pratique de la pâtisserie ancienne et moderne (Paris, 1815), pp. xix–xx.

34 Ibid., Préface, n.p.

35 Marie-Antoine Carême, *Le Cuisinier parisien: ou l'art de la cuisine française au dix-neuvième siècle* (Paris, 1828), p. 31.

36 Ibid., p. 14.

37 'Je veux, au contraire, qu'il devienne d'une utilité générale.' Marie-Antoine Carême, *L'Art de la cuisine française au XIXe siècle* (Paris, 1833), vol. 1, p. lviii.

38 M. Audigier, 'Coup d'oeil sur l'influence de la cuisine et sur les ouvrages de M. Carême', ibid., vol. 2, p. 314.

39 Marie-Antoine Carême, *Le Maître d'hôtel français: ou, Parallèle de la cuisine ancienne et moderne* (Paris, 1822), vol. II, p. 151.

40 Ibid.

41 Carême, *L'Art de la cuisine,* vol. II, p. 7.

42 Kotzebue, *Souvenirs de Paris,* p. 260.

43 Brillat-Savarin, *Physiologie,* p. 280.

44 Carême, *L'Art de la cuisine,* vol. I, p. 2.

45 Carême, *Le Cuisinier parisien,* pp. 26–8.

46 A. Tavenet, *Annuaire de la cuisine transcendante* (Paris, 1874), pp. 44–5.

47 Carême, *Le Maître d'hôtel français,* vol. I, p. 7.

48 Carême, *Le Pâtissier royal parisien,* p. iii.

49 Briffault, *Paris à table,* p. 63.

50 Carême, *Le Maitre d'hôtel français,* p. 69.

51 Carême, *L'Art de la cuisine,* vol. I, pp. 72–4.

52 Mennell, *All Manners of Food,* p. 150.

53 Périgord, *Nouvel Almanach des gourmands,* p. 226.

54 Patrick Rambourg, 'L'Appellation "à la provençale" dans les traités culinaires français du XVIIe au XXe siècle', *Provence historique,* LIV/218 (October–December 2004), p. 478.

55 Julia Csergo, 'The Emergence of Regional Cuisines', in *Food: A Culinary History,* ed. Jean-Louis Flandrin, Massimo Montanari, Albert Sonnenfeld (New York, 2000), p. 377.

56 Ferguson, 'A Cultural Field in the Making', p. 625.

57 Jean-Jacques Hémardinquer, 'Les Graisses de cuisine en France: essais de cartes', in *Pour une Histoire de l'alimentation,* ed. Jean-Jacques Hémardinquer (Paris, 1970), pp. 261–2.

58 Husson, *Les Consommations de Paris,* p. 418.

59 Eugen J. Weber, *Peasants into Frenchmen: The Modernization of Rural France, 1870–1914* (London, 1977), p. 142.

60 Gabriel Désert, 'Viande et poisson dans l'alimentation des Français au milieu du XIXe siècle', *Annales,* XXX/2 (1975), p. 521. Désert based his analysis on statistics from 1840 to 1852.

61 Ibid., p. 530.

62 Ibid., p. 521, and Husson, *Les Consommations de Paris,* p. 213. Figures cited by these authors vary dramatically; Husson analysed quantities of food commodities based on the excise tax paid in Paris. Désert used the *Enquête agricole* for 1840 and 1852, an agricultural survey of average consumption per person and average budget for meat for a working-class family of five. Although he does not make this clear, it is assumed that Désert refers to butchers' meat only, excluding pork and charcuterie.

63 Désert, 'Viande et poisson', p. 529.

64 Mennell, *All Manners of Food*, p. 240; Husson, *Les Consommations de Paris*, p. 237.

65 Rolande Bonnain, 'L'Alimentation paysanne en France entre 1850 et 1936', *Etudes rurales*, LVIII/1 (1975), p. 31.

66 Weber, *Peasants into Frenchmen,* p. 139.

67 Ibid., pp. 133–5.

68 Bonnain, 'L'Alimentation paysanne', p. 34.

69 Gordon Wright, *Rural Revolution in France: The Peasantry in the Twentieth Century* (Stanford, CA, 1964), p. 12.

70 Jean Lhomme, 'La Crise agricole à la fin du XIXe siècle en France', *Revue économique*, XXI/4 (1970), pp. 521–53.

71 Wright, *Rural Revolution*, p. 6. Amy Trubek notes that France remains the largest agricultural nation in the EU. By 1929, farms between 5 and 50 hectares represented 42 per cent of total farmland; by 1955 the share of small farms was 60 per cent and remained at this level until 1983; Trubek, *The Taste of Place: A Cultural Journey into Terroir* (Berkeley, CA, 2008), p. 41.

72 Wright, *Rural Revolution*, p. 17.

73 Husson, *Les Consommations de Paris*, pp. 526–7, for the year 1869. These figures should be taken as a gross estimate, since they are based on excise tax records and do not account for miscalculation or fraud. Nevertheless, they give us a standard of comparison across French cities and no more reliable source is available.

74 W. S. Haine, *The World of the Paris Café: Sociability among the French Working Class, 1789–1914* (Baltimore, MD, 1999), p. 3.

75 Jean-Marc Bourgeon, 'La Crise du phylloxera en Côte-d'Or au travers de la maison Bouchard père et fils', *Annales de Bourgogne*, LXXIII (2001), p. 167.

76 Kolleen Guy, *When Champagne Became French: Wine and the Making of a National Identity* (Baltimore, MD, 2003), p. 112.

77 Ibid., p. 113; Bourgeon, 'La Crise du phylloxera', p. 168.

78 Bourgeon, 'La Crise du phylloxera', p. 168.

79 Haine, *The World of the Paris Café*, pp. 95–8.

six Literary Touchstones

1 Marcel Proust, *Du Côté de chez Swann* [1913] in *A La Recherche du temps perdu,* ed. P. Clarac and A. Ferre (Paris, 1962), p. 45.

2 Ibid., p. 18.

3 Proust, *Côté des Guermantes* (1920), pp. 500, 589; *Le Temps retrouvé* (1922), p. 712.

4 Proust, *La Prisonnière* (1922), p. 130; *A l'Ombre des jeunes filles en fleurs* (1918), p. 506; *Swann*, p. 71.

5 Proust, *A l'Ombre des jeunes filles,* p. 458.

6 Jean-Pierre Richard, 'Proust et l'objet alimentaire', *Littérature*, VI (May 1972), p. 6.

7 Alain Girard, 'Le Triomphe de "La cuisinière bourgeoise": livres culinaires, cuisine et société en France aux XVIIe et XVIIIe siècles', *Revue d'histoire moderne et contemporaine*, XXIV/4 (1977), p. 512.

8 François Pierre La Varenne, *Le Cuisinier françois* (Paris, 1651), pp. 27, 50.

9 Roland Barthes, 'Bifteck et frites', in *Mythologies* (Paris, 1957), p. 72.

10 Jean Anthelme Brillat-Savarin, *Physiologie du goût* [1825], (Paris, 1982), p. 82.

11 Guy de Maupassant, *Contes et nouvelles* [1882], ed. A. M. Schmidt and G. Delaisement (Paris, 1959–1960), p. 76; Gustave Flaubert, *Madame Bovary* [1857], ed. R. Dumesnil (Paris, 1945), pp. 139–40.

12 *Larousse gastronomique* (Paris, 2000), p. 1946.

13 Richard, 'Proust et l'objet alimentaire', p. 11.

14 Proust, *A l'Ombre des jeunes filles*, p. 458.

15 Proust, *Le Temps retrouvé* [1922] in *A La Recherche du temps perdu*, p. 612.

16 Priscilla Parkhurst Ferguson, *Accounting for Taste: The Triumph of French Cuisine* (Chicago, IL, 2006), p. 120.

17 Amy B. Trubek, *The Taste of Place: A Cultural Journey into Terroir* (Berkeley, CA, 2008), p. 38.

18 Antoine Compagnon, 'La Recherche du temps perdu de Marcel Proust', in *Les Lieux de mémoire*, ed. Pierre Nora, Colette Beaume and Maurice Agulhon (Paris, 1984) vol. 3, p. 955.

19 James Gilroy, 'Food, Cooking, and Eating in Proust's *A La Recherche du temps perdu*', *Twentieth-century Literature*, XXXIII/1(1987), p. 101.

20 Muriel Barbéry, *Une Gourmandise* (Paris, 2000), pp. 41–2.

21 Bill Buford, Introduction to Jean Anthelme Brillat-Savarin, *The Physiology of Taste; or, Meditations on Transcendental Gastronomy*, trans. M.F.K. Fisher (New York, 2009), p. viii.

22 'The Fruit of the Rose Bush as a Preserve', *Scientific American,* 3 May 1879, p. 281.

23 Charles Baudelaire, *On Wine and Hashish* [1851], trans. Martin Sorrell (Richmond, Surrey, 2018), p. 108; Paul Ariès, *Une Histoire politique de l'alimentation: du paléolithique à nos jours* (Paris, 2016), p. 356.

24 Jean-Paul Aron, *Le Mangeur du XIXe siècle* (Paris, 1989), p. 203.

25 Francine du Plessix Gray, 'Glorious Food', *The New Yorker,* 13 January 2003.

26 Alexandre Lazareff, *L'Exception culinaire française: un patrimoine gastronomique en péril?* (Paris, 1998), p. 16.

27 Rebecca L. Spang, *The Invention of the Restaurant: Paris and Modern*

    Gastronomic Culture (Cambridge, MA, 2001), p. 202.

28 Brillat-Savarin, *Physiologie*, pp. 166–7.

29 Victor Hugo, *Les Misérables* [1862] (Paris, 1957), p. 43.

30 Flaubert, *Madame Bovary*, p. 152.

31 Ibid.

32 Jean-Pierre Richard, 'La Création de la forme chez Flaubert', in *Littérature et sensation* (Paris, 1954).

33 Flaubert, *Madame Bovary*, p. 55.

34 Ibid., pp. 30–31.

35 Emile Zola, *Le Ventre de Paris* [1873], ed. and notes Henri Mitterand (Paris, 2002), p. 68.

36 Giordano Bruno (pseud. of Augustine Fouillée), *Le Tour de la France par deux enfants* (Paris, 1877), p. 282.

37 Zola, *Ventre*, p. 46.

38 Ibid., pp. 823–4.

39 Ibid., p. 827.

40 Ferguson, *Accounting for Taste*, p. 201.

41 Anne-Laure Mignon, 'Les Lubies culinaires des présidents', *Madame Figaro*, 29 June 2018, www.madame.lefigaro.fr/cuisine, accessed 16 November 2018.

42 Véronique André et Bernard Vaussion (chef de l'Elysée), *Cuisine de l'Elysée* ebook (Paris, 2012).

43 'Intervention télévisée de M. Jacques Chirac, Président de la République, à la suite du décès de M. François Mitterrand', Palais de l'Élysée, 8 January 1996, jacqueschirac-asso.fr.

44 Proust, *La Fugitive* [1922] in *A La Recherche du temps perdu*, ed. P. Clarac and A. Ferre (Paris, 1962), p. 497.

45 Proust, *Côté des Guermantes*, p. 513.

46 'Le Foie Gras halal, un marché en plein essor', *Le Point*, 24 December 2012, lepoint.fr

47 Eugène Fromentin, *Un Été dans le Sahara* [1857] (Paris, 1877), p. 20.

48 Sylvie Durmelat, 'Making Couscous French? Digesting the Loss of Empire', *Contemporary French Civilization*, XLII/3–4 (1 December 2017), p. 397.

49 Gisèle Pineau and Valérie Loichot, '"Devoured by Writing": An Interview with Gisèle Pineau', *Callaloo*, XXX/1 (2007), p. 328.

50 Valérie Loichot, 'Between Breadfruit and Masala: Food Politics in Glissant's Martinique', *Callaloo*, XXX/1 (2007), p. 133.

51 Edouard Glissant, *Tout-monde* (Paris, 1995), pp. 477–8.

52 Pineau, *Exile According to Julia* [1996], trans. Betty Wilson (Charlottesville, VA, 2003), p. 165.

53 Ibid., p. 110.

54 Pineau, '"Devoured"', p. 333.

55 Maryse Condé, *Victoire: My Mother's Mother* (Les Saveurs et les mots [2006]),

trans. Richard Philcox (New York, 2010), p. 4.

56 Ibid., p. 124.

57 Ibid., p. 142.

58 Ibid., p. 70.

59 Ibid., p. 190.

60 Reynald Abad, 'Aux Origines du suicide de Vatel: les difficultés de l'approvisionnement en marée au temps de Louis xiv', *Dix-septième siècle*, CCXVII (2002), p. 631.

61 Jennifer J. Davis, *Defining Culinary Authority: The Transformation of Cooking in France, 1650–1830* (Baton Rouge, LA, 2013), p. 173.

62 Joseph Berchoux, *La Gastronomie, poëme* (Paris, 1805), p. 78.

63 Alexandre Balthazar Laurent Grimod de La Reynière, *Almanach des gourmands* (Paris, 1812), p. xiii.

64 Armand Husson, *Les Consommations de Paris*, 2nd edn (Paris, 1875), p. 236.

65 Davis, *Defining Culinary Authority*, pp. 176–7.

66 Marie-Antoine Carême, *Le Cuisinier parisien; ou, L'Art de la cuisine française au dix-neuvième siècle* (Paris, 1828) n.p.; Carême, *L'Art de la cuisine française au xixe siècle* (Paris, 1833), pp. xi, 237.

67 Patrice de Moncan and Maxime Du Camp, *Baltard – Les Halles de Paris: 1853–1973* (Paris, 2010), p. 81.

68 Davis, *Defining Culinary Authority*, p. 183.

69 James Beard, Foreword, in Shirley King, *Dining with Marcel Proust: A Practical Guide to French Cuisine of the Belle Epoque with 85 Illustrations* (London, 1979), p. 7.

SEVEN Outside the Hexagon: *Terroir* across the Sea

1 Saint-Domingue (Haiti) became a French possession in 1626 but was mainly a haven for pirates travelling the Caribbean seas. In the late seventeenth century, French officials secured the island and established plantations for sugar cane; Algeria was annexed to France as the *département français d'Algérie* in 1848 and suffered decades of war and an influx of French residents, some exiled from the Alsace-Lorraine region, which was lost to Germany in 1870. In 1854 Algeria was under the control of the Ministry of War, but other colonies were governed by the Ministry of the Marine and Colonies. The Ministry of Algeria and the Colonies, formed in 1858, united the two groups. The Algerian War (called the Algerian Revolution in Algeria) from 1954 to 1962 ended with the Evian Accords and a national referendum confirming Algeria's independence from France.

2 Following a series of conflicts including the Indochinese War in 1946, the Geneva Accords in 1954 granted independence to Vietnam, Cambodia and Laos.

3 Herman Lebovics, *Bringing the Empire Back Home: France in the Global Age*

(Durham, NC, 2004), p. 80. Emphasis in original.

4 Alexandre Lazareff, *L'Exception culinaire française: un patrimoine gastronomique en péril* (Paris, 1998), pp. 19–20.

5 Jules Ferry, 'Les Fondements de la politique coloniale' [28 July 1885], www.assemblee-nationale.fr, accessed 18 June 2018.

6 See Thomas Parker, *Tasting French Terroir* (Oakland, CA, 2015).

7 Menon, *La Science du maître d'hôtel cuisinier, avec des observations sur la connaissance & propriétés des alimens* (Paris, 1749), pp. xx–xxi.

8 Ibid., p. xxii.

9 R. de Noter, *La Bonne Cuisine aux colonies: Asie – Afrique – Amérique* (Paris, 1931), p. ix.

10 Catherine Coquery-Vidrovitch, 'Selling the Colonial Economic Myth (1900–1940)', in *Colonial Culture in France since the Revolution*, ed. Pascal Blanchard et al., trans. Alexis Pernsteiner (Bloomington, IN, 2014), p. 180.

11 Kolleen Guy, 'Imperial Feedback: Food and the French Culinary Legacy of Empire', *Contemporary French & Francophone Studies*, XIV/2 (March 2010), p. 151.

12 Suzanne Freidberg, *French Beans and Food Scares: Culture and Commerce in an Anxious Age* (New York, 2004), p. 49.

13 Amy B. Trubek, *The Taste of Place: A Cultural Journey into Terroir* (Berkeley, CA, 2008), p. 41.

14 Christophe Bonneuil and Mina Kleiche, *Du Jardin d'essais colonial à la station expérimentale: 1880–1930: éléments pour une histoire du cirad* (Paris, 1993).

15 Auguste Chevalier, 'Contribution à l'histoire de l'introduction des bananes en France et à l'historique de la culture bananière dans les colonies françaises', *Revue de botanique appliquée et d'agriculture coloniale*, XXIV/272–4 (April–June 1944), pp. 116–127.

16 'Productions végétales', GraphAgri Régions 2014, Agreste Statistique agricole annuelle 2010, Ministre de l'agriculture et de l'alimentation, http://agreste.agriculture.gouv.fr.

17 Freidberg, *French Beans*, p. 58.

18 Christophe Bonneuil, 'Le Muséum national d'histoire naturelle et l'expansion coloniale de la troisième république (1870–1914)', *Revue française d'histoire d'outre-mer*, LXXXVI/322–3 (1999), p. 157.

19 Bonneuil and Kleiche, *Du Jardin d'essais colonial*, p. 18.

20 Cited in Sandrine Lemaire, Pascal Blanchard and Nicolas Bancel, 'Milestones in Colonial Culture under the Second Empire (1851–1870)', in *Colonial Culture in France since the Revolution*, ed. Bancel, Blanchard Lemaire et al., p. 80.

21 Bonneuil and Kleiche, *Du Jardin d'essais colonial*, pp. 19, 72.

22 Guy, 'Imperial Feedback', p. 152.

23 Lauren Janes, *Colonial Food in Interwar Paris: The Taste of Empire* (London, 2017), p. 14.

24 Charles Robequain, 'Le Sucre dans l'union française', *Annales de géographie*,

LVII/308 (1948), pp. 322–40.

25 Dale W. Tomich, *Slavery in the Circuit of Sugar: Martinique and the World Economy, 1830–1848* (Albany, NY, 2016), p. 55.

26 Tomich, *Slavery in the Circuit of Sugar*, p. 116.

27 Georges Treille, *Principes d'hygiène coloniale* (Paris, 1899), p. 191.

28 Erica J. Peters, 'National Preferences and Colonial Cuisine: Seeking the Familiar in French Vietnam', *Proceedings of the Western Society for French History*, XXVII (1999), p. 154.

29 Pierre Nicolas, *Notes sur la vie française en cochinchine* (Paris, 1900), pp. 148–56.

30 Ibid., pp. 158–9.

31 Peters, 'National Preferences and Colonial Cuisine', p. 151.

32 Deborah Neill, 'Finding the "Ideal Diet": Nutrition, Culture, and Dietary Practices in France and French Equatorial Africa, *c.* 1890s to 1920s', *Food and Foodways*, XVII/1 (2009), p. 13.

33 Martin Bruegel, 'How the French Learned to Eat Canned Food, 1809–1930s', in *Food Nations: Selling Taste in Consumer Societies*, ed. Warren Belasco and Philip Scranton (New York, 2002), p. 118.

34 Ibid.

35 Peters, 'National Preferences and Colonial Cuisine', p. 156.

36 'L'insuccès de diverses tentatives d'exploitations agricoles a pu faire croire à certains esprits chagrins que la culture du sol était impossible dans ce pays pour les Européens', Nicolas, *Notes sur la vie française,* pp. 255–6.

37 Bonneuil and Kleiche, *Du Jardin d'essais colonial*, p. 83.

38 Ibid., p. 42.

39 Coquery-Vidrovitch, 'La Politique économique coloniale', in *L'Afrique occidentale au temps des français: colonisateurs et colonisés, 1860–1960*, ed. Coquery-Vidrovitch and Odile Goerg (Paris, 1992), p. 105.

40 Jean Tricart, 'Le Café en Côte d'Ivoire', *Cahiers d'outre-mer*, XXXIX/10 (July–September 1957), pp. 212–13.

41 Janes, *Colonial Food in Interwar Paris*, pp. 31–2.

42 Pierre-Cyrille Hautcoeur, 'Was the Great War a Watershed? The Economics of World War I in France', in *The Economics of World War I*, ed. S. N. Broadberry and Mark Harrison (Cambridge, 2009), p. 171.

43 Lauren Janes, 'Selling Rice to Wheat Eaters: The Colonial Lobby and the Promotion of *Pain de riz* during and after the First World War', *Contemporary French Civilization*, XXXVIII/2 (January 2013), p. 182.

44 Karen Hess outlines the place of rice cookery in France in *The Carolina Rice Kitchen: The African Connection* (Columbia, SC, 1998). Recipes for *angoulée* (or *riz en goulée*, rice cooked in broth or almond milk) appear as of 1393 in *Ménagier de Paris* and the dish was likely well known in Paris by 1300 (p. 38). *Angoulée* fell out of favour soon after, but the *pilau* (rice simmered in flavoured broth and then covered and cooked until almost dry) emerged as a signature

Provençal dish in cookbooks of the early nineteenth century, although Hess argues that the *pilau* existed as a popular dish well before its inscription in cookbooks (pp. 58–64).

45 Janes, 'Selling Rice to Wheat Eaters', p. 193.

46 Ibid., p. 180.

47 Albert Sarraut, *La Mise en valeur des colonies* (Paris, 1923), p. 96.

48 Ibid., p. 33.

49 See Bonneuil and Kleiche, *Du Jardin d'essais colonial*, pp. 43–96.

50 Sandrine Lemaire, 'Spreading the Word: The Agence Générale des Colonies (1920–1931)', in *Colonial Culture in France since the Revolution*, ed. Bancel, Blanchard, Lemaire et al., p. 165.

51 Dana S. Hale, *Races on Display: French Representations of Colonized People, 1886–1940* (Bloomington, IN, 2008).

52 Patricia A Morton, *Hybrid Modernities: Architecture and Representations at the 1931 Colonial Exposition* (Cambridge, MA, 2000), pp. 4–5.

53 Herman Lebovics, *True France: The Wars over Cultural Identity, 1900–1945* (Ithaca, NY, 1992), p. 134.

54 Jean Garrigues, *Banania, histoire d'une passion française* (Paris, 1991), p. 55.

55 Janes, *Colonial Food in Interwar Paris*, p. 139.

56 Noter, *La Bonne Cuisine aux colonies*, pp. xiii–xiv.

57 Freidberg, *French Beans*, p. 164.

58 Cited ibid., p. 165. Gallot died in 2003 and the company went bankrupt; Sélection liquidated its assets in 2018.

59 Coquery-Vidrovitch, 'La Politique économique coloniale', pp. 133–5.

60 Ibid., p. 139.

61 Fernand Braudel, *Civilization and Capitalism: Fifteenth- Eighteenth century*, trans. Siân Reynolds (New York, 1981), vol. I, p. 259.

62 Tricart, 'Le Café en Côte d'Ivoire', pp. 216–18.

63 Ibid., p. 219.

64 Valérie Loichot, *The Tropics Bite Back: Culinary Coups in Caribbean Literature* (Minneapolis, 2013), p. 7.

65 Ibid., p. 7.

66 William Rolle, 'Alimentation et dépendance idéologique en martinique', *Archipelago*, II (November 1982), p. 86.

67 Lauren Janes and Hélène Bourguignon (trans.), 'Curiosité gastronomique et cuisine exotique dans l'entre-deux-guerres: une histoire de goût et de dégoût', *Vingtième siècle. Revue d'histoire*, 123 (July–September 2014), p. 71.

68 *Pot-au-feu*, XVI (1934), p. 245, cited in Janes, 'Curiosité gastronomique', p. 75.

69 Lauren Janes, 'Python, sauce de poisson et vin: produits des colonies et exotism culinaire aux déjeuners amicaux de la société d'acclimatation, 1905–1939', in *Le Choix des aliments: informations et pratiques alimentaires de la fin du moyen âge à nos jours*, ed. Martin Bruegel, Marilyn Nicoud and Eva Barlösius (Rennes, 2010),

p. 141.

70 'Productions végétales', GraphAgri Régions 2014, Agreste Statistique agricole annuelle 2010, Ministre de l'agriculture et de l'alimentation, http://agreste. agriculture.gouv.fr, accessed 28 May 2019.

71 'Comptes et revenus', GraphAgri Régions 2014, Agreste Statistique agricole annuelle 2010, Ministre de l'agriculture et de l'alimentation, http://agreste. agriculture.gouv.fr, accessed 28 May 2019.

72 T. Champagnol, 'Synthèses Commerce extérieur agroalimentaire', n° 2018/321, Agreste Panorama no. 1 (March 2018), p. 39. http://agreste.agriculture.gouv.fr, accessed 28 May 2019.

73 Janes, 'Curiosité gastronomique', p. 76.

74 Sylvie Durmelat, 'Making Couscous French? Digesting the Loss of Empire', *Contemporary French Civilization*, XLII/3–4 (December 2017), pp. 391–407.

75 Maurice Maschino, 'Si vous mangez du couscous', *Le Monde diplomatique*, June 2002, www.monde-diplomatique.fr, accessed 21 June 2018.

76 Eugen Weber, 'L'Hexagone', in *Les Lieux de mémoire*, ed. Pierre Nora (Paris, 1984), vol. 2.2, p. 111. Weber cites a *New Yorker* article of 31 December 1966 as the first print reference to France as the 'hexagon'.

77 Weber, 'L'Hexagone', p. 101.

78 Vidal de la Blache and Quillet, cited ibid., p. 99–100.

79 Patrick Weil, *Qu'est-ce qu'un Français? Histoire de la nationalité française depuis la Révolution* (Paris, 2002), p. 250. As of 2018, anyone born on French soil of French parents is a citizen, but those born in France of non-French parents could become a citizen after living in France for five (not necessarily consecutive) years after the age of eleven.

80 Ibid., p. 244.

EIGHT The Modern Era: Peasants Forever

1 Amy B. Trubek, *The Taste of Place: A Cultural Journey into Terroir* (Berkeley, CA, 2008), p. 41; Marc Bloch, *Les Caractères originaux de l'histoire rurale française* (Paris, 1988), p. 180.

2 Eugen J. Weber, *Peasants into Frenchmen: The Modernization of Rural France, 1870–1914* (London, 1977), p. 173.

3 Gordon Wright, *Rural Revolution in France: The Peasantry in the Twentieth Century* (Stanford, CA, 1964). Population surveys cited by Weber define 'rural' as communes in which the largest town has fewer than 2,000 residents.

4 From 3.5 million to 2.9 million. Wright cautions that agricultural surveys should be read with care, since they do not take into account farmers who were simultaneously landowners and sharecroppers.

5 Susan Carol Rogers, 'Good to Think: The "Peasant" in Contemporary France', *Anthropological Quarterly*, LX/2 (1987), p. 59.

6 Robert Paxton, *French Peasant Fascism,* ebook (New York, 1997), Chapter I.

7 Wright, *Rural Revolution in France*, p. 77.

8 Ibid., p. 85.

9 Ibid., p. 168.

10 Antoine Bernard de Raymond, 'La Construction d'un marché national des fruits et légumes: entre économie, espace et droit (1896–1995)', *Genèses*, LVI/3 (2004), pp. 37–41.

11 Ibid., p. 49.

12 Décret n°53-959 du 30 septembre 1953, 'Organisation d'un réseau de marchés d'intérêt national', *Journal officiel de la République française*, 1 October 1953, pp. 8617–18.

13 Décret législatif du 30 juillet 1935, 'Défense du marché des vins et régime économique de l'alcool', Chapter III, 'Protection des appellations d'origine', Article 21, *Journal officiel de la République française,* 31 July 1935.

14 Claire Delfosse, 'Noms de pays et produits du terroir: enjeux des dénominations géographiques', *Espace géographique*, XXVI/3 (1997), pp. 224.

15 Ibid., pp. 222–30.

16 Loi du 2 juillet 1935, 'Tendant à l'Organisation et à l'assainissement des marchés du lait et des produits résineux', Chapter I, Article 13, *Journal officiel de la République française*, 2 July 1935.

17 A. M. Guérault, 'Les Fromages français', *France laitière* (1934), p. 84.

18 Elaine Khosrova, *Butter: A Rich History* (Chapel Hill, NC, 2016), pp. 131–2.

19 Décret n°88-1206, *Journal officiel de la République française,* 31 December 1988. Traditional cheeses made from cow's milk that had always used the 'bonde' form were permitted to continue.

20 Joseph Bohling, '"Drink Better, but Less": The Rise of France's Appellation System in the European Community, 1946–1976', *French Historical Studies*, XXXVII/3 (Summer 2014), p. 529.

21 Pierre Mayol, 'Le Pain et le vin', in *L'Invention du quotidien. 2. habiter, cuisiner*, ed. Michel de Certeau, Luce Giard and Pierre Mayol (Paris, 1994), pp. 138–9.

22 Kolleen Guy, 'Imperial Feedback: Food and the French Culinary Legacy of Empire', *Contemporary French & Francophone Studies*, XIV/2 (March 2010), p. 156.

23 Vincent Martigny, 'Le Goût des nôtres: gastronomie et sentiment national en France', *Raisons politiques*, XXXVII/1 (April 2, 2010), p. 50.

24 Trubek, *The Taste of Place*, p. 43.

25 Joseph Capus, *L'Evolution de la législation sur les appellations d'origine: genèse des appellations contrôlées*. INAO (Paris, 1947), www.inao.gouv.fr., accessed 17 August 2018.

26 Elizabeth Barham, 'Translating Terroir: The Global Challenge of French AOC labeling', *Journal of Rural Studies*, XIX/1 (2003), p. 135.

27 'Les Signes officiels de la qualité et de l'origine SIQO/AOP/AOC', INAO, www.inao.gouv.fr, accessed 17 August 2018.

28 Rolande Bonnain, 'L'Alimentation paysanne en France entre 1850 et 1936', *Etudes rurales*, LVIII/1 (1975), p. 34.

29 'Cruchades', in *La Cuisine française: l'art du bien manger*, ed. Edmond Richardin (Paris, 1906), p. 849.

30 Curnonsky and Marcel Rouff, *La France gastronomique: guide des merveilles culinaires et des bonnes auberges françaises. Le Périgord* (Paris, 1921), p. 27.

31 Ibid., p. 41.

32 Austin de Croze quoted in Julia Csergo, 'The Emergence of Regional Cuisines' in *Food: A Culinary History,* ed. Jean-Louis Flandrin, Massimo Montanari, Albert Sonnenfeld (New York, 2000), p. 382.

33 Patrick Rambourg, 'L'Appellation "à la provençale" dans les traités culinaires français du XVIIe au XXe siècle', *Provence historique*, LIV/218 (October– December 2004), p. 482.

34 Jean-François Mesplède, 'Dites-moi, mes mères!' in *Gourmandises! Histoire de la gastronomie à Lyon*, ed. Maria-Anne Privat-Savigny (Lyon, 2012), p. 57.

35 'Guide MICHELIN 2015: Les Femmes Chefs Etoilées de France', www.restaurant. michelin.fr, 17 January 2017.

36 Stephen L. Harp, *Marketing Michelin: Advertising and Cultural Identity in Twentieth-century France* (Baltimore, MD, 2001), p. 246.

37 Adam Nossiter, 'Chef Gives Up a Star, Reflecting Hardship of "the Other France"', *New York Times*, 27 December 2017.

38 Csergo, 'The Emergence of Regional Cuisines', p. 379.

39 Martigny, 'Le Goût des nôtres', p. 45.

40 Mesplède, 'Dites-moi, mes mères!', p. 57.

41 Jean-François Revel, *Un Festin en paroles: histoire littéraire de la sensibilité gastronomique de l'antiquité à nos jours* (Paris, 2007), p. 32.

42 André Castelot, *L'Histoire à table: si la cuisine m'était contée* (Paris, 1972), p. 336.

43 Pierre Boisard, *Camembert: A National Myth* (Berkeley, CA, 2003), p. 165.

44 Castelot, *L'Histoire à table*, p. 482.

45 Jean Claudian and Yvonne Serville, 'Aspects de l'évolution récente du comportement alimentaire en France: composition des repas et "urbanisation"', in *Pour une Histoire de l'alimentation,* ed. Jean-Jacques Hémardinquer (Paris, 1970), pp. 174–87.

46 Curnonsky and Rouff, *La France gastronomique*, p. 38.

47 Wright, *Rural Revolution in France,* p. 35.

48 Bonnain, 'L'Alimentation paysanne', p. 38.

49 Décret n° 93-1074 du 13 septembre 1993. *Journal officiel de la République française,* no. 0213, p. 12840.

50 Adam Nossiter, 'Sons of Immigrants Prop Up a Symbol of "Frenchness": The Baguette', *New York Times*, 15 October 2018.

51 '35 Ans de consommation des ménages. Principaux résultats de 1959 à 1993 et séries détaillées, 1959-1970', INSEE (Institut national de la statistique et des etudes

economiques), vol. 69–70 (March 1995), p. 18, www.epsilon.insee.fr, accessed 12 December 2018.

52 Michèle Bertrand, '20 Ans de consommation alimentaire, 1969–1989', INSEE Données no. 188 (April 1992), p. 2.

53 '35 ans de consommation des ménages', pp. 82–3; Paul Ariès, *Une Histoire politique de l'alimentation: du paléolithique à nos jours* (Paris, 2016), p. 375.

54 Bertrand, '20 Ans de consommation alimentaire', p. 2.

55 'Comportements alimentaires et consommation du pain en France', Observatoire du pain/CREDOC, 2016, www.observatoiredupain.fr, accessed 15 January 2019.

56 LOI n° 98-405 du 25 mai 1998, Déterminant les conditions juridiques de l'exercice de la profession d'artisan boulanger, *Journal officiel de la République française,* CXX (1998), p. 7977.

57 Ordonnance n°86-1243 du 1 décembre 1986, Relative à la liberté des prix et de la Concurrence, *Journal officiel de la République française,* 9 December 1986, p. 14773.

58 *Code de commerce,* Version consolidée 1 janvier 2019. Livre IV 'De la liberté des prix et de la concurrence', Titre I: Dispositions générales, Article L410-2, www.legifrance.gouv.fr, accessed 15 January 2019.

59 Henri Gault and Christian Millau, 'Vive La Nouvelle Cuisine française', *Nouveau Guide Gault et Millau,* LIV (1973).

60 Elizabeth David, 'Note to 1983 Edition', *French Provincial Cooking* (New York, 1999), pp. 7–9.

61 Raphaëlle Bacqué, 'Danièle Delpeuch, la cuisinière de Mitterrand', *Le Monde,* 23 December 2008.

62 Wayne Northcutt, 'José Bové vs. McDonald's: The Making of a National Hero in the French Anti-globalization Movement', *Proceedings of the Western Society for French History,* XXXI (2003), n.p.

63 Rob Wile, 'The True Story of How McDonald's Conquered France', *Business Insider,* 22 August 2014.

64 Wynne Wright and Alexis Annes, 'Halal on the Menu?: Contested Food Politics and French Identity in Fast-Food', *Journal of Rural Studies,* XXXII (2013), p. 394.

65 Ibid.

66 'Marine Le Pen démentie sur la viande halal', *Libération,* 19 February 2012.

67 Martigny, 'Le Goût des nôtres', p. 51.

68 'Menus sans porc dans les cantines scolaires', *Communiqués,* Cour Administratif d'Appel de Lyon, 23 October 2018, lyon.cour-administrative-appel.fr.

69 Anonymous remark at the IEHCA Fourth International Convention on Food History and Food Studies in Tours, France, 7 June 2018.

70 Martigny, 'Le Goût des nôtres', p. 45.

71 Alexandre Lazareff, *L'Exception culinaire française: un patrimoine gastronomique en péril?* (Paris, 1998), p. 48.

Conclusion

1 Jean-François Revel, *Un Festin en paroles: histoire littéraire de la sensibilité gastronomique de l'antiquité à nos jours* (Paris, 2007), p. 39.

2 Ibid., p. 35.

3 Pascal Ory, 'La Gastronomie', in *Les Lieux de mémoire,* ed. Pierre Nora, Colette Beaume and Maurice Agulhon (Paris, 1984), vol. III/3, p. 836.

4 Florent Quellier, *Gourmandise: histoire d'un péché capital* (Paris, 2013), p. 156.

5 Sylvie Durmelat, 'Making Couscous French? Digesting the Loss of Empire', *Contemporary French Civilization*, XLII/3–4 (1 December 2017), p 392.

6 Jean Anthelme Brillat-Savarin, *Physiologie du goût* [1825] (Paris, 1982), pp. 81–2.

7 Revel, *Festin en paroles*, p. 292.

8 Antoine Augustin Parmentier, *Le Parfait Boulanger ou traité complet sur la fabrication et le commerce du pain* (Paris, 1778). Paul-Jacques Malouin, *Description et détails des arts du meunier, du vermicelier et du boulanger, avec une histoire abrégée de la boulengerie et un dictionnaire de ces arts* (Paris, 1779).

9 Nicolas de Bonnefons, *Délices de la campagne* (Paris, 1654), pp. 215–16.

10 Allen Weiss, 'The Ideology of the Pot-au-feu', in *Taste, Nostalgia*, ed. Allen Weiss (New York, 1997), p. 108.

11 Jean Claudian and Yvonne Serville, 'Aspects de l'évolution récente du comportement alimentaire en France: composition des repas et "urbanisation"', in *Pour Une Histoire de l'alimentation*, ed. Hémardinquer (Paris, 1970), p. 180.

12 Vincent Martigny, 'Le Goût des nôtres: gastronomie et sentiment national en France', *Raisons politiques*, XXXVII/1 (2 April 2010), p. 45.

13 See Revel, *Festin en paroles*, p. 292.

【 Bibliography 】
參考書目

Anthimus, *De observatione ciborum* (On the Observance of Foods), trans. Mark Grant (Totnes, Devon, 1996)

Ariès, Paul, *Une Histoire politique de l'alimentation: du paléolithique à nos jours* (Paris, 2016)

Bloch, Marc, *Les Caractères originaux de l'histoire rurale française* (Paris, 1968)

Boisard, Pierre, *Camembert: A National Myth* (Berkeley, CA, 2003)

Bouton, Cynthia A., *The Flour War: Gender, Class, and Community in Late Ancien Régime French Society* (University Park, PA, 1993)

Brennan, Thomas, *Burgundy to Champagne: The Wine Trade in Early Modern France* (Baltimore, MD, 1997)

Briffault, Eugène, *Paris à table* (Paris, 1846)

Brillat-Savarin, Jean Anthelme, *Physiologie du goût* [1825] (Paris, 1982)

Coquery-Vidrovitch, Catherine, and Henri Moniot, *L'Afrique noire de 1800 à nos jours* (Paris, 2005)

Dalby, Andrew, *Food in the Ancient World from A to Z* (London and New York, 2014)

Desportes, Françoise, *Le Pain au Moyen Age* (Paris, 1987)

Dion, Roger, *Histoire de la vigne et du vin en France: des origines au XIXe siècle* (Paris, 1959)

Guy, Kolleen, *When Champagne Became French: Wine and the Making of a National Identity* (Baltimore, MD, 2003)

Hale, Dana S., *Races on Display: French Representations of Colonized Peoples, 1886–1940* (Bloomington, IN, 2008)

Husson, Armand, *Les Consommations de Paris*, 2nd edn (Paris, 1875)

Kaplan, Steven L., *Provisioning Paris Merchants and Millers in the Grain and Flour Trade during the Eighteenth Century* (Ithaca, NY, 1984)

Kindstedt, Paul, *Cheese and Culture: A History of Cheese and Its Place in Western Civilization* (White River Junction, VT, 2013)

Laurioux, Bruno, *Manger au Moyen Age: pratiques et discours alimentaires en Europe aux XIVe et XVe siècles* (Paris, 2013)

Lazareff, Alexandre, *L'Exception culinaire française: un patrimoine gastronomique en péril?* (Paris, 1998)

Loichot, Valérie, *The Tropics Bite Back: Culinary Coups in Caribbean Literature* (Minneapolis, MN, 2013)

Parker, Thomas, *Tasting French Terroir* (Oakland, CA, 2015)

Quellier, Florent, *Gourmandise: histoire d'un péché capital* (Paris, 2013)

Revel, Jean-François, *Un Festin en paroles: histoire littéraire de la sensibilité gastronomique de l'antiquité à nos jours* (Paris, 2007)

法
國
美
食
史
：
行
家
知
識
與
風
土
認
證

Rogers, Susan Carol, 'Good to Think: The "Peasant" in Contemporary France', *Anthropological Quarterly*, LX/2 (1987), pp. 56–63

Spang, Rebecca L., *The Invention of the Restaurant: Paris and Modern Gastronomic Culture* (Cambridge, MA, 2001)

Trubek, Amy B., *The Taste of Place: A Cultural Journey into Terroir* (Berkeley, CA, 2008)

Watts, Sydney, *Meat Matters: Butchers, Politics, and Market Culture in Eighteenth-century Paris* (Rochester, NY, 2006)

Wright, Gordon, *Rural Revolution in France: The Peasantry in the Twentieth Century* (Stanford, CA, 1964)

【 Photo Acknowledgements 】
圖片來源

The author and publishers wish to express their thanks to the following sources of illustrative material and/or permission to reproduce it. Some locations are given here in the interests of brevity.

Photo Azurita/iStock International Inc.: p. 86; photo baalihar/iStock International Inc: p. 268 (top); photo BeBa/Iberphoto/Mary Evans Picture Library: p. 20 (top); Bibliothèque Municipale, Dijon: p. 51; Bibliothèque Municipale, Paris: p. 38; Bibliothèque Nationale, Paris: pp. 35, 47, 287; from Marcus Elieser Bloch, *ausübenden Arztes zu Berlin Ökonomische Naturgeschichte der Fische Deutschlands . . .* (Berlin, 1783): p. 22; Bodleian Library, Oxford: p. 42; from Eugène Briffault, *Paris à table* (Paris, 1846): p. 165; British Library, London: p. 53; from Charles Louis Cadet de Gassicourt, *Cours gastronomique ou Les Diners de manant-Ville, ouvrage Anecdotique, Philosophique et Litteraire* (Paris, 1809): p. 146; from M.-A. Carême, *Le Pâtissier royal Parisien, ou Traité élémentaire et pratique de la pâtisserie ancienne et moderne . . .*, vol. I (Paris, 1815) p. 171; Cathédrale Notre-Dame de Chartres, Chartres: p. 34; photo chaosmaker/iStock International Inc: p. 296; photo Dorde Banjanin/iStock International Inc: p. 54; from Urbain Dubois, *La cuisine artistique*, vol. I (Paris, 1872): p. 169; from Urbain Dubois, *La Cuisine classique*, 10th edn, vol. II (Paris, 1882): pp. 209, 210; from Louis Figuier, *Les merveilles de l'industrie ou, Description des principales industries modernes* (Paris, 1873–7): pp. 92, 93, 107, 108, 237; Germanisches Nationalmuseum, Nuremberg: p. 49; from Jules Gouffé, *Le livre de cuisine* (Paris, 1867): p. 199 (lower); from Jules Gouffé, *Le livre de cuisine* (Paris: Hachette, 1877): p. 172; The J. Paul Getty Museum, Los Angeles (Open Access): pp. 59, 64, 137, 182, 187, 190, 239, 257, 292; from *Le Magasin Pittoresque*: p. 211; from Paul-Jacques Malouin, *Description et détails des arts du meunier, du vermicelier et du boulenger* (Paris, 1767): pp. 128, 130; from Edme-Jules Maumené, *Traité theorique et pratique du travail des vins: leurs propriétés, leur fabrication, leurs maladies, fabrication des vins mousseux* (Paris, 1874): p. 159; from Clément Maurice, *Paris en plein Air* (Paris, 1897): p. 212; photos Metropolitan Museum of Art (Open Access): pp. 85, 179; photo Miansari66: p. 293 (foot); photo monkeybusinessimages/iStock International Inc: p. 272; Musée Calvet, Avignon: p. 20 (top); Musée Condé, Chantilly: pp. 32, 50, 158; Musée de la Gourmandise, Hermalle-sous-Huy: p. 60; Musée du Louvre, Paris: p. 161; Musée National des Arts d'Afrique et

Mirror 022

法國美食史：行家知識與風土認證
Savoir–Faire : A History of Food in France

國家圖書館出版品預行編目（CIP）資料

法國美食史：行家知識與風土認證/瑪莉安・泰本（Maryann Tebben）著；杜蘊慈譯.

-- 初版. -- 臺北市：天培文化有限公司出版：九歌出版社有限公司發行, 2021.11

　　面；　　公分. ---（Mirror；22）

譯自：Savoir-faire : a history of food in France.

ISBN 978-986-98214-9-0（平裝）

1.飲食風俗　2.文化　3.法國

538.7842　　　　　　　　　　　　　　　　　　　　　　110013370

作　　　者──瑪莉安・泰本（Maryann Tebben）

譯　　　者──杜蘊慈

責任編輯──莊琬華

發 行 人──蔡澤松

出　　　版──天培文化有限公司

　　　　　　台北市105八德路3段12巷57弄40號

　　　　　　電話／02-25776564・傳真／02-25789205

　　　　　　郵政劃撥／19382439

　　　　　　九歌文學網 www.chiuko.com.tw

印　　　刷──晨捷印製股份有限公司

法律顧問──龍躍天律師・蕭雄淋律師・董安丹律師

發　　　行──九歌出版社有限公司

　　　　　　台北市105八德路3段12巷57弄40號

　　　　　　電話／02-25776564・傳真／02-25789205

初　　　版──2021年11月

定　　　價──500元

書　　　號──0305022

ISBN／978-986-98214-9-0　　　　　　　　　　　　Printed in Taiwan